项目资助

国家社会科学基金资助出版

中高职教育职业能力培养有效衔接研究与实践

廖益　等著

中国社会科学出版社

图书在版编目（CIP）数据

中高职教育职业能力培养有效衔接研究与实践／廖益等著 . —北京：中国社会科学出版社，2020.10
ISBN 978 - 7 - 5203 - 4432 - 6

Ⅰ. ①中… Ⅱ. ①廖… Ⅲ. ①中等专业教育—教育研究—中国 ②高等职业教育—教育研究—中国 Ⅳ. ①G719.2②G718.5

中国版本图书馆 CIP 数据核字（2019）第 090221 号

出 版 人	赵剑英
责任编辑	陈雅慧
责任校对	王 斐
责任印制	戴 宽

出　　版	中国社会科学出版社
社　　址	北京鼓楼西大街甲 158 号
邮　　编	100720
网　　址	http://www.csspw.cn
发 行 部	010 - 84083685
门 市 部	010 - 84029450
经　　销	新华书店及其他书店

印刷装订	三河弘翰印务有限公司
版　　次	2020 年 10 月第 1 版
印　　次	2020 年 10 月第 1 次印刷

开　　本	710×1000　1/16
印　　张	29.5
字　　数	455 千字
定　　价	148.00 元

凡购买中国社会科学出版社图书，如有质量问题请与本社营销中心联系调换
电话：010 - 84083683
版权所有　侵权必究

序

潘懋元

职业教育是教育体系中区别于普通教育而同样重要的不同类型的教育系统。但是长期以来，在"重学轻术"的传统思想影响下，人们往往把职业教育作为低于普通教育的一个层次，从而使职业教育的发展受到限制和影响：政府的投入不足、社会的重视不够、家长的认识偏颇、学生的学习热情不高等现象。可喜的是，2014年5月国务院印发《关于加快发展现代职业教育的决定》，明确要致力于建立现代职业教育的独立体系。在构建现代职业教育体系的进程中，中等职业教育和高等职业教育的衔接是其重要组成部分。高等职业教育要发挥其引领中职教育的作用，中等职业教育要发挥其推动高职教育的作用，中职教育与高职教育的衔接是其桥梁和纽带。中等职业教育与高等职业教育都属于同源同类教育，二者衔接起来具有先天优势，不需要破除所谓的"跨界"壁垒。

职业能力是职业教育人才培养的核心要素，提高人才培养质量关键是要提高人才的职业能力。从理论上看，职业能力是可以划分为不同类型的，相同类型又可以进一步划分为不同层级。比如，职业能力可以分为行业通用能力、职业特定能力和核心能力等不同类型，同一类型的能力又可以划分为不同的层级和水平。相同能力类型的不同层级之间可以通过一定介质、方式、路径或桥梁来实现相互衔接。从实践角度看，职业能力培养可以通过人才培养方案和课程体系课程标准的构建与实施来实现，主要是通过实施多元层级递进与层次衔接来实现职业能力培养的有效衔接，进而达到中高职衔接的目标。主要发达国家和地区职业教育的实践经验表明，中高职衔接有效与否，最终可通过各层次及各类技能型人才的职业能力培养成效来衡量。在关注宏观政策制度环境的同时，更需要从课程体系构建、职业能力培养、课程标准制定的微观层面入手来解决现实突出问题。

本书作者廖益教授具有在国有企业、职业院校和应用性本科高校工作的经历，对职业教育关注多年，并在教育改革实践中取得了较好成效。他也关注职业教育发展中的理论问题，开展了职业教育的系统研究。本书是他主持国家社科基金项目的成果。

本书的基本内容：一是围绕市场需求深入开展调查研究。选择模具设计与制造、数控技术2个工科专业，会计、酒店管理2个经管类专业，从市场需求、人才规格等方面进行调研，为人才培养方案的制定提供参考依据。二是进行中外比较研究。选择德国、英国、加拿大、澳大利亚、新加坡、中国台湾地区等进行比较，借鉴他山之石。三是探讨课题研究的理论基础和体系依托。运用价值论、系统科学等理论分析现实问题。四是构建中高职衔接的理想模式。通过分析职业能力和资格标准，进行层级分析，进而实现层级衔接。五是设计制定基于能力培养的中高职衔接人才培养方案。六是理论探索与试点实践相结合，取得了较为丰富的系列成果。七是开展改革实践与示范推广相结合。通过试点，取得良好效果和实践经验，并在中高职院校推广实施与交流，发挥了良好的示范带动作用。

通过研究，本书认为中高职教育衔接涉及到中职教育系统和高职教育系统多个层面的衔接，其中最为关键和核心的就是中高职教育职业能力培养的有效衔接。中高职教育职业能力培养的有效衔接，有其充分的理论支撑和现实依据。以"3+2"为基础构建的多元递进层级衔接是我国现阶段中高职教育衔接的理想模式，有利于从学制、专业、课程、证书模块、职业能力和评价模式等层面实现有效衔接。作者还分别对模具设计与制造、数控技术、会计、酒店管理等4个专业的中职教育和高职教育进行了现实剖析和案例研究，制定了一体化的课程体系和培养方案。同时，基于中高职教育衔接的未来发展趋势，提出了中高职教育有效衔接的若干政策建议。

基于实践的考虑，项目研究进行了6年，保证了项目的实践性和推广示范性。研究的结果和成果已经超出了项目申报的内容与要求。

尽管作者及其课题组做出了很大的努力，但是仍然有诸如建立中职高职本科有效衔接的机制、衔接的体制改革、本科与应用型硕士衔接等问题还需要进行深入研究与探索。

相信本书的出版，将有利于推进中国职业技术教育的发展。

是为序。

2019 年 3 月 26 日

（潘懋元：著名教育家、中国高等教育学学科创立者和奠基人、厦门大学文科资深教授、博士生导师）

目　录

绪论 ………………………………………………………………（1）
　第一节　本研究的价值追求和目标导向 ………………………（1）
　第二节　本研究的框架结构 ……………………………………（5）
　第三节　本研究的联动创新 ……………………………………（7）

第一章　项目研究与实践的总体概况 ………………………（9）
　第一节　研究背景 ………………………………………………（9）
　第二节　研究意义 ………………………………………………（22）
　第三节　研究思路与方法 ………………………………………（26）
　第四节　核心概念界定 …………………………………………（32）
　第五节　文献综述 ………………………………………………（37）
　第六节　研究的主要成果 ………………………………………（50）

第二章　中高职教育有效衔接的比较研究 …………………（58）
　第一节　德国中高职教育衔接的现状与启示 …………………（58）
　第二节　英国中高职教育衔接的现状与启示 …………………（70）
　第三节　澳大利亚中高职教育衔接的现状与启示 ……………（81）
　第四节　加拿大中高职教育衔接的现状与启示 ………………（90）
　第五节　新加坡中高职教育衔接的现状与启示 ………………（102）
　第六节　中国台湾中高职教育衔接的现状与启示 ……………（112）

第三章　中高职能力培养有效衔接的理论与模式 …………（119）
　第一节　中高职能力培养有效衔接的现实需求 ………………（119）

第二节　中高职能力培养有效衔接的理论基础……………（126）
　　第三节　中高职能力培养有效衔接的体系依托……………（137）
　　第四节　中高职能力培养有效衔接的主要模式……………（147）
　　第五节　中高职能力培养有效衔接的理想模式……………（158）

第四章　中高职能力培养有效衔接的职业能力与资格标准……（169）
　　第一节　职业能力的内涵与特征……………………………（169）
　　第二节　职业资格的内涵与特征……………………………（180）
　　第三节　不同国家职业资格框架……………………………（181）
　　第四节　职业能力核心要素…………………………………（198）
　　第五节　职业能力与资格标准的衔接原则和方法…………（204）

第五章　职业能力培养的层级分析与层级衔接…………………（214）
　　第一节　职业能力层次划分与衔接的原则…………………（214）
　　第二节　职业能力的层次划分………………………………（218）
　　第三节　职业能力的层级衔接………………………………（221）
　　第四节　专业核心课程的层级衔接…………………………（229）
　　第五节　职业资格证书及职业能力的层级衔接……………（233）

第六章　模具设计与制造专业教学标准中高职
　　　　　衔接解决方案………………………………………（238）
　　第一节　模具设计与制造专业中高职衔接现状……………（238）
　　第二节　模具设计与制造专业中高职衔接的主要
　　　　　　问题…………………………………………………（241）
　　第三节　模具设计与制造专业中高职衔接解决方案………（242）
　　第四节　模具设计与制造专业中高职衔接方案实践
　　　　　　评价与发展…………………………………………（259）

第七章　数控技术专业教学标准中高职衔接解决方案……（262）
  第一节　数控技术专业中高职衔接现状……（262）
  第二节　数控技术专业中高职衔接的主要问题……（265）
  第三节　数控技术专业中高职衔接解决方案……（267）
  第四节　数控技术专业中高职衔接方案实践
      评价与发展……（287）

第八章　会计专业教学标准中高职衔接解决方案……（290）
  第一节　会计专业中高职衔接现状……（290）
  第二节　会计专业中高职衔接的主要问题……（296）
  第三节　会计专业中高职衔接解决方案……（303）
  第四节　会计专业中高职衔接方案
      实践评价与发展……（318）

第九章　酒店管理专业教学标准中高职衔接解决方案……（326）
  第一节　酒店管理专业中高职衔接现状……（326）
  第二节　酒店管理专业中高职衔接的主要问题……（330）
  第三节　酒店管理专业中高职衔接解决方案……（339）
  第四节　酒店管理专业中高职衔接方案实践
      评价与发展……（352）

第十章　中高职教育职业能力培养有效衔接的研究结论、
    政策建议与发展趋势……（364）
  第一节　中高职教育职业能力培养有效衔接的
      研究结论……（364）
  第二节　中高职教育职业能力培养有效衔接的
      政策建议……（373）
  第三节　中高职教育职业能力培养有效衔接的
      发展趋势……（378）

附录1　模具设计与制造专业人才需求调研报告 …………（382）
附录2　数控技术专业人才需求调研报告 ………………（408）
附录3　会计专业人才需求调研报告 ……………………（422）
附录4　酒店管理专业人才需求调研报告 ………………（437）

参考文献 ……………………………………………………（455）

后　记 ………………………………………………………（459）

绪　　论

构建现代职业教育体系是从国家宏观层面促进教育事业发展的重大战略，也是我国职业教育发展的主要阶段性目标和重要里程碑。现代职业教育体系的构建、实践、完善和发展，将从制度和结构等宏观层面有力地推进我国现代国民教育体系的整体构建和发展。"中高职教育衔接"是构建现代职业教育体系的重点工程，全面贯通中高职教育的衔接通道和各个衔接点是职业教育科学发展的必然要求。"中高职教育衔接"牵涉到中职教育系统和高职教育系统方方面面的衔接，最为关键和核心的衔接点、落脚点以及衔接的重难点就是"中高职教育职业能力培养的有效衔接"。"中高职教育职业能力培养有效衔接"的理论研究与实践探索，既有现实指导意义，又有重要学术价值。

第一节　本研究的价值追求和目标导向

如果从其出发点和归宿来考察，任何研究都会存在一个返璞归真的原点。透过这个原点，从价值的视角观察，就可以发现该研究背后起支撑和引领作用的价值取向和价值追求。价值属于关系范畴，认识论上的含义是指客体能够满足主体需要的效益关系，是表示客体的属性和功能与主体需要间的一种效用、效益或效应关系的哲学范畴。在社会实践中，由于主体本质力量的表现，社会实践主体具有主观能动性，往往会对社会实践活动中的事物做出价值判断。价值判断是以事实判断为基础开展的。对于价值判断为好的东西，就产生好感、倾慕、执着的向往和强烈的驱动倾向，千方百计地通过意志努力达到此目标，这便形成了价值追求。这种价值追求体现为情感意志上的向往、信念上的坚定和实践追求的坚忍不拔。本研究的价值追求可以概括为人的发展、社会需求、职业能力培养和衔接的有效性等。

一 人的发展

马克思关于人的全面发展学说，描绘了人的发展的理想蓝图。社会发展的终极目标是实现人的全面发展，理想的人应该是全面发展的人。人的全面发展是指人的本质和特性的全面发展，包括人的劳动能力、社会关系、人的需要和自由个性等的全面发展。人的劳动能力的全面发展，是人全面发展的根本条件。正是劳动创造了人本身，使人类从动物界中分化出来，形成独立的本质和存在的根据。因此，人的发展首先就是人的劳动能力的发展，人的劳动能力的全面发展是人全面发展的本质规定和重要源泉。中高职教育职业能力培养有效衔接的实践活动凝聚着高度的人文关怀，研究和实现中高职教育职业能力培养的有效衔接正是为了有效实现人的劳动能力的全面提升和发展，拓展人的生存和发展空间，打通职业教育的"断头路"，打通一线劳动者终身教育和可持续发展的通道[①]，构建中等职业、高等职业各个层次技术技能人才的职业能力培养体系，进而推进人自身的自由和全面发展，最终实现人与国家、自然和社会的和谐发展。

二 社会需求

在全球化和智能化时代，社会需求正在发生急剧变化。以工业发展为例，工业1.0时期，主要是机械化生产，引入水力和蒸汽机实现工厂机械化，满足了用工业和机械制造代替农业和手工业生产、用机械替代部分手工劳动的社会需求。工业2.0时期，主要是规模化生产，进入电气化和自动化时代，劳动分工越来越细，实现了零部件生产与产品装配的成功分离，满足了产品高效批量生产的社会需求。工业3.0时期，主要是智能化生产，进入电子信息化时代，产品品质、分工合作、机械设备寿命、电子技术、信息技术、自动化、生产效率

---

① 鲁昕：《要下大决心打破职业教育"断头路"格局》，人民网，http://edu.people.com.cn/n/2014/0425/c367001-24944814.html，2014-04-25/2017-12-02.

等得到前所未有的提高，满足了机器逐步替代人类作业（包括体力劳动和部分脑力劳动）的社会需求。工业4.0时期，主要是定制化生产，进入基于信息物理系统（CPS）、实体物理世界与虚拟网络世界融合的智能制造时代（如手机是实体，但APP是虚体），其核心要义是基于数据分析的制造业转型升级，将形成产品全生命周期、全制造流程数字化以及基于信息通信技术的模块集成，满足了个性化、数字化的产品与服务新生产模式的社会需求。为了满足社会需求的系列变化，新形势下劳动者的素质和技能需要在深度和广度上有一个质的提升和飞跃，中高职教育职业能力培养有效衔接为这种提升和飞跃提供了现实可能性，中高职教育有效衔接的模式将替代原有的中职和高职彼此分割的教育模式。

三 职业能力培养

能力是使活动顺利完成的个性心理特征，直接影响活动效率。职业能力是人们从事某种职业活动必须具备的影响职业活动效率的个性心理特征。人的职业能力是由多种能力叠加并复合而成的，它是人们从事某项职业必须具备的多种能力的总和，是择业的基本参照和就业的基本条件，也是胜任职业岗位工作的基本要求。具体表现为将所学的知识、技能和态度在特定的职业活动中进行类化迁移与整合以便完成一定职业任务的能力。国家劳动和社会保障部在《国家技能振兴战略》研究课题报告中提出国家职业资格体系是与国家学历文凭体系并重我国人力资源开发的两大支柱。要适应经济全球化和知识经济的发展需要，必须全力开发人力资源，全力提高人的素质和能力，提高人的知识和技能水平。并把职业能力分成三个层次，即职业特定能力、行业通用能力和职业核心能力。[①] 职业教育要着力推进改革，克服长期存在的照搬普通教育模式、缺乏完善体系、重视理论、忽视技能等弊端，强化能力培养，努力提高职业能力。21世纪以来，职业教育推动系列改革，取得了阶段性成效。制造业先进的德国除了培养

---

① 青林：《〈国家技能振兴战略〉课题通过部级鉴定》，《中国培训》1998年第11期，第12—13页。

专业能力外，强调方法能力和社会能力两项关键能力的培养，其职业教育领先世界；英国构建了完善的核心能力培训认证体系，形成了一整套核心能力培养培训的认证考核操作标准，能力层级推进有序，成果显著；美国政府重视基本素质和能力培养，测评认证体系完善，推进有力；澳大利亚政府制订方案，大规模推行"KC教育"（Key Competency Based Education），效果明显[①]；新加坡政府启动就业技能资格系统，开发人力资源，提高竞争力；香港特别行政区借鉴英国和澳大利亚的经验，推出资历架构，优化课程结构，强调职业核心能力，引导职业培训。

从职业能力的角度分析，中职教育与高职教育的有效衔接所要解决的主要问题是职业能力培养的连续性和职业岗位技能的有效衔接。这种体现职业教育与劳动就业有机结合的职业能力和职业岗位技能主要通过人才培养目标定位、人才培养模式创新和课程计划保障等来实现。英国文学家狄更斯曾说，成功好比一张梯子，机会是梯子两侧的长柱，能力是插在两根长柱之间的横木，只有长柱没有横木，梯子没有用处。职业能力通向人生腾飞之路，职业能力能创造一切可能的未来。

四　衔接的有效性

衔接的有效性指的是能否实现中高职教育职业能力培养的有效衔接。这种有效性既包括衔接的效果也包括衔接的效率，既强调效率又强调有效。效果或有效，是指完成有效衔接后达到衔接方案和衔接目标的程度。效率是指正确地做事情的程度。同样的事情可能有多种做法可以选择，有的只需投入较少的人、财、物、资源就能达到很好的预期效果，有的则相反。投入和产出比例越高，效率就越高。如果中高职教育职业能力培养有效衔接的过程得到充分展开、职业能力分层界定培养或接口规定具体明确、资源配置合理充足、编制的文件能够确保衔接过程的有效运行和控制所需等，就会实现中高职教育职业能力培养有效衔接的整体业绩、效果和效率的改进，从而确保中高职教

[①] 吴高潮：《核心职业能力理论综述》，《企业改革与管理》2015年第19期，第65—66页。

育职业能力培养衔接有效性的实现。

第二节　本研究的框架结构

本研究首先调研中高职教育能力培养有效衔接的背景和现状，然后从横向视角选择了几个有代表性的国家和地区进行比较研究，并透过理论研究和实证研究找出中高职教育能力培养有效衔接的理想模型，在分析中高职教育能力培养有效衔接的职业能力与资格标准、层级分析与层级衔接的基础上，以模具设计与制造、数控技术、会计、酒店管理等专业为例，研制了中高职教育能力培养有效衔接的解决方案，最后在总结上述研究和实践的基础上提出中高职教育能力培养有效衔接的政策建议与应对策略。

一　中高职教育能力培养有效衔接研究与实践的总体概况

主要介绍了中高职教育能力培养有效衔接的研究背景，对中高职教育、职业能力、有效衔接、职业岗位技能、职业标准等核心概念进行界定，对于前人研究与实践的情况进行梳理与归纳，分析现有研究的不足，探索研究的理论意义和实践意义，明确研究思路、目标与方法，确定研究的实施步骤，介绍研究理论发展、比较研究、专业层面、职业能力、人才培养等方面的主要成果以及在实践探索方面的进展，分析研究存在的不足和以后继续努力的方向。

二　中高职教育衔接的比较研究

在研究中高职教育职业能力培养有效衔接项目的过程中，从横向视角选择德国、英国、澳大利亚、加拿大、新加坡等国家和中国台湾地区的中高等职业教育进行比较，试图通过比较研究吸取和借鉴其他国家和地区在职业教育尤其在中高职教育衔接上的成功经验和做法，以此作为中高职教育职业能力培养有效衔接的参考。

三　中高职教育能力培养有效衔接的理论与模式

从经济社会发展的角度探讨中高职教育能力培养有效衔接的现实

需求，寻求中高职教育能力培养有效衔接的理论支撑和大时代背景的体系依托，总结了国内外中高职教育能力培养有效衔接的模式，从学制、招生、课程、教学等层面提出中高职教育能力培养有效衔接的创新模式，并从动力、运行、保障、调控等方面构建中高职教育能力培养有效衔接的保障机制。

四 中高职教育能力培养有效衔接的职业能力与资格标准

界定和探讨了职业能力的内涵与特征、职业资格的内涵与特征，试图厘清职业能力和职业能力标准的区别；分析不同国家职业能力的内涵、不同国家职业资格框架；寻求行业任职资格标准和国家职业资格标准之间的联系，进一步明晰中高职职业能力与资格标准的衔接原则和方法。

五 中高职教育能力培养有效衔接的层级分析与层级衔接

为了使职业能力能够在各层级进行有效衔接，有必要对中高职的专业能力层级进行解构分析，区分专业岗位能力、职业专业能力和职业通用能力等，构建梯度模型，实施层级衔接。同时，从用人单位、市场需求等角度透过具体的中高职衔接课程标准，详尽地分析了专业岗位能力层级、职业资格证书等级、专业核心课程层级和职业专业能力层级，以简明的形式呈现专业岗位能力层级衔接递进方案、职业资格证书等级衔接递进方案、专业核心课程层级衔接递进方案和职业专业能力层级衔接递进方案等。

六 中高职教育能力培养有效衔接的专业解决方案

根据上述理论分析和实践成果，具体探讨中高职教育模具设计与制造专业、数控技术专业、会计专业、酒店管理专业等能力培养有效衔接的现状和问题，权衡现有中高职衔接方案的利弊，提出中高职教育各个专业能力培养有效衔接的新方案，并以表格的形式一体化呈现中高职教育各个专业能力培养有效衔接的课程教学计划。最后，结合国内外实践，对中高职教育相关专业能力培养有效衔接方案的实践效果进行反思和总结，并结合具体案例和访谈材料对衔接模式进行全面的评价和优化。

七 中高职能力培养有效衔接的研究结论、政策建议与发展趋势

在全面总结的基础上从体制机制、学校制度、政策倾斜、效果表彰、政府推动、校企融合、培养模式等方面提出中高职教育能力培养有效衔接的政策建议与应对策略，并展望中高职教育能力培养有效衔接的未来趋势与发展走向。

第三节 本研究的联动创新

一 在研究思路和视角上力求创新

中高等职业教育衔接是构建现代职业教育体系的重点工程，全面贯通中高职教育的衔接通道和各个衔接点是职业教育科学发展的必然要求。中高等职业教育的衔接发展绝不是中职教育与高职教育两个系统的简单链接。中高职教育衔接牵涉到的内容非常繁杂，不仅涉及多主体、多领域、多层面的问题，而且遇到前所未有的新问题、新矛盾、新任务。本研究选取中高职教育能力培养有效衔接作为重点，突出能力培养，抓住关键问题，对于本研究的务实开展创新了思路、开辟了路径。

中高职教育能力培养有效衔接研究与实践作为一项多学科、多领域、多主体、多专业、多层次的综合研究，研究的场域和背景逐渐拓展为政府宏观决策的大视野、世界背景的全方位、中高职参与的多主体、理论模式和实践操作的多视角、宏观中观微观的多层次。所有这一切，都致力于探索中高职教育能力培养有效衔接的一般规律和特殊规律。

二 在研究内容和结论上力求创新

本项目通过开展国际比较研究呈现了一个多元化、特色化、个性化的状况。本研究以一个比较新颖的视角对职业能力的层级进行分析，独创性地在微观领域建立行业职业岗位能力（技能）的递进层阶标准和课程计划，从职业教育整体发展的角度，思考目标定位、培养模式、专业设置、课程标准、教材使用等的衔接问题。本研究提出的政策建议既有宏观层面的体制机制构建，又有中观层面的模型打造，更有微观层面的衔接措施。总体而言，这些建议脉络清晰，层次分明，措施独到，方法新颖。本研究提出的四个专业解决方案具体详尽，各有特色。本研究对未来趋势与发展走向的预测和把握，让人感觉到强烈的时代节奏、敏锐的方向触角和勃发的生机活力。

三　在理论与实践结合上力求创新

中高职教育能力培养有效衔接研究突出时代背景，着眼于理论、政策、实践、操作等几个维度，从背景分析、现状调查、问题判断、对策建议、具体实施等几个层面，围绕中高职教育能力培养有效衔接的国际比较、现状经验、理想模式、层级分析、层级衔接等要点，突出现状调研、理论提升、政策梳理、模式构建和衔接实操，体现了理论与实践密切结合、思考与案例相互衬托、型构与实践有机互动的思维创新品质。

四　在团队合作与联动上力求创新

为了加强国际联系和行业协作，项目组吸收外国学者和企业家等加入研究团队，支持他们在境内外不同场地开展合作研究，形成职业教育研究者与行业企业人员、境内与境外教育教学研究者密切合作的良好局面，相互启发，相互切磋，相互促进，富有成效。

经过6年的理论研究与实践探索，尽管取得了一些有益的成果和突破，但限于人力、物力、时空和其他因素，还存在诸多的问题和不足，恳请专家、同行和读者批评指正。

第一章　项目研究与实践的总体概况

中高职教育职业能力培养有效衔接研究与实践项目于 2011 年启动。项目研究结合国家中长期教育改革和发展的重大理论和现实问题，进一步明确中高职教育职业能力培养有效衔接的背景、问题和目标，开展中高职教育国际比较研究，探索职业能力衔接理论与模式，厘清职业能力与职业资格标准，分析衔接层级分层与层级衔接，研制专业人才培养方案与课程标准，选择典型专业进行试点实践。把握时代特征和实效性，有效解决教育政策理论和实践问题，注重社会效益和使用价值，对于构建具有中国特色和世界水平的现代职业教育体系，建设有效衔接的中高职教育职业能力培养体系具有重要的现实意义。

第一节　研究背景

一　经济社会发展宏观环境背景[1][2]

（一）经济总量稳定增长

改革开放以来，我国经济总量连上台阶，国内生产总值由 1978 年的 3645 亿元跃升至 2012 年的 51.89 万亿元，2014 年的 63.6 万亿元，已经达到美国（17.4 万亿美元）的 60%，并与日本（4.8 万亿美元）拉开了一倍以上的差距；2016 年 11 万亿美元，已经达到美国（18.03 万

---

[1]　林兆木：《"十二五"时期我国发展取得重大成就》，《光明日报》2015 年 11 月 16 日。
[2]　2016 年数据，除注明的之外，均来自凤凰资讯网，《喜迎十九大》，http://news.ifeng.com/a/20170913/51972032_0.shtml, 2017 - 09 - 13/2017 - 12 - 02。

亿美元）的61%。从1979年到2012年，我国国内生产总值年均增长9.8%，同期世界经济年均增速只有2.8%。中国的经济总量居世界位次稳步提升，对世界经济增长的贡献不断提高。1978年，我国经济总量仅位居世界第十位；2008年超过德国，居世界第三位；2010年超过日本，居世界第二位。经济总量占世界的份额由1978年的1.8%提高到2012年的11.5%，2014年上升到13.3%，2016年上升到14.84%。2008年下半年国际金融危机爆发以来，我国成为带动世界经济复苏的重要引擎，2008—2012年对世界经济增长的年均贡献率超过20%，2016年，对世界经济增长的贡献率达到33.2%。

（二）经济结构优化

一是消费对经济增长的拉动作用超过投资。2011—2014年，最终消费对经济增长的年均贡献率为54.8%，高于投资贡献率7.8个百分点；2013—2016年，最终消费对经济增长的年均贡献率为55%，高于投资贡献率8.5个百分点。二是第三产业增加值占国内生产总值比重超过第二产业。第三产业从44.2%上升到48.1%，比2010年提高3.9个百分点；2016年上升到51.6%。第二产业由46.2%下降到42.7%，2016年则为47.3%。三是城镇化率（常住人口）从2010年的49.95%上升到2014年的54.77%，2016年达到57.35%。与此同时，农业实现连续增产增收，粮食产量实现"十一连增"。四是中西部地区投资和经济的增速超过东部，地区发展差距扩大的势头得到了初步遏制。

（三）基础设施水平全面跃升

高效、便捷的铁路网、公路网、航空运输网、城际铁路网、航道网逐渐形成。2014年末，铁路运营里程、公路里程、高速公路里程、定期航班航线里程分别达到11.2万公里、446.4万公里、11.2万公里、463.7万公里，分别比2010年末增长22.6%、11.4%、51%、67.7%。特别是高速铁路运营里程突破1.6万公里，居世界首位。2016年，高速铁路运营里程突破2.2万公里。①

---

① 《发展中国家走向现代化的中国启示》，中国文明网，http://www.wenming.cn/ll_pd/shzy/201712/t20171204_4511363.shtml，2017-12-04/2018-6-04.

（四）科技创新能力明显增强

科技整体水平加速提升，一批重大科技成果达到世界先进水平。载人航天、探月工程、深海潜器、超级计算、北斗导航等战略高技术领域取得重大突破。高铁、4G、5G移动通信、核电、电动汽车、特高压输变电、杂交水稻等重大创新成果加速应用，产生重大效益。

（五）对外开放成绩显著

2014年，我国货物进出口总额达到26.4万亿元，居世界第一位，比2010年增长31%。因国际经济大环境的变化，2016年货物进出口总额虽有下降，但也达到24.3万亿元。2011—2014年累计实际使用外商直接投资4649亿美元，其中2014年为1196亿美元，跃居全球第一；2016年，该数据上升为1260亿美元。对外投资增长迅速，2014年非金融类对外投资1072亿美元，比2010年增长78.1%，成为主要对外投资大国；2016年，对外投资达到1701亿美元。

（六）生态文明建设取得新进展

2011—2014年，单位国内生产总值能耗和水耗累计分别下降13.4%和24.3%，资源产出率比2010年提高约9个百分点。能源结构逐步优化，2014年，水电、风电、核电、天然气等清洁能源消费量占能源消费总量的比重达到16.9%，比2010年提高3.5个百分点。截至2014年底，城市生活污水处理率达90.2%，垃圾无害化处理率达91.8%，森林覆盖率达到21.63%。

（七）市场化改革催生经济活力

实行市场准入负面清单制度，推进价格机制改革，深化国有企业改革和财税体制改革，构建开放型经济新体制。将财政收入用于民生的比例提高到70%以上，持续提高人民物质文化生活水平，不断增强人民群众的幸福感和获得感。简政放权释放红利，已取消和下放586项行政审批事项，中央层面核准项目累计减少了76%；工商登记实行"先照后证"，前置审批事项85%改为后置审批。

（八）实施就业优先战略

2014年末全国就业人员达到7.7亿人，比2010年末增加1148万人，城乡就业比较充分，就业质量逐步提高。人均国内生产总值不断提高，1978年人均国内生产总值仅有381元，1987年越过千元大关，

2003年超过万元大关,2007年突破2万元,2010年突破3万元大关,2012年人均国内生产总值达到3.842万元。扣除价格因素,2012年人均国内生产总值比1978年增长16.2倍,年均增长8.7%。人均国民总收入也实现同步快速增长。根据世界银行的数据,我国人均国民总收入由1978年的190美元上升至2012年的5680美元。按照世界银行的划分标准,已经由低收入国家跃升至中上等收入国家。"十二五"前4年,城乡居民人均可支配收入年均增长9.5%,快于GDP增速,收入差距逐渐缩小。2014年末,全国参加城镇职工基本医疗保险的人数比2010年末增加4561万人,参加新型农村合作医疗的人数达到4965万人,比2010年末增加350万人。2016年,全国基本医疗保险参保人数超过13亿人。①

(九)新的增长动力加快孕育

随着互联网经济的快速发展,新业态、新模式、新产品不断涌现,信息消费、电子商务、物流快递等蓬勃发展。2014年,全社会电子商务交易额达16.39万亿元,同比增长59.4%;快递业务量达到140亿件,超过美国问鼎世界第一,连续4年保持了超过50%的增长速度。《中国电子商务发展报告(2016—2017)》显示,2016年,中国全社会电子商务交易额达到26.1万亿元。其中,网上零售额达51556亿元,同比增长26.2%;实物商品网上零售额41944亿元,增长25.6%,占社会消费品零售总额的12.6%,约占全球电子商务零售市场规模的39.2%,连续多年成为全球规模最大的网络零售市场;跨境电子商务交易额约5.85万亿元人民币,同比增长28.2%。电子商务及相关产业直接和间接带动就业人数已达3700万。

我国经济社会的飞速发展给职业教育带来了前所未有的挑战和重要的发展机遇,推动着职业教育向更高层次更高水平快速发展。

与此同时,我国经济社会发展面临的国内外环境依然复杂严峻,一些不确定因素还可能带来新的冲击。世界经济形势充满变数,国际

---

① 《白皮书:截至2016年底全国基本医疗保险参保人数超过13亿人》,新华网,http://news.xinhuanet.com/politics/2017-09/29/c_1121746597.htm,2017-09-29/2017-12-02。

金融危机深刻改变了世界，全球经济进入低速增长通道，不确定性、不稳定性因素明显增多。面对新的国际经济形势，各国都须在新的全球价值链中重新定位，我国也不例外。改革开放以来，我国经济持续快速发展，成为世界第二大经济体，但只是一个经济总量大国，还不是经济强国。我国经济发展中各种结构性矛盾渐进累积，内需外需不协调，地区差距、城乡差距仍然较大。随着劳动力成本不断攀升和资源环境约束持续强化，传统的改革红利和开放红利逐步消退，原有的经济增长模式难以为继。内外部经济下行压力的叠加使得牺牲一定速度来实现企业转型和产业升级的模式变得困难，资本市场的结构性问题遭遇了实体经济的罕见悲观预期，消费和内需短期内无法产生更多边际收益导致稳定出口仍然居于重要位置。增长的速度由高速向中高速换挡；增长的动力机制逐渐由要素驱动转向创新驱动；资源配置的机制着力于发挥市场的决定性作用。如何在依然复杂严峻的国内外环境中化危为机和危中寻机，走出新的发展道路，催生出新兴产业新型企业和创新产品，这些都迫切需要职业教育为经济社会发展提供人才支持、智力支持和技术支撑。

二　高等教育大众化职业教育问题驱动背景

（一）职业教育发展与高等教育大众化进程

我国高等教育大众化的进程既给职业教育带来新的发展契机，也给职业教育体系的建设特别是中高职教育衔接带来一系列挑战。伴随着我国高等教育大众化的进程，职业教育占整个教育的比重将达到50％，但目前中职教育与高职教育仍存在不合拍、不同步的发展轨迹。从发展规模和数量看，高职教育对于中国高等教育大众化做出了重要贡献，其速度先快后慢；而中等职业教育受高校大扩招的影响先跌后升，中职教育与高职教育发展呈现为异步发展，反映出中高职规模和数量之间的错位。从生源结构看，高职教育扩招的生源主要来自普通高中而非中职学校，中职生源对口升上高职层次的通道基本被截断，以致中职教育几乎成为终结性的"断头"教育，职业教育体系发展成为中职和高职两头膨胀发展、中间衔接通道窄小的"哑铃型"结构。从中高职教育专业的衔接来看，专业设置出现趋同和扎堆现象，忽视市场导向和专业特点导致专业结构与区域经济的产业结构和技术结构衔接错位。教育部颁布的中等职业学校专业目录和普通高等学校高职高专专业目录对中职与高职相同或相似专业的设置口径宽窄不一，容易导致中高职在专业衔接的接口上产生脱节。从中高职教育课程的衔接看，存在课程设置、内容安排和教材选用上的重复、重叠、疏离、脱节甚至倒挂现象，重复率达到45%—55%，甚至于最多达70%，中高职之间没有建立起同质课程的统一标准，因此课程衔接的脱节和错位现象十分突出。从教育质量水平看，根据国际教育标准分类的要求，3A阶段的学生应经过4B阶段的补充教育才适合接受5B高职阶段的教育，而中职与高职阶段缺乏整体性的专业与课程教学方案，教学质量评价与监控不统一，生源素质"先天不足"加上相当多的高职院校办学历史短、底子薄、经验不足，仍然走在本科压缩型的专科教育老路上，偏重"知识本位""升学本位"而忽略"能力本位"和"素质本位"①，偏离"以服务为宗旨，以就业为导向，走工学结合发展道路"的办学方针，因此，一段时间以来，高职教育质量总体水平不够理想。

（二）职业教育发展存在的主要问题

1. 理论探索不足

在研究层面上，对职业教育体系的完整性和中高职衔接人才培养的理论缺乏系统研究与实践。对于职业教育中高职衔接的理念、制度、模式、人才培养、专业标准、课程标准、教学方法等缺乏深入研究。目前的研究主要集中在"五年一贯制""3+证书"升学制的中职教育与专科教育对接模式的实践探索。2010年，全国中职毕业生数为659.05万人，升入各类高一级学校的学生数为47.77万人，仅占毕业生数的7.25%，其中大部分是进入高职院校学习。显然对中职毕业生直接进入高职院校学习的研究及政策制定不够，影响中职毕业生的终生学习和国家高技能人才的系统培养。中高职教育有效衔接，绝不是二者之间的简单相加。它不仅是形式上的承接，更重要的

---

① 解延年：《素质本位职业教育—我国职业教育走向21世纪的战略抉择》，《教育改革》1998年第2期，第48—50页。

是内涵上的实质结合。其目的是优化中职与高职各自的教育资源配置并加以充分运用，发挥其办学优势，为构建人才成长"立交桥"和终身教育体系提供路径和搭建平台。

2. 政策措施薄弱

招生考试是中高等职业教育衔接的一个重要环节和主要措施。虽然政策上允许中职学生在专业对口范围内通过高考进入高职院校，但这本身就有身份限制色彩，致使大多数中职毕业生失去了继续深造和提高的机会。而主要采用的"3+X"高职招生考试形式，又明显缺乏"职业性"特征，存在着考试科目与中职学校开设课程脱节、过分偏重文化课考核等问题，既影响高职生源的数量和质量，又严重影响中职学校的专业设置、教学计划、教学内容和教学方法，使其办学目标发生偏离，走上"应试教育"的老路。招生政策的不足和缺陷，现实中的招考不利，是影响中高职有效衔接的主要症结之一。

3. 思想观念滞后

对职业教育的意义与价值缺乏真正了解和清楚认识以及对普通高等教育的情有独钟，致使不认同甚至鄙薄职业教育的观念至今尚未根除，有利于职业教育的社会氛围尚未真正形成，造成了对中高等职业教育衔接和职业教育健康持续发展的负面影响和冲击。社会大众认为高职教育不入流成为普遍现象，很多家长不希望、不愿意子女报考高职院校；而中职教育是终结性教育的观念遗留，也使得中职学生对继续学习和终身教育的认识发生断裂，缺乏继续深造和提高的内在动力。同时，高等教育大众化促生的"普高热"，导致中职生源数量和质量下滑，连带影响高职的发展。尽管就业市场十分需要不同类型、层次和规格的职业技术人才，但现实状况却是，许多用人单位在用人规格和条件要求上一味追求本科或其以上的高学历。许多中高职生被排斥在"高门槛"之外，地位尴尬，就业困难。这种情况大大降低了职业教育的吸引力，严重影响了中高职业教育的衔接和健康发展。

4. 管理体制不顺

体制是指国家机关、企事业单位在机构设置、领导隶属关系和管理权限划分等方面的体系、制度、方法、形式等的总称；机制原是指机器的构造和运作原理，借指事物的内在工作方式，包括有关组成部分的相互关系以及各种变化的相互联系。机制是从属于制度的，它通过制度系统内部组成要素按照一定方式的相互作用实现其特定的功能。机制运行规则都是人为设定的，具有强烈的社会性。在管理体制上，较长时间里，高等职业教育由国家教育部高教司归口管理，中等职业教育由教育部职教司归口管理；在地方，中等职业教育实行由教育行政部门、劳动部门或行业管理的体制，而省级教育行政管理部门和地方政府对高职教育在经费投入等方面一直非常有限。如此，政出多门，条块分割，缺乏协调，各自为政就不可避免，进而出现"教""考"差距过大、培养目标不一致等脱节现象。因此，管理体制不够顺畅甚至相互脱节，也是造成中高等职业教育直接衔接不利的重要原因。

5. 培养目标不明

中等职业教育、高等职业教育对职业能力和职业素质的要求在程度上有所不同，二者之间存在着基础与提升的关系，"高职教育应在保持与中职教育连续性的基础上，体现出自身的职业性和高层次性"。因此，高职学生应当比中职生具有更宽的知识面、更强的理论素养和更熟练的专业技能。但事实上，一方面，高职教育存在着职业性不明显的弊端，对职业能力的培养在某种程度上可能还不如中职教育，对中职教育难以产生实质性影响。另一方面，中职教育存在的"三轻三重"（即"轻基础、重专业；轻理论、重实践；轻理解、重操作"）的现象，导致中职学生知识面窄，理论基础薄弱，升学后也很难适应高职本身应有的更高层次技术传授的基本要求。培养目标衔接不明晰甚至出现错位，严重影响着二者在许多方面的有效对接，成为中高等职业教育衔接的诟病。

6. 专业设置对应度低

专业衔接应当是中高等职业教育实现有机衔接的一个必要条件。但是，中职学校开设专业种类繁多，而高职院校开设专业相对较少，二者之间口径宽窄不一，且实际上高职院校在专业设置方面也较少考虑中职学生向上延伸和学历提升的需求，没有从职业教育整体发展的角度并按照不同职业、不同岗位、不同层次的技术人才需求去考虑专业设置特别是与中职教育在专业上的衔接。这使得专业对口招生政策的落实大打折扣，中职学校许多专业的学生很难找到对应或相近专业的高职院校继续学习，渴望进入高职深造的愿望得不到满足，社会对高素质实用型、技术型人才的需要被虚化。

7. 课程衔接不畅

中高等职业教育衔接的核心是课程的衔接。课程衔接要求在课程设置上进行合理分工、科学整合并相互承接，避免重复浪费。但我国的职业教育还没有从根本上摆脱学科中心型模式的影响和专科课程是本科课程"压缩型"的束缚，中职课程开发明显滞后于专业建设，而高职课程又没有兼顾各类生源的素质差异，科学性和衔接性较差。因此，课程计划和课程标准雷同、课程设置和教学内容重复、教材同质化现象严重、技能实训课倒挂、职业资格证书与课程对应关系不紧密等影响中高等职业教育有效衔接的现象必然大量发生。

8. 学制衔接不连贯

学制衔接是一种形式衔接、外延衔接，中高职教育衔接的学制主要有以"五年一贯制"为代表的一贯制衔接模式和包括以浙江的"3+2"、上海的"3+3"、四川的"4+2"等模式为代表的分段式衔接模式。这些模式还没有实质性地解决中职毕业生进入高职院校继续学习的统一学制问题，即中职教育和高职教育不能有效衔接。在宏观上，没有建立完整、科学、系统的职业教育体系；在中观上，缺乏职业教育人才培养目标定位和清晰的人才培养方案；在微观上，没有建立起行业职业岗位能力（技能）的递进层阶标准，缺乏中高职教育贯通的相应教材特别是专业课程的教材。

9. 衔接实践缺乏有效性

现有的衔接模式存在重外延轻内涵的倾向性。在实践中主要采用分段式衔接模式，较为注重的是形式上、外延上的承接和转换，而对培养目标衔接、专业定位衔接、人才培养方案衔接、课程衔接等重视不够，忽视了衔接的内涵要求，且存在学制不统一、不同类型的中职生获得同一学历所需要的时间存在差异等问题，以及高职院校的教学难以在更大程度上满足学生全面发展和个性发展的实际需求，降低了教学效能。

中职教育自身存在衔接障碍。"中高职衔接是学习规律的要求，是求得职业内涵和层次提升的必然",但是,中职教育本身存在的一些问题,成为制约衔接的障碍因素。例如,对高职认识不足,部分中职学生还有"上高职不如早就业、早上岗、早挣钱"的思想;中职学校内部教学管理松散,教学质量不高,中职学校学生文化基础较差,知识掌握不牢固,无力应考,即使升入高职院校也不适应高职教学要求,缺少进一步深造的基础和能力;在培养目标、专业设置、课程体系、教材选用等方面与高职不相适应或冲突、重复,不利衔接。

高职竞争力不强。我国许多高职院校是因应"三改一补"政策所建,故而某些不足从它们成立时起就相伴相生:在相当时间内,办学理念和管理体制并未因变成高职而及时转变,"改革"、"改制"、"改组"过程中职教特色不突出,成人高校、干部学院等没有脱离原有的办学模式,部分重点中专升格为高职院校后还停留在中专的办学理念、管理体制和管理制度上;投入不足,办学条件差,实训教学严重受限;实训教师缺少,"双师型"教师缺乏;等等。自身发展的不足,使得一些高职院校办学特色和办学目标不明确,缺少特色专业、品牌专业。相比于中等职业教育和普通高等教育,既无明显的技术技能优势,也无高实力的理论水平,适应性和竞争力不强。

中高职院校之间缺少实质性的专业建设与合作机制。对同一专业的内涵和外延认识不一,容易产生专业衔接错位。如中职模具专业就是培养数控铣床操作工或安装钳工,仅以模具生产过程的一个环节或工艺就认定了一个专业,这与专业的完整性相距太远。

尚没有建立行业职业岗位能力(技能)的递进层阶标准。没有具体制定统一的课程标准,缺乏中高职贯通的相应教材特别是专业课程教材,造成中高职阶段一些专业课程内容重复及脱节。在实习训练与专业技能培养方面,高职与中职没有体现出层次内涵上的差异。没有专门构建和设置针对中职生源的人才培养模式和人才培养目标,在中高职衔接中就不可避免地出现知识技能断档或重复等问题。

高等教育大众化背景下中职与高职教育在层次、生源、专业、课程和职业能力的衔接以及质量上所存在的问题,需要结合实际研究大众化背景下中职与高职在层次、生源、专业、课程的衔接,特别要加强中高职教育职业能力培养的衔接研究。

三 现代职业教育改革发展政策背景

新中国成立后,我国根据社会需要制定了一系列教育发展政策与措施,并取得了十分重要的成效。当然,因为深受"条块分割"管理体制的影响,表现为学校隶属关系复杂(有市属、省属、部委属,而部委属院校又分别属于教育行政部门、各专业部委、劳动人事部门等不同部门管理),多头领导、多头管理、政出多门,政策、规定不一,职业教育仍然存在诸多困难与问题。需要指出的是,由于职业教育层次较低,专业面较窄,各层次之间相互隔离,缺乏有机联系,较长时期内都处在基础教育和高等教育的夹缝之中。

随着经济转型、产业升级和科技发展,企业迫切需要有一技之长的各类劳动者和建设者,社会对人才的需求已经呈现出多元化、常规化的格局。学生不必只走高考一座独木桥,他们具备多层次受教育的选择权,可以自主接受中高等职业教育,提高实际应用能力。

我们欣喜地看到,在国家发展的各个历史阶段,相继出台了促进职业教育发展的相关政策,大大推动与促进了我国职业教育的发展。

(一)二十世纪80、90年代职业教育政策

1985年,《中共中央关于教育体制改革的决定》提出,建立起一个从初级到高级、行业配套、结构合理又能与普通教育相互沟通的职业技术教育体系。

1991年,国务院《关于大力发展职业技术教育的决定》提出,积极发展高等职业教育。

1996年5月15日,全国人大通过《中华人民共和国职业教育法》。以法律形式明确职业教育中高职衔接、普职沟通、学历教育与非学历教育并举的"立交桥"构造。

1999年1月13日,国务院批转教育部制定的《面向21世纪教育振兴行动计划》。

1999年1月,教育部、国家计委印发《试行按新的管理模式和运行机制举办高等职业技术教育的实施意见》。

(二)二十一世纪职业教育新政策

进入新世纪以来,国家连续出台系列文件,推进职业教育改革与

发展，我国职业教育进入快速发展阶段。

2000年3月，教育部颁布《高等职业学校设置标准（暂行）》。

2002年6月，国务院召开第四次全国职业教育工作会议，印发《国务院关于大力推进职业教育改革与发展的决定》。

2004年4月，教育部印发《关于以就业为导向，深化高等职业教育改革的若干意见》。

2005年11月，召开全国职业教育工作会议，印发《国务院关于大力发展职业教育的决定》。提出满足人民群众终身学习需要，与市场需求和劳动就业紧密结合，校企合作、工学结合，构建结构合理、形式多样、灵活开放、自主发展、有中国特色的现代职业教育体系。

2010年5月，国务院颁布《国家中长期教育改革和发展规划纲要（2010—2020年）》，明确了今后一个时期加快发展现代教育的指导思想、基本原则、目标任务和政策措施，提出"到2020年，形成适应发展需求、产教深度融合、中职高职衔接、职业教育与普通教育相互沟通，体现终身教育理念，具有中国特色、世界水平的现代职业教育体系"。首次将"增强职业教育吸引力"写进了这一重要文件之中，提出"积极推进学历证书和职业资格证书'双证书'制度，推进职业学校专业课程内容和职业标准相衔接"，"建立健全职业教育课程衔接体系。鼓励毕业生在职继续学习，完善职业学校毕业生直接升学制度，拓宽毕业生继续学习渠道"。

2011年8月，国家教育部印发《关于推进中等和高等职业教育协调发展的指导意见》，再一次为我国职业教育今后的发展指明方向。实施中等和高等职业教育衔接，系统培养高素质技能型人才；加强政策保障，创造中等和高等职业教育协调发展的政策环境。

2014年5月，国务院印发《关于加快发展现代职业教育的决定》，明确"创新发展高等职业教育。专科高等职业院校要密切产学研合作，培养服务区域发展的技术技能人才，重点服务企业特别是中小微企业的技术研发和产品升级，加强社区教育和终身学习服务。探索发展本科层次职业教育。建立以职业需求为导向、以实践能力培养为重点、以产学结合为途径的专业学位研究生培养模式。研究建立符合职业教育特点的学位制度。形成定位清晰、科学合理的职业教育层次结构。"

第一章 项目研究与实践的总体概况

2014年6月，国家发改委、教育部等六部委联合印发《现代职业教育体系建设规划（2014－2020年）》，明确建立我国高等职业教育独立体系，系统构建从中职、专科、应用型本科到专业学位研究生的培养体系。

2015年6月，教育部印发《关于深入推进职业教育集团化办学的意见》，提出完善集团化办学的实现形式，提升职教集团综合服务能力，强化集团化办学的保障机制。《意见》对集团化办学的参与主体、组织形式、治理结构、运行机制等提出要求，提出到2020年，初步建成300个具有示范引领作用的骨干职教集团，建设一批央企、行业龙头企业牵头的职教集团，基本形成教育链与产业链融合的局面。

2015年7月，教育部印发《关于深化职业教育教学改革全面提高人才培养质量的若干意见》，明确以提高质量为核心的职业教育发展观，以创新性思维系统地设计教学改革的新举措。教育部办公厅还印发《关于建立职业院校教学工作诊断与改进制度的通知》，对职业院校内部教学质量建设提出指导意见。

2015年8月，教育部公布了首批现代学徒制试点单位和行业试点牵头单位，其中包括17个试点地区、8家试点企业、100所试点高职院校、27所试点中职学校和13家行业试点牵头单位。与此同时，人社部和财政部共同发出《关于开展企业新型学徒制试点工作的通知》，确定了北京市等12个省市开展试点工作，每个省市选择3—5家具备相应条件的大中型企业作为试点单位，每家企业选拔100人左右参加学徒制培训。

2015年8月，教育部印发文件要求，自2015年秋季学期起，倡导践行"改变从今天开始"，实施职业院校管理水平提升行动计划。计划经过3年努力，职业院校以人为本管理理念更加巩固，现代学校制度逐步完善，办学行为更加规范，办学活力显著增强，办学质量不断提高，依法治校、自主办学、民主管理的运行机制基本建立，多元参与的职业院校质量评价与保障体系不断完善，职业院校自身吸引力、核心竞争力和社会美誉度明显提高。

2015年10月，教育部、国家发展改革委、财政部印发《关于引导部分地方普通本科高校向应用型转变的指导意见》，从明确类型定位和转型路径、推动结构性改革、深化人才培养机制改革、推动试点高校全面融入区域、行业技术创新体系等提出了转型发展改革的14项主要任务。

2015年10月，教育部印发《高等职业教育创新发展行动计划（2015—2018年）》，明确提出"扩大优质教育资源、增强院校办学活力、加强技术技能积累、完善质量保障机制、提升思想政治教育质量"等五大行动，强化内涵发展、特色发展和创新发展，开启了我国高职教育整体质量提升的新时代。行动计划提出了65个工作任务和22个建设项目，为推动高职教育"十三五"期间的改革发展和提升整体质量明确了工作重点、责任单位和时间节点。

2016年4月，教育部、财政部、人力资源和社会保障部、国家安全监管总局、中国保监会五部门研究制定了《职业学校学生实习管理规定》，意在贯彻落实全国职业教育工作会议精神，规范职业学校学生实习工作，维护学生、学校和实习单位的合法权益，提高技术技能人才培养质量。

2016年7月，教育部等九部门发布《关于进一步推进社区教育发展的意见》，以建立健全社区教育制度为着力点，统筹发展城乡社区教育，加强基础能力建设，整合各类教育资源。充分发挥社区教育在弘扬社会主义核心价值观、推动社会治理体系建设、传承中华优秀传统文化、形成科学文明生活消费方式、服务人的全面发展等方面的作用。

2019年，出台《国家职业教育改革实施方案》，提出完善职业教育和培训体系。

我国一系列重要文件的出台，为职业教育发展带来重大机遇，为职业教育体系的构建提供重要保障，也为中高职教育衔接提供重要支撑。为此，要加快中高职教育衔接的理论研究与实践探索，尤其要关注专业设置、目标定位、培养模式、课程体系、技术技能的衔接以及职业精神的培养和体制机制的改革。要特别深化中高职教育课程标准的衔接，确保中高职教育衔接的可操作性和有效性。要逐步建立中高职教育有效衔接的保障体系，实现中高职教育的有效衔接，核心就是要实现基于职业能力培养的中高职教育有效衔接。

第二节 研究意义

《国家中长期教育改革和发展规划纲要（2010—2020年）》是促

进我国教育改革和发展的重要文件。在职业教育方面，它首次将"增强职业教育吸引力"写进了文本之中，提出"积极推进学历证书和职业资格证书'双证书'制度，推进职业学校专业课程内容和职业标准相衔接"，"建立健全职业教育课程衔接体系。鼓励毕业生在职继续学习，完善职业学校毕业生直接升学制度，拓宽毕业生继续学习渠道。"因此，要加快中高职教育课程的改革，深化中高职课程标准的衔接，建立中高职有效衔接的保障体系，确保中高职衔接的可操作性和有效性，实现中高职教育的有效衔接。

职业教育作为一种教育类型，不论是中等职业教育还是高等职业教育都具有相同的属性，都要围绕我国产业发展和社会的现实需要来解决经济社会发展面临的实际问题，都要力求职业教育办学理念与人才培养层次的相互衔接，特别是基于职业能力培养的中高职教育的有效衔接，共同研讨培养目标及专业定位，创新技能型人才培养模式。

探索基于职业能力培养的中高职教育有效衔接，有利于把握职业教育发展的特点和规律，探索职业教育改革的顶层设计和实施路径；有利于运用现有政策解决实践中存在的突出问题，为政府决策部门提供咨询参考；有利于找到衔接的内在逻辑和关系，在微观层面实现能力层级分层和层级衔接，构建中高职有效衔接的保障体系；有利于推动中高等职业教育的内容衔接，引领中高职教育健康发展。

一　有利于把握职业教育发展的特点和规律，探索职业教育改革的顶层设计和实施路径

在健全良好的制度环境下做好职业教育顶层设计是职业教育改革和发展的关键，顶层设计需要统一规划中职、高职、应用本科、专业硕士学位等层次上的专业布局。在构建系统化和一体化的课程衔接体系方面，无论是单元模式、课程标准模式，还是"培训包"模式，都应以课程作为衔接的内核，形成具有明显行业特征和区域特色的课程衔接体系。以培养目标为依据，制定统一的适用于本地区同一专业的专业标准和课程体系，筛选和组织教学内容，做到同一专业或同一类专业的各级职业教育之间的教学要求和内容层次分明、互为衔接、自成体系。根据行业中各层次的人才规格要求，明确中职、高职、应

用本科、硕士专业学位各自对应的技术等级、技术标准、职业资格和职业能力，准确描述与界定各层次的培养目标与任务。当层次结构、专业结构、培养目标、课程标准、教学内容、技术等级、技术标准、职业资格和职业能力的顶层设计完成后，职业院校所要做的就是按照标准实施教学实现相互之间的衔接。在所有这些衔接中，基于职业能力培养的中高职教育有效衔接是处于基础的重要衔接，有利于从微观、中观、宏观层面认识和把握高职教育发展的特点和规律，做好职业教育的顶层设计，探索职业教育改革的实施路径。

二 有利于解决实践中存在的突出问题，为政府决策部门提供咨询参考，确保中高职衔接的可操作性和有效性

改革开放四十多年来，我国职业教育规模不断扩大，教育教学质量不断提高，形成了中高等职业教育办学层次同步发展的局面。全国现有中等职业学校11000余所，高等职业院校1200多所。2010年，在我国教育部门公布的《中等职业学校专业目录》[①] 中设有专业321种，其中农林牧渔类就划分了32种专业，而且每所学校还在这些专业基础上设置大量的专业方向，专业划分越来越细，专业面越来越窄。不同学校纷繁复杂的专业设置，给中高职教育衔接过程带来实际困难，专业的过细划分使之找不到"衔接点"，衔接更难于实现。为此，需要在管理体制机制、教学模式、招生工作等方面实现更加紧密的衔接。在管理体制机制方面，中等职业教育属于中等层次的职业技术教育，招收初中毕业生，由地方教育局主管，以培养合格的初中级技术型人才为主要目标。高等职业教育属于高等职业技术教育，一般由地方政府或省教育厅主管，招收高中毕业生或企业技术人员，以培养生产一线应用型人才与高端技能型人才为目标。在管理模式方面，中等职业教育以中学管理模式为主，由教师集中管理。高等职业教育以大学管理模式为主，教师引导学生自主管理相结合。在教学场所方面，中高职教育有各自分设的场所，教学资源难以共享。它们在人才培养上有较大的重叠或脱节现象，使得人才培养出现培养资源的浪费或中高职教育的相互脱节，对中高职

---

① 中华人民共和国教育部：《中等职业学校专业目标》，高等教育出版社2010年版。

人才培养体系构建带来很多不利因素。从基于职业能力培养的中高职教育有效衔接入手，层层深入，步步推进，可以确保中高职衔接的可操作性和有效性。众多有效衔接的成功案例的示范和影响，也可为政府部门的职业教育决策提供咨询参考和模式借鉴。

三 有利于找到衔接的内在逻辑关系，在微观层面实现能力层级分层和层级衔接，构建中高职有效衔接的保障体系，进一步提高人才培养质量

长期以来，中高等职业院校各自不同的课程体系很难达到"无缝"衔接。为了探索衔接的内在逻辑关系，很有必要构建、开发基于职业能力培养的中高职教育有效衔接和协调发展的课程体系。每个学习阶段确定基本课程目标以及学习检验后应该能达到的指标数，通过课程内容和职业能力的层次划分，让课程内容和职业能力呈现梯级形态的螺旋上升。基于职业能力培养的中高职教育有效衔接和良好沟通协调可以在中高职衔接过程中发挥至关重要的作用。中职阶段应注重培养学生的基础知识、岗位技能和实践操作能力；而高职阶段则应重点培养训练学生职业能力、解决问题的能力、良好的职业道德以及较高的心理素质。通过中高职衔接主题的交流，不同学校的教师才能对彼此学校的教学情况有充分了解，对不同学生的学习状态做到心中有数，才能从容地应对中高职衔接中出现的各种问题。在现实中，许多中职毕业生走上工作岗位之后发现自己所掌握的知识和技能欠缺，不能很好地完成工作任务，这激发了一部分学生继续接受教育的动机，而基于职业能力培养的中高职教育有效衔接恰好能为中职毕业生提供继续学习的机会。通过中高职衔接，高职院校在课程设计、专业设置、教学模式、管理模式等方面更为贴近中职学校实际，这样对于早已适应中职教育教学模式的学生来说，更容易接受与吸收。通过找准中高职教育岗位职业能力衔接的内在逻辑和关系，在微观层面实现能力层级分层和层级衔接，构建起强有力的中高职有效衔接的保障体系，进而提高职业教育人才培养质量。

四 有利于引领中高职教育健康发展，从而充分体现与融入终身教育理念，实现中高等职业教育协调发展

随着终身教育理念逐步深入人心，职前职后教育有机结合，职业教育不再被看作是终结性教育，而是一种阶段性、过程性教育。时代的发展要求职业教育具有动态的适应性和延续性。如何使职业教育向终身教育延伸，已成为新世纪职业教育发展的关键问题。中职和高职作为职业教育的两个重要组成部分，二者的有效衔接可以保证更多的人享有和接受各种职业教育的权利和机会，有利于职业教育的可持续发展，并促使职业教育向终身化方向延伸。中高等职业教育衔接是健全和完善现代职业教育体系的重要内涵之一，构建中高职教育衔接体系是对社会经济发展和教育发展趋势做出的积极回应，体现了职业教育培养技能型人才在类型、规格和层次结构上实现科学化的必然要求，成为推进高等职业教育和拉动中等职业教育健康、可持续发展，并使其成为推动经济发展和社会稳定的重要举措。然而，外部环境的影响和自身内部因素的限制，一直制约着二者之间的有效衔接，成为我国发展职业教育无法回避且必须解决的重大问题。探讨基于职业能力培养的中高职教育的有效衔接，重视中高职教育的内容衔接，可以对职业教育资格和普通文凭等问题进行严格规范，克服人们以往只重视学历教育的现象。结合当地经济社会发展对人才需求的规模、层次、能力和资格标准，统一规划中职、高职、应用本科、硕士专业学位等层次上的专业布局，形成与各行业产业链相对接的专业布局结构，从而充分体现与融入终身教育理念，促进中高等职业教育协调发展。

第三节 研究思路与方法

一 技术路线

根据国务院《关于加快发展现代职业教育的决定》[①] 和《国家中长期教育改革和发展规划纲要（2010—2020年）》[②] 等文件精神，以

[①] 《国务院关于加快发展现代职业教育的决定》, http: www. gov. cn/zhengce/cotent/2014 - 06/22/cotent_ 8901. htm, 2014 - 06 - 22/2017 - 12 - 31.

[②] 《国家中长期教育改革和发展规划纲要（2010—2020年）》, http: //www. scio. gov. cn/xwfbh/gbwzwfbh/zwfbh/jybdocument/959629/959629. htm, 2011 - 07 - 19/2017 - 12 - 31.

现代职业教育体系构建为切入点，按照从微观到中观、宏观的研究路径，有计划、有系统地开展基于职业能力培养的中高职教育有效衔接研究，构建基于职业能力培养的中高职教育有效衔接的理想模式，通过现状调查、文献梳理、实证研究、定量分析、定性分析等方法与途径，开展中高职教育衔接的理论研究、比较研究、实践研究，进而对衔接机制、衔接内涵、衔接基点、衔接方式、衔接方案等问题进行系统的探索与实践。

项目组首先搜集相关文献资料，掌握和梳理已有中高职教育衔接的研究成果；对于我国中高职教育及其衔接的现状进行调研，找出经验与问题；比较和分析德国、英国、法国、新加坡、加拿大等发达国家和中国台湾地区的做法，借鉴它们的有效经验；提出有效衔接的基本观点、理论依据、理想模式；广泛听取项目相关专家的意见和建议，进一步修正、完善观点和论据；按照分工对研究内容展开深入具体的研究，进行多次讨论，形成阶段性成果；认真开展中期检查工作，项目组进行集体讨论和相互协商，努力将前述研究成果归纳、整理、完善。研究过程中，项目负责人充分发挥组织、协调和指导作用，确保研究质量和研究任务的完成；项目组成员认真开展、团结协作，充分发挥集体智慧的力量。

二　研究方法

1. 文献法

搜集、阅读国内中高职院校已经形成的教学计划或人才培养方案，国内外中高职衔接及职业教育研究的有关论文和著作；搜集、研究国外中高级能力（资历）架构标准要求和行业企业的任职资格标准等。

2. 网络法

通过互联网访问政府有关部门、高校及劳动鉴定部门、不同企业的网站，查看有关网站上公布的数据、教学计划或人才培养方案以及国家及企业鉴定和用工中对应的各个级别的职业资格标准（任职能力）条件、国家职业资格框架等。

3. 访谈法

有针对性地邀请国内外、省内外与项目有关的知名学者、权威专家座谈，或直接选派项目组成员到外地寻求对职业资格和任职资格有研究的高端学者进行访谈，或者答疑解难，或者点拨指导，或者交流心得。

4. 调查法

采用问卷调查法，在初期和后期有针对性地开展调研。前期针对行业，从行业、产业员工管理的任务目标、绩效考核等方面出发，调研企业的人才需求及人才状态与趋势；针对现有中职毕业生进入高职的学生，从知识、技能、能力等方面进行调研；后期针对学校，进行人才培养方案的教学调研和企业对人才培养过程、培养目标、培养质量等方面需求的调研。

5. 归纳分析法

从模具设计与制造、数控技术等专业入手，调研和分析其对应的职业资格标准、相关企业任职核心能力，科学地分类与归纳出专业职业能力层阶递进，借鉴国外资历架构标准，总结提炼基于职业能力培养目标的中高职有效衔接的原则和方法，并以此为出发点，建立模具设计与制造、数控技术等专业人才能力标准，指导其专业人才培养体系（专业标准、课程标准等）的建立与实施。

三 研究的实施步骤

1. 开展调查研究

按照研究计划，对5所高职院校、9所中职学校的100名专业负责人、骨干教师、教学管理人员和300名学生进行了访谈调查。调研内容包括中职教育和高职教育现状、人才培养方案和课程体系、教学管理和质量监控、学生就业质量等。此外，还对16家企业、4个行业协会从事财务、技术和业务管理工作的70人进行了调查。重点调研了会计、模具设计与制造、数控技术、酒店管理等专业中职、高职和中高职衔接的人才培养方案及课程体系。通过调查，发现中职学校和高职院校在教育教学理念、管理方式、专业人才培养模式等方面存在很大差异。中职和高职的课程设置、课程标准、课程内容等既存在重合部分，也存在严重脱节问题。中职和高职人才培养方案衔接缺乏对中职毕业生就业和升学两种安排的协调。中职和高职人才培养质量都不能紧随社会需求的变化而变化。通过调查，认为必须从相关利益者理论的角度深入研究中高职衔接涉及的利益关系和构成要素。只有理顺影响中高职教育职业能力培养有效衔接的重要因素，才能形成适合我国经济社会发展需要的中高职教育职业能力培养衔接的模式。

2. 进行文献梳理

根据研究计划完成了对职业教育体系、中高职教育现状、职业能力培养等相关文献尤其是德国、英国、澳大利亚、加拿大、新加坡等发达国家和中国台湾地区中高职教育衔接相关资料的梳理工作。先后搜集、分析和整理了与研究密切相关的379篇文献，其中重要的学术论文329篇，教育法律法规和政策文件22件，教学文件28件。通过研究这些文献，发现中高职衔接不仅是教育工作者和研究工作者高度关注的重要领域，也是企业和社会千万个家庭非常关心的重要问题。尽管我国形成了"三二分段""5年一贯制"等多种中高职衔接的模式，但是其规模和质量远远无法满足社会对中高职衔接教育的需求。目前进行中高职教育职业能力培养衔接的研究者主要是教育工作者和一部分教育专家，研究的主要问题集中在中高职院校招生衔接、专业和课程衔接等领域。很少有行业企业单独或参与中高职教育职业能力培养衔接研究，甚至很少有学校之外的其他机构愿意或实际从事职业能力培养研究，现有研究较少涉及中高职院校毕业生从业经历差异等问题。

3. 开展中高职教育职业能力培养有效衔接国际比较研究

通过文献研究和专家交流相结合的方式，对中高职教育职业能力培养衔接进行了国别研究。利用网络、专家引领和出国访问等方式进行研究，作者还就德国、英国、澳大利亚、加拿大和中国台湾地区中高职教育衔接进行比较研究，与新加坡等国专家进行广泛交流。已经开展了对德国、英国、澳大利亚、加拿大、新加坡和我国台湾地区职业教育的相关研究。从已开展的研究来看，市场经济发达国家在职业教育入学条件、招生制度、人才培养、专业建设、课程开发、教学实施、实习实训和学业评价等方面形成了较为完整的体系。这些国家和地区的职业教育体系特别是市场经济发达国家职业教育体系，对我国中高职教育职业能力培养有效衔接有重要的借鉴意义。随着我国社会经济发展，我国职业教育也在经历发达国家曾经过的发展阶段。认为我国应该根据具体国情形成具有中国特色的中高职教育职业能力培养有效衔接的路径。

4. 分析中高职教育职业能力有效衔接理论框架的影响要素

中高职教育职业能力培养有效衔接是中高职教育衔接的核心，中高职教育衔接基于某种持续存在的社会经济发展的需求。因此，中高职教育职业能力培养有效衔接的逻辑起点也应该是这种需求。课题组在已完成研究的基础上，认为21世纪先进制造业和服务业需要更高的劳动效率和劳动技能，这也是中高职教育职业能力培养有效衔接的逻辑起点。在中高职教育职业能力培养有效衔接的过程中，学生、学校和用人单位构成了直接的利益相关者，政府和社会公众对中高职教育职业能力培养有效衔接的过程有着重要的利益关切，属于间接利益相关者。将中高职衔接的教育关系视为中高职教育职业能力培养有效衔接的过程中形成的"产品和服务"来进行分析，可以发现政府和社会公众对中高职教育职业能力培养衔接有效性有长期的影响，而学生、用人单位和学校对长期和短期的中高职教育职业能力培养衔接有效性均有影响。围绕中高职教育职业能力培养有效衔接的过程中教育服务的供应与需求，可以建立与之适应的招生制度、人才培养方案、专业建设、课程开发、教学实施、实习实训和学业评价、入学条件的评估体系等，这方面的研究还可进一步深入。本项目将就中高职教育职业能力培养有效衔接理论框架的影响要素——社会发展、利益关系、教育产品、教育管理等四个有机因素及其关系进行分析。这些因素渐次展开，同时又相互影响。相关因素表述如图1-1。

5. 分析中高职教育职业能力培养有效衔接的理论支撑、模式构架、层级衔接和资格标准

系统分析中高职教育有效衔接的相关理论，总结国内外中高职能力培养有效衔接模式，分别从学制、招生、培养等层面提出中高职能力培养有效衔接的创新模式，并从动力机制、运行机制、保障机制、调控机制等方面构建中高职能力培养有效衔接的机制。通过界定和探讨职业能力的内涵与特征，厘清职业能力和职业能力标准的区别，寻求行业任职资格标准和国家职业资格标准之间的联系，明晰中高职职业

能力与资格标准的衔接原则和方法。进一步明晰中高职能力培养有效衔接的层级分析与层级衔接，对中高职的专业能力层级进行解构分析，区分专业岗位能力、职业专业能力和职业通用能力等，构建梯度模型，实施层级衔接，详尽分析专业岗位能力层级、职业资格证书等级、专业核心课程层级和职业专业能力层级，以表格的形式呈现专业岗位能力层级衔接递进方案、职业资格证书等级衔接递进方案、专业核心课程层级衔接递进方案和职业专业能力层级衔接递进方案等。

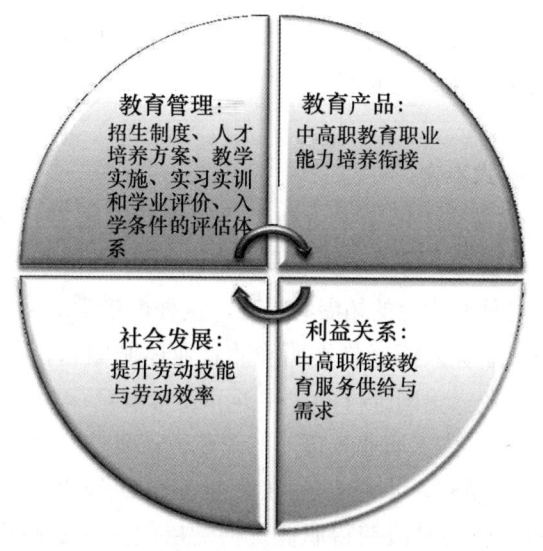

图 1-1　中高职教育职业能力有效衔接理论框架的影响因素

6. 组织开展中高职教育职业能力培养有效衔接的实践探索

根据社会经济发展状况和研究面临的环境，选择模具设计与制造、数控技术、会计、酒店管理等专业开展试点实践研究。在中高职教育职业能力培养有效衔接文献研究、国际比较研究和理论框架分析的基础上，收集分析了深圳职业技术学院、广东工贸职业技术学院、顺德职业技术学院等高职院校和广东对外贸易职业技术学校、广州财经职业学校等中职学校相关专业的人才培养方案和课程体系，包括中职学校人才培养方案和课程标准、高中起点高职院校相关专业人才培养方案和课程标准、中职起点（含三二分段、自主招生等方式）的高职院校相关专业人才培养方案和课程标准。重新研究制定了模具设计与制造、数控技术、会计、酒店管理等专业的中高职衔接人才培养方案、部分课程标准、教学实施策略、实习实训和学业评价、第三方评估体系等文件，并付诸实施。按照边研究、边实践、边探索、边总结、边完善的原则加以推进，在实践中发现问题、认真分析并加以解决。

第四节 核心概念界定

纵观国内外中高职教育衔接模式，大体上可以分为纵向延伸、横向扩展和横纵延伸扩展三种模式。[①]

一 衔接模式界定

1. 纵向延伸模式。即指学生在职业教育各阶段能获得相同或相近工作范围的职业资格，每一层次职业资格包含从事相应职业所需全部能力，学习意味着从业能力的拓展和提高。这种衔接模式多见于具有多种入门职业资格或职业入门资格不明确的就业体制国家，专业多为商业、服务业和管理行业。美国推行的"生涯和技术教育"（Carrier and Technical Education）代替"职业教育"的改革，就是这一模式的代表。

2. 横向扩展模式。即指学生在职业教育各阶段获得工作范围不同的职业资格，较高阶段获得职业资格的层次不一定高于较低阶段取得职业资格的层次，学习意味着就业范围的扩展。这种衔接模式多见于具有明确职业入门资格的就业体制的国家，主要体现在复合型人才培养领域，如通过对技术人员的商业和贸易教育培养专业贸易人才（如计算机销售人员）、通过对专业人员的商业管理教育培养专业管理人才（如工商管理人员）等，典型代表为德国的师傅学校。

3. 横纵延伸扩展模式。即指学生在职业教育各阶段获得层次和工作范围不同的职业资格，学习意味着就业范围的扩展和从业能力的提高。中职教育是高职教育的基础，又相对独立，可获得较低层次的

[①] 赵志群：《境外中高职课程衔接给我们的启示》，《职教论坛》2002年第22期，第64—66页。

职业资格；高职教育是中职教育的提高深化，可取得较高层次的职业资格。这种模式多见于具备共同专业基础的群集职业，主要体现在生产领域的高新技术专业人才的培养。欧洲联盟开发的一个培养高素质机电一体化汽车维修工（美国称之为"all‐around machanic"）的教学计划就是这种模式的典型代表。

目前，我国正在积极探索多样化的中高职教育衔接模式，推出的中高职教育衔接模式主要有"3+2"或"五年一贯制"模式。这些模式仍没有完全解决中职毕业生进入高职教育继续学习的问题，即中职教育和高职教育不能有效衔接。在宏观上，没有建立完整的职业教育体系，缺乏职业教育人才培养目标定位清晰的人才培养方案；在微观上，没有建立行业职业岗位能力（技能）的递进层阶标准，缺乏中高职贯通的相应教材特别是专业课程的教材。

二 相关概念界定

基于职业能力培养的中高职教育有效衔接，需要从职业教育整体发展的角度，思考培养目标、培养模式、专业设置、课程标准及教材使用等的衔接问题，同时更需要建立行业职业岗位能力（技能）的递进层阶标准，确保中高职教育衔接的有效性和可操作性。在进行中高职教育职业能力培养有效衔接研究与实践的过程中，有必要对中等职业教育、高等职业教育、岗位技能、职业、职业能力、职业核心能力、职业资格、职业资格标准、国家职业标准、中高职衔接、衔接的有效性等核心概念进行界定。

1. 中等职业教育。这是职业技术教育的一部分，包括普通中等职业技术学校、职业高中、成人中专、中等技工学校、职工中专、职业中专、高职学校里的中职学校。它为社会输出初中级技术人员及技术工人，在整个教育体系中处于十分重要的位置。中等职业学校培养具有综合职业能力，在生产、服务一线工作的高素质劳动者和技能型人才。

2. 高等职业教育。[①] 这是高等教育的重要组成部分，是作为一种类型而存在的有别于普通高等教育的新体系。也是职业教育的重要组成部

---

① 本书未特别注明之处，高等职业教育均指专科层次职业教育。

分，是作为一种层次而存在的有别于中等职业教育的高等职业教育。既有高等教育的属性，又有职业教育的属性。其基本特征是：培养目标崇尚技术型；专业设置体现职业性；课程内容注重应用性；教学过程突出实践性；条件设备最好仿真型；师资队伍强调双师型。包括高等职业专科教育、本科教育、研究生层次职业教育，是教育发展中的一个类型；是我国职业教育体系中的高层次教育。我国高等职业教育已形成了涵盖专科、本科、硕士、博士四个层次的相对完整的体系。①

3. 岗位技能。是指通过练习获得的能够完成一定任务的动作系统。初级技能只表示"会做"某件事，而未达到熟练的程度。初级技能如果经过有目的、有组织的反复练习，动作就会趋向自动化，而达到技巧性技能阶段。职业岗位技能或任职资格条件是职业教育与劳动就业的结合点；其有效衔接主要体现在人才培养模式、人才培养方案及课程系统三个方面的衔接。职业岗位技能是中高职教育培养水平的一个参照。它反映受教育者具备某种职业所需要的专门知识和技能水平，更多地反映了特定专业（职业岗位群）的工作能力要求，以及劳动者从事这种职业所达到的实际能力水平。

4. 职业。是指社会成员根据社会分工的需要，并以此作为自己获取主要生活资料的手段而从事的社会劳动或社会工作的类别。1999年颁布的《中华人民共和国职业分类大典》将我国的职业划分为8个大类，66个中类，413个小类，1838个细类，4700多个工种。2015年版的职业分类大典则划分为8个大类，75个中类，434个小类，1481个职业。与1999年版相比，维持8个大类，增加9个中类，21个小类，新增347个职业，取消894个职业。这8个大类分别是党的机关、国家机关、群众团体和社会组织、企事业单位负责人，专业技术人员，办事人员和有关人员，社会生产服务和生活服务业人员，农、林、牧、渔业生产和服务人员，生产制造及有关人员，军人，不便分类的其他从业人员。②

5. 职业能力。这是人们从事某种职业活动必须具备的，直接影

---

① 祝士明、毛亚男：《我国高等职业教育的层次及其培养策略》，《职业技术教育》2012年第13期，第38—43页。

② 《中华人民共和国职业分类大典》，中国劳动出版社2015年版。

响职业活动效率、使职业活动得以顺利完成的个性心理特征。职业能力是个体将所学的知识、技能和态度在特定的职业活动或情境中进行类化迁移与整合所形成的能够完成一定职业任务的能力。人的职业能力是由多种能力叠加并复合而成的，它是人们从事某项职业必须具备的多种能力的总和，是择业的基本参照和就业的基本条件，也是胜任职业岗位工作的基本要求。根据《国家技能振兴战略》（1998）研究报告，把人的能力按职业分类规律分成三个层次，即职业特定能力、行业通用能力和职业核心能力。职业特定能力是每一种职业自身特有的，它只适用于这个职业的工作岗位，适应面很窄；但有一个职业就有一个特定的能力。职业特定能力也是基本生存能力，是劳动者胜任职业工作、赖以生存的核心本领。行业通用能力是以社会各大类行业为基础，从一般职业活动中抽象出来可通用的基本能力，它的适应面比较宽，可适用于这个行业内的各个职业或工种，而按行业或专业性质不同来分类，通用能力的总量比特定能力小。职业核心能力是从所有职业活动中抽象出来的一种最基本的能力，可适用于所有行业的所有职业，最主要特点是普适性。虽然世界各国对核心能力有不同表述，相比而言它的种类是最少的。其中，把职业核心能力分为8项，称为"8项核心能力"，包括与人交流、数字应用、信息处理、与人合作、解决问题、自我学习、创新革新、外语应用等。

从其内涵和特点分，职业核心能力又可分为方法能力和社会能力。方法能力是基本发展能力，是劳动者在职业生涯中不断获取新的技能与知识，掌握新方法的重要手段。主要包括信息收集和筛选能力、制定工作计划、独立决策和实施的能力，自我评价能力和接受他人评价的承受力。社会能力是劳动者在职业活动中，特别是在一个开放的社会生活中必须具备的基本素质，主要是指一个人的团队协作能力、人际交往和与人沟通的能力。社会能力既是基本生存能力，又是基本发展能力。包括"与人交流""与人合作""解决问题""革新创新""外语适应"等能力。[①] 其中方法能力和社会能力因其对职业活动的顺利开展以及对促

---

① 王学成：《试论工学结合情境下的职业能力分层培养》，《职业教育研究》2010年第11期，第13—14页。

进职业生涯发展发挥着重要作用而被称为核心能力。

6. 职业核心能力。是从所有职业活动中抽象出来的具有普适性、一般性、促进性或可迁移性的能力，是适用于各种职业、伴随人的终身的可持续能力。它在职业能力的三层结构中（即职业特定能力、行业通用能力和职业核心能力）居于最底层，决定着人的岗位转换能力。它最宽厚，承载着整个能力体系，是所有能力结构的基础。

7. 职业资格。是指为完成特定职业的工作目标和任务，对从事这一职业的人员所必备的学识、技术和能力的基本要求。按照职业准入的强制性程度，职业资格可以分为从业资格和执业资格。从业资格是指从事某一专业（工种）学识、技术和能力的起点标准。执业资格是指政府对某些责任较大、社会通用性强、关系公共利益的专业（工种）实行准入控制，是依法独立开业或从事某一特定专业（工种）学识、技术和能力的必备标准。

8. 职业资格标准。又称为"职业技能标准"，是指在职业分类的基础上，根据职业的基本特征、技术工艺、设备材料以及工作环境等要求，对劳动者的专业理论知识和技术操作能力提出的综合性规定，是劳动者培训和考核的基本依据。职业资格标准是在一定的技术发展与经济发展阶段，对某一具体的职业或岗位的工作内容、技能水平及知识水平的明确规定。根据职业的工作内容和工作难度，职业等级常分为中级、高级、技师和高级技师等。

9. 国家职业标准。是在职业分类的基础上，根据职业（工种）的活动内容，对从业人员工作能力水平的规范性要求，属于工作标准。它是从业人员从事职业活动、接受职业教育培训和职业技能鉴定以及用人单位录用、使用人员的基本依据。国家职业标准由人力资源和社会保障部组织制定并统一颁布。

10. 中高职教育衔接。基于职业能力（或任职能力）培养的连续性，实现中等和高等职业教育内部的衔接，其衔接的基本点是职业岗位技能（或任职资格条件）。是指按照建设现代职业教育体系的要求，推动中高等职业教育协调发展，系统培养适应经济社会发展需要的技能型特别是技术技能型人才体现在中高等职业教育之间的衔接。中高职教育衔接包括办学理念、体制机制、学制、专业培养目标与定位、专业设置和课程体系、人才培养模式、人才培养方案、教学过程、教学评价等的衔接，是构建现代职业教育体系的关键环节。

11. 衔接的有效性。指的是能否实现中高职教育职业能力培养的有效衔接。中高职能力培养衔接的有效性既强调效果又强调效率，既包括衔接的效果，也包括衔接的效率。衔接的有效性，是指完成中高职能力培养有效衔接所需要的活动或过程后所得到的中高职衔接结果和效果达到衔接方案和衔接目标的程度。效率是指正确地做事情的程度，同样的事情可能有多种做法可以选择，有的只需投入较少的人、财、物、资源就能达到很好的预期效果，有的则相反。投入和产出比例越高，效率就越高。

第五节　文献综述

中等职业教育与高等职业教育是现代职业教育体系中两个既密切联系又相对独立的不同阶段和层次。中高职教育衔接简言之就是中等职业教育和高等职业教育的承接，涉及体制机制、学制、专业设置、课程体系、培养模式、招考方式、管理制度等多层面内容，目的是打通各层次职业技能人才培养通道，提升中高职教育职业能力，满足产业升级对不同层次技能人才的需要。世界各国大多把发展职业教育看作是推动社会经济发展和促进就业增长的重要保障。许多发达国家通过改革职业教育，建立和完善了中等职业教育与高等职业教育相互衔接的模式与机制。

一　国外中高职教育衔接模式研究

90年代以来，美国通过了《帕金斯职业和应用技术教育法案》和《由学校到就业法案》，以加大联邦职业教育专项拨款力度。1997年，德国制定了"职业教育改革计划"，强调修改和完善职业培训条例，开发新的职业培训领域，鼓励企业积极参与，大力培养青年人的就业能力和适应能力，等值承认职教普教的学历资格，从而增强职业教育的吸引力。1998年，澳大利亚制定了《通向未来的桥梁——1998—2003年国家职业教育和培训战略》，强调加强产教结合，建立适应学生和就业者需要的，为终身技能培训打基础的职业教育和培训制度。[1]

纵观世界各国的职业教育发展，比较典型的有北美的 CBE、德国的双元制、澳大利亚的 TAFE、英国的 BTEC 等不同特色的职业教育制度。其中，主要发达国家的中高职教育衔接模式大体可以分为三类：一是国家确认普教与职教文凭等值的衔接模式（如英澳模式），其关键点在于国家出台职业资格制度，认可不同层次职业资格与相应普通教育文凭的等值关系，并使二者具有升学与就业的同等效力，职业资格的获得者由此取得接受高等教育的权利；二是经专门补习以学历达标实现衔接的模式（如德法模式），其重点是由职教机构对中职毕业生进行一定时间的专门补习，使之达到高中段学历标准而实现中高职衔接；三是通过课程或大纲直接衔接的模式（如美国模式），即实行中等与专科层次职教大纲或课程一体化，由大纲、课程的衔接保证这两个层次职业教育的顺利衔接。另外，还有一个比较特殊的"对口入学"模式（如日本模式）。[2][3]

（一）普教与职教文凭等值的衔接模式

职教与普教文凭等值的中高职衔接模式的特点是国家出台职业资格制度，认可不同层次职业资格与相应普通教育文凭的等值关系，并使二者具有升学与就业的同等效力，职业资格的获得者由此取得接受高等教育的权利。英国和澳大利亚的中高职教育主要采用这种衔接模式。

1. 英国文凭等值的衔接模式

英国于 2015 年 10 月 1 日正式实施的规范资格框架（Regulated Qualifications Framework，简称 RQF）实现了英国文凭等值的衔接，这种"书柜"式规范资格框架进一步实现了职普等值与流通。英国在 20 世纪 80 年代中期就确定了职业教育职业资格与普教文凭等值作用

---

[1] 王丽敏：《西方国家职业教育发展趋势研究》，《职业时空》2006 年第 12 期，第 69—70 页。

[2] 蒋春洋：《中高等职业教育衔接的国际比较与启示》，《教育与职业》2013 年第 17 期，第 17—19 页。

[3] 高明：《我国中高职课程衔接研究之述评：2000—2013 年》，《职教论坛》2014 年第 33 期，第 17—21 页。

的制度。它们按各行业十一大类分5个等级标准设置职业资格,并与普教文凭等值认同。职业资格教育的课程,通常由国家职业考试委员会与中学教育考试委员会共同协调和审定,以保证两类教育文凭的等值价值作用的权威性。英国通过国家教育制度(国家职业资格证书制度)对职业教育与文凭等值的规定,确保了中高职衔接的顺利进行。

英国的中高职教学单元衔接模式的具体做法是把中职课程和高职课程统一制定成教学单元,并按程度分成5个层次,中职的教学单元为Ⅰ、Ⅱ、Ⅲ共3个层次,高职的教学单元为Ⅲ、Ⅳ、Ⅴ也是3个层次。其中第Ⅰ层次的单元与初中课程衔接,相邻层次的单元之间可以衔接,还可以依据所学单元总数的最低值颁发毕业证。这种衔接模式实质上就是中高等职业教育的课程衔接。根据国家统一的资格认证框架和各专业技术委员会的资格标准,对中高职课程进行统一设计,共包括5个层次的教学模块,其中第Ⅰ、Ⅱ层次属于中职课程,第Ⅳ、Ⅴ层次属于高职课程,第Ⅲ层次属于中职和高职的过渡课程。不同模块与相应等级的国家职业资格证书相对应,注重培养学生的职业综合能力。

英国的 RQF 是由英国资格认证与考试监督管理办公室(简称 Ofqual)提出的描述性框架,就像图书馆的"书架",摆放着各种资格证书。每个资格证书都拥有独一无二的坐标。横坐标代表资格大小,即获得该证书的时间成本(资格学时)。纵坐标代表资格等级,即获得该资格证书的难度和复杂度,每个资格证书的级别都会从"知识理解"和"技能"这两个维度做清晰的描述。[①] 这种横纵通道"书柜"式规范资格框架的实施最大限度实现职业教育与普通教育的通融与等值。

2. 澳大利亚的"培训包"模式

"培训包"是一套澳大利亚国家认可的用以认定和评价劳动者技能的职业标准和资格的体系,它是国家承认的培训、认定和评估技能要素的总和,由国家能力标准、评估指南和国家资格组成。"培训包"是澳大利亚中高等职业教育衔接的主要模式。"培训包"的开发由国家行业培训咨询委员会(TABS)、行业协会和企业共同完成,与

---

① 白玲:《从 QCF 到 RQF:英国资格框架改革的新取向及其启示》,《外国教育研究》2016 年第 11 期,第 31—43 页。

AQF 资格框架（该框架囊括了从义务教育到职业技术培训再到大学的十二级全部证书）相同，"培训包"的内容也分为不同的层级，并与 AQF 的不同层级相对应，各层级内容之间相互衔接。1997 年 1 月，第一个"培训包"被澳大利亚国家培训框架委员会承认，"培训包"使职业教育与培训的体系更加标准化，职业学校的教育内容与行业的要求更加紧密结合，更重要的是使教学模式和学习方式更加灵活。澳大利亚中高等职业教育的衔接即在 AQF 资格框架下，通过"培训包"来实现。[①]

（二）经专门补习以学历达标实现衔接的模式

经专门补习以学历达标实现中高职衔接模式的特点是由职教机构对中职毕业生进行一定时间的专门补习，使之达到高中段学历标准而实现中高职衔接。如法国和德国主要采用该模式。

1. 德国的双元制模式

德国职业教育是以双元制为基础，实施螺旋式循环上升的学制体系衔接。在课程上，实行阶梯式综合性职业课程。德国职业教育的梯次性较强，并且具有螺旋式上升的结构。较高层次的职业技术教育（包括企业以及其他各类职业教育机构的培训）均以较低层次职业教育为基础。国家以实施双元制为主，强调以学生的职业实践经验为前提。一个经过职业教育的人员，既可以利用已经学到的知识和技能进行就业，也可以在经过双元制的职业实践以后，为谋求更好的就业机会，再去接受高层次的职业教育。国家和社会为每一个中职学生提供平等的竞争条件和多条深造道路。德国职业教育各个层次与普通教育相互沟通、交叉，形成了纵横交错的网络。特别是为接受中等职业教育的学生提供了多种入门深造的机会，进行双元制学习的中职毕业生与普通高中毕业生具有报考大学的同等学力和资格。德国双元制的中高职衔接，是依靠在课程上采用阶梯式综合性职业课程，来完善中高职自成序列的职业教育体系，并通过阶梯式的职业综合课程实现中高职的有效衔接。在课程上旨在加强"操作能力"和"关键能力"的培养，

[①] 蒋春洋：《国际视野下的中、高等职业教育衔接：模式、特征与启示》，《现代教育管理》2014 年第 4 期，第 100—104 页。

强调学生的操作能力和岗位迁移能力，并分为基础、专业和专长三个阶段。较高阶段以前一阶段的课程为基础，环环相扣，螺旋上升，内容逐步深入，具有很强的灵活性、层次性和衔接性。它强调专业基础宽泛性、课程设置的综合化和职业能力的基础性、智能化及创造性。①

2. 法国的课程分类衔接模式

法国在政策上规定高职院校不设入学考试，凡是有普通高中、技术高中、职业高中等毕业会考文凭的学生均享有高职院校的入学资格。法国为中职毕业生取得高职入学资格提供平台，由职教机构对中职毕业生进行专门补习，使之达到升高职的学历标准，并用课程分类法来实现中高职的相互衔接。法国中高职课程分类衔接是由下至上的，具体做法是以中职开设的专业为基础，将中职专业按所属行业和具体的职业分为17类，并按类别分别制定课程设置的标准，每一类都有统一的课程设置标准，高职阶段的各专业分别与中职的某一类对应，并根据中职的课程标准设计高职的课程，从而实现中高职课程设置上的衔接。②

（三）通过课程或大纲直接衔接的模式

美国并没有独立的职业教育体系，而是通过统一的职业资格框架将职业教育与普通教育相结合，在各阶段的普通教育中开设职教课程或职教项目，实现普职学分互认和转换。通过制定中高职衔接的教学计划或大纲，在课程设置和内容上注意知识的系统性和连贯性，在中等教育阶段开设应用导向的职业综合课程，为高中及高中后的职业技术教育做准备。美国是按照《帕金斯职业和应用技术法案》的规定来实施中学后技术准备教育的。他们的中高职衔接主要是靠课程体系的完善来实现的。所以，美国职业教育实施一体化的中高等职教大纲或课程衔接模式，该模式的特点是中等与专科层次职教大纲或课程呈现一体化，通过大纲、课程的衔接保证这两个层次职业教育的顺利对接。美国的课程衔接是以中高职校际间合作或签订合同的方式来统一

---

① 李海宗、陈磊：《德国职业教育衔接模式对我国的启示》，《中国高教研究》2012年第9期，第100—102、106页。

② 刘继芳：《法国现行"双轨制"职业教育体系及其启示》，《中国高教研究》2012年第11期，第103—107页。

制定并实施各层次的教学大纲和相近专业的教学计划,并把高中后技术教育的准备课程与社区学院、技术学院的实用技术课程建立内在的连接,即把高中职业课程(2年)改为高中后技术教育的准备课程和实施中高职的课程衔接(即"2+2"课程)。①

(四)对口入学衔接模式

日本职业教育实行以对口入学为主的衔接模式。日本实施推荐与选拔优秀职业高中毕业生进入国立高等职业专门院校的制度,并开发出职业高中教学内容与高等专门院校教学内容的教学计划。学生职业高中毕业后,可进入与之相衔接的高职教育场所如职业大学、专门学校、高中专攻科学校等学习。②"对口"模式在课程衔接方面,实行分段教学,前3年开设中职的基础课程,高职课程主要在后2年实施。随着年级的增长,专业课逐渐增多,基础课逐渐减少,课程设定充分考虑到课程的逻辑体系和学生的接受能力,且教学与课程设置有统一的标准,从而避免课程的重复学习。

日本中高职衔接方式主要有三类:一是以推荐入学加自主招生为中心的衔接;二是弹性学分制的衔接,即通过大学教师前往高中授课制度来实行模块化职业教育课程;三是中职、高职、研究生一贯制的学位衔接,即日本专科院校为2—3年制的毕业生授予"专门士"称号,为"3+2"的五年制大专毕业生授予"准学士"称号。高专毕业以后,可以再插入4年制大学相同专业三年级继续学习获得"学士"称号,也可以选择进入研究生院继续学习获得"专门职研究生"(专业硕士研究生)称号,形成职教系列的中专、专科、本科、研究生等层次的衔接。

二 我国中高职教育衔接研究现状

《国家中长期教育改革和发展规划纲要(2010—2020年)》描绘了到2020年建成中高等职业教育协调发展的现代职业教育体系的蓝

---

① 王辉:《美国中高等职业教育衔接研究》,硕士学位论文,西南大学,2012年。
② 李雪花:《日本中高等职业教育对口衔接模式研究》,硕士学位论文,河南师范大学,2011年。

图。《国务院关于加快发展现代职业教育的决定》要求推进中等和高等职业教育紧密衔接，发挥中等职业教育在发展现代职业教育中的基础性作用，发挥高等职业教育在优化高等教育结构中的重要作用。终身教育体系要求职业教育体系中的中职、高职、本科甚至硕士研究生等形成终身教育渐次提升的层次，中高职教育衔接是整个终身教育体系中非常重要的一个环节。目前，我国实施中等职业教育的学校主要有职业高中、中等专业学校和技工学校。实施高等职业教育的学校主要有职业大学、职业技术学院、高等专科学校，近年有些职业技术学院升格为职业技术大学（本科高职）。在我国高等教育大众化过程中，职业教育体系建设特别是中高职的衔接与发展，迎来了难得的良好机遇。开展相关研究并建立中高职教育衔接完善畅通的现代职业教育体系是职业教育乃至整个教育健康发展的必然趋势。我国在中高等职业教育衔接中主要开展了如下几个方面的研究。

（一）中高职教育学制和课程的衔接研究

目前我国中高职学制的衔接模式主要有五年一贯制、分段贯通制和对口单招三大类。对高职院校而言，还有一大部分生源来自普通高考。[①]

1. 五年一贯制模式

"五年一贯制"模式包括由部分高等院校（包括现有职业大学、独立设置的成人高校、高等专科学校、部分本科院校设立的职业技术教育学院）招收初中毕业生举办五年制高等职业教育、在部分国家级重点中等职业学校举办高等职业教育两种情形。

五年一贯制中高职衔接模式不涉及中高职学制衔接问题，理论上通过课程一体化设计，可以实现课程的无缝衔接。学校根据培养目标统筹安排和整体设计先后两段的知识、能力和素质结构，保持人才培养专业方向的一致性。

2. 分段贯通制模式

分段贯通制模式是将一所或几所中职学校与专业对口的高职校联

[①] 崔红霞、刘鹏：《浅谈我国中高职教育衔接现状》，《科技展望》2014年第20期，第45—47页。

合办学，主要采取"3+2"方式，招收的初中毕业生前3年在中职阶段学习，毕业后经考试按一定的选拔比例升入高职院校学习2年，按阶段完成各自的教学任务。

理论上，分段贯通制模式中的中职学校与高职学院在专业培养目标和课程设置上可整体设计，分段实施，相对独立，具有明显的阶段性和紧密的关联性，比较符合学生的身心发展特点和认识规律，符合高技能型人才培养规律。此种模式需要组织对口专业联办学校共同研究，相互协调，对课程进行整体设计，建立完善的质量评价体系，使中职阶段的课程既能达到升入高职学习的基本要求，也能满足中职毕业生的就业需求。

3. 对口单招模式

该模式是指完成三年中职学习的中专、技校、职高毕业生（"三校生"），通过春季高考升入专业对口的高职院校继续深造。"3+X"对口招生仅仅实现了两种学制的接轨，但未落实二者课程衔接。在这种模式下，由于中高职教育是由不同层次职业教育机构实施，对中高职阶段的培养目标、任务的理解把握不一致，课程标准不统一，实践中往往出现文化基础课程脱节、专业课程重复学习、专业技能课程倒挂等情况，课程衔接效率不高。同时由于高职招收的不仅有三校生（中专、技校、职高），还有普通高中毕业生，学生的文化基础和专业实践技能差异很大。

尽管上述几种衔接模式的内涵与运行不同，但其着眼点均在于通过中高职学制衔接，给予中职毕业生继续接受高职教育的权利，使他们通过中高职教育的衔接终身受益。但学制衔接还较多地局限在外延、简单衔接上，解决了形式上的衔接，内涵性衔接还没有得到充分体现。中高职教育衔接的最终落脚点是课程的衔接，制定适宜的课程衔接体系是中高职教育衔接的关键问题。在我国，中高职教育课程的衔接通常是具有明显的区域和行业特色的，大多由中等职业学校和高等职业院校两者建立合作关系之后由高职制定或共同商量开发，并没有形成统一的和系统的中高职教育课程衔接体系。

（二）中高职教育衔接的政策研究

政策可以有效地引导中高职教育的衔接，推动其健康发展。吴晋

(2007年)围绕着"政策"对中高职教育的衔接问题进行探讨。他提出:应将高等教育划分为普通高等教育和职业高等教育两个平行体系,为职业教育特别是高职教育制定出具有自身特色的评估标准,从而构建完整的职业教育系统;设置从中职到高职各专业的"核心衔接课程",并以该类课程为主要内容,推行统一的全国职业资格证书考试制度,并在各高职院校设立"考试转换中心";重点扶持建设一批中高职一体化的职业院校,允许实力强、有声望的高职院校在招生考试、课程设置方面享有充分的自主权,使其成为职业院校发展的标杆。[1]

黎志键、韦弘(2012年)对1985—2011年中高职衔接的相关政策进行了回顾,提出政策要与时俱进并加强贯彻的力度才能快速推动我国中高职衔接的进程。[2]

汪长明(2012年)对中高职衔接教育体系外部政策环境建设进行了分析,提出了制定我国社会用工的新政策制度,包括建立中高职衔接的法律政策体系,建立与国际接轨的职业教育标准体系,建立国家相互衔接的职业教育体系,建立中高职衔接的质量保障体系。[3]

孟源北(2013)对中高职教育衔接政策进行梳理,认为从国家颁布的若干教育或职业教育的重要政策文件看,中高职教育衔接一直是我国职业教育改革与发展的重要内容之一。它经历了形式上的衔接到实质与内涵衔接的转变,从试点衔接到小范围衔接再到大范围衔接的转变。[4]

(三)中高职教育职业能力的衔接研究

《教育部关于开展现代学徒制试点工作的意见》(教职成〔2014〕9号)中提出,现代学徒制有利于促进行业、企业参与职业教育人才培养全过程,实现专业设置与产业需求对接,课程内容与职业标准对

---

[1] 吴晋:《中、高职教育衔接政策之我见》,《现代教育科学》2007年第11期,第32—34页。

[2] 黎志键、韦弘:《中高职衔接的政策演变轨迹及其思考》,《继续教育研究》2012年第5期,第47—49页。

[3] 汪长明:《中高职衔接教育体系外部政策环境建设的浅析》,《高等职业教育(天津职业大学学报)》2012年第3期,第3—5、33页。

[4] 孟源北:《中高职衔接关键问题分析与对策研究》,《中国高教研究》2013年第4期,第85—88页。

接，教学过程与生产过程对接，毕业证书与职业资格证书对接，职业教育与终身学习对接，提高人才培养质量和针对性。① 在这样的政策引导下，以职业能力为导向的中高职衔接研究从2011年开始日益增多，在这些研究中多数侧重以某个专业为视角，研究专业能力导向下的中高职课程衔接。如韦荣在《职业核心能力培养的中高职衔接调查研究》中认为②，职业核心能力培养的中高职衔接主要存在两方面问题：一是还没有制定统一的中高职对接的教学标准和体系，多数高职院校在职业核心能力培养上没有制定与中职生源衔接的培养方案，而是直接采用针对普高生源的培养方案；二是在具体开展职业核心能力培养方面，存在如何在专业课程教学中落实职业核心能力的培养问题。

（四）中高职教育衔接的问题研究

关于中高职衔接的问题研究，主要涉及上升通道、招考制度、培养目标、专业设置、人才培养质量保障、职业标准、课程体系与内容、沟通与交流平台八个方面。

1. 中职升高职通道不畅

在中高职衔接模式中，目前主要有三大类衔接模式，除了"五年一贯制"模式，其他的两种模式都与招生有关。由于招生政策的限制，中职学生升入高职院校继续学习的通道尚未完全打开，高等职业院校招收中等职业学校毕业生的比例过低，大部分高职院校的主要生源还是普通高中毕业生。

2. 中高职衔接升学制度弊端

从现实看，以升学考试为导向的对口招生考试使得应试教育现象严重，教育教学模式与普通高中基本相同，丧失了中等职业教育的特色。另外，由于专业课考试受到考试技术、设备及考试成本等因素的限制，采取的笔试考核方式往往不能真实地考核出学生掌握和运用专业技能的情况，同时异化了中等职业教育的属性和特点。"五年一贯制"由于缺少有效的考核与评价机制，且无考核和升学导致学习能力

---

① 教育部：《关于开展现代学徒制试点工作的意见》，http://www.gov.cn/gongbao/content/2015/content_ 2806020. htm, 2014 - 08 - 25/2018 - 3 - 22。

② 韦荣：《职业核心能力培养的中高职衔接调查研究》，《中国成人教育》2015年第23期，第130—132页。

弱化，使得五年制高职毕业生的质量难以保障；中高职合作办学模式存在办学主体之间在权利、责任、利益分割等方面的博弈，往往不同程度地损害了学生的利益。①

3. 中高职培养目标的衔接缺乏可操作性

中职学校的专业定位与培养目标由各校自行确定，不同中职学校同一专业的人才培养规格和培养方案存在较大差异。对于招收中职学生的高职院校来说，中职人才培养方案的差异性导致来自于中职学校生源的知识与技能水平参差不齐，课程学习的需求也不一致。同一门专业课程，一部分学生在中职阶段学习过，一部分学生则从来没有接触过。这样就致使高职很难兼顾各类生源的职业素质和技能差异，难于制定一套科学合理的人才培养方案、教学与课程衔接方案来满足各类学生的需求。

4. 中高职专业设置的契合度较低

从国家公布的中职教育和高职教育的专业目录中看出，高职和中职的专业口径不一且相差较大，在专业大类和专业名称的衔接方面不对应，有些中职专业没有对应的高职专业。在制定专业目录时，对职业、行业、产业的实际需求和中高职专业的岗位设置属性和岗位群属性的考虑不足。

5. 人才培养质量保障体系不完善

一直以来都有学者研究中高职教育衔接的政策，但由于相关政策缺少系统性、科学性、可操作性和实效性，加之衔接权力下移不到位，使得政策的导向效应不明显，中高职院校开展衔接的积极性和主动性没有很好地调动起来，质量保障意识不强。另外，缺少对中高职衔接人才培养标准以及标准落实举措的系统研究，造成了中高职衔接过程中一些必要环节的质量监控缺失。②

6. 国家职业标准与就业准入制度缺乏

中高等职业教育尽管同属职业教育，但在培养目标上具有层次上

---

① 张守祥：《中等和高等职业教育衔接的制度研究》，《教育研究》2012 年第 7 期，第 59—64 页。

② 刘志国、刘志峰：《中高职衔接人才培养质量保障体系构建研究》，《中国高教研究》2014 年第 7 期，第 99—102 页。

的差异，中职教育重点培养技能型人才，而高职教育重点培养高端技能型人才。中高职教育衔接首先应是培养目标的衔接，即预期的工作岗位的层次衔接。但目前我国尚没有完善的国家职业标准，没有完全实行行业就业准入制度，中高职衔接的制度保障比较缺乏。①

7. 中高职课程衔接的问题较多

目前，我国中高职课程衔接存在的主要问题有：缺乏对中高职课程体系和教学内容标准的深入研究、国家和地方均未制定明确统一的中高职课程体系和课程标准、中高职的人才培养定位不明确、课程目标不清晰、教学和课程标准不衔接、教学计划雷同、文化基础课内容脱节、专业理论课程设置重复、专业技能"倒挂"、重理论轻实践、缺乏中高职贯通的专业课教材、学校的课程开发能力低、职业学校的教学管理方式落后等。突出表现为中高职课程各成体系，未有衔接点；中高职院校缺乏统一的课程开发与制定标准，各自确定课程体系与教学内容，课程内容重复率偏高，脱节、断层现象严重。②

8. 缺乏中高职相互沟通交流的机制与平台

从国家层面，较长时期以来中高职教育分别属于教育部的高等教育司和职成司管理，近来改由职成司统筹管理与指导，但是中高职的统筹管理在地方上仍处于磨合期和需要通过制度建设来进一步规范的时期。在中观和微观层面，尚缺乏中高职相互沟通交流的平台。从教育管理体制来看，教育行政主管部门对中高职衔接缺少整体规划，中职和高职分属二个不同的教育层次，大到专业规划、院校沟通，小到课程设置、实训对接都没有规范顺畅的通道。另外，没有相关制度对政府、行业、中高职学校、企业在中高职衔接改革中的权利职责做出明确的界定。当中高职之间出现问题与矛盾时，没有明确由哪个部门来指导和协调。总体而言，中高职统筹管理机制不健全，沟通机制薄弱。

---

① 黄日强、邓志军：《国外中等与高等职业教育的衔接》，《外国教育研究》2003年第12期，第54—57页。

② 张甜甜：《中高职衔接的关键问题与对策研究》，《中国职业技术教育》2014年第14期，第47—50页。

三 综述结论

综上所述，国外的中高职教育衔接尤其是西方发达国家，在国家的法律制度、衔接目标、衔接模式、衔接方法、衔接内容等方面已形成成熟的理论体系及完善的执行标准。主要发达国家将职业教育的办学自主权下放给学校或企业，通过法律或政策等手段，对中高职课程衔接进行宏观管理和调控，确保职业能力的可持续发展。德国中高职课程衔接的专业、形式和内容都必须遵守《职业教育法》和《职业培训条例》的相关规定；澳大利亚的中高职课程衔接必须依据政府认定"培训包"，它由在全国承认的，有关培训、认定和评估职业技能的各种要素构成，包括职业能力标准、职业评估体系和职业资格认证。从英国和澳大利亚中高职课程衔接的经验来看，建立统一的国家职业资格框架是中高职衔接的前提，也是区分中高职人才培养目标的主要依据，中高职衔接的实质是通过课程对所对应的工作岗位的人才培养层次的衔接，中高职课程的衔接内容应根据国家职业资格框架对从业人员的能力做出的要求和规范。

与国外的职业教育相比，我国中高职衔接的发展相对滞后，虽然在政策体系、衔接模式、衔接方法、衔接问题等方面的研究也都有涉猎。从学制衔接模式上看，也基本打通了职业教育的上升通道，但我国中高职衔接的研究还是较多地关注学制衔接等外延、粗放性衔接，对于中高职课程如何有效衔接，在实践层面仍处于探索阶段。从理论研究来看，国内对于中高职课程衔接关注较晚，研究较为分散。目前国内中高职课程衔接还没有国家层面的课程衔接标准，更多的是各地方的中高职学校进行探索和尝试，以课程为核心的内涵式衔接研究还处于经验总结阶段。

在我国《关于推进中等和高等职业教育协调发展的指导意见》中[①]，对中高职衔接的要求是"十个衔接"，包括人才培养目标、专

---

① 《教育部关于推进中等和高等职业教育协调发展的指导意见》，中华人民共和国教育部，http://old.moe.gov.cn/publicfiles/htmlfiles/moe/s7055/201407/xxgk_171564.html，2011-12-30/2017-12-31.

业结构布局、课程教材体系、教育教学过程、信息技术应用、招生考试制度、评价模式改革、教师培养培训、行业指导作用、职教集团建设等方面的衔接。国外的中高职衔接研究基本囊括了"十个衔接"并落到了实处，而我国的中高职有效衔接任重道远。

主要发达国家职业教育的成功模式说明，中高职衔接有效与否，最终可通过各层次及各类技能人才的职业能力培养成效来衡量。基于我国职业教育的发展情况和中高职教育衔接的研究现状，未来中高职教育衔接的研究除了要考虑政策、学制、招考制度等宏观方面之外，更多的是要从课程体系、职业能力培养等微观层面入手，着眼于中等职业教育和高等职业教育的职业能力核心要素的多元递进、职业能力层级结构的有效衔接和中高职教育内部职能结构的有机联结，来推动中等职业教育体系和高等职业教育体系的有效衔接，借此构建具有中国特色的中高职衔接的现代职业教育体系。

第六节 研究的主要成果

中职教育与高职教育是同类性质的两个不同阶段和层次的教育，在经济社会发展的不同时期担当起应用技能型人才培养的重任。随着中国经济增长方式的转变，产业结构的调整，社会经济发展对人才需求结构的改变，人才需求趋向高层次已成为不争的事实，经济的发展对职业技术教育提出了新的要求。

基于职业能力培养的中高职教育有效衔接，就是统筹协调中高等职业教育发展，以课程体系衔接为重点，以职业能力培养为核心，促进培养目标、专业设置、教学资源、招生制度、评价机制、教师培养、行业指导、集团化办学等方面相衔接，切实增强人才培养的针对性、系统性和多样化。基于职业能力培养的中高职教育有效衔接的研究与实践主要取得了以下一些成果：

一 理论研究方面：形成了一种新的基于职业能力培养的中高职教育有效衔接体系

中职教育和高职教育是职业教育体系中两个不同阶段和层次的教

育，中高职教育的衔接是构建现代职业教育体系的主要内容，是高端技能型人才类型和层次结构科学化的要求。如何做好中高职教育的衔接，是职业教育改革的重点和难点。实施中高职教育的有效衔接，统筹各阶段职业教育，促进各阶段职业教育协调发展，是构建现代职业教育体系的关键，也是全面建设现代化社会的迫切需要。建立中高职的有效衔接，是职业教育体系完善和提高职业教育质量的关键环节，由于中国中高职衔接起步较晚以及招生制度的缺陷，不论是实践还是理论方面，中高职衔接都是初步和不完善的。

本研究从微观层面的职业能力入手，着眼于能力层级的有效衔接和内部结构的有效衔接，分析和研究了中高职衔接的价值理论、教育公平理论、终身教育理论、高等教育大众化理论、教育生态位理论、系统理论、职业带理论、现代认知心理学和认知同化学习理论等。通过中高职职业能力核心要素的有效衔接来实现中高职教育职业能力的衔接，通过中高职职业能力培养的有效衔接来实现中高职教育课程的衔接，通过中高职课程的有效衔接来实现中高职教育人才培养方案的衔接，通过中高职人才培养方案的有效衔接来实现中职与高职教育系统的有效衔接，由此构建了一套新的基于职业能力培养的中高职教育有效衔接体系。

二 模型建构方面：形成了一套新的基于职业能力培养的中高职教育有效衔接理想模式

通过研究德国、英国、澳大利亚、加拿大、新加坡等国家和中国台湾地区中高职教育衔接的模式，为大陆提供了值得借鉴的做法和经验。目前，国际上主要发达国家的中高职衔接分为三种模式：①英国、澳大利亚模式，即确认职教和普教文凭等值的衔接模式。该模式的特点是国家出台职业资格制度，职业资格的获得者由此取得接受高等教育的权利。②德国、法国模式，即经专门补习以学历达标实现衔接的模式。该模式的特点是由职教机构对中职毕业生进行一定时间的专门补习，使之达到高中段学历标准而实现中高职衔接。③美国模式，由一体化的高等职教大纲或课程实施衔接的模式。该模式的特点是中等与专科层次职教大纲或课程呈现一体化，由大纲、课程的衔接保证这两个层次职业教育的顺利衔接。

我国中高等职业教育在实践中不断探索衔接模式。其中，北京市的分级制和广东省、天津市的"三二分段式"较为相似，都是在五年一贯制模式的基础上进行的探索。上海市的贯通式和江苏省的贯通一体化模式较为相似，都是在对口升学模式的基础上进行招生模式的探索。概括起来，我国中高职衔接主要有四种模式：①分段模式，即一个高职院校与几个中职学校形成的衔接模式。②对口模式，即中职与高职各自根据自己的学制年限进行教育。③直通模式，即是在一所高职院校内部实施的中高职教育衔接模式。④自考衔接模式，是在校中职或高职学生通过自考衔接获得相应专科或本科学历的一种模式。

我们通过研究发现，以"3+2"为基础构建的多元递进层级衔接是我国现阶段中高职衔接的理想模式。"3+2"多元层级递进中高职衔接模式是指学生在完成3年中职教育后再接受2年高职教育，通过培养方案和课程设置中职业能力的多元层级递进来实现中高职衔接，毕业后取得相应的中等和高等职业教育学历证书及相关职业等级（资格）证书。"3+2"多元递进层级衔接模式保持了学制的完整性和连贯性。不仅能为学生提供良好的就业渠道，为行业企业提供更多的人才，也可以满足学生学历教育的需求。"3+2"多元递进层级衔接模式对中职与高职的课程衔接冲击较少，有利于专业与课程的顺利衔接递进和有机融合，将专业课程层次提升和专业技能递进精深有机结合起来。在教学内容上充分考虑系统性和递进关系。"3+2"多元递进层级衔接模式招生制度上无制约，目标对接更连贯。我国高职院校的生源主要是普通高中生和中职毕业生，而且学制都为三年。招生制度上，"3+2"没有任何瓶颈。专业一体化人才培养方案的设计，使得对技能型人才培养的目标和要求更连贯和更容易达成。"3+2"多元递进层级衔接模式是中高职学校最为便利的有效衔接模式，是目前中职学生提升学历、提高技能的重要路径。在具体的实践过程中要充分发挥中高职各自优势、与行业企业深度融合，在强调多元衔接的同时，综合考虑课程、知识、技能、学历的层级递进关系。按照分段要求各自做好学生3年中职教育、2年高职教育的学籍管理等工作，完善学历证书及技能证书的统筹规划，逐步规范并大力发展以"3+2"

为基础的多元递进层级衔接模型。这种模型具有以下特点：①从学制层面有效衔接，让不同层级立体贯通；②从专业层面有效衔接，让标准范围深度融合；③从课程层面有效衔接，让目标分层和层际间渗透；④从证书模块有效衔接，让技能技巧纯熟精深；⑤从职业能力核心素养有效衔接，让微观循环展现活力。

三 实践操作方面：形成了一整套基于职业能力培养的中职和高职教育有效衔接的方案

从调研中高级职业资格标准（任职能力）入手，建立中高职基于职业资格、任职核心能力有效衔接梯度的模型，形成中高职专业能力标准的有效衔接；从中职的课程标准入手，建立中高职有效衔接的课程标准；构建以岗位、职业能力为核心的模块化课程体系；以专业能力标准为指导，研究制定模具设计与制造、数控技术、会计、酒店管理等4个专业中高职衔接的人才培养方案和课程体系。

1. 专业能力标准和研制

面向产业，服务于区域经济，以就业为导向，联合高职院校、中职学校、行业和企业，参考行业任职职业标准，对专业人才需求与就业情况进行充分调研与分析，准确定位中高职毕业生就业岗位及拓展岗位，科学定位中高职阶段人才培养目标。引入DACUM职业分析法，对从事本职业（专业）的职业岗位、职业能力及职业生涯路径进行分析，形成专业职业素养清单，开展专业能力标准或一体化人才培养方案研制工作。

2. 专业衔接课程体系

基于DACUM的分析结果，以工作过程为导向进行专业课程体系开发与建设——以职业工作作为一个整体的行为过程，将职业分析、工作分析、企业生产过程分析、个人发展目标与教学设计结合起来进行整体分析，构建基于完整工作过程的中高职衔接课程体系。通过DACUM能力图表分析工作任务确定专业核心课程，并根据实际工作任务确定职业能力，制定中高职阶段的专业核心课程的课程标准。如模具设计与制造专业中高职衔接专业教学标准研制，确定高职衔接的专业人才所从事的岗位群所需要的职业能力和素质需求，把能力由低到高进行科学分类,参照国家职业资格体系,围绕"课证融通",将各自分散的中高职教育课程体系进行统一衔接,构建与中高职教育人才培养目标相一致、适应社会需求的中高职衔接的课程体系。以模具设计与制造专业为例,中高职衔接课程体系构建框图如图1-2所示。

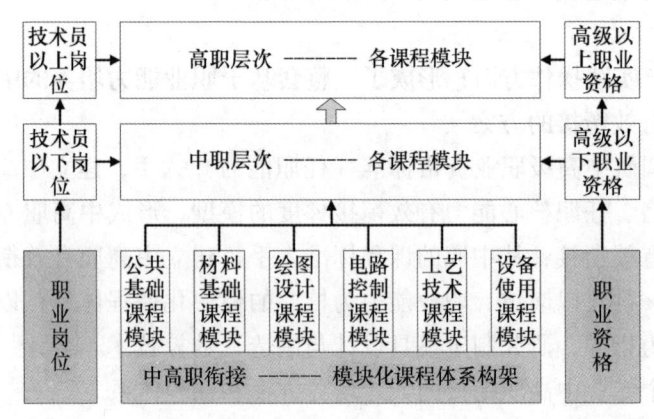

图1-2 模具设计与制造专业中高职衔接课程体系构建框图

3. 职业资格证书的衔接

根据每个专业的不同特点,高职院校和中等职业学校共同构建统一的职业资格证书体系,实现职业技能全面衔接。职业资格证书融入中高职人才培养方案,明确中职阶段获得初级或中级职业资格证书,高职阶段获得中高级职业资格证书。同时严格实施课证置换,只要学生考取相应的职业资格证书,就可以免修相关课程,获得该门课程的学分。

4. 评价模式的衔接

围绕职业教育中突出操作性、实践性、职业性的特色,改革以学校为中心的传统评价模式,建立行业企业、学校、用人单位等多方参与的评价制度,逐步引入社会中介组织参与人才培养质量评价,逐步形成高职院校和中职学校相衔接的教学质量评价、学生学习效果评价、学生综合素质评价和社会评价相结合的机制。

具体评价以下几方面的内容:(1)完善中职学校和高职院校教师教学质量评价、学生学习效果评价和教学信息收集与反馈机制;(2)建立由用人单位、毕业生家长、毕业生三方组成的社会评价机制;(3)学生参加公益活动、社会实践活动、技能竞赛时，注重各种社会机构对学生综合素质的评价；（4）引入相关企业的领导或技术人员、各专业的教学指导委员会成员和校外实习基地的领导或技术人员作为实施机构和评审机构的专家，对学生的综合素质做出评价。

构建中高职衔接质量评价体系，有效评价人才培养质量。高职院校要组织中职学校和行业企业共同制订人才培养的质量评价标准，该标准应以能力培养为核心，以职业资格标准为纽带，突出中高职各自的特色与要求。

四 实践探索方面：形成了一整套基于职业能力培养的中高职教育有效衔接的具体做法

（一）准确定位人才培养目标

中职学校和高职院校联合开展专业调研工作，在广泛调研和充分研讨的基础上，按照"整体设计、分段培养"的要求，制定专业一体化人才培养方案。以分段培养目标体现衔接的有效性，中职阶段的培养目标定位于培养在生产、服务、技术和管理第一线工作的实用型初、中级专门人才；高职阶段的培养目标定位于培养在生产、服务、管理、经营等第一线工作、具有综合职业能力的技术技能型专门人才。高职与中职的层级和岗位的区别在于：中职培养技术工人，并逐步成为技术管理人员；高职培养技术员和技术管理人员，并逐步成为项目经理、部门经理，或自己创业。中高职阶段的人才培养方案既紧密衔接，又相对独立，保证学生在完成中职学习后，能够达到进入高职阶段继续学习的要求，也可以根据需要选择直接上岗就业。如广东工贸职业技术学院模具设计与制造专业从2011年开始分别与佛山南海信息技术学校和广东省轻工高级技工学校进行"三二分段"的中高职衔接招生和培养工作，根据工作实际和中高职模具专业所预期的不同工作岗位，对中高职培养目标进行了区分，完成了中高职衔接的人才培养方案和高职阶段全部专业课程标准的制订。

（二）科学构建专业课程体系

为落实专业一体化人才培养，针对中高职阶段相应的培养目标，统筹规划、系统设置和优化课程体系，确定各阶段的教学重点，制订课程标准，改革课程内容。对于基本素质课程开设，按照上级教育主管部门的有关规定，对学生实施必要的素质教育；对于专业课程开设，主要是根据中高职毕业生的人才培养规格要求及就业岗位（群），兼顾专业知识的学习递进顺序，并充分利用中高职学校的专业教学条件（师资、实训设施等）优势，培养专业特色（特长）人才。由职业院校教师与行业企业技术人员及能工巧匠合作，共同研讨和确定专业核心课程和主要职业技能，开发基于工作过程的项目化课程，编写专业核心课程和专项技能的工学结合校本教材，使学生职业能力的培养落到实处。如模具设计与制造专业在进行三二衔接课程体系构建中，以构建"岗位、课程、职业证书互融"的课程体系为目标，在中职阶段的课程教学中以模具制造工职业标准为依据，着重培养学生的模具制造能力；在高职阶段的课程教学中以助理模具设计师职业标准为依据，着重培养学生的模具设计能力。

（三）大力创新人才培养模式

为保证高素质和高技能人才的培养，要深化校企合作、工学结合的教学形式，推行"理实一体""做中学""用中学"的教学模式，采用"学生为主体、教师为主导"的教学方法。在专业实践中，中职阶段每学期安排一至两周的岗位实践，高职阶段每学期安排三至四周的岗位实践；鼓励支持学生暑期参加社会实践和专业实践；中高职阶段最后各安排不少于半学期的毕业顶岗实习。完善校内实训条件，加强校外实训基地建设，特别是高职院校还要校企共建综合性生产实训基地，以满足学生专业实训和顶岗实习的需要。安排好职业资格证书的考核，中职阶段至少取得一个中级技能证书，高职阶段至少取得一个高级技能证书。

同时，积极探索校企"双主体""双赢利"培养的体制机制，邀请行业企业人员参与人才培养方案制定、课程标准制定、校本教材编写、专业课程教学、专业实践指导、教学质量评价等人才培养工作。如模具设计与制造专业在专业建设委员会和校企合作工作组的努力下，调研了广东地区30多家模具相关企业，以"厂中校"实习、"校中厂"实训、校外实践教学基地建设等工作为切入点，将企业岗位需求和学校培养的职业能力对接起来，深化了"岗位需求导向，职业能力递进"双轨育人的人才培养模式改革。

（四）合作开展教学管理活动

为保证中高职分段培养模式试点的顺利实施，试点院校联合成立项目试点工作领导小组和项目实施办公室，明确工作分工，制定工作职责。通过建立紧密的教学管理沟通与信息反馈机制，如相互参与教研活动，共同开展教学工作研讨会，合作建设校内外实训基地，设立双班主任进行学生教育与管理等，使高职教育的要求能及早地影响到中职教育，中职教育出现的新情况也能提前让高职院校了解。又如协商安排教师参加专业与职业教育方面的学习和培训，组织高职院校教师到中职学校开展专业讲座、参与技能大赛项目训练指导，合作申报教研教改课题和科研项目，共同参与技术推广项目等，不断提升教师的教学和生产实践能力，从而实现中高职教育的有效衔接，保证人才培养的质量。如模具设计与制造专业在进行三二分段考核前期，由高职院校专业负责人到中职学校进行专业宣讲，召集中职学校专业教师开展教学研讨；中职学生入读高职学校后，高职专业负责人邀请中职专业负责人、学生代表进行座谈，对学生入读高职的情况进行面对面的交流，同时将情况反馈给中高职院校的教学管理部门和专业教师，取得了良好的效果。

第二章 中高职教育有效衔接的比较研究

世界各国尤其发达国家高度重视职业教育，把职业教育与培训作为提高国家竞争力的重要措施，通过法律制度、战略规划等形式积极发展职业教育。20世纪90年代以来，美国通过法案形式加大联邦职业教育专项拨款力度。德国制定"职业教育改革计划"，强调修改和完善职业培训条例，开发新的职业培训领域，增强职教吸引力。澳大利亚加强产教结合，建立基于终身技能培训的职业教育和培训制度。不少国家大力加强职业教育法制建设，如匈牙利《职业培训法》（1993年），挪威《职业培训法》（1980年），芬兰《中等职业和高等职业教育法》（1991年）和《学徒制培训法》（1992年），丹麦《职业教育培训法》（1999年）等。

世界各国的职业教育发展各具特色，尤其是北美的CBE、德国的双元制、澳大利亚的TAFE、英国的BTEC等不同特色的职业教育制度的建立，促进了职业教育的大发展。世界各国（地区）在探索职业教育发展有效路径的过程中积累了发展职业教育的丰富经验，我们选择德国、英国、澳大利亚、加拿大、新加坡等国家和我国的台湾地区进行分析，以期能对我国的中高职教育衔接提供有益的参考和借鉴。

第一节 德国中高职教育衔接的现状与启示

德国属于联邦制国家，由16个州组成，行政区划分联邦、州、地区三级，是世界发达国家之一。德国历史悠久，教育发达。根据德国联邦统计署2012年发布的数据，德国2010年的教育总支出为1723亿欧元，占GDP的7%，占公共开支的18.6%。政府公共教育支出中90%源自州和县政府。德国教育大体上可以分为四个部分：基础教育、高等教育、职业教育和继续教育。德国实行12年制的义务教育，公立学校学费全免，教科书等学习用品部分减免。德国公民满6—18岁必须接受义务教育，其中必须完成9年（有些州为10年）全日制教育，如果不能继续全日制普通学校或者全日制职业学校的学业，其余3年必须上非全日制职业学校。小学生进入中学无须进行统一考试，依据小学成绩、教师鉴定、家长意见和学生的志趣等进行分流，分别进入主体中学（5—9年级，学生毕业后大部分接受"双元制"职业教育）、实科中学（5—10年级，学生毕业后可在企业或机关任中级职员）、文理中学（5—12年级或13年级，学生毕业后可直接上大学）。德国培养人才主要通过两条途经：一是小学——文理中学——大学，这是一条直接升学的道路，它培养的主要是从事科学研究和基础理论研究的人员，当然也可选择读应用技术大学或职业教育等；另一条途径是小学——主体中学或实科中学——职业学校，这是一条直接就业的道路。每类学校的教师必须接受高等教育，教师属于终身公职人员，享受公务员待遇。

一 德国职业教育的现状

德国被公认为职业教育强国，其职业教育体系成为许多国家效仿的标杆。德国职业教育采取"双元制"模式。"双元制"是一种国家立法支持、校企合作共建的办学制度。"一元"是指职业学校，主要职能是传授与职业有关的专业知识；"一元"是指企业或公共事业单位等校外实训场所，主要职能是让学生在企业里接受职业技能方面的专业培训。这种教育模式针对性强，注重促进学生专业理论与职业实践相结合，强化学生的技能培养。

闻名遐迩的"双元制"是德国职业教育的主要特点，不仅被称为德国经济腾飞的"秘密武器"，也成为2008年经济危机后德国经济稳步增长的坚强平台。2012年，根据联邦职业教育研究所、德国联邦统计局和德国联邦劳动署的统计，在德国第二阶段（即高中阶段）各类学校总的毕业生中，约65%的年轻人选择接受"双元制"职业教育。[1]"双元制"

---

[1] 姜大源：《德国双元制职业教育再解读》，《中国职业技术教育》2013年第33期，第5—14页。

这种"实体经济+职业教育"的模式成为德国核心竞争力的重要因素。"双元制"由企业和学校共同完成职业培训。企业是主导方，学校是辅助方。企业首先与受训学生签订培训合同，接受其为自己的学徒工，然后安排到职业学校学习，最后还要接受行业协会的考核。职业学校事实上是一个受托提供培训的"外包"机构。接受"双元制"培训的学生，一般必须具备主体中学或实科中学（相当于我国的初中）毕业证书，一方面，学生要在非全日制职业学校中接受专业的理论和文化知识的教育，另一方面要在企业中接受职业技能的培训，进行实践。"双元制"教育强调，学徒为将来的工作而学习，理论教学和实践教学的比例分别为30%和70%（或者20%和80%），理论课程以适应实践需要为主要目标，确保了培训质量和效率。

（一）德国职业教育体系的总体框架

德国的教育体系分为基础、中等和高等教育3个阶段（见图2-1）。德国职业教育的阶段主要放在中等教育中。和其他教育形式一样，同属于义务教育。

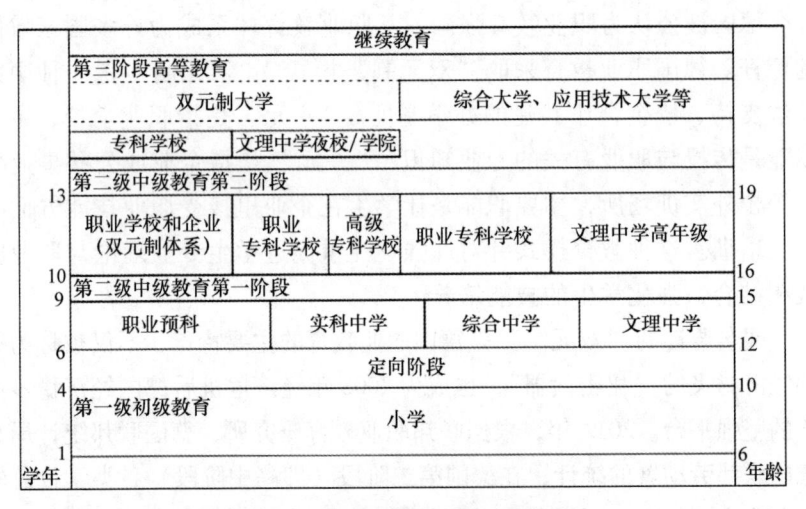

继续教育				
第三阶段高等教育				
双元制大学		综合大学、应用技术大学等		
专科学校	文理中学夜校/学院			
第二级中级教育第二阶段				
职业学校和企业（双元制体系）	职业专科学校	高级专科学校	职业专科学校	文理中学高年级
第二级中级教育第一阶段				
职业预科	实科中学		综合中学	文理中学
定向阶段				
第一级初级教育				
小学				

图2-1 德国教育体系基本框架①

---

① 乔龙阳、吴教育、陈上涛：《德国双元制职业教育体系及其启示》，《高教论坛》2017年第7期，第124—128页。

1. 中等职业教育

建立在中等教育Ⅱ（相当于我国的中等职业教育）基础上的德国职业教育形式多样，按照不同分类标准划分成不同类别。按层次分，可分为初级（徒工培训）、中级（职业进修培训）和高级（工程师职业性继续教育）三个层次的职业教育和培训。德国的职业教育大体上包括高中阶段职业教育和高中后职业教育。高中阶段职业教育（即职业高中）又可分为两大类：第一类是以就业为导向的职业教育，又可分为"双元制"职业教育和全日制职业教育。"双元制"职业教育由部分时间制即典型的"双元制"职业学校和企业共同完成，学制为2—3.5年。全日制职业教育由全日制职业专科学校完成，学制1—3年。培养目标为"双元制"替代型教育和与"双元制"平行的独立型职业教育。第二类是升学导向的职业教育，即"立交桥"式的职业学校。这类学校主要包括如下三种：一是专科高中，学制为2年，其中理论和实践课程各1年。为学生就读高等专科学校做准备，毕业生直升专科大学并提供职业资格。二是职业或技术高中，学生主要来自实科中学或已接受过职业培训者，学制为2年，全日制理论学习。这类学生大多毕业后取得大学入学资格入读应用技术大学，也可升入综合大学，但专业有限制。三是专科、职业或技术完全中学，学生主要来自实科中学，学制3年，毕业生直升综合大学。[①] 除高中阶段职业教育之外，还有高中后职业教育。可以分为非高等教育和高等教育两方面。非高等教育的主要形式为专科学校，属于职业进修教育，条件是已接受职业教育并具有2年以上职业实践者方可入学，学制也是2年，培养目标为师傅（技师）和技术员。高中后职业教育的高等教育部分属于高等职业教育范畴。

2. 高等职业教育

长期以来，德国职业教育以中等职业教育为主体。70年代后，采用"双元制"模式。高等职业学校包括职业技术学院和专科大学。[②] 这两

[①] 吴亚萍：《德国"双元制"中职和高职教育比较及启示》，《常州信息职业技术学院学报》2013年第4期，第8—11、18页。

[②] 李海宗、陈磊：《德国职业教育衔接模式对我国的启示》，《中国高教研究》2012年第9期，第100—102、106页。

类学校可以纳入高等职业学校的范畴。职业技术学院是"双元制"中等教育向高等教育的延伸,招收对象是文理高中毕业生,通过相关培训达到同等学力者进入开设有同一专业的职业学院学习,学制为3年,毕业后获得学士学位。职业学院的专业设置集中在工程技术、经济管理和社会服务三大领域。专科学校的招收对象是专科高中和职业高中毕业以及通过补习高中类课程达标的其他职业类学校学生,同时也包括所有具有大学入学资格的学生。学制一般3—4年,毕业后获得学士学位。[①]

(二)德国职业教育的法规体系

德国在1869年颁布了《强迫职业补习教育法》,1889年又颁布了《工业法典》,以法律条文规定企业学徒培训必须与职业学校教育结合。1969年颁布了《联邦职业教育法》,正式把职业教育作为国家教育制度确定下来。2005年,对该法进行了修订。1981年制定了《职业教育促进法》,对双元制职业教育作了进一步修订,以提高职业教育立法的适应性。这些完善的职业教育法律体系,使得国家从宏观调控的角度对职业教育进行管理,也为德国职业教育的校企合作提供了法律保障。

1.《联邦职业教育法》和《州学校法》

德国是一个联邦国家,各个州都享有文化教育主权,因此各级各类学校均属于州一级的国家设施。除《高等学校框架法》为联邦立法外,其他各级各类学校的立法权都在州。校外特别是企业的职业教育,则由联邦政府负责按照《联邦职业教育法》的规定执行。所以,在"双元制"教育中,职业学校遵循的法律为《州学校法》,企业则按照《联邦职业教育法》执行。

2. 教育职业和《职业教育条例》

根据《联邦职业教育法》的规定,德国政府以"国家承认的教育职业"形式颁布职业教育的专业目录。德国将职业教育的"专业"称为"教育职业",是指能覆盖多种社会职业而用于职业教育

[①] 吴亚萍:《德国"双元制"中职和高职教育比较及启示》,《常州信息职业技术学院学报》2013年第4期,第8—11、18页。

的职业。德国国家承认的"双元制"职业教育的专业目录,由德国联邦主管专业部门,并和联邦教育与研究部协商后,无须联邦参议院同意,制定与该专业相对应、全国统一的《职业教育条例》,作为职业教育实施的基础。① 2013年7月31日,最新颁布的德国"国家承认的职业教育专业"为331个②,覆盖大约2.5万个社会职业。因此,"职业教育"的专业设置在德国不等同于学科意义上的专业,而是对社会职业群或岗位群所需技能、知识、态度等职业能力的集合。《职业教育条例》规定了相关的教育职业的名称、教育期限、知识和技能要求,框架教学计划,考试要求等,是企业、职业学校组织教学活动的直接依据。③ 这些规定加强了职业教育与社会经济的联系。

3.《框架教学计划》和《考试目录》

《框架教学计划》和《考试目录》是由各州文化部长联席会议会同行业协会、企业、工会、职业学校代表和联邦职教所制定并作为《职业教育条例》的配套文件,它规定了指导性的教学计划、考试内容和要求并向全社会公开,供各方特别是职业学校组织和实施教学。其中,《框架教学计划》明确了职业学校具体职业的具体教学内容。国家希望学生能在多个地方工作,国家开发公共的大纲,构建新的学习领域课程(即框架)。目前共有650个框架教学计划,其中65个是在2011年新开发的。在框架大纲的基础上,各州可再根据地区的需求并融入当地企业的要求,联合企业、行会等人员共同设计课程。非常重要的是,德国还有框架培训计划。它为企业培训提供指导,由企业或跨企业培训中心负责实施。

(三)德国职业教育的管理体系

依据德国联邦基本法,16个州自主决策各州的职业教育政策,亦可

---

① 姜大源:《德国"双元制"职业教育再解读》,《中国职业技术教育》2013年第33期,第5—14页。

② 最新数据为331个专业(教育职业)。参见德国联邦职业教育研究所 Pressemitteilung32/2013:BIBB-Prsident Esser:"Duale Ausbildung beste Form der Vorbereitung fürdas Berufsleben". Bonn, 31.07.2013.

③ 袁洪志:《德国职业教育体系及对我国建设职业教育的建议》,《徐州建筑职业技术学院学报》2009年第4期,第1—4、12页。

由16个州的教育部长召开联席会议（KMK）表决、决策相关事宜。[①]各州的文化教育部门拥有对本州各级各类学校包括职业学校的管理权。但对于"双元制"教育中的企业教育，联邦则拥有管辖权。企业职业教育的具体管理，由联邦职业教育法授权给各行业协会负责，主要包括企业职业教育办学资格的认定，实训教师资格的考核和认定，学生考核与证书颁发，培训合同的注册与纠纷仲裁等。《联邦职业教育法》第71条规定，行业协会是相关领域"双元制"职业教育的主管机构，各行业协会设立了职业教育委员会，负责协调和管理本协会辖区范围内职业教育的有关重大事项。联邦职业教育研究所是协助有关部门解决职业教育相关问题的决策咨询和科学研究机构。州文化部以及有行业协会、企业、工会、职业学校代表组成的州职业教育委员会是州层面的协调机构。各州文化部长联席会议及其职业教育委员会是各州之间职业教育的议事协调机构，从而形成联邦与各州及各州之间、行业协会与教育主管部门之间上下协调、各方协作的职教管理体制。

（四）德国职业教育师资的培养

在德国，从事职业教育的教师标准非常严格，进门难、要求严、待遇高是德国高等职业教育教师队伍的主要特点。职业学校教师一般需要大学三年、硕士二年和二年的职业准备期，经专家考核合格后才能取得教师资格，专业课教师还必须定期到企业实习或接受培训。同时，要求掌握教育和心理科学，且经过国家的专门考试取得合格证书。此外，还有"培训师培训"要求，这类培训主要是面向企业内的指导人员，他们来自企业一线，也掌握生产中先进的技术和技能，课程讲授贴近实际，也普遍受到欢迎。为加强职业学校与企业人员共同指导学生，德国职业教育通过聘用一批高素质的企业技术人员或高级技师，进行系列规范化培训后，担任德国高等职业教育的教师，从而解决师资数量与质量不充分的问题。

（五）德国职业教育的产学合作

在德国，政府出面干预，使产学合作制度化，使学校和企业相互

[①] 徐红岩：《德国巴符州职业教育立交体系与框架教学计划开发》，《职业技术教育》2014年第30期，第32—34页。

支援、共同受益。一方面，企业要按给予学校的财力支持比例来分享教育成果；另一方面，学校要通过培养企业所需人才来接受企业的资金援助。同时，政府设立产业合作委员会，对企业和学校双方进行调控和监督，对与学校合作的企业给予一定的财政补偿。对不依靠大学培养人才的企业则增加一定的税金，并公开因教育水平低而不能满足企业需要的学校名单，减少或停止对其的财政支持，以此来促进企业与学校间的相互合作。

（六）德国促进职业教育发展的最新举措

1. 制定和颁布新的《联邦职业教育法》

近年来，由于德国经济不景气，许多企业减少了实习培训的岗位，导致许多职业学校的学生不能完成必要的岗位培训。德国政府一方面通过颁布新的《联邦职业教育法》，允许全日制职业学校学生参加行会考试，该考试在德国被视为进入劳动力市场的准入证；另一方面，政府通过必要的资助，组织不能承担全过程岗位培训的企业组成培训联盟，让它们为不能继续升学的年轻人提供必要的职前培训。同时，新修订的《联邦职业教育法》强调要让德国的职业教育走出国门，这使得部分职业教育课程有可能在国外完成，或者得到国外的承认。

2. 促进大学承认职业教育学历，提高职业教育的国际竞争力

联邦教育部要求，职业教育、职业继续教育和职业教育时间要与大学教育相衔接，并纳入大学所采用的欧洲学分转换系统。这使得经过职业培训的学生，如果要进入大学学习，不仅职业教育经历可以被记入大学学分，而且毕业后在欧洲范围求职更具明显优势和竞争力。

二 德国中高职教育的衔接

（一）大力推行"双元制"职业教育模式

德国采取的"双元制"是学校教育与企业培训相结合，以企业培训为主的职业教育模式。首先，德国政府要求企业对于在职业教育期间参加企业生产实习的学生给予一定的报酬，并且规定进入"双元制"学习的中职毕业生与普通高中毕业生具有报考大学的同等学力和资格，这样可以吸引更多的优秀青年选择和参与职业教育，从而提高

了大学和高等职业院校的生源质量；其次，"双元制"职业培训与多种职业学校密切联系，使中职生升入高等职业教育成为可能。再次，"双元制"注重学生的文化知识和职业实践并举，为学生提供了双重资格教育（职业资格教育和升学资格教育），使毕业生在获得职业文凭后，既可以利用已经学到的知识和技能直接进入就业市场，也可以凭借中等教育毕业证书而有接受高层次职业教育的资格，这就是德国著名的"立交桥"式的教育体系。这种教育分流在德国教育体系中起到重要的衔接作用，使得学生在教育"立交桥"中可以有多重选择。

（二）中高职教育培养目标分层衔接[①]

德国在《联邦职业教育法》中明确了分层提升的培养目标。德国中高职教育培养的是同一类型不同层级的应用性人才。德国的中职教育位于国际教育标准的第3层级，面向的是完成了九年制或十年制中学教育的毕业生，通过相关考试后获行业资格证书及学校教育证书，然后走向劳动力市场或进入国际教育标准第4层级的继续教育培训（如专科学校、技师培训）等。德国的高职教育位于国际教育标准的第5层级，入学标准为完成第3、第4层级的教育，主要面向的是完成12年制中学教育并取得入学资格的学生，毕业后可获得国家认可的学士学位，也可进入研究生阶段学习。

（三）设置"核心阶梯式"职业教育课程

德国"双元制"课程又称为"核心阶梯式"课程。德国职业教育课程（主要指三门专业课程）是一种建立在宽厚专业培训基础上的综合性课程，以技术工人的专业实践活动为核心，包括了专业所需的所有理论知识，覆盖面广但不深，并且把普通课中的数理化等课程内容融入专业课程体系，使得传统的单科课程体系改造为一个整体的综合课程体系。所谓"核心"意味着精简和合并了课程内容，避免了课程安排上的不协调和课程学习的盲目性。所谓"阶梯式"[②]，指

[①] 吴亚萍：《德国"双元制"中职和高职教育比较及启示》，《常州信息职业技术学院学报》2013年第4期，第8—11、18页。

[②] 前瞻产业研究院，《德国中高职教育衔接模式研究》，https://www.qianzhan.com，2015-04-24/2016-12-20。

的是依据德国培训条例，将三年的培训期划分为由低到高的三个阶梯：第一年为基础培训，称为职业基础教育年；第二年为分业培训，称为一般的职业专业教育年；第三年专长培训，称为特殊的职业专业教育年。培训的内容随着阶梯增加而逐渐由简浅发展到精深，保证学生在宽厚的基础培训下通过分化而最终达到掌握专业技术的目的，使职业教育更具完整性和可衔接性。

（四）中高职教育专业内容和技能衔接紧密

中高职教育专业内容和技能的衔接主要体现在职业教育课程的衔接。德国"双元制"职业教育课程分为理论课和实践课。理论课以学校教学计划纲要为编制依据，又分为普通课和专业课，普通课主要是数理化，专业课由专业理论等组成。实践课由基础培训、分业培训和专长培训组成。职业培训课程以企业相应的培训条例为课程编制的计划纲要。德国职业教育界把所有专业分为18大类，把同类专业所要求的专业技能和专业知识整合起来，根据不同的培养层级和能力要求，将所需的普通课融入专业课中，把理论课和职业培训课相结合。这样既降低了课程设置的复杂性，又增强了专业内容和技能的完整性，还使得实践技能和理论知识在教学上能相互联系，相互促进。其课程内容的编制是按照专业技能学习的先后顺序，从宽基础到逐渐分化再到专业专长知识有序进行，这使得专业技能和知识在业务上和时间上有了更为细致的划分，从而使要求更具体，层次更清楚，内部衔接更为合理。

（五）拓展中高职衔接的深度和广度

随着欧洲一体化以及经济全球化，跨国界的职业教育交流以及教育资源的跨国界配置越来越成为世界趋势，因此德国政府在新《联邦职业教育法》中明确要求做好本国与国际的职业教育、普通教育与职业教育、职前教育与职后教育的沟通与衔接，使得其职业教育在国际、国家、地区以及教育的类型与层次各个层面实现网络化的配套发展，拓展了青年人接受职业教育的选择空间，并进而拓宽德国年轻人未来的职业就业前景。作为对世界全球化日益增强的职业资格要求的一种回应，新《联邦职业教育法》还首次认可在德国以外的国家或地区接受的职业培训，其受训时间可经过折算成为"双元制"职业教育的一部分，但不能超过相应职业培训时间的四分之一。德国允许通过假期或休学形式来完成国外学习，由行业协会对其做出相应换算，并积极参与欧盟职业资格相互折算的"欧洲行动"，开发职业资格学分体系。新《联邦职业教育法》努力消除原先各类教育领域之间相互隔离的僵化界限。除了允许全日制职业学校学生参加"双元制"职业教育考试外，对各州也明确地给予相应授权，以实现职业教育与普通教育直至获得高等学校的入学资格结合起来，这对于中高职衔接的广度来讲又是一个质的提升，拓展了中高职衔接的广度和深度。

（六）建立严格的教考分离考核制度

德国的职业教育考试既有过程考试又有结业考试，既有书面考试也有实际操作技能考核。考试由经济界的自治机构（工商会、手工业会）以及类似的单位组成的考试委员会主持进行，委员会的成员由企业雇主、雇员代表以及职业学校的教师组成。考试如果不能通过，学生则不能从事本行业的工作，来年要再参加一次考试。这种教考分离的考核方法确保了教育教学的质量。

（七）中高职教育衔接机制通畅

长期以来，德国职业教育的主体是中等职业教育。20世纪70年代以后，中等职业教育向高等职业教育延伸与拓展。高等职业教育的入学通道几乎能够与所有类型的中等教育机构进行衔接，德国专业高级中学、文理中学、专业文理中学毕业生或职业教育毕业后有职业经验者，只要符合有关条件并取得入学资格都可以进入高职院校就读。企业的参与程度高，企业为学生提供场所、详尽的实习计划以及受过良好职业训练的指导教师。可以说，学校、学生以及企业对于实习的认识高度一致。

三　德国中高职教育衔接对我国的启示

（一）打通中高职衔接的政策和法律通道

2013年颁布的《中共中央关于全面深化改革若干重大问题的决定》明确指出，要"加快现代职业教育体系建设，深化产教融合、校企合作，培养高素质劳动者和技能人才"。① 这是中共中央结合我国历史和现实经济环境做出的战略决策，符合我国实际和未来发展趋势。与此同时，要在国家层面赋予职业教育法律地位，不断健全和完善法律法规体系，保障职业教育的内外部衔接，打通中高职衔接的通道。德国已经在国家层面上落实终身教育理念，形成职业教育、普通教育和各类培训建立等值关系的衔接体系，各类教育之间可以转换，构成一个四通八达的教育立交桥。

（二）明确分层提升的培养目标

德国中高职教育培养的是同一类型不同层次的应用性人才。借鉴德国中高职教育培养不同层级和能力的经验，可以明确分段培养目标，即中职重基础和岗位操作技能，让学生获得初步的职业概念，高职成为中职的深入展开和延伸，高职重实践和解决复杂问题能力。② 同时，中高职之间又存在内在的统一的联系。

（三）建立统一规范的课程标准与职业资格标准

德国职业教育中的技能要求遵循职业的工作和业务要求，由政府统一制定大纲，具有统一的标准，课程实施方案合理有效并有法律保障，理论课、实训课及企业培训均有严密而完整的教学目标、计划、教材、设施和师资配备，并且都有详细的法律保障，实行国家统一的职业资格和等级考核制度。③ 在我国，人力资源和社会保障部等各个职能部门、各个行业都在制定和认证职业规范，造成标准不一致，也不能体现标准的层级性和差异性，造成中高职在专业理论教学课程标准和职业资格标准的混乱，造成教育资源的不合理配置，所以建立统一规范的课程标准与职业资格标准成为亟待解决的问题。

（四）企业深度参与中高职课程的有效衔接

借鉴德国"双元制"课程衔接模式，让企业专家、行业协会与教

---

① 本书编写组：《中共中央关于全面深化改革若干重大问题的决定辅导读本》，人民出版社2013年版。

② 周大农：《中高职教育课程衔接的设计与思》，《职教论坛》2013年第3期，第12—15页。

③ 吴亚萍：《德国"双元制"中职和高职教育比较及启示》，《常州信息职业技术学院学报》2013年第4期，第8—11、18页。

育专家合作进行职业分析。从生产和工作过程中的各种技术、知识和职业特征出发，经综合和总结，编制出专业的具体课程内容。课程内容强调以职业活动为中心，构建模块化课程体系。课程理论知识围绕专业任务编写，与实践密切配合，达到学以致用的目的。确保学习任务有层级性，技能要求有差异化。切实解决中高职课程内容的部分重复与断档等问题，实行教学资源的优质配置，最终达到课程之间有效衔接的目标。由于有企业和行业的充分参与，课程标准和技术能力水平就能更好地把握时代脉搏，契合市场需求。

第二节 英国中高职教育衔接的现状与启示

一 英国职业教育的现状

英国的职业教育体系主要由基础职业教育、继续教育和学徒制培训等方面构成。

（一）基础职业教育

1. 初中阶段的初始职业教育。在英国，学生 13—14 岁或 15 岁的学习阶段为初中学习阶段。14 岁时，学生可以选择两类课程，包括职业课程和必修学术科目。这一阶段的职业课程包括职业 GCSE 课程、文凭课程、BTEC 证书课程、学徒制课程、为工作而学习技能课程、国家证书课程以及工作本位的学习通道课程等。其中，职业 GCSE 包括 8 门课程，为学生了解具体的职业领域服务。

2. 高中阶段的初始职业教育。在英国，学生 16 岁左右开始高中阶段的学习，为期两年或三年。学生可以学习职业 GCSE、A 级资格课程、职业与学术混合的证书或文凭课程以及能力本位的国家职业资格课程。学生在继续教育学院可以开展全日制（full-time）或部分时间制（part-time）学习。学生在 16—18 岁期间，也可以选择学徒制培训。

继续教育学院是英国职业教育的最主要机构，有 300 多万学习者。它提供职前培养和在职培训，学习者包括成人以及 16 岁以上的学生。继续教育学院提供全国承认的资格课程。

3. 第三级教育阶段的职业教育。高中后的第三级教育提供基础学位（Foundation Degrees，即 FD），是低于学士学位的职业导向资格。这一资格是与雇主共同设计，是为那些没有传统学术背景的学习者而设的。

（二）继续教育

英国十分注重职业培训的开展。欧洲最新统计数据表明，英国劳动力参与教育与培训的比率最高。雇主在公司内开展的继续教育发挥了越来越重要的作用。在英格兰，大多数继续教育由继续教育和技能体系提供。培训课程包括学习者应对学习、雇主为本位的培训、成人学徒制培训等。学习者应对学习，包括主要在教室、车间，或者通过远程方式学习；雇主为本位的培训，包括基础技能培训、二级三级基础性技能培训和高层级能力（如领导和管理）培训。

（三）学徒制培训

职业教育培训体系的主要组成部分是学徒制。英国现代学徒制体系从低到高依次为青年学徒制、前学徒制、学徒制、高级学徒制、高等学徒制。学徒制在英国有着悠久的历史。学徒制培训是一种基于工作场所的职业培训。由于英国政府对这类职业培训提供经费支持，因此这类培训通常被称为"基于工作的政府资助项目"。现代学徒制所包括的基本元素：实行交替式在职培训与脱产学习，如约 2/3 的时间用于在企业接受培训，约 1/3 的时间在学校学习理论知识；学徒和雇主之间签订一份培训协议，明确各自的任务与职责；学徒在学徒期享受低于成年人的学徒工资；社会合伙人（企业主、培训提供者、培训管理机构）等共同制定培训内容和培训合同；培训结束后经考核合格授予国家承认的职业资格证书。

学徒制培训处于英国政府技能开发战略的核心地位，是以雇主需求为引领的技能开发路径，同时也是解决失业问题的重要手段。到 2014—2015 年度，英国政府预计将接受现代学徒制的成人项目拓展到 75,000 人的规模。英国政府针对现代学徒制的未来发展目标是超过 200,000 人/年的参与规模。为了达到该目标，政府将在该审计年度内投入超过 2.5 亿英镑的财政支持。在 2011—2012 财政年度和 2012—2013 财政年度，该政府财政投资规模分别为 6.05 亿英镑与 6.48 亿英镑。政府不仅仅将从参与人数上大力推广现代学徒制的建设,还将从项目内容与质量上发挥现代学徒制对于经济发展的重要作用。政府通过现代学徒制的重点建设,将高技能人才培养树立为未来个人以及企业的双重就业标准。同时,政府将拓展高级技能人才进一步发展提升的多重渠道与空间。

英国职业教育体系实现方式在于通过国家职业资格证书来积极推行能力本位教育,强调综合职业能力的培养,如关键能力。在1997年,英国资格与课程委员会(QCA)顺利建立了国家资格证书框架(National qualifications framework,NQF),整合职业教育与普通教育,通过实施 NQF 框架,实现纵向衔接、普职等价、普职沟通。2011年开始实施新的英国教育框架,资格证书与学分框架(Qualifications and creditframework, QCF),由学分、级别和教学内容共同构成,是对国家资格证书框架的补充和提升。与 NQF 相比,QCF 更加偏重于学习者关键能力的培养,而不只是强调职业技能的培训。通过课程体系模块化实现中高职衔接,其做法是把教学单元按程度深浅分为若干层次的教学模式,中高职各采用相应层次的模块。通过课程模块化和学分制,实现中高职紧密衔接。英国把部分课程分为若干教学单元,每一个教学单元又分为五个层次,一二三层次属于中职,四五层次属于高职。[1] 每一级的职业资格证书都对应着高等教育资格证书框架(Framework for higher education qualifications,FHEQ)的相应学历,见表2-1。但 QCF 在实现普职等值与流通方面未能达到预期效果,且引发了证书数量骤增、质量下降等问题。[2] 2014年12月,英国资格认证与考试监督管理办公室(Ofqual)调查发现,QCF 主要功能是满足了英国获得统一的职业资格证书,但不能按预期实现职普等值。[3] 英国政府宣布从2015年10月1日起,启用规范资格框架(RQF),

---

[1] 齐守泉:《中高职专业衔接研究》,博士学位论文,华东师范大学,2016年。

[2] Department for Education Withdrawing the Qualifications and credit Framework and Introducing the Regulated Qualifications Framework, https://www.gov.uk/government/uploads/system/uploads/attachment data/file/384321.2016-05-22/2018-03-22.

[3] Department for Education Withdrawing the Qualifications and credit Framework and Introducing the Regulated Qualifications Framework, https://www.gov.uk/government/uploads/system/uploads/attachment data/file/384321.2016-05-22/2018-03-22.

第二章 中高职教育有效衔接的比较研究

由入门级别和8个级别组成，见表2-2。这意味着学生获得的职业技能不仅在其职业领域得到认可，同时也具有与普通教育证书对等的地位。因此，职业教育与普通教育沟通模式是通过资格框架体系实现普职的渗透，寻求普职的等值，从而利用职普等值体系来真正提升职业教育的地位。

表2-1　　　　　英国国家职业教育资格证书体系[①]

资格证书与 学分框架（QCF）	国家职业资格框架（NQF）	高等教育资格证书框架（FHEQ）
职业证书/文凭8级	国家职业资格5级	博士学位
职业证书/文凭7级		硕士学位，研究生证书/文凭
职业证书/文凭6级	国家职业资格4级	学士学位，本科证书/文凭
职业证书/文凭5级		高等教育/继续教育证书，预科学位，国家高等教育文凭
职业证书/文凭4级		高等教育证书
职业证书/文凭3级	国家职业资格3级	中学高级水平考试，高级职业教育证书（三级及以下层次不属于FHEQ体系，但仍可与NQF体系对应）
职业证书/文凭2级	国家职业资格2级	普通中等教育证书（A级—C级）
职业证书/文凭1级	国家职业资格1级	普通中等教育证书（D级—G级）
入门级证书	基础技能	

表2-2　　　　　规范资格框架与高等教育资格框架[②]

级别	规范资格框架	高等教育资格框架
入门级	入门级证书；入门级生活技能；入门级认定，证书和文凭；入门级功能技能；入门级基础学习	
1级	GCSE成绩为D-G；关键技能1级；NVQ1级；生活技能1级；基础文凭；BTEC认定，证书和文凭1级；基础学习1级；功能技能1级；剑桥国家1级	

---

① 鲍赞力：《英国和日本职业教育体系研究》，《天津电大学报》2011年第3期，第56—59页。

② 资料来源：Compare different qualifications，http//www.gov.uk/what-different-qualification-levels-mean/compare-different-qualification-levels，2016-05-22/2018-03-22。

续表

级别	规范资格框架	高等教育资格框架
2级	GCSE 成绩为 A*–C；关键技能2级；NVQ2级；生活技能2级；高级文凭；BTEC认定，证书和文凭2级；功能技能2级；剑桥国家2级；剑桥技术2级	
3级	AS and A level；高级拓展证书；合格国际认定；国际文凭；关键技能3级；NVQ3级；高级文凭；进阶文凭；BTEC认定，证书和文凭3级；BTEC国家级；剑桥技术3级	
4级	高等教育国家证书；高等教育证书；关键技能证书4级；NVQ4级；BTEC高级专业认定，证书和文凭4级	高等教育国家证书；高等教育证书
5级	高等教育国家文凭；NVQ4级；高级文凭；BTEC高级专业认定，证书和文凭5级	高等教育文凭；继续教育文凭；基本学位；高等教育国家文凭
6级	NVQ4级；BTEC高级专业认定，证书和文凭6级	学士学位；毕业证书；毕业文凭
7级	BTEC高级专业认定，证书和文凭7级；奖学金和奖学金证书；研究生证书；研究生文凭；NVQ5级	硕士学位；研究生证书；研究生文凭
8级	NVQs5级；职业资格8级	博士学位

注：GCSE 为普通中等教育证书，NVQ 为国家职业资格。

二 英国中高职教育的衔接

英国政府提出国家技能战略，其职业教育特点可以概括为国家资格证书框架下基于课程的职业教育体系。完成义务教育阶段的毕业生既可以留在学校继续完成学业，也可以到继续教育学院接受职业教育，或是接受政府所提供的各种各样的培训（如现代学徒制培训等），还可以接受雇主提供的培训。由上述分析可见：英国职业资格证书框架体系，在最大范围内整合了全国的教育资源；通过与高等教育资格证书框架的对应，突破了职业教育领域的限制，构建了英国职业教育与普通教育沟通衔接的"立交桥"；通过学习成果的相互认可与转化，实现了两者的有机衔接。

（一）实现课程开发衔接，拓宽职业与学历教育通道

英国是以资格标准来划分职业教育等级的。英国从2011年起全

面推行资格与学分框架（QCF）制度，其中的资格框架是指学分的等级。他们依据能力范畴、复杂程度、责任大小，将职业资格分为九级（入门和一至八级），每一级都有一系列的评价指标。以资格标准为依据，开发职业教育课程。课程也相应分为九级，从而保证课程内容的连贯性。在课程内容的选择与安排上，也按照工作过程的逻辑，围绕一个个典型的工作任务来开展。通过资格能力标准这一依据划分出的职业教育课程，在内容上具有衔接性。同时，对先前学习的认可制度将职业教育课程的学习建立在学生学习经验与能力上，实现了课程的过程衔接。

由于课程的相互衔接，英国职业教育和学历教育的学分和层级也就可以互相转换。例如，一级职业资格相当于一至三门课程的普通中等教育证书，二级职业资格相当于四门课程且成绩为 A－C 的普通中等教育证书，三级职业资格相当于高中后非学位教育证书，四级职业资格相当于取得大学学士学位，五级职业资格相当于研究生学位。比如，BTEC 课程设计考虑到了与其他课程标准的可比性，为不同课程学分的转换提供了条件。该课程为学生继续攻读本科甚至硕士学位准备了必需的知识和能力。例如职业教育中 NQF 的第四级与学术教育的学士学位是相当的，当学生拿到 NQF 的四级可申请读研究生或继续深造。在重视继续教育的传统下，2015 年 10 月 1 日启用规范资格框架（RQF），英国的职业资格框架实现了从 NQF-QCF-RQF 的变革，最大限度实现职业教育与普通教育的融通与等值。

（二）灵活、全纳、标准的资格框架目标

英国的职业教育在中高职衔接中具有极强的灵活性。在 NQF 中，学习的认可是以资格为单位的；而在 QCF 中，学习的认可是以学习单元为最小单位。[①] 它为学习者设立了一个灵活的学习体系，打通了各阶段的学习之路。例如，求学者可以是阶段性的学习，每阶段的学习结果马上得到认可。学分可以在不同的培训机构和教育机构之间转移，避免了重复学习。尤其是学分是基于能力的达到与否，因此各种

[①] 邵元君、匡瑛：《全纳的创新资格框架：英国的 QCF》，《外国教育研究》2011 年第 10 期，第 69—74 页。

非正规性学校的学习也能得到认可，其中就包括企业内训或社区学习的结果，所获得的能力也可以获得学分，体现了全纳的资格框架目标。目前，NQF 资格体系的所有资格都要保证其包含学习单元可以单独评估，这为不同的资格共享打下了基础；所有资格的命名都遵循统一标准，即级别、学习量和内容三部分组成，这就解决了资格名称混乱的问题。从名称上可以了解到资格的难度和学习量，并进行相互比较，其结果是一般学习者和雇主都能准确进行判断。此外，RQF 横纵通道"书柜"式规范资格框架，通过资格大小和资格等级创造一个统一的标准来规范各类资格，确保资格在每个阶段的有效性以及实现职普互通的等值。

（三）以需求为导向的制度促进课程内容调整

英国通过就业部门的技能需要预测来了解劳动力需求，通过行业技能委员会的劳动力信息及分析来明确重点技能需求，通过技能经费资助机构的监督及经费划拨机制的应用来引导职业教育机构提供劳动力市场需要的技能人才，以上机构使得英国职业教育体系成为以需求导向的体系。

在国家框架内，地区开发机构与地方行政当局、行业技能委员会等机构合作，开发地区技能策略。[①] 地区技能策略将依据雇主的需求，制定本地区技能投资的重点。技能经费资助机构为学院和培训机构提供不同经费，保证所需技能顺利开展，满足国家、行业和地区重点技能的需求。学院和培训机构则根据重点技能框架来调整和安排课程，由技能经费资助机构对学院和培训机构进行监督，将监督结果和未来经费计划挂钩，并将结果进行相应的反馈。

（四）工读交替进行，坚持在做中学

英国的职业院校采用学校教育与现场教学相结合的教学模式，简称"工读交替模式""工学结合模式"或"工作导向模式"。这种模式贯穿于英国职业教育的全过程，从而实现教学模式的有效衔接。工学交替的基本做法是：学员第一年在职业院校脱产学习，剩余的三四

---

① 《五国职业教育发展动态［英国］》，https://wenku.baidu.com，2017 - 01 - 03/2017 - 02 - 15.

年时间在企业或车间接受培训，但每周仍可以利用一天或两个半天时间回到职业院校请教老师。英国职业教育的主要课程，如关键技能课程、国家职业资格课程和技能证书课程等，都强调课程内容的"做中学"。在教学过程中，大都以校中厂或工作坊的形式，鼓励学生在实际工作中掌握核心技能，教师则在旁边提供指导。例如，动漫设计专业的教师经常在实习工厂上课，和学生共同完成动漫人物设计。

（五）完善的教育组织机构，规范的教育管理体制

英国的职业教育以需求为导向，由需求、管理、运行、服务和监督等机构组成，且分工明确。强调职业教育要满足用人单位的需求，注重学习者综合能力的培养和职业竞争力的提高。总体上，由政府部门制定职业教育发展规划、行业协会提出职业核心技能、培训机构按照具体目标对学生进行培养并接受相关教育评估机构的监管。

教学大纲与学历管理委员会（The qualifications and curriculum authority，简称QCA）。该委员会是管理及监督部门，就资格证书（大学授予的学位证书除外）培训机构的课程设置与评估等向政府提供建议。[1] 此外，它还负责发展、规范和监督国家资格证书体系，为教育和培训机构提供全国性的数据、信息、指导和支持，监督考试机构的活动（以上指英格兰及威尔士地区QCA的职权范围）。

学习与技能委员会（The learning and skills council，简称LSC）。该委员会负责为英格兰16岁以上公民的教育和培训制定规划并提供经费。该委员会通过以"学习者至上"为宗旨的高质量教育培训提高培训的参与率和成功率，通过政府财政拨款资助各类继续教育和成人培训。相关研究资料表明，英国职业教育培训机构的7—8成经费来自LSC的财政资助。

行业技能发展局（Sector skills development agency，简称SSD）。该局致力于促进行业间的有效运作，在全英国范围内为各行业技能委员会提供经费支持并监督他们的工作。

教育标准办公室（The office for standards in education，简称OFST-

---

[1] 鲍赞力：《英国和日本职业教育体系研究》，《天津电大学报》2011年第3期，第56—59页。

ED）。它的主要职责是制定学校发展水平评估框架，定期对全国教育体系进行质量监管。

行业技能委员会（Sector skills council，简称SSC）。它不是政府机构，而是在政府部门的支持下建立的行业同盟。由雇主所有和管理，由用人单位直接参加行业技能委员会，提出自身对职业技能人才的需要。该机构的主要职责是：根据技能分析对各行业的技能发展进行规划；界定行业核心技能，确保综合性国家职业标准的建立。

英国很多学院和机构提供培训并颁发国家职业教育资格认证体系承认的资格证书及文凭。政府部门负责整体规划、建立职业教育培训资格框架、为行业协会及教育机构提供财政支持、对教学质量进行监管和规划，但并不参与具体的教学实施。同时，由用人单位提供用人需求和行业标准，各教育机构根据政府建立的指导性框架及用人单位的技能需求来培养学生。这样就保证了培养的学生更具适应性，进而实现国家整体的教育发展规划。

近年来，英国职业教育发展的主要趋势有：继续扩大高等教育和继续教育的规模，丰富教育对象的组成部分，让更多不同背景的学员都能接受这两类教育；借鉴德国"双元制"，积极发展现代学徒制；学徒制在英国中等职业教育中的作用越来越重要，有成为中职主要渠道之势；学后的职业教育和培训重新受到青睐，义务教育后选择学习职业类课程尤其是参与现代学徒制的年轻人在不断增加。

三 英国中高职教育衔接对我国的启示

中国和英国的国情和教育价值追求不同，且各具特色。英国建立在教学单元和现代学徒制基础上的职业资格衔接模式及学分认证基础上的立交桥式衔接模式，实现了以提升学生职业能力为主的内在衔接。它与我国以学制为主的外在衔接模式形成鲜明对比，突显了我国中高职教育衔接成功率低和质量不高，为提升我国中高职教育衔接品质提供了参考。

（一）推动我国职业教育课程体系化建设

纵观英国职业教育课程，英国构建了富有特色的职业教育课程体系并呈现出明显的系统化特点。QCF课程体系基于行业科目分类系统架构起英国职业教育课程体系,并基于此开发了国家职业资格证书。英国的职业教育课程开发市场化程度较高,只要符合资质,颁证机构、专业机构都可以提供课程,这就促进提供职业教育课程开发主体的竞争。其中,胜出者可以成功塑造自身的职业教育课程品牌,从而吸引更多学校、职业教育与培训机构使用其课程。这也促进了各个职业教育课程开发主体互动成长。目前,我国中高职课程体系建设存在两方面问题:一是中高职课程体系建设"各成一家"且与专业目录不对应,加大了中高职对话的难度。二是中高职课程体系衔接建设尚未覆盖全部专业,难以形成规模效应。究其原因是缺少一个沟通中高职的专业目录体系。这个专业目录体系可以不要求中高职每个类别的专业都完全对应,毕竟中高职专业设置有所差别,但要在总体上规划中高职专业设置,为中高职课程体系衔接提供前提和基础。目前,我国既有国家层面的任务引领型职业教育课程改革,如教育部开展的精品课程建设、示范性高职的课程建设,也有有关省市(如江苏省、上海市)开展的课程改革。无论哪种课程改革,中高职教师都是课程开发的主要操作者。要推进中高职衔接中的课程体系建设,首先要互动提升中高职教师课程开发能力,打造中高职课程开发团队,提升其课程开发的专业素养,形成独具特色的中高职课程体系建设品牌。

(二)畅通中高职教育衔接的内外部通道

英国政府非常重视中高等职业教育之间的衔接。他们淡化职业教育层级概念,以反映学生实际能力的职业资格和文凭作为区分职业人才的依据,实现了由外在教育形式向内在教育内容和人才培养规律的转变。各级职业资格申请以低级职业资格为基础,顺利实现以职业资格为基础的内在职业能力衔接,弱化了学生在教育层级间流动的障碍。他们把中等职业课程与高等职业课程统一制定成教学单元并按程度分成五个层次,相邻层次的单元之间内容相互衔接。高级职业资格的申报必须以低级职业资格为前提,而且其以前学过的课程、所获得的学分和资格证书等,可以被认可和不断累计。英国采用注册入学制度,减少了学生在中高职教育之间流动的体制性障碍。

我国职业人才采取严格的学制分层培养模式,中高职教育生源各异的现实导致职业教育未能真正实现融合发展。中高职教育作为层次区分有其合理性，两种高低相连的教育层次不仅反映了职业人才培养层次的阶梯状分布，也反映了社会职业人才需求的层次。然而，现实办学过程中，高职教育把中职毕业生挡在围墙之外，学制成为职业教育连续性发展的桎梏与障碍。中高职教育学制界线不能满足职业人才培养的内在要求，偏离了职业人才成长的规律。我国实行分层培养模式，中等职业教育属于高中教育阶段，高等职业教育属于高等教育阶段。高等职业教育主要生源为普通高中毕业生，通过高考选拔才能进入。中高等职业院校的学生难以跨层流动，通过对口招生、三二对接等方式流动的比例也很低，无形中浪费了很多人力资源。因此，建议向英国学习，有意淡化职业教育的层级概念和学制界线，变终结性的中职教育为阶段性的职业教育，大力提高中职学生入读高职院校的比例，尽快推行以职业能力和职业素养为主的注册入学制度，这样才能真正实现中高职教育的一体化发展。只有淡化职业教育层级间的学制界线，尝试以职业能力和职业素养为主的注册入学制度，才能真正实现中高职教育一体化发展的衔接模式。英国以资格和证书为基础的注册入学制度，为我国职业教育入学制度改革提供了经验借鉴，促使我国职业教育招生制度实现由外在区分向符合职业教育和职业人才成长规律的内在区分转变。

（三）建立职业资格证书制度是实现中高职衔接的前提

职业资格证书制度为英国中高等职业教育的有效衔接提供了重要保障，资格证书与学分框架（QCF）实行以学习单元为最小单位进行学习认可，为衔接互通提供了极强的灵活性。建立统一的职业资格制度，也是明确培养目标的重要抓手。我国高等职业教育的培养目标是培养与我国社会主义现代化建设要求相适应的，掌握本专业必备的基础理论和专门知识，具有从事本专业实际工作的全面素质和综合职业能力，在生产、建设、管理、服务等第一线工作的高级技术应用型人才。这与中等职业教育培养的技能型人才有很大的差别。正是由于培养目标定位不清，导致中高职教育衔接存在很多障碍。以职业资格证书制度为依托，在统一的国家职业资格框架下，明确中高等职业教育的培养目标，准确定位其岗位面向，综合职业岗位分析、工作任务分析与职业能力分析等进行合理的课程设置，可以顺利实现中高职教育的有效衔接。

职业资格证书制度是职业教育职业性的重要体现，职业教育需要大力推进职业资格证书制度，并促使职业资格证书内部及其他各类证书的互认和衔接。我国可参照英国国家资格证书框架体系建立严格的职业资格证书制度体系，整合全国资格认证考试，设立专门的管理部门，提高职业资格证书考试与社会职业要求的契合度，使职业资格与其他资格认证有可以参考和转化的标准，在职业资格证书和文凭间建立起对应关系，使职业资格证书和文凭在学生升学考核时具有同等价值。职业资格证书尤其是较高级别的资格证书可作为中职毕业生升入高职学校的依据，体现高职教育入学选拔的职业性取向。

在具体实施过程中，首先要在国家层面建立由低级到高级的完整职业资格证书框架体系，在制度上保证该框架与普通中高等教育毕业证书以及学位等学术性资格证书具有内在关联性。其次，开发与各级各类职业资格证书相联系的课程"培训包"，规定从事某一行业或职业的能力标准，提出资格评价指南和学习策略，使培训包在内容上具有较大的连贯性与较高的社会可信度，在行业内得到普遍认可。再次，职业院校根据经济社会发展需要自主设置专业，通过管理机构的资质认证后获得职业资格"培训包"，并按照"培训包"的要求开发课程和教材，灵活运用各种教学手段组织教学。最后，职业院校实行模块化课程教学及学分制管理，通过自主选修模块课程和累积学分的管理模式给予学生学习的选择权，为充分发挥学生的潜能和特长提供条件。

第三节 澳大利亚中高职教育衔接的现状与启示

澳大利亚的职业教育与培训以实际需求为导向，办学重点是提高实际工作能力，形成学习、工作、再学习、再工作的良好机制。其职业教育教学完全按照行业规范来进行，紧跟经济发展步伐，贴近社会发展实际，并且根据社会需求及时调整办学方向和课程设置，参加培训的人员、地点、学习方式、学习内容都比较灵活，从而造就了澳大利亚独特的职业教育体系。

一 澳大利亚职业教育的现状

澳大利亚设有六个州两个领地,联邦政府主要负责制定有关教育的大政方针,确定全国职业教育学历结构体系和质量控制体系,制定证书和文凭的国家标准。澳大利亚的教育主要由州政府负责,各州设教育部,独立管理本州的大中小学和技术教育学院。学校分公立和私立两种。教育体系主要包括学前教育、中小学12年义务教育和高等教育。澳大利亚广泛开展职业技术教育,中学以后最大的教育和培训体系是技术与继续教育(Technical and Further Education,简称TAFE)。

澳大利亚有232所TAFE学院,其中98所位于各州首府,134所分布于其他城镇和乡村地区。TAFE学院一般属政府所有并管理,由政府资助。TAFE每年能够提供数以千计的职业和非职业课程,这些课程大多是根据社会经济和商业发展的需要而设计的,课程非常实用。TAFE学院与大学是互补、并行发展的,两者的培养目标、教学方式、发展定位都不一样:学生接受高等教育主要是为取得更高一级的学历文凭和学位,多数为全日制学习,内容以学科知识、理论性知识为主;而进入TAFE学院学习的主要目的是获得职业技能和从业资格,多数为非全日制学习,学习内容以应用性知识和能力提升为主。

澳大利亚职业教育体系的核心由三个部分组成:质量培训框架(Australian Qualification Training Framework,简称AQTF)、培训包框架(Training Packages,简称TP)和资格证书框架(Australian Qualification Framework,简称AQF)。三个部分组成了澳大利亚职业教育体系的一个有机整体,三者之间相互关联、相互支撑并相互制约。

(一)质量培训框架

澳大利亚质量培训框架(AQTF)是澳大利亚联邦政府联合行业出台的一个保证职业资格培训质量的培训标准体系。质量培训框架(AQTF)是确保所有的注册培训机构和他们签发的资格证书在全澳大利亚得到认可的一个机制,包括两套标准,即注册培训机构遵循的标准和认证机构遵循的标准。该质量框架对每一个职业资格的技能标准都给予了明确的规定,对各职业资格的考核点和评价方式也进行了详细的说明与规定。因此,该质量框架对确保各州培训质量标准的统一性具有非常重要的作用，使受教育者获得的职业资格证书打破了过去的地域限制而具有了全国通用性。这在很大程度上也保证了职业资格的基本水准，避免了各地教育和培训机构因对资格证书的理解或培训水平不同而导致资格证书质量参差不齐的现象。同时，澳大利亚质量培训框架还发挥着最权威且是唯一评价标准的功能。对于全澳大利亚所有的教育和培训机构来说，无论是公立的职业与继续教育学院，还是私立的培训机构，在进行职业资格培训时都必须遵循该质量框架，学生获得相应职业资格时也需要符合质量框架的要求。在很大程度上，澳大利亚质量培训框架成为澳大利亚职业教育的核心标准，所有培训机构开展职业资格证书培训都必须遵循这一标准。这一做法很好地解决了人才培训质量通用性的问题。

（二）培训包框架

培训包（Training Package）由联邦政府组织，是澳大利亚11个行业协会和职业与继续教育机构共同制定的培训内容体系。职业教育和培训的依据是针对不同类型和等级的职业资格证书而出台相应的"培训包"。澳大利亚全国通用的职业技能认证标准，包括了对职业岗位（群）的实践技能和基本理论要求，是用于认可和鉴定人们技能的全国认可的标准和资格。它包括三个方面的内容：一是能力标准[1]；二是资格证书；三是评估指南。"培训包"是澳大利亚TAFE院校教育教学的根本依据。各培训机构在实施具体培训前，需要按照"培训包"的要求组织相关人员，结合所在地区行业或学生的特点进行培训内容的二次开发，将"培训包"的框架性要求转化为具体的教学内容。"培训包"能够很好地解决学校与行业需求的结合问题，同时能很好地解决课程教材开发的依据与标准问题。通过对培训包的二次开发，也能够将国家标准与地区差异、机构差异结合起来，体现标准统一性与实施灵活性有机结合原则。

（三）资格证书框架

该框架由联邦政府发布，明确了澳大利亚社会职业资格体系及类

---

[1] 刘永立：《澳大利亚TAFE能力本位教学模式及应用研究》，硕士学位论文，华北电力大学，2011年，第11页。

型，尤其是对不同职业、不同岗位对应的任职资格进行了明确规定。与此同时，该框架还设置了严格的职业资格准入制度，将职业资格与社会成员的职业发展紧密相连。这样的制度设计为教育介入职业培训提供了可能，也确保了不同职业的人力资源质量。

澳大利亚的资格证书主要包括证书、文凭和高级文凭三类。证书分四级，其中一级和二级属于入门性的证书，获得此类证书的人员可申请相关行业的初级工作。三级证书则属于较高级的证书，获得此类证书的人员可申请从事相关行业的中级管理者。而获得四级证书，则可从事经理级别的管理。文凭和高级文凭证书需要在获得四级证书的基础上通过一定时间的学习方可获得，获得后可以从事更为高级的管理工作。澳大利亚的资格证书框架规定：在各级证书的关系上必须具有前后衔接性，即要获得更高级别的证书就必须先取得相对低一级的证书；获得一定级别的资格证书后，必须要具有相关证书的工作经历方可申请更高级别的资格证书。这就确保了资格证书与实践经验的有机结合，保证了资格证书的有效性衔接。

在澳大利亚的这种连续直通式学历资格认证框架下，技术与继续教育院校对职业教育与培训实行连锁经营，即只要通过相应的注册认证，就可以开展从最基本的Ⅰ级证书一直到高级专科文凭的学历资格的教育与培训业务，这使得职业教育与培训学历资格认定可以衔接。这种学历框架打通了三种教育和学历的环节，即取得职业教育的相应证书后，可以与相关大学合作，部分课程在职业院校学习，部分课程由大学提供，能够获取大学的相应高一级学历。澳大利亚还计划出台新的学历资格框架，将增加职业性学士后文凭与职业性学士后学位，文凭和学位均由职业院校颁发。

资格证书的取得必须经过相关培训机构的培训。这些培训机构既包括公立培训机构也包括私立培训机构。这两部分培训机构共同构成了澳大利亚的职业与继续教育体系。由此可见，澳大利亚职业教育体系主要承担了职业资格培训的任务，是一种典型的职业培训机构而非职业教育机构。

总体上看，澳大利亚职业教育的核心是其国家职业教育的制度设计，在以上三个框架体系中，资格证书框架是目标，质量培训框架是保证，而培训包框架则是整个职业教育的指南。正是通过宏观的目标设定和微观的实施指南，再结合强有力的质量保证体系，最终形成了一个较为完善的澳大利亚职业教育制度体系。

二 澳大利亚中高职教育的衔接

（一）发挥行业组织在职业能力标准制定中的作用

澳大利亚成立了国家训练局。在国家训练局的协调下，澳大利亚设有21个全国性行业培训咨询组织。这些组织对本行业的就业需求进行预测和职业分析，制定职业能力标准，由其向TAFE学院和其他教育和培训机构提供专业、课程和教学依据①。行业培训咨询组织经过研究得出的普遍结论是：很多新增加的就业机会是职业性、技术性和应用性的工作岗位，发展职业教育对于提高澳大利亚国际竞争力至关重要；预测表明，未来十年对拥有职业资格的就业人员的需要量将不断增加。在劳动就业领域，具有相应资格证书、技术水平较高的就业人员正在取代那些无相应资格证书、技术水平较低的就业人员。这些都使得行业企业对于职业教育有很好的认可，职业教育的毕业生具有很好的就业前景，从而提高了职业教育的社会地位。一些大学毕业生为具有比较广泛的就业机会，也到TAFE学院接受职业教育。有的TAFE学院具有百余年的历史，办学基础相当雄厚，但并没有升格为大学，这与职业教育地位较高、满足行业企业用人需要并得到行业企业的认可有很大关系。

由于经济全球化趋势的加快和企业参与国际市场竞争的需要，有的行业（如会计）正在与国际相关行业的职业能力标准接轨。因此，20世纪90年代以来，澳大利亚政府建立了普教与职教相等值的证书体系，职教领域并据此制定出相应的职业能力标准。

（二）建立国家统一的证书、文凭和学位框架

澳大利亚建立了国家统一的证书、文凭和学位框架，使职业教育成为国家教育体系的有机组成部分。澳大利亚为十年制义务教育之后

---

① 教育部职业教育与成人教育司：《澳大利亚职业教育特点》，http://www.edu.cn/ao_da_li_ya_291/20060323/t20060323_12200.shtml，2001-08-23/2016-09-19。

的教育与培训建立了全国统一的证书、文凭与学位框架，还建立了与工作岗位相对应的教育和培训证书体系。各类证书和文凭之间可实现"等值换算"：证书Ⅰ——半技术工人，证书Ⅱ——高级操作员/服务性工人，证书Ⅲ——技术工人，证书Ⅳ——高级技术工人/监工；普通文凭——专业辅助人员/技术员，高级文凭——专业辅助人员/管理人员；第一学位——专业人员/经理；高级学位——高级专业人员/经理。低一级与高一级证书（文凭、学位）之间有衔接关系：学生在取得证书Ⅰ之后，再学习几个模块，即可取得证书Ⅱ；以此类推。这种统一的证书制度使职业教育与普通教育、高等教育之间互相沟通，就业前教育与就业后教育相联系。职业教育已经成为国家教育体系的有机组成部分，体现了终身教育的思想。在普通高中教育阶段，学生就可以自由地选择证书Ⅰ和证书Ⅱ要求的职业教育课程；高中毕业进入TAFE学院后，在高中教育阶段所获得的职业教育课程的学分得到承认，即不必从头学起，可直接学习后续的课程模块。学生从TAFE学院毕业后，也可以进入大学学习，其在TAFE学院学习的相关专业课程全部（若大学的专业实践性较强）或部分（若大学的专业理论性较强）得到承认。这为TAFE学院毕业生进一步深造并取得大学学位创造了条件。1996年，11.2%的大学新生为TAFE学院的毕业生。由于课程一般为模块式的，学生可以进行全日制（full-time）学习，也可以在就业后进行部分时间制（part-time）学习，使就业前教育和就业后教育有机结合起来。若按学生人数计算，就业后接受职业教育的部分时间制学生占TAFE学院学生数的60%—70%。

（三）按照职业能力标准和证书框架设置专业和课程

澳大利亚职业教育的专业和课程设置，以行业组织制定的职业能力标准和国家统一的证书制度为依据，具体内容和安排由企业、专业团体、学院和教育部门联合制定，并根据劳动力市场的变化及时修订。TAFE学院能否开设某一专业，须经过地方教育部门和行业组织的严格审核。职业教育的教学坚持以能力为本位的指导思想，教学过程强调发挥学生的主观能动性，学生可以按照自己的情况进行学习，教学组织方式极为灵活。因此，教学工作的重点放在训练学生的实际工作能力上，考核的重点强调学生应该能做什么，而不是学生应知道什么；学生在工作和生活中获得的相关专业技能，考核中也予以承认。学生从 TAFE 学院毕业后，通常可以立即上岗工作。

（四）建立质量管理标准，切实提高办学质量

21 世纪初，澳大利亚建立了国家质量培训框架，提供了一套可保证国家统一的高质量职业教育与培训系统的基本标准，主要包括职业教育注册机构标准、注册培训机构标准和课程认证机构标准。对注册培训机构的标准、如何进行自我评估、授权认证机构的标准以及职业教育与培训课程开发的指导方针等方面都有详细规定，以确保注册培训机构及其所颁发的资格标准在全国获得承认。澳大利亚质量培训框架统一各州培训机构的办学标准和资格认证体系，为全面提高职业教育与培训质量起到了积极的作用。在这一质量培训框架体系上，国家教育、科学与培训部负责健全国家质量体系并支持职业教育和培训（VET）质量制度的健全和落实，按标准审批全国教育培训院校和机构，并每年定期检查已注册的培训单位。州教育部教育服务处负责组织开发教学计划、课程教学大纲、教材与实习指导书等。TAFE 学院负责组织实施课堂教学与专门技能培训。各州的教学评估机构则根据培训规范监督、检查和评估教育培训质量，通过深入教育培训机构进行实地考察、要求培训部门向评估委员会写出教育工作年报、进行毕业生追踪调查等方式，确保职业教育与培训的质量。澳大利亚职业教育学院的师资采用专职和兼职相结合的方式，专职教师占教师总数的 1/3，兼职教师占 2/3。兼职教师来源于企业生产、服务行业第一线，有利于将企业的最新技术和技能及时传授给学生，使学生能将最新的技术或技能学到手，以保证知识和技能的先进性和实用性。职业学院的教师全部从有实践经验的专业技术人员中招聘，一般至少有 3—5 年行业专业工作经验。应聘教师同时也是专业协会的成员，参加专业协会的活动，接受新的专业知识、技能和信息，成为既能教授理论课，又能指导学生实训的"双师型"教师。

（五）发挥市场机制，充分利用教育资源

尽管政府是 TAFE 学院的拥有者，但每年向学院拨款时，是以教育和培训这个"特殊商品"的"购买者"的姿态出现的，即采用高效率的商业化方式。哪一所学院教育和培训适应经济和社会需要，且

质量高（学生的巩固率高、毕业生获得证书的比例高）、成本低（生均经费低），政府就"购买"哪一所学院的教育和培训，即向该学院拨款。这种拨款机制成为澳大利亚职业教育发展的指挥棒。企业的和私立的教育和培训机构也积极参加该市场的竞争。这种管理模式促使学院最大限度地适应当地经济和社会发展需要，高效率地利用教育资源。

三 澳大利亚中高职教育衔接对我国的启示

（一）国家政策的支持是高职教育可持续发展的保障

从TAFE学院的发展过程来看，澳大利亚出台的一系列政策，对TAFE学院的持续稳定发展提供了最有力的支持。澳大利亚作为市场经济国家，学校有很大的办学自主权，但政府对TAFE学院的规划和管理力度是很强的。各州政府根据当地人口及经济发展情况做出统一规划管理，直接出资、配套，设置各类TAFE学院，对私立学校也给予一定的经费资助。同时，国家对所有提供职业技术教育与培训的学校和单位实行资格审定和注册制度。国家培训委员会负责培训标准的制定，国家各行业培训顾问委员会负责能力标准的认定，从而保证培训标准的统一性。

国家政策是高职教育可持续发展的决定性因素。我国高职教育无论是从招生人数、毕业生人数还是学校数来说，都已经占了高等教育的半壁江山，成为国家高等教育体系中不可缺少的重要组成部分。政府各部门尤其是国家教育部门、劳动就业主管部门、经济管理部门之间应充分进行沟通、协调与合作，从而形成与建立通畅运行机制。以此为基础的良性伙伴关系对职业教育的发展尤为重要。我国教育部门应加快健全高职教育的管理体制，各级地方政府也应切实搞好地区高职教育规划并加大投入力度，为我国的高等职业教育的发展保驾护航。国家应改变过去单一的行政管理方法，运用信息发布、动态监控等各种间接手段，督促各高职院校办出自己的特色，引导社会对学校的评价和选择，并充分发挥行业、企事业组织及其他社会力量办学的积极性。要努力把我国的高等职业教育办成"高层次的职业教育"而不是"低层次的高等教育"，充分彰显高等职业教育的特色。

(二) 建立完善的资格证书制度是职业教育发展的重要举措

澳大利亚 TAFE 学院百年兴盛不衰，其中一个重要原因就是国家实行严格的职业资格证书制度。而我国的职业教育长期以来缺乏一个统一的认证标准，各个学校均颁发自己学校的文凭，作为学生完成学业的标准。国家教育部门与劳动就业主管部门的沟通不畅还造成了证出多门、证书内容陈旧、职业教育证书的发放管理不善等诸多问题。[1]

目前，我国在某些专业领域已经开展了职业资格认证工作，但是要构建起全国统一的资格证书制度，还需要一定的时间。可以考虑把资格证书的内容修订与证书的颁布统一集中于教育管理部门。劳动管理部门可以协助教育部门，根据企业实际需要及用人岗位的要求，提出教育培训应达到的全国统一标准，以保证职业教育的质量和教学内容的有效性、一致性和可操作性，从而使职业教育能得到全社会各行业的认可和肯定，真正使学历证书与职业资格证书"双证融通"。同时，政府有关部门应进一步加大力度，推进持证上岗制度，建立必要的机制，调动社会各方参与高等职业教育的积极性，并形成内在动力，提高高等职业教育的社会地位。

(三) 尽快建立相互沟通的学历与职业资格衔接体系

澳大利亚通过建立国家资格框架，实现了职业教育内部以及职业教育与普通教育、高等教育之间的沟通和衔接，为学生的就业和升学提供了广阔的前景和空间。目前，我国的高等职业教育与中等职业教育、基础教育以及普通高等教育之间的沟通和衔接仍然存在不少问题，各种学习结果之间的沟通和转换非常困难，一定程度上制约了高等职业教育的发展。有些人过分地强调职业教育的特殊性，主张建立完全独立于普通高等教育体系的涵盖专科、本科、硕士、博士等层次的高等职业教育体系，这在一定程度上会造成各类教育之间难以沟通和衔接的后果。因此，从教育发展的全局出发，建立统一的、相互沟通和衔接的学历资格体系，提供各类教育之间的"桥"类课程，建立各类教育的学分互认制度，完善各项升学和转学制度，实现各类教

---

[1] 卢艳、黄日强：《澳大利亚 TAFE 学院办学特色及其对我国高职教育的启示》，《黄河水利职业技术学院学报》2010 年第 2 期，第 55—58 页。

育之间的有机衔接，为学生的继续升学和就业提供广阔的发展空间，是保证高等职业教育健康发展的前提和基础。

（四）统一课程标准有利于课程的有机衔接

澳大利亚 TAFE 学院的课程可以与大学学位课程实现学分减免和课程衔接，打破传统的局限，构建起"立交桥"式的通道，建立终身教育体系。[①] 我国职业技术教育课程应更好地与上一级的专科教育课程乃至本科课程相衔接，与其他学科相配合，以提供较广泛的技术知识学习。并且，要在各种教育类型之间建立联系，使不同学习需求、不同基础、不同状态的学生都有机会继续学习、继续成长。要打破各类别、各层次教育之间的壁垒，在现有教育体系中的各教育类别和层次之间建立起一个现代的、可持续的、体现终身教育理念的教育体系。

澳大利亚 TAFE 学院的课程有统一的编号、名称、学时数、能力标准和证书体系。反观我国的职业技术教育，在课程开发方面缺乏统一的指导和监控。建议我国各行业大类的专业指导委员会充分发挥积极指导作用，教育管理部门要加强督导，统一制定出一些专业大类的课程标准，这样有利于职业技术院校的健康规范发展。

从澳大利亚 TAEF 学院的体系建立和办学特色的彰显过程可以看出，政府重视职业技术教育发展并建立完善的高职教育管理体系和科学的人才培养模式是十分重要的。这样不仅可以加快推进澳大利亚职业教育发展，而且使澳大利亚职业教育形成了既吸收其他国家经验又与之有重大区别的适合本国发展需要的办学模式。我国的高等职业教育应当以此为鉴，注重对国外成功办学经验的引进，构建适合我国国情的职业教育办学模式并形成自身的特色，努力走出一条具有中国特色的高等职业教育办学的新路子。

第四节 加拿大中高职教育衔接的现状与启示

加拿大位于北美洲北半部，幅员辽阔，经济发达。其总面积 990

[①] 《中国掀起 TAFE 热潮的十大缘由》，http://www.earthedu.com/StudyAbroad/News/200801/20080122135628.shtml，2008-01-22/2016-10-15。

多万平方公里，人口3100多万，物产资源丰富，环境幽美。加拿大是世界七大工业国之一，医疗健康和社会福利健全。加拿大是发达国家中唯一没有实行教育产业化的国家，从制度和管理上基本消除了教育产业化带来的学费上涨、急功近利的负面影响和弊端。所以，加拿大教育的严谨性、高质量以及社会公益性的特色显得特别明显，对促进加拿大社会经济和谐稳步发展起到了非常重要的作用。

一 加拿大职业教育的现状

加拿大职业教育分为私立和公立两大类。私立的有职业技术学校和行业企业职业技能培训机构，公立主要为各省的社区学院及大学学院。在职业教育层次上，可分为初中级的基本职业技能培训和高级职业技术培训。为所在区域发展目标服务是加拿大职业教育的办学宗旨。在办学形式上，以社区学院为主体的职业技术学院采取了学历教育和非学历教育相结合、普通教育和继续教育相结合、全日制教育和短期培训相结合、理论教育和技能教育相结合的形式，形成了多元化、多规格的办学体系。

加拿大实行十二年制义务教育。小学八年，中学四年。从法律上讲，学生必须完成12年的法定义务教育。表面上看，似乎加拿大没有我国这种技校、中等职业技术学校。但通过深入到加拿大典型的中学去考察分析教学科目及内容会发现，加拿大常规中学实际上提供了包括中等职业课程在内等多项教育内容。一所中学往往提供包含有多达几十种的课程，其中包括多种职业教育课程在内。

以安大略省一个典型中学为例，中学毕业要求完成30个学分。其中有多项属于职业教育的学分课程可供学生选择。在30个必须完成的学分中，18个学分为必修课，12个学分为选修课。因为一般每门课程1个学分，所以12个选修学分也决定了要有12门选修课程。可供学生选修的课程组主要有商科组（经营管理、小企业金融、会计精要、市场营销、国际商务精要、企业创新等）、加拿大及世界研究组（公民课、加拿大地理、世界地理、旅游、加拿大及世界问题研究、环境与资源管理、测绘、加拿大历史、美国历史、世界历史、法律、政治学等）、数学组（数学基础、函数、实用数学、微分与向量、数据管理等）、自然科学组（物理、化学、生物、地球及空间科学、环境科学等）、社会科学及人文科学组（食品及营养、个体与家庭、生活工作与孩子教育、个人及家庭资源、教养学、逻辑、宗教等）、艺术组（戏剧、音乐、视觉技术、艺术探索等）、技术教育组（技术探索、通信技术、计算机技术、建筑技术、电工、电子、木工、种植业技术、发式设计及审美、健康护理、酒店管理、制造技术、技术设计、交通技术等）等 18 个大组。

  由此可见，安大略省这所中学提供的教学科目及内容是把中等职业教育课程包括在内的真正综合性的课程。这类中学提供包括职业培训在内多种学分课程。既有理论学习、基础应用课程，又有木工、管工、空调制冷等职业培训课程，还有体育、绘画、摄影、音乐等兴趣培养方面的课程。加拿大中学实际上把中等职业教育和传统中学教育灵活地组合成一个多功能综合性质的学校开展教学的，通过提供包括职业教育课程在内的多种课程供中学生选择和通过科学合理的学分制的实施培养中学生对职业教育的兴趣。这样做的一个明显的好处就是能更好地吸引学生向自己真正喜欢的方向发展。学生会有更高的主观能动性，积极收集属于自己未来职业选择的知识和信息，有意识参与到相关活动中去并体会和尽早掌握相关的技能。其结果也会明显提高职业技术人才的培养质量。

  加拿大高等职业技术教育相当于我国的专科层次的高职教育，是由加拿大社区学院、应用学院提供的。目前，加拿大拥有 94 所大学和 200 余所公立学院，而私立学院有 1000 余所。加拿大的大学主要从事研究开发教育，强调理论学习，以培养研究开发人员和工程师为目标。应用学院或社区学院则主要从事职业技术教育，注重就业导向，以培养高级技工、助理工程师和相应的行政管理人员为目标，深受考生欢迎。加拿大建立了学院制度，每个学院划分一个区域招生，学生就近入学。招生采用申请入学的方式，一年三个学期三次招生。凡是区域内的公民都有资格申请入学。其中，又以注重理论与实际应用相结合、密切为当地社会经济发展服务的社区学院为主体。社区学院在加拿大职业教育中发挥重要作用。其学生总人数超过 300 万，在整个高等教育学生总人数中超过一半。社区学院提供专科毕业证的专业一般为 2 到 3 年。除了专科文

第二章 中高职教育有效衔接的比较研究

凭之外，还提供多种证书培训、行业培训和社区服务培训，开展种类多样的职业教育。通过开展富有成效的多种职业教育项目，社区学院已经成为加拿大全国性质的多功能、现代教育意义上的高等职业教育网络，担当起了全民教育、终身教育的重要功能。加拿大高等职业教育起步早，其发展与社会经济发展需要紧密结合。从20世纪中叶开始，伴随着加拿大经济、技术的快速发展对各类技术人才的质量和数量需求的提高，各省从当地经济社会发展的需求出发，对原来的培训机构、职业学校进行高度整合，重新设立了应用学院或社区学院，从而构建起现代意义上的高等职业技术教育体系。

加拿大联邦政府没有统一管理整个加拿大教育事务的教育部，而是各省设立教育部门管理教育事务。联邦层次只能通过立法、资助等方式间接管理各省的教育发展。各省之间的教育交流与合作由各省教育部长组成的教育部长理事会（CMEC）协调。由于加拿大地域广阔，各省之间经济发展水平参差不齐，因此各省建立了适合自身发展的、相对独立的教育体制。各省一级政府的教育部门为教育的最高管理执行机构，对本省各个层次的教育发展规划、教育质量管理监督等进行全面的管理。省一级通过制定法律法规设置高等院校各个专业的质量标准和学位授予标准，并对高校申报的专业、学位、证书进行严格的审批管理。

以人口最多的安大略省为例，全省有公立学院24所，办学经费的60%左右靠政府拨款，20%来源于学生的学费，另外20%来自赞助以及其他来源。学院的专业标准、拨款标准和收费标准都是由省教育部门严格管理。加拿大的大学属于研究开发教育，注重理论学习，主要培养从事研究开发人员和工程师。应用学院或者社区学院是以就业为导向，以培养高级技工、助理工程师和相应的行政管理人员为主要目的，因而最受考生欢迎。特别是学院的护士等专业，往往早早就爆满，申请者不得不排队等下一年。社区学院学生人数在高等教育机构里是最多的，整个加拿大职业大专与本科学士的学生人数呈现出合理的比例结构。近年来，随着社会发展需要，也有一些老牌高职学院开始培养应用学士，在就业方面比大学的理论学士更受雇主欢迎。加拿大社区高职学生的就业率高。据加拿大社区学院协会（ACCC）统计，社区学院毕业生平均就业率达到92%以上，90%毕业生找到了自己专业或者相关领域的工作。85%—90%毕业生对自己的工作表示满意。特别是2010年，安大略省质量保障大学委员会提出《质量保障框架》，对《加拿大学位资格框架》进一步补充说明与细化，使之成为安大略省资格框架的重要组成部分。该资格框架现已涵盖本省范围内所有非宗教性的中学后证书、文凭、学位资格，纵向分为3类13级（见表2-3）[①]；横向包含两个维度12分项，即资格描述（Qualification Descriptions）6个分项、资格标准（Qualification Standards）6个分项。这些措施建立了与整个教育体系相对应的完整的资格认证体系，促进了学分转化与终身学习等教育政策的推行，有效地保障了中学后各级各类教育的质量。

表2-3　　　　　　　　加拿大安大略省资格种类

资格类型	资格名称
证书类（5种）	一级证书（Certificate Ⅰ）
	二级证书（Certificate Ⅱ）
	学徒证书（Certificate of Apprenticeship）
	资格证书（Certificate of Qualification）
	三级证书（Certificate Ⅲ）
文凭类（4种）	一级文凭（Diploma Ⅰ）
	二级文凭（Diploma Ⅱ）
	高级文凭（Advanced Diploma）
	文凭后证书（Post-Diploma Certificate）
学位类（4种）	学士学位（Bachelor's Degree）
	荣誉学士学位（Bachelor's Degree：Honours）
	硕士学位（Masters Degree）
	博士学位（Doctoral Degree）

---

① 吴雪萍、赵婷：《加拿大安大略省资格框架探究》，《职业技术教育》2015年第16期，第67—72页。

第二章　中高职教育有效衔接的比较研究

　　加拿大高等职业教育明确以服务社区和当地的社会经济发展为目标，服务于社会的特色非常显著。其高等职业教育以严格的教育质量标准和良好的社会效益而堪称一流，每年吸引大量包括中国在内的世界各地的国际留学生。加拿大的高质量职业教育与发达的经济形成了良好的相互支持作用。与美国明显不同的是，加拿大发放正式毕业证的高等教育机构几乎全部为公立性质。加拿大全国有120多所学院。在办学规模上，各地培养专科为主的技术人才的理工学院、社区学院等职业技术专科学生人数远超过大学本科的学生人数。以阿尔伯塔省省会卡尔加里为例，这里只有卡尔加里大学和皇家山2所大学，而学院就有南亚理工学院等5所。仅南亚理工学院在校学生就达66000人，远超过24000名在校学生的卡尔加里大学。

　　加拿大社区学院每年对市场做精确的调查分析，做到开设专业精准满足社会需求。以范莎学院为例，从消防专业、海岸警卫、健康护理、幼儿教育、酒店管理、飞机维修，到水管工、园林花卉，共提供150多个专业或者项目供学员选择。有些大学毕业生，毕业后找不到合适的工作岗位或者有更换职业的需要，也到学院报名培训获得另外的专业证书。学院提供的项目形式多样，学制设置灵活。除了常规的2年或者3年的专科教育外，还有几周到几个月不等的职业证书班，也有一年至两年的学徒制班级或者是研究生文凭课程项目。学习时间有全职的，也有业余的。有白天上课的，也有晚上和周末上课的。职业学院充分利用各种资源与相关大学联合培养学士学位。

　　加拿大的高等职业教育，对教师有特殊的要求。加拿大一个广泛认可的理念是：认为师资队伍是"机器"，而学生则是"产品"，"机器"的好坏决定"产品"的优劣，而人才这种特殊的"产品"的积压又是最大甚至是灾难性的浪费。所以，在教师选择、专业设置、招生、培养、就业每个环节都有严格把关。在教师选择上，要保证来自企业、有实际经验的兼职老师占一定比例。职业学院设有专门机构调查人才市场的专业需求，以决定开设什么专业。在招生过程中，负责招生的工作人员以认真为学生服务的专业态度为学生提供职业咨询服务，社会责任心非常强。比如安大略省24所公立学院结成联盟，当一个学院招生人员发现某个学生不适合本校专业设置，会非常诚恳负责地推荐更合适的学校。学生入学后,学院会及时收集企业用人信息,利用政府或者其他资助项目,同各类企业开展合作项目,千方百计地给学生提供参与社会实践的机会。这样,学生有了实际工作经验,对社会和工作的理解有了一个质的飞跃,实际操作能力、团队合作精神也得到了提高,大多数业主很可能把这些学生留在预备录用人员名单上或者推荐给其他用人单位。加拿大职业学院会非常重视学生的就业,往往在学生就业方面花费比招生更大的精力,积极宣传、推广和推荐本校的毕业生。

各社区学院非常重视对学生能力的培养,大力推广CBE(Competency – Base Education)教学模式。CBE是指以能力培养为基础的教学体系。CBE首先诞生于加拿大,由于对学生能力培养效果良好,在加拿大和美国得到了比较广泛地认同,现在已经有多个国家和地区学习和运用。CBE教学模式的采用极大提高了教学的质量。再加上其他方面得力措施的实施,极大地提升了专科毕业生的就业率。加拿大的专科毕业生毕业6个月内就业率达到了90%以上,其中95%的毕业生找到了满意的与专业相关的工作。就业率远远高于大学毕业生。所以,当地人对本社区的专科学院的关心程度和支持力度往往高于那些知名的大学。

二 加拿大中高职教育的衔接

(一)加拿大中学教育与高等职业教育的衔接

加拿大中学教育提供包含多种职业技术课程,为中学生进入高等职业教育甚至未来职业发展打下坚实基础。加拿大中学教育的主要目标就是为学生下一步申请大学、高职或者就业等不同的出口做相应的准备,也就是按照学生的兴趣志愿、未来发展规划和市场就业需要等对学生进行分类、分流培养。中学提供的学分课程包括基础理论、基础应用、素质培养、兴趣爱好、实用技术、职业发展规划等,既包括文化科学基础课,也包括职业教育等多种课程,尽早为学生将来进入高职专业学习等实现良好的衔接。

加拿大中学里的每门课程大多数又细分为大学预备课程、大专预备课程、公用课程等不同类型,提供给学生按照未来发展需要分类选择，有效实现了与将来进入高职专业的精准对接。在选修课中，学生可将 1 至 2 组课为重点，九年级开始在教师和家长指导下进行准备，从十年级到十二年级形成自己的系列组合。学生根据自己已经确定的未来发展方向，选择不同课程组合，完成中学阶段的学习任务，既满足了发展学生兴趣、爱好或者初步就业的需要，又为大学入学申请、职业学院入学申请打下基础。在加拿大的一所中学，会有超过半数以上的学生选择进入高职院校。这样做的最大好处是节省学生时间，尽早培养相关职业技能。不但实现了与高职的良好衔接，还调动了中学生为成为未来高端技术人才的积极性，实现了社会合理均衡发展对科研开发人才与职业技术人才数量方面的合理平衡。

加拿大中学教育按照学生不同的出口（即学生未来职业的不同目标）进行细化分类培养，与未来高等教育的精准衔接更好地确保了加拿大的教育体制能让中学生阶段的教育与中学毕业之后的高等教育在培养定位目标、课程体系上的高度一致性。其高效性和优越性非常明显。提供内容多样化的职业教育课程和技能训练，加拿大特色中学教育的重要目标是为学生进入不同专业的高职专业及早、高效地打下坚实的基础。而高职大专教育的目标定位是满足社会、社区发展的需要，及时有效地为企业培养合格的职业技术人才。这种中学和高职两个阶段培养目标定位的高度连续性和一致性的机制，对确保提高职业技术人才的质量和数量提供了充分的保障。

以范莎学院的会计、旅游管理和机械制造工程三个专业对中学生课程录取推荐要求和相应的大专专业的课程设置为例进行分析，可以发现包含中职教育的加拿大中学与高职教育的目标定位及其课程的高度一致性。而我国的高等职业技术教育，生源大多是考试分数达不到重点大学、普通大学、三本院校的学生。除一部分"3+2"对接中职招生之外，录取的新生对高职几乎没有什么系统的专业准备，之前甚至没有高级职业方面的兴趣爱好。而加拿大中学生较早就有就业职业定向，在中学教育过程中，学校就提供了广泛的职业教育资源去培养学生的兴趣和技能。在时间上尽早进入切入点，中学职业教育与高等职业教育是职业基础与发展提高的关系。学生进入职业领域的时效性和中学与高职两个阶段高度一致性，切实保证了加拿大高等职业教育的质量。从表 2-4 中可以看出范莎学院会计、旅游管理和机械制造工程 3 个专业对中学毕业生录取为高职时要求完成的专业课程与高职阶段的主要课程和培养目标具有对应关系。①

表 2-4　加拿大范莎学院中学课程与会计、旅游管理和机械制造工程专业高职课程、高职培养目标对照表

高职专业	会计	旅游管理	机械制造
中学毕业生录取为高职时要求完成的专业课程	中学 12 年级英语，11 或者 12 年级数学（大学或者大专预科）、经营案例分析、经营和技术交流、经济数学、计算机技术基础，个人职业规划。	经济数学、酒店管理与旅游（大专预科），企业创业学，数字通讯或者多媒体操作，金融会计基础，金融会计原理、经营与技术交流，个人职业规划。	物理，化学，电子学，电工学，制冷与空调、环境科学，计算机编程、图纸阅读，个人职业规划。
高职阶段主要课程设置	经济数学，金融数学，统计学，经营管理学，会计原理，市场营销原理，企业战略，经济学，税务，商业信息系统，经济法，经济类思维与公文写作，企业流程介绍，成本会计，公司，会计，审计学，专业交流，计算机会计应用软件。	会计原理，旅游企业介绍，酒店与旅游营销，卫生与安保，调酒术，食品及饮料服务理论与管理，厨房管理，菜单介绍，顾客关系与管理，会议管理，活动策划，职业交流、前台服务理论与务实，旅游与酒店管理公文阅读、写作与推理，食品饮料及人力成本控制，企业家见解，设备管理，酒店金融，个人金融，会议营销与准备，大厅接待与管理，酒店法务与保险，酒店项目管理，酒店人力资源管理，收益管理，酿酒知识，职业规划战略。	高数，工程学基础，工程设计，机械学，制造工艺，材料力学，控制机械制设计，工程制图，金属材料，制造工程控制，液压传动控制，制造技术，自动化控制，机器人和自动化基础，焊接，数控机床应用和计算机辅助设计，生产计划和库存管理，交流技术，项目管理，电气设计与设备，运营管理，工程管理，设施规划，质量控制，科技推理与写作，法律，职业伦理，职业安全，人事关系。

---

① Recommended Academic Preparation, http: www.fanshawec.ca/programs-couses/full-time-programs/bac4/20167/admission-requirements, 2015-07-19/2016-07-15.

续表

高职专业	会计	旅游管理	机械制造
高职阶段培养目标定位	毕业生具有专业的会计技能，具有胜任企业、政府、金融机构的专业部门的初中级水平的工作能力和技能。毕业生有资格进入工商管理和高级专业领域深造。	毕业生掌握客人预订管理系统，具有食品服务和厨房管理技能，以及酒店会计、金融、人力资源、活动组织和会议安排的能力，胜任酒店管理的多项工作。毕业生有资格进入皇家大学等继续深造。	毕业生通过坚实的理论学习和企业强化培训的完美结合获得能够胜任机械制造业的管理职位和领导岗位，以及胜任设计、质量工程师的要求。毕业生有资格进入大学深造。

（二）加拿大社区学院教育与大学教育的对接

高职专科和大学都属于高等教育，加拿大高职专科学生进入本科的渠道是畅通的。加拿大的社区学院与大学的对接有多种途径：（1）社区学院本身拥有应用学士授予权。近年来，加拿大一些资深学院的重点专业获得与大学学术学士学位并列的应用学士授予权。比如，范莎学院的商科和生物专业就有了这种授予权。（2）社区学院与其他大学联合培养学士。专业基础及实践课程由社区学院承担，专业课和论文答辩由合作的大学负责。（3）社区学院与大学签订学生转升协议。以范莎学院为例，该院与多伦多大学等10多所加拿大境内名牌大学以及美国、澳大利亚、英国等国家的多所大学签订学分互认的协议[①]。加拿大的大专在读生或者毕业生，可以把专科的学分带入有协议的大学，再通过1—2年的学习，完成学业并通过考试，就可以毕业，获得大学的学士学位。社区学院的学生按照目标参加教学计划要求的学习，全日制学生可选择进入四年制的大学或学院学习所必需的基础课程学分，也可为就业而学习职业技能，或为工作提升、新职业准备接受培训。而且，加拿大社区学院和大学之间衔接的学生流动是双向的。比如，大学学生或者毕业生也会因为就业的需要到大专学习职业技术。另外，少数名牌学院开设的1—2年制的研究生文凭项目除了招收专科毕业生外，也招收大学毕业生。由于研究生文凭项目主要是以前景看好的

---

① university-degree-pathways，http://www.fanshawec.ca/admissions/registrars-office/university-degree-pathways，2015-12-19/2016-07-15。

高端职场就业为目的，专业设置灵活，因而就业档次和就业率高，尤其对那些就业率不高专业的大学毕业生具有很大的吸引力。

（三）加拿大高等职业教育与继续教育的衔接

加拿大高等职业教育与继续教育的衔接，能够有效提升职业教育作为大众化教育和终身可持续性教育的内涵，完善高职学院的成人继续教育、二次教育的职能，实现不分学历、不分性别、不分年龄地为任何有需要的社会大众提供随时随地的回炉再造和技能提升，更好地促进就业。目前，社区学院已经向多方位、综合化的方向发展。实际上，加拿大学院集职业与技能培训、技工培训、社区就业咨询指导、继续教育乃至终身教育等多项教育功能于一体，成为深受大众欢迎、能够提供高效便捷的综合性教育服务机构。

三　加拿大中高职教育衔接对我国的启示

（一）拓展职业技术人才的内涵、外延和标准

1997年3月，联合国教科文组织修订的"国际教育标准分类"将教育分为七个等级。其中，职业教育隶属5B的范畴，即职业教育是高等教育的一个类型，而不是一个层次，既可以是专科层次，也可以是本科层次。[①] 加拿大教育的学院（College）正是对这一分类的最好阐释。通过调查与研究发现，加拿大对人才的定义与中国有很大的差别。我国对人才的定义更倾向于精英阶层，强调对知识、技术和技能的掌握；而加拿大更倾向于人才的首要标准是诚实、正直，对社会有责任感。加拿大的人才观念，对职业技术人才的培养和发展非常有利，更注重团队合作精神的培养。在我国，《教育部关于全面提高高等职业教育教学质量的若干意见》（教高〔2006〕16号）中明确了高等职业教育是高等教育的一个类型，但这一观点并未得到社会的普遍认同，职业教育仍被认为是属于低于本科的低层次教育。因此，加拿大对人才的理念以及高等职业教育与中学、大学、继续教育之间结构体系的有效衔接，值得我们学习与借鉴。

---

① 刘春梅：《中加两国职业教育的比较与启示——以加拿大Seneca学院为例》，《天津中德职业技术学院学报》2015年第1期，第45—47页。

（二）立足专科学院的特色发展实现可持续发展

加拿大把作为高等教育重要组成部分的专科学院的发展目标与宗旨主要定位于为当地社会发展服务，培养高端职业技术人才。特别注重校企合作成效，不是比拼校企合作的数量和合作企业的知名度，而是强调学院和企业之间建立起真正意义上的多样化合作伙伴关系，实现职业院校与行业企业在共建中双赢。因而，加拿大职业教育立足区域实际，实施差异化发展战略，不搞专科学院的盲目升级，坚持走自己的特色化发展道路，通过特色发展实现可持续发展。正因为社区学院能立足自身实际，准确定位，科学规划，加拿大专科学院不乏几十年甚至上百年历史的老牌名校。不少中学生和家长早早就立志要进入这样的专科学校深造，而不像我国高考后经过985大学、211大学、本科院校层层录取剩下的考生才填报高职专科志愿。

（三）切实打通专科高职升入本科院校的衔接通道

加拿大通过资深学院的重点专业拥有应用学士学位授予权、社区学院可以与大学合作培养学士、社区学院与大学签订学生转升协议等多种途径解决学生的升学问题。社区学院一方面可以通过提供种类众多的实用型专业供学生选择和提供高品质的教学使学生可以高质量地就业，另一方面可以提供多样化的本科学历，高职专科学生可以按照自己的意愿进入本科层次的学校就读，打通学历提升的无障碍通道。这种就业与升学两不误的制度设计与举措，无疑增强了社区学院和职业教育的吸引力。相比而言，我国在高等职业教育发展中尽管高职专业总数有了较大的增长，但是每所职业学院的专业数还较少，且教学质量还不高。高职学生除参加录取率较低的专插本之外，仅有近年才开始实行的高职院校个别专业的高本衔接试点，尚未能让高职院校开展本科学士的教育，更没有开展专业学位研究生教育。为此，借鉴加拿大的做法，应该通过学校评估和专业认证授权省一流高职和国家示范校的品牌专业办本科、扩大高职与本科衔接的试点专业范围、允许高职与本科院校签订某些专业的学分认可与转升协议等途径，打通高职与应用型本科的通道。

（四）突出以项目为载体的制度供给政策

为促进职业教育的发展，加拿大联邦和各省政府提供各种优惠政策和促进措施，如学徒培训计划、就业保险计划、青年就业计划和在线学习计划等。由政府出资设立的上述计划旨在鼓励青年人积极参与知识更新，培养终身学习的热情并解决学生的经济困难。同时，政府给予用人单位优惠政策，如减税、免税或提供直接资金。如安大略省政府充分利用社区学院的办学特点，通过如下措施支持发展以就业为导向的高层次职业教育特色项目。一是调动社会各种资源并提供资助。如针对模具制造等工艺性很强的高级专业人才，社区学院和有资格的企业采用学徒制进行联合培养。政府对接收学徒工的工厂给予适当补贴，意在调动企业的积极性，使学徒工的学生和企业双方都受益。二是授权开展特色项目。如授权社区学院开展研究生文凭项目，招收专科毕业生以上的学生为生源，选择职业市场紧缺的高端技术专业，通过1—2年的高端职业强化学习以及与企业联合实习，满足毕业生高端就业或者快速更换职业的需要。由于社区学院的职业技术教育优势和适应快速变化的职业人才市场定位决定的专业优势，使社区学院获得硕士研究生文凭的毕业生深受雇主欢迎。

近年来，不少就业难或者寻求更换专业的本科生报名参加研究生文凭的学习，大大促进了硕士研究生文凭项目的发展。但不批准传统的普通高校开展这种社区学院应用硕士研究生文凭特色教育。这些措施极大地调动了社区学院的办学积极性。相比之下，我国也在职业教育校企合作方面提出了措施，如《财政部国家税务总局关于企业支付学生实习报酬有关所得税政策问题的通知》（财税〔2006〕107号）规定，凡与中高等院校签订三年以上合作协议的企业，支付给学生实习期的报酬可在税前扣除。但是这一规定涉及面狭窄，力度较弱，难以调动企业在校企合作中的积极性。因此，应借鉴加拿大的成功经验，引导全社会更新职业教育发展理念，改革和创新职业教育发展体制，加大立法力度，制定相关政策，推进项目资助，发挥政府的政策导向和扶持作用，促进职业教育体系的逐步完善和职业教育的健康发展。

第五节　新加坡中高职教育衔接的现状与启示

一　新加坡职业教育的现状

新加坡是一个岛屿国家，国土面积714平方公里，人口540万。自

第二章 中高职教育有效衔接的比较研究

然资源缺乏，人口密度大，但新加坡于 20 世纪 90 年代跻身"亚洲四小龙"，取得了令人瞩目的经济成就。新加坡经济的发展，归根结底是政府重视对教育的投资、发展和改革，重视对人力资源的有效开发，而对职业教育的高度重视和科学管理是新加坡经济成功的关键所在。

新加坡建立了立交桥式的职业教育体系，不仅上下衔接，而且左右连通。中学毕业之后，直接学习技术员文凭课程并获得技术员或技师文凭者，可向上通往本科高校接受 2 或 3 年的大学教育，最后获取大学文凭或学位。就职业教育而言，较低层次可以通向较高层次，即技术工人获得文凭后可以进入高一层次的学校继续攻读技术员或技师文凭，还可以此为"桥"进入本科高校；普通高中教育毕业生除主要向上直接进入本科高校之外，也可以横向进入中学后职业教育机构接受技术员教育与培训，并可以此为"桥"进入大学，还可以进入非本科大学的职业技术教育机构接受大学本科课程的学习，并获取文凭。新加坡政府还规定：三级技工证书、一年或二年的职业训练证书、汇智课程毕业证书都相当于初中毕业证书；获得国家二级技工证书、工人技术师证书的相当于高中毕业水平。新加坡的获得一级技工证书的相当于大学毕业水平。新加坡的各证书之间可以互相衔接，有效地促进了职业技术教育的发展。

（一）新加坡职业教育的发展

新加坡职业教育的发展是与经济社会发展相伴生的。职业教育既主动适应产业的发展，同时又促进产业转型升级。20 世纪 60 年代，新加坡工业化建设初期，国家对教育的投资重点是扩大普通教育的规模，提高普通教育的质量。职业培训尽管由政府主导，但让私营企业、行业和社会团体（而非学校）来承担，并把职业技术教育的重点放在就业人员的在职培训上，采用正规与非正规相结合的形式发展职业技术教育。政府政策的主要目标是解决失业问题，发展初等职业技术教育。到 70 年代，新加坡经济向吸引国外投资的资金密集型工业（包括航空工业、医药工业以及精密机械工程等）发展，电子产业迅速增长并占到制造业产出的 15%，劳动力失业率降至 4%，成功解决了国家独立以后工人失业的严重问题。为了支持和维护更多更好的投资，政府认为有必要建立一支技能型的劳工队伍，让高素质的劳工队伍成为吸引外资的重要因素。政府通过加大投入，实施国内外和企业内外的技能培训，重点是为劳动力市场的大量年轻人提供职业训练。由此看出，面向基础劳动力的工作态度和技能培训始终是这一时期职业技术教育的重点，国家培训机构和参与员工培训的企业是职业技术教育的主体。

进入80年代，为提高新加坡在全球的竞争力，新加坡实行经济重组，进行第二次工业革命，资本密集型经济得到发展，产业调整逐渐强调技术与知识含量，区域扩展成为第四引擎。为适应高附加值工业发展需要，着力提高劳动者的知识水平和综合技能成为职业技术教育发展的核心目标。

1992年2月，新加坡颁布"工艺教育学院法案"。政府成立工艺教育学院，在对原来3所旧学院重新整修后，又新建了7所学院。这样，工艺教育学院下设10所学院，成为制定全国技能标准和推广技能性职业的"后中学"教育机构。职业技术教育纳入系统正规的学校教育体系，调整扩充校园，投入先进设备，提升从事职业技术教育人员的水平。新加坡成为发达国家之后，进入知识经济发展阶段，仍不断提升工艺教育学院办学水平。新加坡政府按照市场需求，提高接受职业技术教育的学生所占受教育人数比例，2000—2005年，职业院校毕业生比例均超过50%。各阶层劳动力满足经济建设的需求是新加坡政府制定职业技术教育政策的原则。实践证明，这项原则保证了教育资源的合理配置和有效利用，为国家提供了科学合理的人力资源，促进了经济的快速发展。

(二) 新加坡职业教育体系

经过40多年的改革和发展，新加坡的职业教育已逐步形成了适应现代化经济发展、面向工商企业需要、渐次递进、与各类教育相互沟通的教育体系。新加坡职业教育体系分为两个系统，第一个系统由初级、中级、高级三个不同层次的职教学院（大学）构成。初级为工艺教育学院，类似于我国的职业高中和技工学校，任务是培养熟练的技术工人，学习完成后可取得证书。中级为理工学院，学制与我国的中专相近，任务是培养熟练的技师和专业技术人才，学业完成后可取得文凭。高级为南洋理工大学和新加坡国立大学，这是两所综合性、多学科的大学，采取学分制，承担为国家培养优秀的企业管理人才和专业技术人才的任务，学生完成学业后可获得学位。

一是初等职业教育。担任初等职业教育任务的是工艺教育学院。新加坡共有10所工艺教育学院，开设的课程有：商业、办公技术、工业技师、第二级国家技工、第一级国家技工等。他们还提供各种类型在岗人员技能培训和课程进修，为在岗的员工举办技能水平鉴定考试。它的性质为半官方机构，由政府雇主代表和工会代表联合组成，工艺学院的使命是通过良好的职业教育和训练使国民的潜能得到充分发挥，从而增强劳动者的素质。

二是中等职业教育。中等职业教育主要由理工学院和经济发展局下设的各类技术学院负责。这些学院是向学生提供基础广泛、带有实践倾向的大学专科院校。理工学院提供的是基础扎实、理论与实践相结合的训练。他们还为在职人员提供进修提高机会，以满足多方面的学习需求，所以理工学院提供全日制（full-time）和部分时间制（part-time）的课程设置，并且课程设置与工业界的需求密切挂钩，促进学院与工业界的联系。

三是高等职业教育。承担高等职业教育任务的主要是大学。除常设院系外，新加坡的大学还开设有校外进修系，专为社会提供短期职业培训。南洋理工大学是一所综合性大学，其最富职业特点的就是设立国立教育学院，负责教师的职业训练。他们为有教龄的学员提供一种实践课程，让他们向有经验的教师学习教学策略，以帮助他们更好地扮演教师角色。除了职前培训，还提供多样化的在职培训。

新加坡职业教育体系的第二个系统是广泛的非学历的职工业余技术教育与培训体系。这个系统是新加坡为提高在职员工的素质和技能、更好地适应现代科技和经济发展需要而设立的，这类培训主要由企业自行组织，各类全日制学院承担相应的培训任务。新加坡采取的是普教与职教相结合的一体化教育结构。其小学和中学采用英国剑桥考试模式，毕业文凭由英国剑桥考试委员会统一颁发，世界各国承认。工艺教育学院和理工学院属于职业教育范畴，职业学校由政府出资办学。工艺教育学院提供雇佣前的训练，学制2—3年，有全日制课程和学徒TRAINEESHIP方案，可获国家工教院或高级国家工教院、特级国家工教院证书，毕业生既可以就业，也可以升入理工学院继续学习。同时，工艺学院也为成人学员提供部分时间制训练。理工学院学制3年，毕业生既可以就业，也可以升入理工大学或转到国外继续学习，有此课程的学分可获认可。新加坡从小学到本科大学的教育体系如图2-2所示。

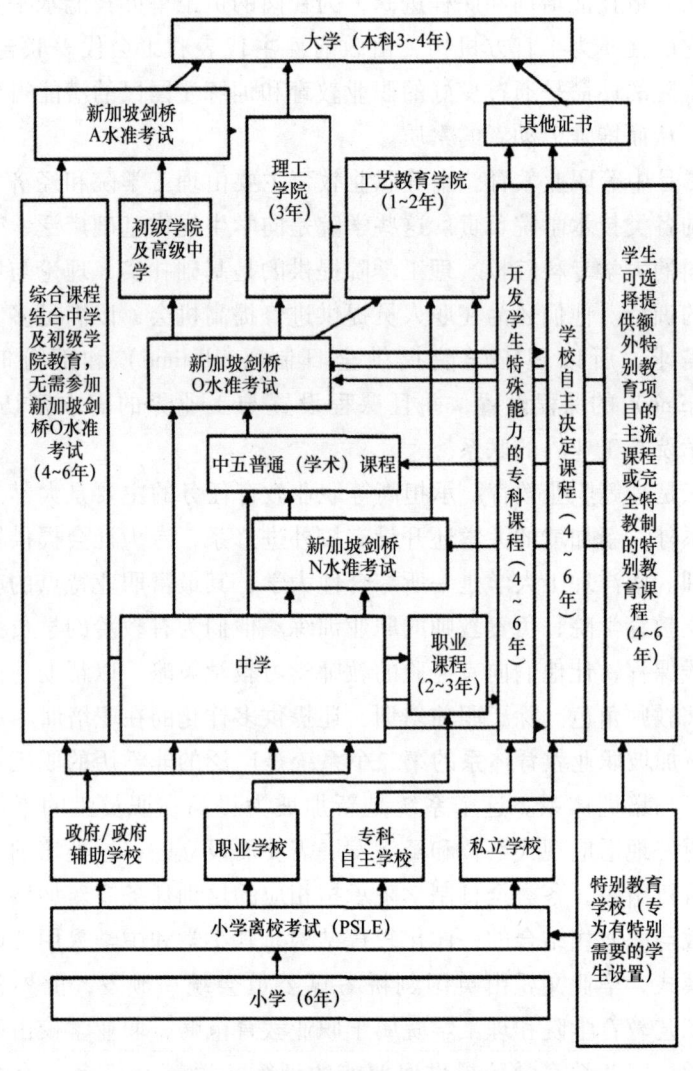

图2-2 新加坡教育体系基本框架①

---

① 任鸿儒、孙河川：《新加坡教育体系的基本框架及制度设计特点》，《世界教育信息》2014年第4期，第12—16页。

二 新加坡中高职教育的衔接

（一）注重社会合作，紧密联系企业

在新加坡，学校与企业的关系十分密切。各类学校都有一个董事会，董事会成员包括国家主管部门和行政主管部门的官员，还有有关企业的企业主。每个专业都有咨询委员会，聘请教育部门和行业主管部门的专家以及有关企业主担任委员，定期或不定期地听取他们关于课程内容、教学计划、教学设备配置等方面的意见。企业主向学校无偿提供资金和一些先进的实习设备。不仅如此，学生到企业实习，企业主都主动支付学生的补贴，有的高达学生就业后薪金的95%以上。企业主们之所以这样做，是因为他们认为这既支持了教育，为社会作出了贡献，同时也可以训练出企业和行业所需要的熟练技工，还可以起到宣传、展示、推销本企业产品的作用。

（二）建立有新加坡特色的教学模式

"教学工厂"模式是在德国"双元制"的基础上发展起来的一种新型教学模式，这种教学模式后来被各理工学院和工艺教育学院广泛采用，极大地推动了新加坡职业教育事业的发展。所谓"教学工厂"，就是将实际的企业环境引入教学环境之中，并使两者融合在一起。作为教学场所，可供教师和学生进行理论和实践教学；作为工厂，可以面向企业和公司承揽设计、加工和科研开发等任务。学院工程项目部专门协调对企业的服务，学院成为企业的科研开发中心。这种新型的教学模式把教学和工厂紧密结合起来，即把学校按工厂模式办，给学生一个类似于工厂的学习环境，让学生通过真实的生产和实际的项目设计，直接学到实用的知识和技能。"教学工厂"的教学计划根据工业发展的需要制订，强调实用性。

（三）紧密联系市场设置专业和课程

新加坡职业学校开设专业具有前瞻性和针对性，与经济发展预期和市场需求的联系程度非常紧密。新加坡的职业学校（学院）非常注意观察和研究政府各种人力开发的需求，通过商议、参观、考察或工业项目等多种途径与企业保持联系，了解企业需求，制订适合企业要求的课程或对已有课程进行修订，同时积极跟踪科技发展，与世界著名学院保持联系，以确保课程的先进性，让专业课程的设置、人才培养的目标与国家和企业的需求相适应。人才培养的规格从20世纪60年代的劳动密集型需求发展到现在的知识经济型需求。国家和企业的经济发展紧密相连，随时代发展而变。

（四）加强"双师型"教师队伍建设

新加坡职业学校教师的专业技能和工程实践能力都很强，在动手能力方面对学生的帮助很大。新加坡职业学校的教师主要来源于社会各行业，拥有不同的行业背景和学科背景，而不是直接来源于师范院校的毕业生。新加坡政府鼓励有相应学术水平和不同行业、学科背景的人投身教师行业。只要具备适合相应学段教师的学历水平，就可以向教育部申请做教师。被教育部录用后，教育部会安排这些教师进行教育学、心理学方面的培训，然后进入学校执教。因此，在新加坡，职业学校专业教师不仅都具有一定的理论知识，还具备一定的技能和工程实践能力，工科类的教师尤其必须具备后一种能力。新加坡还十分关注国际新技术的发展，积极引入先进前沿的科技知识，支持教师关注并参加专业展览会、搜集信息、更新知识，支持教师参加新技术培训，派遣教师到本地或国外学习，保证教师的知识及时得到更新。鼓励教师走在科技的前沿，并要求教师将新技术、新工艺融入教材。

新加坡职业教育尤其是高职学院很看重教师的企业经验，80%的教师都曾是企业的经理或业务骨干。如果没有经过企业实践的锻炼，没有企业业绩，一般很难进入高职学院当教师。例如，南洋理工学院对师资学历要求并不高，教师的学历要求仅仅是本科或以上学历，但却要求有5年以上的企业经历。学院也非常重视教师的进修和培训，专业教师每隔2—3年就要从事一段时间的工业项目的研制，使专业教师能不断从生产实践中汲取营养，充实自己。学院还重视师资国际接轨，鼓励并帮助教师创造机会在海外企业学习或兼职，培养师资的区域化和国际化水平。此外，新加坡还通过制度鼓励教师校内流动，如南洋理工学院就通过"无界化校园"管理模式实现了校内教师的有序流动。

（五）建立学历文凭与技能证书互认机制

新加坡在职业培训证书与学历文凭证书之间建立等价关系，各级证书间互相衔接，逐级上升，而且可以互认。如三级技工证书、1—2年的职业训练证书和汇智课程毕业证书都相当于初中毕业证书，二级技工证书、工人技师证书相当于高中毕业水平，一级证书相当于大学毕业水平。一旦取得某种相当于高中毕业水平的证书，就可以参加本专业的大学水平的招考与学习，取得更高的文凭，从而较大限度地开发人力智力资源。正是由于职业培训证书与正规学历证书建立了一定的等价关系，而政府又实行按学历定工资，这样技术等级与工资待遇就自然形成了一一对应关系。职业学校毕业生的教育投资回报甚至高于普通中学毕业生。这对于克服长期以来重白领轻蓝领、鄙视职技教育的传统观念，有十分重要的现实意义。

（六）实现普通教育课程和职业技术课程跨类衔接

新加坡的中学课程主要有四种，即特快课程、快捷课程、普通学术课程和普通工艺课程。前三种课程属于普通文化课程，旨在让学生接受普通文化教育，为升学考试做准备。第四种课程属于职业技术课程，旨在让学生接受职业技术教育，为就业和工作做准备。在新加坡，虽然大部分中学生学习普通文化课程，但也有少数中学生选修职业技术课程。而且，新加坡的普通文化课程和职业技术课程之间可以相互转换。例如，只要通过相关的考试，普通工艺课程可以转入普通学术课程，普通学术课程也可以转入快捷课程。这种做法可以为普通教育和职业教育之间的衔接以及中高职教育的衔接提供方便。

三 新加坡中高职教育衔接对我国的启示

职业技术教育是新加坡城市化、工业化和现代化的关键，是其经济腾飞的润滑剂和动力源。新加坡的做法对我国的职业教育事业发展有很多启示。

（一）建立普通教育与职业教育的"立交桥"

新加坡把职业教育纳入正规教育范围，实现职业教育与普通教育的接轨。职业培训证书与学历文凭证书可以等价互认，普通教育和职业教育可以相互衔接和沟通。而且，任何年级的学生只要凭借课程成绩或证书考试成绩，就可以在职教与普教间实现多次跨越。不但无须从各学制的起点开始衔接，还允许多次跨越和层层提升。这种做法能有效保证生源,给学生提供更多的选择,极大地促进了职业教育的繁荣发展。

长期以来,我国的普通教育与职业教育各行其是,相互隔离。中职、普通高中、高职、普通大学之间沟通不畅,学生进了一个门就不能跨越到另一个。要想提高学历层次就须参加相应层次的入学考试,手续繁杂,不利于职业学校吸引生源,不利于职业教育的发展。

在我国,由于普通教育阶段的课程设置中缺少职业培训的内容,导致培养的学生在就业时出现理论知识较强而实践能力较差,从而不能学以致用。职业教育阶段的课程设置却一味强调职业知识的传授和专业技能的训练而忽视文化基础知识的学习,导致职业学校给许多学生和家长造成了一种误解,认为只有文化成绩差的学生才到职业学校就读。为此,要加强三个方面的工作。首先,普通教育系统与职业教育系统之间要加强合作和联系,形成一种合力。同时,各个组成要素充分发挥作用,共同完成教育任务。其次,在中等普通教育课程中适当加入职业教育课程,把职业教育课程作为普通教育的组成部分。同时,加强职业的文化基础知识教学,从而消除家长和学生认为职业教育就是失败者的偏见。最后,也是最重要的是,教育主管部门要采取宏观调控的政策去平衡普通教育和职业教育的关系。尤其在生源安排上,要适当压缩过度膨胀的普通中学规模,让一部分学生分流到职业学校,真正实现普职比大体相当。而且,对于第一志愿报考职业学校的学生要给予奖励,同时对薄弱的职业学校给予硬件和软件的支持。

(二) 注重专业设置的实用性和超前性。

新加坡在发展职业技术教育过程中,一方面重视实用性,以适应经济发展的需要;另一方面又注重适当的超前性,使职业教育始终走在生产和建设的前面,对实际工作发挥着超前指导作用。同时,职业院校十分关注科技发展态势,经常与世界著名学府保持联系,使人才培养目标和定位始终与国家和企业的需求相适应。在我国,职业教育作为一种非义务教育,具有很强的外在性,在人才培养过程中应特别强化市场意识和超前意识,树立多元办学思想,逐步形成多元办学体制,探索多元办学模式。由于学校对新兴专业领域人才的培养有一个3—5年的周期,这就要求职业院校要从发展的角度来开发课程,使课程有一定的前瞻性、预见性，不仅着眼于学生当前的需求，还要考虑到其未来的需求。现代社会的消费者对教育的需求是多种多样的，不仅在需求层次上有明显差异，在需求类型上也有不同特点。因此，应该在开发教育产品上加大投入，高度重视产品的质量，不断增强办学活力，提高办学效益。

（三）加强职业院校与社会和企业的联系

新加坡十分重视职业院校与社会和企业的联系与合作，有一系列的措施推进合作与保证成效。在我国，传统的学校，往往不会主动与社会和企业有更多的联系。但随着知识经济时代的来临，知识更新日新月异，学校系统应加快对社会、经济变化的反映，及时更新教学内容。高等教育已经由纯粹的精英教育进入了大众化教育，所培养的人才应该为社会和企业服务，所培养的人才也应该是企业和社会所需要的人才。高等教育只有深入到生产领域，才能把握科学技术发展的方向，找到学科发展的前沿，从而提高学校的科研水平和教育质量。

职业院校与企业实现校企合作和联合办学能有效解决我国目前人才培养与市场脱节、供需矛盾突出、毕业生就业难等问题。企业的利益、操作技术和技能型人才与职业教育的目标具有一致性，学校与企业联合办学具有操作上的可行性。学校与企业联合办学，既可解决职业教育培养周期与经济发展迅速的矛盾，又可为劳动者和企业双向选择提供前提和基础。随着我国经济的发展，投资环境的不断改善，学校与企业联合办学的可能性越来越大，校企合作、联合办学的效果也会越来越凸显。我国政府应从政策和法律上引导职业院校与企业联合办学，鼓励企业与职业院校合作办学。

（四）强化职业教育的实践性特色

新加坡"教学工厂"教学模式非常注重学生的实践教学，重视培养学生的知识应用能力和实践动手能力。我国政府应在投资、税收等政策上引导校企合作、产教融合和协同育人。职业教育教学要依托产学合作、产学研一体化这一有效途径，加强专业实验实训基地建设，形成特色和亮点。职业院校要以最大限度地满足地方经济和社会需求为准则，开门办学，在产学研上准确定位，在人才培养规格上准确定位。要依托政府的政策、行业的牵动和企业的合作，促进学校与行业、企业的结合，培养学生的职业能力。

（五）加强职业院校的教师队伍建设

师资质量是制约职业教育发展的主要因素。新加坡的职业教育之所以能处于世界领先水平，与其非常重视"双师型"教师队伍建设是分不开的。新加坡通过政府激励、制度支持、终身培训、校企互通等措施，培养了一大批"双师型"教师。例如，新加坡的职业院校把具有三年及以上的工厂工作经验作为选择专业教师的首要条件。为此，我们的职业院校要向新加坡学习，一要从企业行业招聘有实践经验与能力的技术人员补充到教师队伍中来。二要选派专业教师定期到企业挂职或顶岗锻炼，通过技术服务和产品研发等诸多措施，想方设法提高专业教师的实践能力。三要通过学校制度和管理模式创新，鼓励校内教师根据需要合理流动。四要通过"校企双向聘任"等办法，把企业的一些技术骨干和能工巧匠吸引到职业院校担任兼职教师。

第六节　中国台湾中高职教育衔接的现状与启示

一　台湾地区职业教育的现状

职业教育的发展对台湾经济的促进作用被台湾各界所公认，是台湾经济增长的主要因素之一。台湾的职业教育体系完备，技职院校众多，开设类科广泛，授予学位层次高，毕业学生人数众多。台湾的职业教育包括初等、中等和高等职业教育，是台湾教育体系的重要组成部分，职业教育与普通教育并驾齐驱。在教育体系中，职业教育可以与普通教育交错或跨接。与其他国家和地区的职业教育相比，台湾的职业教育在学历层次上发展完备，从职业学校、专科学校到技术学院、科技大学皆有设立，一贯衔接，自成系统。并且，技术学院与科技大学还包括硕士、博士阶段教育，在学制上和普通高等教育对等起来。

（一）初等职业教育

1968年以前，台湾的初等职业教育由初级职业学校和五年制职业学校来实施。当时的中学课程则主要是为应付学生升学做准备的，所以职业教育的科目及教学时数相对较少。1968年实施九年义务教育之后，台湾停办了各种初级职业学校，初等职业教育的任务主要由中学通过开设各种职业选修科目来完成。职业选修科目成为中学历次课程修订的重要内容。在1983年公布的中学课程标准中，将选修科目分为职业科目、实用科目、升学预备科目和艺能科目四类。其中，职业科目类包括农业、工业、商业、家政、水产等，并规定学生从二年级开始就在教师辅导下选修职业科目。中学课程标准规定，三年级按学生的志趣与能力分为理论组和实用组。根据部分学生毕业后将要直接就业的情况，课程标准规定在三年级强化初等职业教育，并更加注重学生敬业观念的培养、职业道德的养成和职业技艺的训练。

（二）中等职业教育

台湾的经济起飞和产业发展，一直都和技术及职业教育（简称技职教育）的变迁过程密切相关，相伴相随。20世纪50年代经济复苏时期，由于土地改革的成功，农业生产效率得到提高，劳动密集型民生工业萌芽，台湾大力发展工业职业教育，为支持基础经济发展提供了大批的基础技术人才。20世纪60年代进出口扩张期，在发展劳动密集型民生工业的同时开始拓展对外贸易，中小企业蓬勃发展，对工商业劳动力的需求增加。由于各地加工区的设立，急需提升基层实务操作人员的素质，台湾开始扩增职业教育学校的数量，开办二专，改进五专，工商职校的学生人数得到扩大，高中高职学生的比例总体保持在6∶4。

台湾的高级职业学校属于高中阶段的职业技术教育，相当于大陆的中等职业教育，招收初中毕业生或同等学力者，学生经入学考试合格者入读，修业年限一般为3年。高级职业学校以"养成健全之基层技术人才"为目标，以分类设置为原则。学生初中毕业进行分流，毕业生可以根据自己的爱好、兴趣及专长选择进入普通教育体系或职业技术教育体系。

（三）高等职业教育

20世纪70年代，资本技术密集工业发展迅速，为满足各种重化工业、精密工业和公共工程对各类中高级技术人才的需要以及各项基础建设对技术人员的需求，台湾开始改进工业教育及专科教育，举办高等职业教育。1974年设立了第一所技术学院台湾工业技术学院（现为台湾科技大学）。20世纪90年代，产业更趋向技术密集、资本密集、发展知识经济产业以及高附加值形态的产业，推动了技职教育的重大变革，高层次职业技术教育更加受到重视，这时开始扩展至本科层次的高等职业教育。1991年，台湾成立了第二所技术学院云林技术学院。进入21世纪，台湾职业院校的档次不断上移，专科学校萎缩，高层次的技术学院及科技大学数量增加，以此来适应就业市场的技术人力向高层次发展的需求。同时开始全面发展并优化技职教育的质与量，从而逐步推进技职教育的国际化。

台湾的高等职业教育以"教授应用科学及技术，养成高级实用技术人才"为目标。目前，台湾的高等职业教育体系包括专科学校、技术学院、科技大学以及研究生院。专科学校，即专科职业技术学校以"教授应用科学与技术，养成实用专业人才"为目标，以分类设置为原则，按不同入学资格分设两年制、三年制和五年制学制。其中，两年制专科学校招收高级职业学校毕业或具有同等学力者，经入学考试合格者；三年制专科学校招收高级中学毕业或同等学力，经入学考试合格者；五年制专科学校招收初中毕业或具有同等学力，经入学考试合格者。技术学院或科技大学属本科层次的高等职业技术教育，分为四年制和二年制，四年制招收高职或普通高中毕业生，二年制招收专科毕业生，研究所进行硕士研究生和博士研究生教育。

可见，台湾职业教育体系从根本上打破了终结性的职业教育局限性，建立了包括中专、大专、本科直至研究生水平的多层次职业教育体系。这个职业教育体系内部相对完整，与普通教育体系相互衔接，是开放的职业教育体系。职业教育既考虑就业问题，也兼顾升学教育，因此在职业教育的课程设置和教学内容的选择上对外在适应性和内在衔接性都会尽量兼顾。它既能满足经济社会发展对技术人才的需求，又能满足职业人才继续深造的需要。

二 台湾地区中高职教育的衔接

（一）职业教育层次清楚且相互贯通

台湾的职业教育是非常独特的，它具有体系完备、技职院校众多、开设科类广与多、授予学位层次高、毕业学生人数众多等特点。与其他国家和地区的职业教育相比，它不仅在纵深方面发展完备，学校从职业学校、专科学校到技术学院、科技大学，技术学院与科技大学还包括硕士、博士阶段教育，而且在学制上可以和普通高等教育对等起来。

台湾职业教育体系涵盖高级职业学校、专科学校、技术学院、科技大学及技术学院和科技大学附设的研究所，包括中职教育、专科教育、本科教育、硕士教育及博士教育五个层次。其职业教育是一个相对独立的体系，与普通教育二轨并行、相互支援。而且，中高职教育上下衔接。这个职业教育体系涵盖三层级五类型学校，包括三年制的高级职业学校（相当于职业高中）；二年制、五年制的专科学校；还有技术学院及科技大学，分为大学部（本科）与研究所（硕士、博士）。大学部包含二年制、四年制，修业期满且成绩合格均授予学士学位；研究所设有硕士班、博士班，修业期满且成绩合格授予硕士、博士学位。另外，也涵盖属于技艺教育的中学技艺教育班与高职实用技能班以及属于社会教育的高职进修学校、专科进修补习学校、技术学院及科技大学附设进修学院学士班等，构成了一贯而完整的职业教育体系。

（二）中高职教育衔接日趋紧密

台湾的职业教育与普通教育是并行的两个体系，相对独立；但在职业教育体系内部，上下可相互衔接，形成了一个由低向高发展的上升通道，而且其趋向越来越紧密。在学生养成教育的同时，更加注重和兼顾养成教育与升学、就业的链接。加强竞争力、实做力、就业力培养是他们一致的人才培养目标。教、学、做一体化，不仅重在学生职业道德、人际沟通、服务品质、外语能力等全人格的养成，更重在与学生日后的就业、职业发展紧密结合起来，为学生成为专才、精英形成了完整的职业生涯通道。另外，台湾高等院校非常强调职业教育的教学与行业职业证照制度的结合。职业证照的获得有利于学生的升学、就业、续薪和升迁。

（三）重视实践教学，注重培养"双师型"教师

台湾的职业教育非常重视实践教学。一是台湾的学校教学实验、

实习设备都非常好，学校配套实习工位充足，能满足教学需要，并具有技术应用开发能力。在教学安排中，技职院校理论教学仅占30%左右，实践教学比例达到了70%。他们将教育时间和教育资源向实践教学倾斜，重视学员实际应用技术和应用能力的掌握。

台湾职业院校教师实行"专业化"+"企业化"，折射了台湾社会、行业、企业与院校之间的亲密融洽与相互认同的关系，这种氛围的塑造无疑为职业教育开辟了广阔天地。台湾教育主管部门规定：在企业有9年以上工作经历可以到职业院校任职讲师；有12年以上工作经历可以任职助理教授；有15年以上工作经历可以任职副教授；有20年以上工作经历可以任职教授。企业和学校之间没有交流的体制障碍，为职业院校"双师制"教学模式的打造、"双师型"教师队伍的建设营造了良好的环境。很多职业院校都从企业中聘请在职或退休专业人士来校任教，并且致力于打造"双师制"教学模式，一堂专业课由本校专业教师和企业人士同时讲授。企业专家与院校教师协作配合，优势互补，产生了良好的教学效果。

（四）健全规范的职业教育评鉴制度，促进职业教育体系不断完善

台湾高等技职教育评鉴始于20世纪70年代，技专校院与普通大学的评鉴同期开展，两种类型不同的评鉴制度依照不同的标准分别开展。教育主管部门分四年办理组织评鉴。2002年，办理科技大学评鉴；2002年至2004年，办理改制已满两年的私立技术学院评鉴；2004年，同时办理改制已满两年的专科学校评鉴；每校四年接受一次评鉴。这种健全规范的评鉴制度，有利于对技职教育质量进行有效监控，确保了技职教育体系不断完善。

职业技能鉴定和职业证书制度促进职业教育体系的形成和发展。职业证照依其技能范围及专精程度，主要分为甲、乙、丙三个等级。它是通过职业证书检定考试取得的，考试合格者被称为技术士。台湾的"职业训练法"规定，在加薪和录用技术人才时，这三个等级证照分别等同于技术学院、专科、职校毕业等级，这为职业证书与技职教育的互联互通奠定了坚实的基础。在落实职业证照的基础上，台湾修订了《各级各类学校同等学力的办法》，建立了多元的文凭价值体

系，具体规定为：持有职业证照的人士，在有若干年的工作经验之后，也能取得相应的同等学力资格。如丙级证照加5年工作经验即相当于高级职业学校毕业或普通高中毕业，可以参加普通大学的入学考试或技术学院、科技大学及专科的入学考试；乙级证照加4年工作经验即相当于专科学校毕业，可以参加大学附设二年制技术学院或者技术学院、科技大学的入学考试；甲级证照加3年工作经验即相当于技术学院、科技大学毕业，可以参加研究所（硕士、博士）的入学考试。这样，职业证照与技职教育和普通教育学历文凭之间进行互换的价值关系得以建立。同时，也形成了技职教育与普通教育的互联互通。

三 台湾地区中高职业教育衔接的启示

（一）建立完善的职业教育衔接体系

台湾的职业教育体系涵盖高级职业学校、专科学校、技术学院、科技大学及技术学院和科技大学附设的研究所，包括中职教育、专科教育、本科教育、硕士教育和博士教育五个层次。大陆的职业教育层次单一，缺乏立体化的完备的持续教育体系。如何建立多方向、多层次、多渠道的升学和教育路径，应是高等职业教育迫切需要解决的问题。构建、延伸高等职业教育的层次和体系，将会为行业企业输送更多既有深厚的专业知识和管理知识，又有实践操作能力的高素质人才。

（二）营造以行业企业为主体参与职业教育的氛围

在台湾职业教育的体系及氛围中，行业企业对技职人才教育具有强烈的责任意识和担当意识。他们往往自觉地积极地参与到职业院校的人才培养和培训中来。台湾在职业教育中形成了学校和企业的双主体的良好氛围，也构建了校企双向交流的优质循环。我们应建立健全相应的支撑体系和协作机制，提供相应的政策支持，塑造良好的环境和氛围，激励企业积极参与院校教学活动，并积极向院校提供设施设备及师生实践机会；职业院校要主动参与企业的经营运作和产品研发，真正实现学校和企业双赢。企业和职业院校可利用合作成果共同为社会服务，最终实现学校、企业和社会的多赢。

（三）建立顺畅的双师转换渠道和路径

在台湾的高等职业教育体系中，职业院校师资与企业专业人员之间的角色转换渠道非常顺畅，企业和学校之间、教师与企业人才之间的交流没有体制性障碍。教育体系中架构了实现这种转换的良好机制和环境。如何在现有的人力资源管理中采取相应的鼓励政策，建立顺畅的易于操作的路径，实现企业专业人员与职业院校师资之间的转换是大陆亟须研究和解决的问题。例如，解决企业人员向职业院校师资过渡中的职称问题和学历问题，解决职业院校师资能够不断得到企业锻炼、参与企业经营并获取更前沿知识和能力的问题等，这些都十分有利于构建完善的师资交流和成长体系。

（四）以校企合作为平台，加强职业指导和就业服务

借鉴台湾职业学校"把学校带进企业，把企业带进学校"的办学理念，大陆应促进学校与企业的深度合作，汇聚企业和社会资源，以校企合作和产教结合为平台，全面推进职业指导和就业服务。一是提高企业参与职业教育的积极性。对于参与职业教育的有关企业，或是深度参与职业学校联合办学的企业，要给予税收部分退返和企业贷款优先等优惠政策，并作为企业文明单位评选和等级评定的指标。企业管理部门可以规定，企业按照在职职工数3%—5%下限承担学生企业实习等任务，为开展校企合作和人才培养提供制度保障。二是探索建立校企间双向的学生评价和培养机制。建立协同育人机制、信息反馈机制和责任共担机制等，确立企业在学生实习期间的第二主体地位。三是强化学生实习实训教学环节。精心设计学生实习实训期间的教育教学和实习实训课程，加大学生实习实训期间师资和经费投入，建立健全学生实习实训的质量考核与评估标准。四是建立实习生和毕业生的企业追踪与反馈机制。明确评价与考核标准，定期邀请企业专家和毕业生交流研讨，在学生的职业道德、职业技能以及企业文化等方面加强辅导。

第三章　中高职能力培养有效衔接的理论与模式

中高职能力培养有效衔接是社会经济和文化发展对职业教育培养更多高端技能型人才所提出的客观需求，是职业教育发展到一定历史阶段的必然产物，有其自身发展的现实基础和内在规律。有必要在把握客观现实需求的基础上，分析研究中高职能力培养有效衔接的理论基础、依托体系、主要模式、理想模型等，这将有利于进一步推进职业教育教学改革，构建现代职业教育的内部体系，从而更好地服务社会和经济的发展。

第一节　中高职能力培养有效衔接的现实需求

中高职能力培养有效衔接主要是通过一定的对接方式将中等职业教育与高等职业教育的专业设置、目标定位、课程体系、教学内容、教学过程、考核评价、职业能力等有机联系起来，实现职业教育内部两个办学层次之间的有效衔接，其核心是能力培养的衔接。随着社会经济的发展，对复合型、技能型人才的需求进一步加大，经济转型对技能人才层次的提高，客观上形成了中高职能力培养有效衔接的现实需求。

一　中高职能力培养有效衔接的现状与问题

在教育改革与发展过程中，我国中高职教育衔接摸索形成了一些切实可行的路径与方法，但实践中仍然存在诸多困难与问题。

(一) 高等职业教育的大发展催生中高职教育衔接，但发展速度与规模滞后

"三改一补"发展高等职业教育的政策，让一部分重点中专学校有机会升格为高等职业院校或专科层次的高等学校。这一层次的高等教育使得高等教育的毛入学率大幅度提高，为我国高等教育大众化做出了重要贡献。高职高专的主要生源还是普通高中毕业生，中职阶段的毕业生占比很少。随着基础教育的发展，普及高中阶段教育成为必然趋势。各地在提高普通高中学校学位数量的同时，积极发展中等职业教育，并提出了普职比大体相当的要求。为此，各地兴建了一批中等职业学校，每个县、区都建立了中职学校或职教中心，中职生的规模迅速扩大。可以说，近十年来是职业教育发展的黄金期，实现了"两个一半"。中职在校学生占高中阶段学生数的一半，高职大学生占高等教育学生数的半壁江山。随着我国经济增长方式的转变和构建现代职业教育体系发展战略的推进，对技术技能型人才档次的要求提高，一大批中职学生需要进一步提升学历层次和技能水平，中高职衔接成为最直接最有效的方式。高职院校逐步扩大从中职学校招生的比例，职业教育的通道与立交桥逐步形成。

但是，伴随着高等职业教育的迅速发展，并没有形成规模性的中高职衔接办学模式，高职院校从中职学校招生的比例也未能因中职规模的扩大而同步提高。一个重要原因就是顶层设计和相应政策不明确。一直以来，中等职业教育定位为就业终端型教育，尤其是2005年国家将中等职业教育明确定位为就业教育，并将中职毕业生升入高职的比例限制为5%。这一政策长期未变，因此造成了中高职衔接比例偏低。近年来，随着政策的逐步放开，各省自行制定实施意见，促进了中高职教育的发展。尽管总体有所提升，但规模仍然较小。以发展较好的浙江省为例，2014年浙江省中高职衔接学生人数为30084人，仅占中职毕业生总数的13.5%。

(二) 中高职教育衔接模式多样化，但发展不均衡

近几年，各省、市和自治区政府相继出台促进职业教育发展的相应实施办法，有序组织中职学校和高职学院联合办学，探索符合自身实际、具有地方特色的中高职衔接办学模式。比如五年或六年一贯

制、"3+2"或"2+3"贯通制，"4+2"、"2+3"、"3+2"、"3+3"分段式衔接模式等。中高职衔接模式的多样化反映了我国在构建现代职业教育体系过程中的积极探索与实践。各地结合区域经济与社会发展现状形成了自身的职教特色，不同衔接模式形成了个性化的人才培养模式。

多样化的衔接模式促进了中高职教育的特色发展，但由于各地经济社会发展和教育事业发展的不平衡，中高职衔接的范围、规模、速度和工作力度都有很大差异。总体来看，东南沿海经济相对发达省份和改革开放前沿城市的中高职衔接模式更加领先和多样化，内地欠发达地区相对滞后且相对单一，发展也不均衡。

（三）中高职教育衔接逐步推进，但专业衔接不通畅

从国家公布的中等职业教育和高等职业教育专业目录来看，2010年，全国《中等职业学校专业目录》有专业大类19个，专业数321个；2014版《高等职业教育学校专业目录》有专业大类21个，专业数748个[1]；2016年增加了13个专业，专业数达到761个。可见，在较长时期里，中职和高职的专业目录相差较大，专业面不一致。在专业制定和设置过程中，各地已经关注到高职与中职专业类型与对口的衔接问题。目前，大部分高职联合中职、政府及行业企业建立职教集团，共同规划中高职贯通衔接的专业设置，使人才培养更加适应本地经济发展现状及产业结构对人才层次的差异性需求，专业设置逐步趋向通畅和完善。

在2014版高等职业教育专业目录中，已实现贯通和分段式衔接模式的专业一共只有18个，数量仍然偏少。有的专业在中高职不能相应对接，如高职院校中的新闻传播、材料等大类在中职学校中无法找到对应的专业分类，而中职教育中休闲保健类也没有对口的高职教育专业。中职与高职的专业目录数量相差一倍多，给专业对口衔接带来很大的困难。由此可见，在中高职专业衔接中，其范围和内容有待进一步梳理和完善。

---

[1] 《教育部关于印发〈普通高等学校高等职业教育（专科）专业设置管理办法〉和〈普通高等学校高等职业教育（专科）专业目录（2015年）〉的通知》（教职成〔2015〕10号），2016年10月26日。

（四）中高职衔接人才培养方案逐步接轨，但科学性和合理性有待提高

高职教育定位于培养高端技术技能型人才，在理论知识上应该相对更深，更注重创造性，培养层次更高，专业面更宽。中职教育定位于培养具有综合职业能力，在生产、服务、技术和管理第一线工作的高素质劳动者，其培养目标是从事直接操作型工作的技能型人才，培养层次下移，按照岗位设置专业，专业面较窄。中高职教育人才培养的目标定位问题一直是中高职衔接中备受关注的问题。在实践中，中高职学校也关注到了中高职衔接人才培养方案问题。

但由于中高职之间缺乏有效衔接的长效机制，如尚未建立互动交流的良好机制，人才培养目标定位的区分度不高。毕业证书的要求与职业资格证书的要求未能统一。目前，大多数高职教育专业培养目标定位与中职学校的人才培养目标定位基本一致，没有本质的区别。对于证书的要求也是如此。中职学校的职业技能证书要求一般为中级或初级，高职院校一般为高级或中级，但在实际操作中，如行业资格证书考试，中高职的要求区分度并不清晰。如中国电子商务协会颁发的中国电子商务师证书，中高职学生都能通过竞赛或考试拿到。在制定人才培养方案时，已经注意到了中高职之间的课程衔接和实训衔接，但人才培养方案的科学性和合理性仍然有待提高。

（五）中高职衔接关注以课程为核心的衔接，但内容对接仍不充分

课程衔接是中高职衔接的核心内容。课程衔接只有充分反映中高职之间的层次性和衔接性，才能确保中高职衔接通畅，才能培养适应经济社会发展所需要的各层次技术技能型人才。大部分中高职院校在对接中高度关注中高职课程，寻找理论教学和技能培养的接点，注意了中职的"技能型"课程如何向高职"应用型"课程的过渡，从而保证技能培养的连续性，体现高职教育的高端性。

但在实际操作中，由于中职和高职是两个相互独立的办学主体，各自均有自身的培养目标和课程体系，导致中职与高职的课程总体上还是各自为政，课程体系与教学内容的衔接不够充分。而且，中高职因为培养目标趋同，导致课程体系趋同、课程的区分度低，甚至出现

个别课程重复或者在相近课程中出现教学内容重复现象。一体化课程设计往往只停留于表面，大多仍然是"中职+高职"课程体系，只是对课程体系做简单的加减剪裁。中高职一体化课程设计没有充分有效地对中职与高职进行工作任务分解和职业能力分析，导致基于职业能力标准的课程内容体系不能充分衔接。

（六）中高职衔接机制逐步构建，但政策支持体系仍不完善

目前，中高职衔接的有关管理机制已经分别从动力机制、运行机制、保障机制、调控机制、反馈机制等方面逐步构建起来。教育教学管理逐步走向规范，开始深入到课程安排、内容设计、教材开发、实践教学和教师互动等基础性环节。例如，广东工贸职业技术学院针对中高职衔接培养模式每年定期开展"中高职衔接联席会议"，建立"学期授课任务安排审查备案制度""教学质量抽查制度""合作学校学生情况的信息交流制度"等。中高职衔接的专业教师会主动沟通联系，开展教学研讨，在教育理念、教学管理、师资配备、专业建设、质量保障、课程改革、实践教学等方面对接，初步形成了中高职衔接的有效机制。

但中高职衔接的体制改革相对滞后，部门分割、行业分割并未破除。由于中高职衔接的政策支持力度不够，且尚未形成完善的体系，如中高职衔接经费支持的政策没有落实，中高职一体化人才培养方案设计和中高职课程体系及内容安排等缺乏制度保障、政策保障和经费保障，在一定程度上给参与中高职衔接的职业院校造成困难与障碍。

二 中高职能力培养有效衔接的现实需求

职业教育与经济社会和文化发展有着紧密的联系，职业教育一方面要主动适应经济社会和文化发展，另一方面要为经济社会和文化发展服务。职业教育形式的多样化和教育教学内容的实用性需要社会各界的广泛参与，形成全方位多层次的教育体系。中高职能力培养有效衔接是社会经济发展的必然趋势和客观需求，也是职业教育发展到一定历史阶段的必然产物和应有之义。

（一）社会经济发展对技能型人才的迫切需要

经济社会发展，产业转型升级，走新型工业化道路，教育是基

础,人才是关键,职业教育不可缺位。技术与产业的紧密结合,对直接从事生产的劳动者的专业技能、文化素养和技术理论提出了比以往更高的要求,对技能型人才也有更全面、更广泛和多层次的要求。而这种既通晓技术原理又能解决生产实际问题的应用型人才,只能依靠职业教育来培养。以中等职业教育为基础,实现中高等职业教育衔接,能有效满足技能型人才培养目标与人才类型上一致性的要求。从现实看,在中国庞大的技术工人队伍中,具有高级工、技师或者高级技师职业资格的比例严重不足。在"珠三角"和"长三角"地区存在严重的"技工荒"。劳动力市场出现的技能型人才严重短缺问题,也充分体现了社会经济发展对技能型人才的迫切需要。

(二)职业教育内涵发展的时代要求

我国中等职业教育虽已打开了通向高等教育的道路,然而渠道狭窄,仍然处于"终结性就业教育"状态。这既不符合职业教育内在规律的发展需要,也不符合职业岗位的实际需要,更不符合技能型人才成长的发展需要,还不利于促进个人的职业发展。过去几十年,职业教育存在重数量轻质量的结构性矛盾和发展性问题,存在办学体制不完善、职教普教沟通不畅、学历教育与非学历教育发展不平衡、中高职衔接不充分等问题。因此,只有实现中等职业教育与高等职业教育的有效衔接,才能适应经济社会发展的需要。"职业学校毕业生就业、普通高中毕业生升学"的格局必须打破,调整和改革现行的教育体系、实现职业教育与其他各类教育的相互沟通势在必行。这既是中国向市场经济体制转型发展的需要,也是职业教育自身改革和发展的必然选择。

《国家中长期教育改革和发展规划纲要(2010—2020年)》确定了近10年中国职业教育改革发展的根本目标和核心任务。《纲要》明确提出:"到2020年,形成适应经济发展方式转变和产业结构调整要求、体现终身教育观念、中等和高等职业教育协调发展的现代职业教育体系,满足人民群众接受职业教育的需求。满足经济社会对高素质劳动者和技能型人才的需要。"这是职业教育发展的重大机遇,推进中高职衔接正是中国职业教育内涵发展的时代要求。

(三)完善国民教育体系的必然选择

总体而言,国内普通教育有比较长期的积累,基础比较扎实,发展相对完善，体系比较健全。而职业教育则相对比较年轻，对其发展规律的认识和把握不深刻，发展体系不完备，教育结构布局不尽合理。普教与职教发展不平衡，职教与普教沟通不畅。优质职业教育发展滞后，与社会经济快速发展不相适应。为此，必须加快推进职业教育发展，促进国民教育体系整体发展，进一步完善现代国民教育体系。既要立足全局，加强统筹，深化体制改革，促进各级各类教育的整体协调发展，又要从教育类型上特别加大职业教育发展力度，加大政策扶持和经费倾斜，促进沿海和内地、城市和农村职业教育的均衡发展。

科技发展日新月异，社会不断进步，社会分工不断细化，科技和文化知识不断更新，岗位技能不断变化，客观上要求劳动者不断学习，不断获取新的知识和技能，因而必然树立终身教育的理念。知识发展和个人的职业发展，要求我们再也不能一劳永逸地获取知识了，学会生存、学会学习成了第一需要。终身教育理论的提出，把人的整个一生都变成接受教育的过程，把整个社会变成教育的场所，人类进入学习化社会。因此，为满足人们在不同阶段接受职业教育的需要，客观要求构建完善的现代职业教育体系。

（四）职业教育体系化和国际化发展的必然趋势

世界上大多数发达国家都把发展职业教育作为国家战略，在服务国家发展和经济发展过程中，都形成了普通教育和职业教育两种不同类型而又并行的教育体系。纵观美国的社区教育、德国的"双元制"和澳大利亚的 TAFE 学院可以看出，普通教育和职业教育一般都能够做到普职互动、相互衔接、双向沟通，并形成一个整体性的教育系统。中国台湾地区也有与普通教育相互平行、比较完整的职业技术教育人才培养链条，可培养技职、专科、本科甚至研究生和多层次人才，这样构成了完整的职业技术教育体系。

随着我国教育国际化步伐的加快，融入国际教育的趋势越来越明显。面对经济全球化和职业教育国际化发展的新趋势，对高素质高技能的人才需求越来越多。要跟上国际发展步伐，就必须与国际职业教育接轨，就必须破解职业教育体系原有的终结式就业教育的模式，构建适合中国当前和今后发展的现代职业教育体系。这也是顺应历史潮流和国际职业教育发展的必然趋势。

第二节 中高职能力培养有效衔接的理论基础

理论具有对事物普遍的解释意义，可以用来确定事物之间的关系，还可以用来对未来的情况进行预测。[①] 尽管有些学者对理论抱着怀疑甚至否定的态度。比如，存在主义的理论建构者认为，研究的目的是寻找功能性的知识，而不是为了建构抽象的理论；阐述学方法的倡导者认为，世界永远在变化之中，所有的解释都永无止境，并且无济于事。事实上，我国职业教育的实践探索比理论研究走得更远，职业教育理论的相对滞后是一个客观事实。长期以来，我们对很多职业教育的问题研究大多属于经验总结，对于理论的反思和职业教育研究的元研究相对较少。所以，我们更愿意接受布迪厄的观点：所有的研究遵循的都是一种具体研究的逻辑，理论与实践经验是不可分割的。

理论的建构必须与社会实践结合并融为一体，才能真正展现出理论本身应有的价值。也就是说，理论构建并非不重要，而是要与实践相联系，脱离实践的理论即便有意义也没了价值。理论的意义在于为我们的思考提供更多的视角，为理性实践提供方向性指导。我们的研究正是基于实践的基础上，借鉴前人的研究成果继续前行。

近年来，在大力发展职业教育、增强职业教育吸引力的背景下，构建现代职业教育体系成为当前职业教育的重要工作。中高职教育衔接就在此背景下产生。目前，许多中职和高职正在探索实践衔接问题，由此对中高职教育衔接的理论研究也应运而生并不断推进。已有的研究成果使我们对中高职教育衔接的认识由浅入深、由形式到内涵、从外部到内部。我们从哲学、教育学、系统论、社会学和心理学等视角，对中高职教育衔接的理论基础进行探讨，尽可能为有效开展中高职教育衔接提供理论依据。

---

① 陈向明：《质的研究方法与社会科学研究》，教育科学出版社2000年版，第318页。

第三章 中高职能力培养有效衔接的理论与模式

一 中高职教育衔接的价值论基础

价值理性与工具理性是人类理性的两个有机组成部分，整合于合目的、合规律的社会实践活动，"还原价值理性和工具理性在教育活动中的一体性"[①] 是人类理性、职业教育体系与经济社会健康发展的内在需要。在中高等职业教育有效衔接和协调发展的实践活动中，价值理性与工具理性相互依存、相互联系、有机统一和协作融合，提供着"职业教育—社会—自然"生态圈协调发展的动力，促进着中高等职业教育在更高层次上的有效衔接，更好地满足社会对高层次专业人才的需要以及学生和家长对高等职业教育的需求。

（一）发展中高等职业教育有效衔接的工具理性

工具理性在人类社会发展中发挥着不可或缺的作用。工具理性的发展为价值理性的弘扬提供了现实基础。要实现一种预设的价值理性目标，就必须利用相应的工具理性作为手段。工具理性始终在为人类价值的完善进行物质准备，为价值理性提供现实支撑。因此有必要以工具理性为前提，运用和发展中高等职业教育有效衔接的工具理性，让中高等职业教育的相互衔接在遵循客观发展规律的过程中有序地向前发展。

从工具理性的具体层面来说，中高等职业教育的有效衔接需要强化政府主导、行业参与、院校办学的中高职一体化办学体制；理顺中高职教育有效衔接的管理体制，消除多头管理现象，归口教育部门统一管理，建立中高职衔接联席会议制度；通过政府统筹和院校实践，形成结构合理、贯通融合的院校布局，完善财政分担、民资参与的投入格局，建立政府政策倾斜和重视社会评价的激励机制；明确各层次职业教育的定位与培养目标，完善衔接通道以满足学生升学需求；招生上实行对口单招、单独招生，不拘一格选拔人才，将应届和往届中等学校毕业生纳入招生对象范围；提升职业教育各层次专业结构与产业结构关联度，紧密结合经济社会需要和企业需求，以专业为主线、

---

① 鲁武霞：《应用型本科与高职专科衔接的理论基础及实践路径》，《职业技术教育》2014年第34期，第5—10页。

专业围着产业转，以课程为核心，制定中高职一体化的专业教学标准和课程衔接标准，以学分银行为载体、构建衔接和沟通的平台，通过分段培养模式、六年一贯制、专插本、学分互认、学制融合和培养过程校企行业深度融合等制度，实现培养目标的衔接、课程体系的衔接、教学实践的衔接、教学管理的衔接；健全各层次职业教育衔接的支撑保障体系，通过形成良好社会氛围、提供法律和经费、完善质量保障体系来支撑中高等职业教育有效衔接与协调发展。

（二）弘扬中高等职业教育有效衔接的价值理性

价值理性的唯一取向是人，体现的是人对于价值问题的理性思考，是工具理性的精神动力。价值理性一方面来源于客观性的中高等职业教育有效衔接和协调发展的社会实践，一方面又是指导、制约和规范中高等职业教育有效衔接和协调发展的社会实践的主体性法则。价值理性在中高等职业教育有效衔接和协调发展的社会实践过程中，关怀生命的意义和价值，为人的全面发展尤其是个人自由、和谐、充分发展开拓出无限广阔的空间。长期以来，受实用主义哲学影响，人们对职业教育更多地强调其实用性，重视其技能性，其实质就是强调工具性，而忽视人文性，忽视人的发展性需求，其结果是价值理性的缺失。因此，有必要进一步弘扬中高等职业教育有效衔接和协调发展的价值理性。

（三）以中高等职业教育有效衔接的价值理性引领工具理性

工具理性毕竟不是万能的，它始终是处理中高等职业教育有效衔接和协调发展的有限工具，始终是为人的发展服务的，是服务和服从于目的的手段。工具理性追求真，价值理性追求善，工具理性和价值理性的融合所追求的是遵循人的逻辑和物的逻辑的完美有机统一。人类的生存与发展从来没有像今天这样充满了机遇和挑战，极其需要价值和意义为之导引。中高等职业教育有效衔接和协调发展的社会实践活动是经过价值理性和工具理性相互作用、相互融合后的主体自觉自为的选择。工具理性的发展决不能遮蔽人的价值理性，缺少价值理性引导与约束的工具理性可能会造成人性残缺与异化，如沉迷于物化世界不能自拔，固守于情感世界吝啬付出，压抑于日常生活世界虚假需求。这样，学生健全人格的培养就会化为泡影，进而导致主体世界的

第三章 中高职能力培养有效衔接的理论与模式

坍塌与毁灭。价值理性对于工具理性具有主导作用,只有在价值理性的伦理规范和价值导向功能引领下,合理运用工具理性,才能正确处理职业教育与经济社会、学校与企业、中职与高职、职业教育与普通教育、职业教育与人的全面发展等的关系[1],确保职业教育与自然的和谐发展,确保职业教育与人的精神生活世界的完整与和谐,从而实现中高等职业教育有效衔接和协调发展。

价值概念本质上是以人及其所涉及的关系为中心的。价值概念体现了与人相关的特征,我们只有在与人的关系中才能理解和使用这个概念。[2] 作为客体的中高职教育衔接与作为中高职教育价值主体的人构成了一对满足与被满足的关系范畴。对这种关系的认识和评价就是中高职衔接的价值论。价值论讨论的是事物存在的合法性证明,其中包括内在本体价值和外在工具价值。[3] 中高职教育衔接的内在本体价值在于满足学生个体发展的需求,外在工具价值在于构建横向贯通、纵向衔接的多元立交人才培养体系,使职业教育成为有吸引力的教育类型。

在人类几千年的发展过程中,社会积累了各行各业的职业活动经验,形成了丰富的职业文化。传统普通教育的内容承载不了生活世界的所有智慧。尤其在当今多元化的社会,人们尽可能地从各种可能的维度和方式来认识生活和社会活动。所有的社会活动和个体生活经验,都可以形成并拥有属于自身的意义范畴和话语体系。这些信息和价值无法通过单一、高度概括和抽象化的学科知识来传承。所以,随着社会结构的丰富和活动的细化,教育活动的分化也是必然趋势。在古代社会,职业教育被极其忽视,甚至还不属于教育的范畴。现代社会,一方面由于对个体发展权的重视,另一方面由于经济社会发展的需求,职业教育已然成为政府和公众关心的教育主题,甚至与普通教育有了平等的对话权。2014 年开始的 600 所地方本科院校转型发展,其中有 130 多所本科高校提出试点申请,甚至"211""985"名校也

---

[1] 谢作栩:《马丁·特罗高等教育大众化理论述评》,《现代大学教育》2001 年第 5 期,第 13—18 页。
[2] 潘自勉:《在价值与规范之间》,《哲学研究》2005 年第 1 期,第 88—92 页。
[3] 徐宏伟:《我国职业教育哲学研究:意义、问题与应然进路》,《河北大学成人教育学院学报》2015 年第 1 期,第 70—74 页。

可以转型为应用型的职业教育，就是最好的例证。当职业教育成为与普通教育并驾齐驱的教育类型时，追求自身独立的结构体系便成为理所当然。比如，当前正建设得如火如荼的现代职业教育体系，一方面是追求横向上的普职沟通，另一方面就是追求从中职、高职专科、高职本科到专业学位研究生的纵向衔接，从而构建职业教育的自身体系。这不但有利于职教学生的个体教育选择权的公平性，也有利于职业教育自身发展的内在需求，有利于提升职业教育的吸引力。这正是中高职教育衔接的内在价值与外在价值。在现代职业教育体系建设过程中，中高职教育衔接是构建体系的基础。可以说，它的衔接效果决定了整个职业教育体系的稳定性和质量。如果说现代职业教育体系是纵横贯通的立交桥，那么中高职的衔接就是这座桥梁的桥墩。

二 中高职教育衔接的教育学基础

（一）教育公平理论

教育公平是指为每个学生提供平等接受教育的机会。无论是基础教育、高等教育、职业教育还是继续教育，都应该提供适合每个学生自身能力的教育形式，让每个学生都能接受到适合自己的教育。教育公平的基本要求是保障公民依法享有受教育的权利，关键是机会公平。教育公平理论在现代社会具有极大的公信力和说服力，广为人们所接受。它对个体的尊重和保护，不但是社会文明进步的表现和结果，更是推动社会文明进步和发展的动力。

教育公平理论作为中高职教育衔接的理论基础，最为给力的作用就是为普通中职毕业生选择接受高等教育的机会辩护。教育公平理论强调人们在享有教育选择权的时候，具有同等权利和机会。但在当下的教育现实中，还远没有达到理想的状态。中职毕业生希望选择进一步提升学历，入读高职院校，但实际上还没有普遍上升的通道。目前，大多数高职院校仅仅局限于进行对口中职招生。所以从教育公平的角度看，中高职教育衔接要从更加宽广的范畴来考虑，从整个社会系统的角度来设计，不但要突破校际的限制，还要挣脱地域的藩篱。为每一位中职学生提供公平的选择机会，从考试体制和培养机制等方面，为学生的选择提供更好的平台和保障。

第三章 中高职能力培养有效衔接的理论与模式

（二）终身教育理论

终身教育是 20 世纪 60 年代提出的教育理论，由著名法国成人教育家保罗·朗格朗（PaulLengrand）在《终身教育导论》（1965）中最早提出。1972 年，法国前教育部长埃德加·富尔（Edgar Faure）作为国际教育发展委员会主席在向联合国教科文组织提交的报告《学会生存》中指出："终身教育这一概念涵盖教育的各个方面，包括教育的全部内容。终身教育不是一种教育体系而是一个原则，用来建立一个完整的体系并成为这一体系中各个组成部分发展的基础。"[①] 终身教育理论的核心思想是强调教育在人的发展过程中的持续性，强调教育应促进人的自主发展和全面发展，应最大限度地开发人的潜能。

作为一种重要的国际教育思潮，终身教育理论得到许多国家和地区的采纳与认可，为制定教育政策提供了重要理论依据，对世界以及我国的教育改革和发展有着十分重大的现实意义。终身教育理论提倡人生阶段不再以学习和就业来划分，更不应"以工作为导向"还是"以升学为导向"不同教育类型来终结学习者的学习权利。一方面，它要求教育的各种类型之间要能够自如地转换，即打破职业教育和普通教育这两种不同教育类型的分离；另一方面，终身教育要求教育为不同阶段的受教育者提供是否继续升学的选择机会，即实现中职与高职专科、高职专科与本科、本科与专业学位研究生之间的有效衔接。因此，完善我国的教育体制和机制，建立现代职业教育体系，尤其是普职沟通、中高职教育衔接，成为重要而紧迫的任务。现代职业教育体系要增强职业教育的上下融通性，为中职学生提供向更高层次学习和选择的可能性，在教育制度上架构人才成长和成才的立交桥，打开畅通便捷的升学通道，满足中职生进入高职专科甚至本科、硕士阶段继续学习的需要。

（三）高等教育大众化理论

美国著名高等教育专家马丁·特罗（Martin Trow）是高等教育大众化理论的创始人。他在代表作《从精英向大众高等教育转变中的问题》（1973）中提出：高等教育毛入学率可以作为高等教育划分阶段

---

① 谢作栩：《马丁·特罗高等教育大众化理论述评》，《现代大学教育》2001 年第 5 期，第 13—18 页。

的指标，具体为精英、大众和普及三个阶段；当毛入学率低于15%时为高等教育的精英阶段，高于50%时为高等教育普及阶段，居于中间的为高等教育大众化阶段。我国2002年的高等教育毛入学率达到15%，2014年已达到37.5%。《国家中长期教育改革和发展规划纲要（2010—2020年）》提出，到2020年高等教育毛入学率达到40%。到2016年，实际上已经达到了42.7%。显然，从高等教育大众化理论来看，我国高等教育已进入大众化阶段后期。从规模来看，截至2016年，我国已经有普通高校2596所，其中普通本科院校1237所，高职（专科）院校1359所，本科招生405.40万人，专科招生343.21万人。[①] 可见，我国高职教育在校生规模已经占据高等教育的半壁江山，成为高等教育大众化的重要力量。

高等教育大众化的外在特征在于高等教育规模的扩张，在我国主要表现为高职教育的大量扩招。高等教育大众化的内在特征则是高等教育结构与体系的变革，而且结构与体系的变革还深刻影响着大众化进程。在大众化时代，高等教育的主要类型分为普通高等教育和高等职业教育，实现分化结构的合理化已成为各国教育事业追求的必然趋势和基本要求。从生源结构来看，2016年我国高等教育招生数为748.61万人，其中本科生为405.40万人，高职生为343.21万人，然而普通高中毕业生数只有792.35万人。显然，高等教育仅从普通高中毕业生中招生是远远不够的，高中毕业生的总数仅仅比高等教育的招生数略多。[②] 这就从数量上来说明中等职业教育与高等职业教育衔接的重要性和必然性。

（四）教育生态位理论

"生态位"最早由美国著名学者约翰逊（Johnson. R. H.）于1910年提出。它是生态学领域广泛使用的术语，认为不同的物种在同一地区会占据环境中不同的生态位。生态位理论主要研究物种对环境的适应性、不同物种之间的竞争性、生物系统的多样性与稳定性等问题。

[①] 《2016年教育统计数据》，中华人民共和国教育部，http://www.moe.gov.cn，2017-08-24/2017-09-22。

[②] 《2016年教育统计数据》，中华人民共和国教育部，http://www.moe.gov.cn，2017-08-24/2017-09-22。

生态位概念得到广泛拓展,被引入经济学、社会科学等领域,成为研究人类社会现象的分析工具。20 世纪 50—60 年代,美国教育学家克雷明(Lawrence A. Cremin)提出"教育生态位"概念。教育生态位的基本思想是基于生态位的核心原理,将一定区域教育系统视作高度关联并存的生态系统,认为各种教育都有自己的生态位,并通过生态位调节和优化达到教育系统的生态平衡。[1]

按照教育生态位理论,高等职业教育和中等职业教育在职业教育生态位关系中,会出现对环境的适应性,努力实现教育系统的生态平衡。对于不同层次的教育,只有拥有最适合自己生存的空间位置、发挥难以替代的功能,才能在竞争中获得生存发展。中高职教育的理想环境就在于形成一个中高职无缝衔接的生态环境,满足两个阶段教育的发展需求。美国、英国、瑞典等国家都在加快职业教育升学制度设计。我国也要根据新形势的需要调整中职和高职的生态位置,实现普通教育与职业教育互相贯通,中职教育与高职教育有机衔接,使不同类型教育和不同层次的职业教育能够紧密衔接与沟通,以适应社会经济发展需要及国民日益多样化的学习需求,同时满足知识经济发展对教育提出的要求,使中高职在职业教育和教育生态中达到平衡状态。

三 中高职教育衔接的系统论根据

贝塔朗菲(Bertalanffy)是系统论的创始人。他指出:复杂事物的功能远远大于各环节的简单总和;有机体作为一个系统向环境充分开放,并向环境获得物质、信息和能量。系统论的核心思想是把系统作为整体来看待,整体是各个部分的有机整合,而不是处在孤立因果关系中的各部分的机械聚集。因此,系统论的基本方法就是把所研究的对象当作一个系统,分析系统的结构和功能,研究系统、要素、环境三者的相互关系和变化规律,并优化系统。

从系统论的观点来看,中职教育和高职教育是职业教育系统中的

---

[1] 包庆德、夏承伯:《生态位:概念内涵的完善与外延辐射的拓展》,《自然辩证法研究》2010 年第 11 期,第 43—48 页。

两个特定元素，要研究中高职教育的衔接问题，就必须把它们放在大职教系统中来考虑。系统具有整体性、相关性、有序性、目的性和环境适应性等五个特征。职业教育作为一个具有特殊功能、有着自身完整组织系统、相对独立的现代教育子系统，必然具有整体性、相关性、有序性、目的性和环境适应性等五个特征。因此，可以通过系统论来考虑中高职教育衔接问题，进行职业教育系统内的整体设计。

首先，中职教育和高职教育是职业教育体系中具有内在联系的中级层次和高级层次，是同一类型教育的不同层次。职业教育层次结构是由初等职业教育、中等职业教育、专科职业教育、技术本科教育和研究生职业教育这五个层次（子系统）组成的一个有机整体。[①] 职业教育要达到良好的效果，必须使中职和高职、高职和本科、本科和研究生教育在相互协调下发挥整体性功能，要把职业教育各个层次（即初级、中级和高级）上下贯通、有机衔接起来，形成一个发挥整体性功能的系统。考虑衔接的问题就是要思考如何发挥整体大于部分的问题。其次，中高职在职业教育系统内实现有效衔接既是必要的也是合理可行的。从中职规模上看，在高中阶段的教育中，普职比已大体相当。普通教育中的学生有相当数量可以升学，而职业教育中的大多数学生不能升学。当然，职业教育是以就业为导向的教育，但还有部分学生有升学的愿望，而且社会对人才需求的层次也逐步提高。这些学生不能向上发展，势必造成系统内部的不协调、不通畅，甚至造成系统结构的不稳定。衔接不但是学生个体发展的需要，也是提升职业教育内涵和层次的需要。运用系统论的观点和方法，能够帮助我们认识职业教育系统内相互制约和影响的因素，有利于从宏观上把握问题的本质，从而正确合理地协调现有问题，寻求解决办法。

四 中高职教育衔接的职业带理论支撑

职业带理论（Occupational spectrum）是西方国家用来表示工业职业领域中各类工程技术人员的规格特点、动态演变及相应教育等关系

[①] 管德明、杨帆：《系统论视域下中、高职教育衔接探析》，《黑龙江高教研究》2013年第11期，第109—111页。

的人才结构理论。1981年,联合国教科文组织出版了H·W·French所著《工程技术员命名和分类的几个问题》一书,该书以工业职业领域为例,将各类工业技术人才按照职业性质、工作对象和管理范围,划分为技术工人(Craftsman)、技术员(Technician)和工程师(Engineer)三个系列。[①] 三个系列在本专业职业领域有其相应的工作岗位、职责和任务,每个系列应具有的知识结构和技能结构的要求有差别:技术工人侧重于操作技能,工程师主要是理论知识,而技术员则在技能操作和理论方面均有一定的要求(见图3-1)。

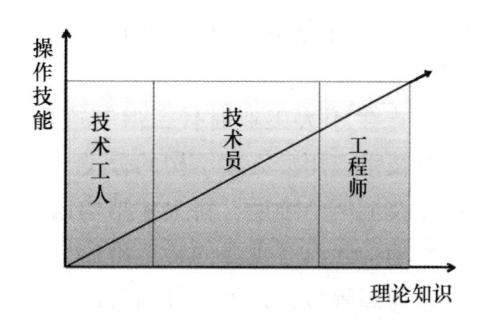

图3-1 职业带示意图

职业带是一个既分区域又连续的职业分布理论模型。从图3-1可以看出斜线上方代表操作技能所占的比重,斜线下方代表理论知识所占的比重。分布带上各种类型的职业对理论知识和操作技能两个方面的要求显示:越靠近左边的技术工人对操作技能要求越高,对理论知识要求越低;越靠近右边的工程师对理论知识要求越高,对操作技能要求越低;居于这两种人才类型之间的技术员,则对理论知识和操作技能都有比较高的要求。

关于现代社会人才类型和结构的划分,一直存在多种不同的观点。严格来说,仅仅通过职业带理论来对复杂的社会进行人才结构和类型的划分确有不够精准之嫌。特别是在知识经济时代,现代信

---

① 黄波、于淼、黄贤树:《职业带理论与现代职业教育体系建设》,《职业技术教育》2015年第1期,第23—27页。

息科技的发展，跨界合作的综合性要求，各类人才的专业内涵不断深化，在职业带上的重叠区域不断变宽。职业带理论虽然还存在有待改进和完善的地方，但它对技术工人、技术员和工程师三种人才进行分类，并对各自工作职责、学历要求、资格认定等若干问题进行说明和分别介绍，尤其是在对30多个国家和地区进行调查分析的基础上得出结论和理论总结，这是迄今为止得到广泛认同和比较完整的人才结构与分类理论。从运用理论来指导和服务于职业教育研究的角度，职业带理论还是比较合理的人才结构分类理论，尤其是通过对理论知识和操作技能两个维度的比例关系来界定人才分类，有利于实现教育实践中培养目标和课程设置的对应关系，这一逻辑关系是客观存在的。

虽然职业带理论产生于大工业时代，但其应用领域却不限于工业，也不仅仅限于对技术应用型人才结构的分类。其核心的设计思路是从理论知识和操作技能两个维度，将人才结构划分为三个层次。这对现代职业教育体系的构建具有重要的参考价值，一方面可以用来区分高等职业教育和普通高等教育，另一方面可以明确中等职业教育和高等职业教育的定位。对应职业带理论中的三个系列，可以在现代职业教育体系中形成中职、高职和本科及以上的高等职业教育的人才培养三级层次。职业教育体系的层级化，有利于明晰各层级的人才培养目标定位。只有明确了中高职教育的层级区别和联系，才能更有助于提高中高职教育衔接的有效性。中高职教育衔接的可能性就在于两个教育阶段的内在发展性。从技术工人到技术员再到工程师，这其中的发展逻辑是两个教育阶段在衔接过程中必须面对的现实，尤其在培养目标、课程体系和招生制度等方面要重点考虑。

五 中高职教育衔接的心理学基础

现代认知心理学早已证明，人类学习是具有层次性的，要经过从简单到复杂的发展过程。心理学家把这种认知发展和技能形成的规律称为学习的适应性原则，即个体已有的认知水平对新学习的适应性。学习的准备性原则认为，人的认知学习呈等级性或累积性规律，即已经掌握的基础知识或技能是学习高级知识和技能的先决条件。① 同样，职业能力的获得也需要经过一个由简单到复杂的学习过程。中职教育培养的技术工人在知识结构水平和操作技能水平方面已经具备一定的职业能力，这种能力是进一步提升的必要准备。尽管目前中职毕业生与高中毕业生相比，其基础文化知识水平和学习习惯可能不如后者。但是他们的优势也是明显的，他们的实践操作能力比高中毕业生强，并且多数学生对未来同一个专业领域的职业岗位的理解也更成熟，这些特点是其在高职阶段获得快速提升和良好发展的基础优势。

奥苏贝尔的认知同化学习理论为中高职衔接提供了心理学基础。该理论认为，学生从事新的有意义的学习时，必须有适于新知识学习的原有认知结构，学生学习就是一个同化和发展自身认知结构的过程。同化的实质是新旧知识的相互作用，它既是新知识习得的心理机制，也是新知识被保持的心理机制。人在理解新事物时，会运用已有的图式去同化它，从而达到认识的平衡。② 中等职业教育学生对专业课程的学习比较早，对高职专业课程的学习更容易运用已有的心理图式去同化新知识和能力。也就是说，中等职业教育学生的职业性特点比高中毕业生强，他们面对新的学习内容时，更容易从职业要求的角度去理解和建构新的知识和能力。

第三节 中高职能力培养有效衔接的体系依托

中高职能力培养有效衔接是现代职业教育体系的重要组成部分。按照市场经济条件下职业教育的内在规律和要求实现中高职能力培养有效衔接，首先应将其置身于现代职业教育体系的构建框架之中，依托现代职业教育体系且不能脱离现代职业教育体系的总体框架。因此，有必要分析现代职业教育体系的构建背景与现状。

---

① 明洁：《奥苏贝尔认知同化理论对基础教育概念教学的启示》，《中国教育技术装备》2011年第27期，第25—26页。
② 明洁：《奥苏贝尔认知同化理论对基础教育概念教学的启示》，《中国教育技术装备》2011年第27期，第25—26页。

一 现代职业教育体系的构建背景

中国现代职业教育,可从19世纪60年代的实业教育算起。清末的职业教育以学习西方技艺、培养实用人才为主要内容。1902年颁布的"壬寅学制"规定了一套较为系统的实业教育制度。1917年成立的"中华职教社",则开启了与实业界联合举办职业教育的先河。

进入20世纪80年代,中国教育迈入一个新时期。1985年,中共中央发布《关于教育体制改革的决定》。1991年,国务院印发《关于大力发展职业技术教育的决定》。1993年,中共中央、国务院印发《中国教育改革和发展纲要》。1996年,第一部《职业教育法》正式颁布和实施。1999年,《中共中央国务院关于深化教育改革全面推进素质教育的决定》发布。2002年,国务院发布《关于推进职业教育改革与发展的决定》。新世纪三次全国职业教育工作会议,大大推进了职业教育的改革与发展。尤其是2014年6月,国务院召开了新世纪第三次全国职业教育工作会议,印发了《国务院关于加快发展现代职业教育的决定》,教育部等六部委联合印发《现代职业教育体系建设规划(2014—2020年)》,标志着我国全面开展现代职业教育体系构建的探索。

2002年,国务院发布《关于大力推进职业教育改革与发展的决定》,明确了职业教育发展的目标:力争在"十五"期间初步建立起适应社会主义市场经济体制,与市场需求和劳动就业紧密结合,结构合理、灵活开放、特色鲜明、自主发展的现代职业教育体系。将职业教育当成一种教育类型并第一次在文件中明确提出了构建现代职业教育体系的要求。2004年6月,新世纪第一次全国职业教育会议召开,教育部等七部委联合印发了《关于进一步加强职业教育工作的若干意见》,建立职业教育工作部际联席会议制度。2005年11月,新世纪第二次全国职业教育工作会议召开,提出进一步建立和完善有中国特色的现代职业教育体系的规划和设想。2010年,中共中央国务院颁布了《国家中长期教育改革和发展规划纲要(2010—2020年)》,提出到2020年要形成适应经济发展方式转变和产业结构调整要求、体现终身教育理念、中高等职业教育协调发展的现代职业教育体系。

2014年6月，新世纪第三次全国职业教育工作会议召开，提出要加快构建现代职业教育体系，统筹发展各级各类职业教育，引导一批普通本科高等学校向应用技术类型高等学校转型，加强职业教育与普通教育沟通，积极发展继续教育，打通从中职、专科、本科到研究生的上升通道，为学生多样化选择、多路径成才搭建"立交桥"，到2020年基本建成中国特色现代职业教育体系。

二 中国职业教育体系存在的主要问题

与普通教育相比较，国内职业教育的发展相对薄弱，自身发展还不够完善，总体发展也不够平衡，对家长及学生缺乏吸引力，社会地位偏低。职业教育体系主要存在如下困难与问题：

（一）职业教育体系不够开放，对社会经济发展支撑不足

目前，以各类职业院校为主体形成的职业教育体系相对封闭，缺乏行业、企业的深度参与，对企业行业的吸引力不够，校企合作停留在表面的多、深入合作与融合的少。就其本质而言，职业教育是面向社会、对接产业、与区域经济发展联系最为紧密的教育，必须依赖于职业教育体系的科学性与开放性。中高等职业教育在专业、课程、教学等诸多方面还存在脱节、断层等衔接不畅的现象，还不能很好地支撑区域经济的发展。职业院校自身的办学特色还不够明显，甚至存在照搬普通高中或高等学校的办学模式，导致职业教育吸纳行业、企业要素不够充分，产业与专业、课程与岗位、实习与生产沟通明显不够，职业教育对社会经济发展的支撑作用发挥不够明显。

（二）传统观念与认识偏差导致职业教育处于弱势地位

职业教育与普通教育是两种不同类型的教育形态，主要区别在于培养目标与教育内容的不同。从本质上来讲，两种教育类型具有价值等值关系，不应有尊卑之分。但在中国传统观念和家长的意识中，对职业教育的认识存在偏差，普遍存在"优生读高中，差生选职校"现象。在招生录取上，先录取普通高中再录取职业高中、先录取普通高校再录取职业院校的流程已经使职业教育沦为"二流教育"。普通教育一直以来被看作是正统、主流的教育，处于强势地位；而职业教育一直处于边缘化、非主流的教育，处于明显的弱势地位。这一方面

是由于人们的传统观念和社会氛围导致，另一方面也是职业教育自身体系发展不完善使然。

（三）职业教育的纵向衔接与横向沟通明显不足

从纵向衔接来看，职业学校的学生缺乏可持续发展的空间。目前，中职学校学生与普通高中学生总体规模接近1∶1，但90%中职学校学生毕业后直接进入了工作岗位，只有少部分学生参加自主招生考试或"3+2"进入高职院校学习，中高职衔接不通畅。而且，高等职业院校大多属于专科层次，职业教育到了专科层次就成了终结教育，在客观上造成职业教育的吸引力大大下降。职业院校学生虽然有继续升学和学习通道，但类似"专插本"等方式的升学比例过低，难度过大，而且插入的是普通本科高校，与高职教育属于不同类型，对教学及学生学习都带来很大困难。自学考试类"专升本"则属成人高等教育，实验实训环节未能规范实施，对技术技能型人才的培养效果薄弱，其含金量更不能与普通本科高校相比。

从横向沟通来看，职业教育与普通教育的"立交"互通没有完全形成。中职学校主要关注就业岗位的技能与训练，而普通高中则高度关注高考的应试教育，缺乏对社会职业的了解。由此，在教育体系中还没有完全打通职普沟通问题，立交互通缺乏基础。尽管有不少文件规定，中职毕业生可以报考普通高等院校，但由于高考制度、教学内容等相去甚远，中职生基本无法与普通高中生竞争普通高校。最近实施的高考前的学考（小高考）较好地缓解了这个问题，但各个高中学校均把这当成差等生的舞台，并没有从根本上改变职业教育低端化的历史现状。

（四）资源缺乏和投入不足，职业教育有效保障不力

职业教育的总体投入和各种资源不足，不论是"三改一补"发展而来的高等职业教育，还是原有中专和新建立的中职学校都十分突出。目前，中国职业教育主要还是以政府投入为主，社会资金和民间资本参与度不高，多元投资体系尚未建立，职业教育办学经费长期处于短缺状态。办学条件较差，设施不足，设备落后，远远不能适应现代产业和先进企业发展的需要，严重影响职业教育人才培养的质量。为此，迫切需要加大经费投入和资源统筹力度，切实改善职业院校的

办学条件和基础设施。

此外，相比于普通高等教育，一些省份对职业院校还没有落实财政预算生均拨款标准，仪器设备配置标准偏低，缺乏必要的经费保障，使得高等职业院校的基础能力建设比普通高校有较大差距。由于中高职教育经费投入不能统一协调，作为教育类型"半壁江山"的职业教育资源和条件比较薄弱。经费投入不足，成为现代职业教育体系建设的一个瓶颈。为此，必须形成一套完善的政策和制度，建立良好的运行机制和保障体系来支撑和保障职业教育的发展。要认真落实《教育法》和《职业教育法》，依法建立一套具有科学性、规范性、操作性、保障性和强制性的系列政策和配套制度。

三 现代职业教育体系的基本因素

结构体系是影响职业教育体系的主要因素。所谓"教育结构体系"，是指教育系统内部各个组成部分的构成状态和内部关系。职业教育体系的构成因素主要有经济结构、产业结构和就业结构对各级各类人才的需求。影响职业教育结构的因素主要包括职业教育的类型、层次、发展阶段、专业、形式和布局。

（一）职业教育的类型结构

职业教育的类型是指具有鲜明职业属性的职业教育种类，是面向职业岗位有序进行职业道德、职业技能、职业能力培养的教育类别。这是与社会职业经济结构类型、所有制结构相适应，又受科学技术的发展、劳动力市场对社会职业的劳动者和专门人才需求的影响而形成的。

职业教育要与经济发展水平和生产力水平相适应，具有时代性特点。一个国家和地区的经济发展水平不同，所需要的技能类型与职业教育模式也不同。职业教育的类型会随着经济社会的发展、生产力发展和科技的进步而相应调整，不同时期的内容或者侧重点也不同。从世界范围看，职业教育体系的类型结构与当时的社会经济发展状况是紧密相关的。我国经济结构的变化和产业结构的调整，必然使职业教育体系的类型结构发生相应改变。随着我国第一、二、三产业的发展，尤其第二、三产业的变化，职业教育体系的类型结构随之而变。为适应第三产业的兴起和发展，有关商贸物流和服务类型的职业教育会相应增多。

（二）职业教育的层次结构

现代职业教育体系的层次包括初等教育、中等教育、高等教育三个层次，与国家普通教育体系相关层次能对应衔接并形成互通的"立交桥"。初级、中级、高级层次形成对应的理论知识、文化知识和技能要求，在内部结构中形成有序对接的层级递进关系。初等层次的职业教育主要培养具有初步职业知识与技能的劳动者，中等层次的职业教育主要培养直接面向生产、技术、服务和管理一线工作的应用型中级人才和其他从业人员，高等层次的职业教育主要培养经济建设所需要的应用型、技能型的高级技术应用和管理人才。

职业教育的层次结构应适应技术结构的需要，不同的技术岗位需要不同层次的职业教育来培养相应层次的理论知识与技术技能。随着社会的发展，以劳动密集型为主的生产活动将逐步被以技术密集型为主的生产活动所代替。所以，职业教育发展的总体趋势是向上移动。但由于生产力发展、社会分工和地区发展不平衡等因素，导致社会需要不同层次、不同类型的技术人员和劳动者。进入后工业时代的发达国家，主要以发展包括本科层次在内的高等职业教育为主。在我国，地区差别大，发展水平不均衡不充分的矛盾突出，对专门人才要求的数量与层次也不尽相同。在相当长时期内，中西部地区、广大农村与落后地区还需要保持一定数量的初等和中等职业教育。

（三）职业教育的发展阶段

国际上通常把职业教育分为职业启蒙教育、职业准备教育、职业继续教育三个阶段。职业启蒙教育是指由中小学校、家庭与社会对学生进行职业意识、职业道德和基本常识的初等教育；职业准备教育是职业教育的主体，是面向岗位技能以就业为导向的教育，以适应社会经济发展需要而进行的各级各类职业教育和职业培训；职业继续教育主要是指针对那些在职在岗人员的继续教育与培训，是一种再教育、再培训，以提高、更新职业知识与技能为主要任务。

（四）职业教育的专业结构

职业教育的专业结构是与产业结构调整和社会转型需要相适应的。按照国民经济分类而形成三大产业结构，各大产业结构的转型升级需要相应职业教育的专业培养专门化人才与之适应并推动产业发展。

中国正在加快产业结构的转型升级，要用高新技术、信息技术和先进技术来改造和提升传统产业。为此，要加快发展信息、生物等高新技术产业，大力发展现代服务业。职业教育的专业结构也要不断地调整与优化。比如，打字员职业，八十年代以前是所谓"铅字"，技能要求是认真细心快速地摆字；今天则直接在计算机上完成打字和打印，技能要求是熟悉掌握计算机及打字相关软件。由此可见，打字员职业的技能与知识发生了革命性的变化。依托专业培养第一、二、三产业需要的专业化人才，离不开大批职业教育专业的支撑和引领。

（五）职业教育的形式结构

职业教育的形式主要是指办学形式与教育方式。职业教育体系的办学形式主要有政府办学、行业办学和社会力量办学，其中政府办学有教育行政部门、劳动行政部门、其他部门行业举办等。为适应经济形式多元化、社会多元化、行业对人才需求多元化需求，尤其是受市场投资的多元化影响，先后产生了公办、公助民办、民办、联办、中外合作办学、股份制办学等多种办学形式。

从职业教育的教育方式上看，可分为学历教育与非学历教育两种形式。学历教育可分为全日制学历教育和在职业余学历教育（函授或远程）。非学历教育主要包括各级各类培训机构的职业培训，含在岗培训、从业培训、转岗培训、学徒培训、升职培训及其他职业性培训等，与终身教育理念紧密相连。

（六）职业教育的布局结构

职业教育的布局主要是指职业教育在国家、地区、城乡之间的分布状况。各地经济发展不平衡，职业教育显示出区域性特点。全国或各地职业教育布局均充分考虑当地经济发展的实际情况，由政府进行统筹安排，以适应并助推区域经济发展的需要。不同国家、不同地区、不同经济发展阶段，职业教育的布局差别大。中国城市与农村、东部与西部、沿海与内地社会经济发展不平衡，从而形成不同的职业发展布局。

构建现代职业教育体系是一项长期、系统而艰巨的历史任务。职业教育与应用型高等教育的相互衔接，职业教育与成人教育的相互渗透，职业教育与劳动就业的紧密结合，建立布局结构合理、专业科类齐全、适应经济社会发展的全面开放的现代化职业教育体系，是当前中国职业教育改革和发展的基本着眼点，也是中国教育发展史上的一项伟大工程。作为中国职业教育的顶层设计，它将引领中国未来职业教育发展的总体布局。

四　现代职业教育体系的模型构建

2014年6月，教育部等六部门联合印发《现代职业教育体系建设规划（2014—2020年）》提出：2020年要基本建成中国特色现代职业教育体系；要建立适应发展需求、产教深度融合、中职高职衔接、职业教育与普通教育相互沟通，体现终身教育理念，具有中国特色、世界水平现代职业教育体系。① 这是我国第一次对职业教育进行系统的顶层设计，为中高职教育衔接的未来改革与发展指明了方向。

（一）健全职业教育层级递进且有机衔接的教育体系

以普通教育体系为参照，坚持初中后分流为主，发展多层次的职业教育，进一步建立完善的职业教育内部体系，形成具有初等、中等、专科、本科、硕士、博士六个层次且有机衔接的学校教育体系。我国幅员辽阔，区域经济发展极不平衡。经济发展水平的差异性决定人才需求的层次和规格，决定职业教育要培养与之相适应的劳动力。通常而言，后发达地区要因地制宜适度发展初等职业教育，在有条件的农村初级中学开办初等职业教育班，或者初中、中职连读，以有效控制初中学生流失，适应学生的不同发展要求，促进区域经济发展；相对发达的地区要根据经济发展状况，建立初等、中等、高等、本科、硕士、博士六个层次的相对完整的职业教育体系。同时，要根据当地经济发达程度，有序规划各个层次职业教育的发展规模与比例。

要畅通中等职业教育与高等职业教育的衔接渠道，为受教育者提供更广阔的发展空间。通过构建开放式职业教育体系，拉动中等职业教育学校的升级发展。努力办好现有高职院校，加强内涵建设，着力提升质量；通过对现有地方普通高校的改革推动高职教育的发展，鼓

---

① 《国务院关于加快发展现代职业教育的决定》，国务院新闻办公室，www.scio.gov.cn，2014-6-24/2017-09-22.

励与引导地方应用型本科高校转型发展。要突破高职办学的专科层次，鼓励有条件的高职院校与应用型本科院校合作，开办本科层次及以上的高等职业教育。努力实现高等职业教育的多层次、多规格、多类型，进一步拓宽职业院校毕业生接受更高一级教育的通道。

（二）建立普通教育与职业教育相互沟通的"立交桥"

经过几年的实践探索，我们目前已经建立了不少互通的"立交桥"方式，但问题是通而不畅，更多的还停留在试点层面。而且，主要通向的仍然是普通教育通道。事实上还没有真正拉动学生自我成长的内需，影响了职业教育的发展。按国际通用的教育标准分类，教育分为6级，中职是第三级教育，高职是第五级教育。但是，我国缺少第四级教育，即高中后和大学前教育。其学习时间通常是半年或一年。这正是职普沟通的关键，在我国现行的教育模式中尚未健全。职业教育与普通教育沟通的立交桥仅有横纵两个方向是不够的，还需要有个弯道，第四级教育实际上就是这个弯道。所有学生都可以学习一个综合模块，这个综合模块既有基础文化课程，又有职业教育课程，从而缩小职业教育与普通教育之间的鸿沟，形成有效的过渡。或者在大学前增加一个预科，实现有效过渡。

加强中职教育与普通高中的沟通是职普衔接的着力点。职业教育偏重于专业教育，而普通教育侧重于文化教育。要鼓励不同类型的普通学校和职业学校联合培养学生，使学生既有一定的文化知识，又具有从事某一项工作的职业能力。毕业后既可选择参加对口升学考试，也可参加普通高校招生考试。允许普通高中学生在接受两年高中教育后进入职业学校三年级学习，职业学校学生也可到普通高中进行补习，或通过考试转入普通高中学习，实现有效沟通。

（三）改变重学历的办学模式，促进学历教育与职业培训并举

靠单纯用学校学历教育的形式已经难以满足人民群众多样化的职业教育需求，接受职业教育既可以是全日制的学历教育，也可以是专项的职业培训。要进一步扩大职业院校参与继续教育与培训的规模，让全社会的成员尤其是接受了义务教育之后没有接受高等教育的人，都能接受多种形式的职业培训，实现职业教育与培训全覆盖。职业培训可以是长期的，也可以是短期的；可以是一年，也可以一个月、一周或

是周末。一切培训均以社会需求为导向。特别是在落后地区或者广大农村地区，有不少人具有学一门或一种实用技术的现实需求，但又没有时间和精力来接受全日制或较长时间的职业学历教育或培训，短期职业培训就显得尤为重要。培训的内容要实用，形式要多样，时间、地点要灵活，这样才能多层次多形式满足人民群众多样化的需求。

要加大行业企业与社会培训机构举办职业培训的力度。要扩大学历证书与非学历证书的沟通力度，健全学分认证和学分银行制度，建立专门机构认定有资质的企业培训课程，尽量满足学习者对学习方式、时间、课程的选择权。同时，促进职业教育与社会教育、家庭教育、社区教育的有机整合。以解决生产实践中的实际问题为出发点，在社区建立职业教育资源库和信息化平台，为劳动者提供一个开放共享的资源学习和评价反馈系统，培育学习型社区。

（四）加强职业教育与成人教育的衔接，健全终身学习制度

在完善终身教育体系的背景下构建中高职教育衔接，要在办学形式、办学层次、课程设置、教育对象上实行多样化，以适应终身学习与开放教育的需要。职业教育与社会经济紧密相联，积极开展多种类型的技术培训是职业教育与成人教育的结合点。工业化的本性决定了劳动的变换、职能的变动和工人的全面流动。现代经济社会的客观发展趋势是就业人员的岗位变换将不再是简单的劳动工种的转换，全面及时的职业培训将会伴随劳动者终生。通过职业培训使劳动力的无序流动转向有序流动，人力资源有序配置和引导。为此，城市职业学校可以更多地为人们适应工作转换的能力提升提供综合服务，积极承担转岗转业培训和下岗再就业培训，有针对性地对外来工进行岗前培训和就业资格证书培训。农村职业学校要和乡村成人学校紧密结合，共同承担技术培训任务，努力做好"三农"服务工作。要在一定区域内实现职业教育师资、图书、实验实习基地等办学资源的共享，最大限度地实现相互融通、优势互补、专业统筹，允许其利用各自的教育资源优势交叉、合作培养学生，最大限度地满足学生接受职业教育的需求。

第四节　中高职能力培养有效衔接的主要模式

中高职教育的衔接,是构建现代职业教育体系的重要组成部分,也是职业教育自身完善与发展、对经济社会发展所作出的积极回应。职业教育承担着提高劳动者素质和培养技能型专门人才的任务。当前,我国正处于产业结构调整、经济转型升级、高新技术快速发展的重要时期,社会的人才需求结构正悄然发生变化,对于高层次技术应用型人才的需求量越来越大,客观上要求有更通畅的衔接模式满足大量中职学生学历提升和向上发展的需求。

开展中高职教育衔接的研究与实践,是加快高等职业教育改革和中等职业教育改革的基础性工作,同时又是一项涉及范围广、内容复杂的系统工程。目前,中高职教育衔接更多的是体现在学历衔接上,以课程衔接和能力衔接为核心的内涵衔接还没有得到足够的重视。我们将基于学历衔接的直观判断模型进行分析讨论。

一　ISCED 国际标准分类及主要发达国家的衔接模式

(一) ISCED 国际标准分类

联合国教科文组织先后通过了《国际教育标准分类法》(即 ISCED - 1997)[1] 和《2011 国际教育标准分类》(ISCED - 2011)。[2] 这些分类根据人才培养类型,建立了普通教育与职业教育并行且自成系统的结构,形成科学的教育层次与分类方案。联合国教科文组织《国际教育标准分类法》为"应用型人才"和"应用型大学"提供了重要依据,是目前国际通用和普遍接受的教育标准分类法,对我国的中高职衔接具有重要的借鉴意义和参考价值。

---

[1] International Standard Classification of Education (Isced) 1997, http://www.unesco.org/education/information/nfsunesco/doc/isc1997.htm, 2017 - 09 - 04/2017 - 09 - 25.

[2] International Standard Classification of Education (Isced) 2011, http://www.docin.com/p - 367061409.html, 2017 - 09 - 04/2017 - 09 - 27.

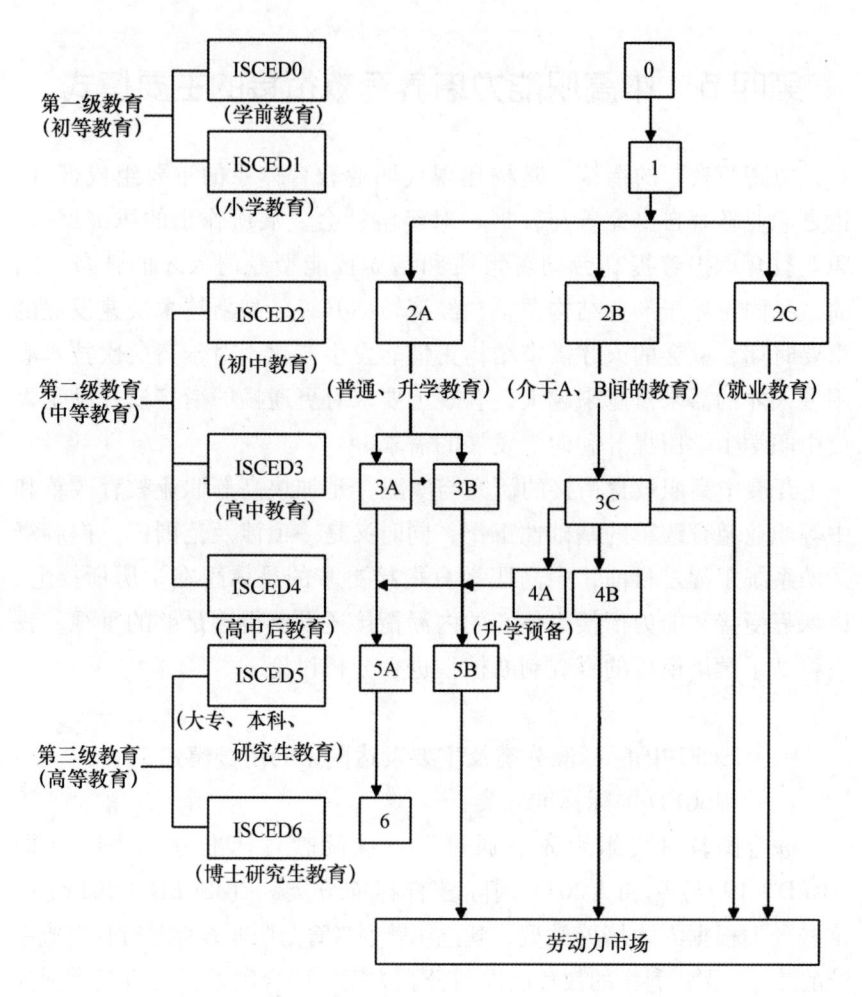

图3-2 国际教育标准分类法（ISCED）示意图①②

ISCED 中将整个教育体系划分为 ISCED1—ISCED6 共三级 7 层。其中 ISCED0 至 ISCED1 为"第一级教育"，即初等教育。ISCED2 为"第二级教育第一阶段"，即初中教育。ISCED3 为"第二级教育第二

---

① International Standard Classification of Education（Isced）1997，http：//www.unesco.org/education/information/nfsunesco/doc/isc1997.htm，2017-09-04/2017-09-25.
② 李德富：《基于 ISCED 国际标准的中高职衔接构建模型分析》，《广东教育（职业教育）》2014 年第 10 期，第 31—35 页，图表内容有整理。

第三章 中高职能力培养有效衔接的理论与模式

阶段"，即高中教育。ISCED4 为"第二级后的非第三级教育"，即高中后的非高等教育阶段。ISCED5 为"第三级教育第一阶段"，即高等教育第一阶段，分为 5A、5B 两种，5A 是理论型的，5B 是实用技术型的。ISCED6 为"第三级第二阶段"，专指"可获得高级研究文凭"（即博士学位的阶段）。

根据课程计划与人才培养目标的不同，ISCED 还将教育分为 ABC 三大教育类型：A 为普通教育，B 为职业技术准备教育，C 为职业技术教育。在第二级教育的第 2 层和第 3 层中分为 A、B、C 三大类型，A 为普通学科型，为升学做准备；C 为直接就业型，为进入劳动力市场做准备；B 则是介于 A 和 C 之间的中间型。第 4 层则分为 A、B 两种类型，4A 为升学进入第五层做准备，4B 则为较高层次的就业做准备。第 5 层属于高等教育，也分为 A、B 两种类型。5A 为侧重于基本理论的学术型专业课程，相当于中国的学术性本科与硕士研究生教育；5B 则为实践性、技术性的职业专门课程，相当于中国的高等职业教育和专业硕士教育。

关于 A、B、C 三种教育类型的划分，国内学者做了不少研究，尤其余祖光的阐述和分析最为全面系统。[①]

A——普通教育。这类教育主要是为引导学生更深刻地了解一门或一组科目，但并不一定准备让他们在同一级或更高一级接受进一步的（更多的）教育而设计的。学生圆满完成这些教学计划后可能具备但并不一定具备劳务市场对这一级的要求。这些教学计划一般是在学校进行的。没有特定专业方向的普通教学计划应该划入这一类型。

B——职业技术准备教育。这类教育主要是为学生进入劳务市场和准备让他们学习职业技术教育课程而设计的。然而，学完这些课程的学生尚不具备劳务市场的职业或技术水平。职业技术准备教育要求教学计划的内容至少应有 25% 是职业技术的。同时，要确保职业或技术科目不只是许多门课中的一门，这一最低要求是必需的。

C——职业技术教育。这类教育主要是为引导学生掌握在某一特定的职业、行业或某类职业中从业所需要的实用技能、专门知识和专业认

---

① 余祖光：《职业教育改革与探索论文集》，高等教育出版社 2000 年，第 30 页。

识而设计的。完成这类教学计划的学生可以获得所在国主管当局认可的在劳务市场上从业的资格。此类教学计划可以细分为理论和实践两类。

2011 年，联合国教科文组织第 36 届大会教育委员会通过的《2011 国际教育标准分类》，形成了第三版国际教育标准分类方法。2011 版国际教育标准分类方法较之前有较大变化，特别是早期儿童教育和高等教育部分进行了重要调整。高等教育标准分类的变化，如等级结构的细化、实践课程的提出、普通课程与职业课程的区分、教育等级衔接桥梁的搭建等，给我国中高职教育衔接及技术本科教育的定位和发展带来了许多有益的启示，也为地方本科高校转型为应用型本科高校提供了基本依据，更加强调"学士或等同"等级定位，更加重视建立基于专业定向的课程体系和专业教育层级互通机制。赖晓琴将 2011 年修订后的《国际教育标准分类》与我国的教育层次进行了对比，见表3－1。[①]

表3－1　　2011 年修订后《国际教育标准分类》与我国教育层次的对应关系

《国际教育标准分类》教育类别			中国教育层次结构
级别名称	代号		层次名称
学前教育	0		幼儿园
初等教育（基础教育第一阶段）	1		小学
初级中学教育（基础教育第二阶段）	2		初中
高级中学教育（高中）	3		高中
非高等中学后教育（升学预备班）	4		／
高等教育第一阶段（不可直接获得高级研究文凭）	5	5A（4 年以上）	5A1	硕士研究生阶段（侧重于基础理论的学科）
^	^	^	5A2	本科和硕士研究生阶段（侧重于应用的工农医师）
^	^	5B（2—3 年）		专科、高等教育阶段
高等教育第二阶段（可获得高级研究资格）	6		博士研究生教育阶段

---

① 赖晓琴：《基于〈国际教育标准分类法（2011 年）〉的现代职业教育体系构建》，《职业技术教育》2012 年第 28 期，第 19—22 页。

第三章　中高职能力培养有效衔接的理论与模式

（二）主要发达国家的衔接模式

1. 德国的预备教育衔接模式

在德国的职业教育体系中，主要是通过预备教育（专门补习或工作经历）衔接模式来实现中高职教育的有效衔接。德国中职学生要升入高职，除了具备高中毕业相当的文化知识程度外，还要通过专业补习或一定时间的从业实习等才能获得高职教育的入学条件和资格。德国专科高中和职业高中的学生毕业后通常不是直接升上高职院校，而是必须先在企业实习一段时间后，再根据需要进行中高职业教育衔接就读方式。德国职业教育的典型特征是以"双元制"为基础，实施"螺旋式上升"学制体系，强调"核心阶梯式"的职业课程衔接。而且，专科高中、职业高中、职业补习学校等培训机构为中等职业学校学生提供了可以升入高等专科学校或者职业大学的有效途径。这些制度设计，有效推动了职业教育的衔接和发展。

德国中职阶段的毕业生一般有两种去向，一是直接就业，二是接受更高层次的职业教育。由于国家设定的职业教育梯次性比较强，而且衔接有序，层次分明，较低层次的职业教育为较高层次的职业教育奠定坚实基础，强调学生的职业实践经验。一个经过职业教育的人员，可以利用已经学到的知识和技能直接就业，也可以在经过"双元制"的职业实践实习以后接受更高层次的职业教育。为谋求更好的就业机会，方法多样，时间灵活，完全取决于个人的意愿和条件。各个层次的职业教育与普通教育相互沟通和衔接，共同形成了可相互转换、纵横交错的教育融合体系。中等职业教育的学生通过"双元制"学习与普通高中毕业生一样具备报考大学的资格，具有同等学力。

2. 英国的文凭等值衔接模式

英国实行的是文凭等值衔接模式，其特点是国家从顶层设计上出台职业资格制度，认可不同层次的职业资格与相应的学校教育文凭具有等值关系，并使二者在升学与就业等方面具有同等效力。国家教育委员会通过地方立法的形式来确定职业教育与普通教育文凭等值作用，按行业的11大类分为5个等级标准，与普教文凭等值认同。职业教育课程通常由国家职业考试委员会与中学教育考试委员会共同协调和审定，从而保证两类教育文凭等值的权威性，确保了中高职教育衔接的顺利进行。英国的具体做法是把中职课程和高职课程通过教学单元进行统筹和协调，避免简单重复学习，并按教学深度分成5个层次，中职的教学单元占Ⅰ、Ⅱ、Ⅲ三个层次，高职占Ⅳ、Ⅴ两个层次。[①] 其中第Ⅰ层次的单元与初中课程衔接，相邻层次的单元之间可以衔接，还可以依据所学单元总数的最低值颁发毕业证。

这种中高职教育衔接模式的实质就是把中高等职业教育的课程进行相互融合之后，对课程进行统一编排和教学的过程。在这个过程中，把中高等职业教育的课程根据教学内容与难易程度分为数以千计的教学单元，然后按这些教学单元进行设计和培养。这种设计模式的实施，有效避免了中高等职业教育课程的重复设置等问题，在教学上实现了学习的连贯性，也提高了教学效率。这些教学单元根据培养标准进行严格设计之后，分别隶属于五个层次，前三个层次属于中职教育，后两个层次属于高职教育，两个阶段紧密结合，自然过渡完成衔接。在对教学单元进行设计时，相邻的两个教学单元联系比较紧密从而充分保证课程的逻辑性。每一个教学单元按统一的标准进行，避免课程重复及断档的现象，提高了教学的高效性与适应性。此外，再把所获得的职业资格证书放到RQF"书柜"式规范资格框架中，从资格大小和资格等级方面来索引资格并实现职普文凭互通的等值。

3. 澳大利亚的"培训包"模式

澳大利亚的职业教育有其独具特色的TAFE教育体系（即Technical And Further Education，简称TAFE）。TAFE学院是澳大利亚提供职业教育与培训的办学主体，已经成为澳大利亚最大的政府、行业与学校相结合的相对独立、多层次的综合性职业教育机构。TAFE学院提供的"培训包"是多种多样的，而且把学历教育与岗位培训结合在一起。一所TAFE学院通常涵盖了职前教育和职后教育，学历教育和培训教育，既有全日制学习，也有半日制。学习期限根据证书或文凭等级的不同，从几个月的短期培训到最长达三年的学历教育，学生年龄不限。通过"培训包"模式来完成中高等职业教育衔接，这种衔

---

① 齐守泉：《中高职专业衔接研究》，博士学位论文，华东师范大学，2016年。

接模式在澳大利亚的职业教育发展中具有重要作用。"培训包"是一套国家认可的用以认定和评价个体技能的职业标准和资格的体系，它是国家承认的培训、认定和评估技能要素的总和。"培训包"的研发工作由澳大利亚的国家行业咨询委员、行业协会、企业行业等负责。根据澳大利亚国家资格框架（AQF）的标准，"培训包"分为不同的层级并与澳大利亚资格框架体系相对应，每个层级的内容与相邻层级之间都是相互联系的。在完成某一"培训包"某一专业某一层次的学习之后，可以获得相应的技能等级证书，有资格从事相应层次岗位的工作。"培训包"的开发与使用有效促进了中高等职业教育的衔接，具体表现在教学内容与行业要求的紧密结合上，丰富了职业教育教学的模式以及学生的学习方式。

4. 美国的课程或大纲直接衔接模式

美国是以课程或大纲直接衔接的模式来实现中高等职业教育衔接的。美国在二十世纪九十年代开始全面进行职业教育改革，在传统的中职教育课程中引入综合课程，将高中和高中后的职业教育有机联系起来，实施技术准备教育，统一制定出中高职相衔接的教学大纲。通常是用中职和社区学院校际间合作或签订合同的方式来统一制定课程和大纲，形成教学计划，同时辅之以应用为导向的综合课程。美国把职业学校和职业教育机构共同联合起来不断探索中高等职业教育的衔接模式，通过对中等职业教育课程进行改革，实现其与高中后技术课程的有效衔接来完成中高两个层次的衔接，即课程或大纲直接衔接模式。这种模式在《卡尔·帕金斯职业和应用技术法案》中有明确的规定：联邦和各州政府用于职业教育的财政拨款主要任务，一是把高中职业课程（2年）改为高中后技术教育的准备课程，二是实施中高职课程衔接，即"2+2"课程。

同时，美国还鼓励社区学院与高中学校进行合作。为了保障实用技术课程的有机联系，社区学院的教师和高中职业科的教师共同制定衔接方案并开展课程研发。为满足高中学生对技术课程的需求，社区学院开设技术准备课程。这种以课程或大纲进行衔接的中高职衔接模式，对中职学校的毕业生进入到高等职业学校学习提供了便利条件，在课程学习方面也杜绝了同一门课程的重复现象，这也为学生参加社会实践提供了更多机会。中高职院校之间通过衔接协议明确哪些专业、哪些课程可以互认和转换，以及如何互认和衔接，从而使中高职教育的衔接程序更加规范，使衔接的标准、操作规范等更加个性化和人性化。

二 我国中高职衔接的主要模式

从职业教育体系的角度来看，我国的职业教育主要有学制衔接模式和非学制衔接模式（又称"灵活的衔接模式"）。我们主要阐述学制衔接模式，学制衔接模式可分为一贯制衔接模式（"五年一贯制"）、分段式衔接模式（"3+2"模式、"3+3"模式和"4+2"模式）、对口单招衔接模式和自主招生考试衔接模式。可以说，中高职教育衔接呈现多样化、多层次构建模型的特点。

（一）五年一贯制衔接模式

"五年一贯制"模式是中高职衔接最为紧密的一种模式。我国从1985年开始试点，招收初中毕业生，学制五年。第一阶段是前三年，按中等职业教育教学计划执行，即一般能力培养阶段，以公共课为主，主要学习文化基础知识，进行一般能力培养。第二阶段是后两年，按高等职业教育教学计划执行，即职业能力培养阶段，以专业课为主，学习专业技术理论和培养职业能力。这两个阶段既相互独立，又相互联系、相互兼顾和相互补充。2003年开始，江苏省规范五年制高职办学制度，成立了联合职业技术学院，实行"小学院、大学校"的办学模式是其典型代表。

"四五套办"和"2+3"模式是五年一贯制的另一种具体衔接形式。主要是通过招收初中毕业生，前两年按中职学校教学计划，学习文化基础课和专业基础课，按照学生成绩和两年的综合表现，择优选拔部分学生升入高职专科学习三年，完成大专学业，获得毕业证书；对于未升入专科的学生，继续按中职的教学计划学习两年，完成四年制中专学业，毕业时发给中职毕业证书。"四五套办"、"2+3"模式，通过分流手段，强化了竞争机制，调动了学生的学习积极性和主动性。

采用"五年一贯制模式"的教育机构既包括中等职业教育机构，

如中职、职业高中，也包括高等院校，如职业大学、独立设置的成人高校、高等专科学校和部分本科院校设立的职业技术学院。实行"五年一贯制"的学校招生对象是初中毕业生，学生参加统一的初中升高中考试，基础比较统一，质量相对较高。这种招生制度为"五年一贯制"的质量保证提供了前提。在教学上可以统筹安排教学计划，避免学习内容的重复性，实现了无缝衔接，具有一定的办学优势，有利于教学质量的提高和办学效益的提升；通过培养能使学生比较系统地掌握专业技术和专业知识，形成良好的职业道德、稳定的专业思想，从而保证应用型人才的培养质量。

（二）分段式衔接模式

分段式衔接模式主要有"3+2"模式、"3+3"模式、"4+2"模式和"3+4"模式等。

"3+2"模式和"3+3"模式。"3+2"模式、"3+3"模式是中职3年+高职2年或3年的培养模式，是中职学校与高职院校分段合作培养的中高职衔接模式。中职学校的学生通过3年中职阶段培养之后，通过注册入学或经过考核合格后进入高职阶段同类专业继续培养2年或3年。在"3+2"和"3+3"模式中，高职院校招收的是专业对口的中等职业学校毕业生，有利于充分利用教育资源，便于培养高质量的高级技术人才。

现代学徒制是另外一种办学模式，与学年学历学制模式交叉并存，也是目前各个中高职院校探索试点的重要培养方式，大多数是"3+2"联合培养的学制模式。以培养学生职业能力为核心，注重学校、企业、学徒三者之间的关系协调。引入职业资格标准，重视学校与企业的互动融合，培养经济社会发展所需要的高素质劳动者和技术技能型人才。这种培养方式培养的人才受到社会的欢迎。

"4+2"模式。是中职毕业之后，再加两年高职学习的模式。主要招收对口专业或相近专业的中职学校应届毕业生，入学后继续接受两年的高等职业教育。"4+2"模式的生源主要以推荐的方式录取。后来由于中职学校的学制由四年缩短为三年，这一模式逐步被淘汰。

"3+4"模式。是中职3年+本科4年培养模式的简称，是中职学校和本科高校分段联合培养的中高职衔接模式。"3+4"中的"3"

是初中毕业生在中职学校学习三年，按照中职学校的教学计划完成相应的专业知识学习和专业技能训练，"4"指三年制中职学生毕业后经过考核直接升入高职本科院校学习四年，成绩合格后取得相应本科文凭。要实施好中高职"3+4"有机衔接的培养模式，制订合理的人才培养方案非常重要。为实现人才培养目标的衔接，必须设立科学衔接的课程标准，实现教学内容与课程考核体系、教学过程与评价体系、师资培养与培训的全面衔接。相对于"3+2"等模式，这是一个较新出现的衔接模式。2012年8月，常州市开始实施中高职衔接"3+4"模式，首批有两所中职学校与常州市的本科院校常州工学院进行对接试点探索。

（三）对口单招衔接模式

"对口单招"是指高等职业院校专门面向中等职业学校选拔优秀学生进行培养的考试方式。招生对象为完成三年中等职业学校学习的毕业生，通过特殊的招生考试（"3+X"招生考试），到专业对口的高等职业院校学习二至三年。这种中高职衔接的模式为"3+2"或"3+3"模式。1994年开始，广东实行"双会考"，即文化课和专业技能考试，"3+X"招生考试中的"3"是指语文、数学、英语三科，"X"是专业技能课程。后来，这种招生考试发展为"理论+实操"的考试制度。

（四）自主招生考试衔接模式

自主招生考试衔接模式是指各高校通过自主招生考试的形式在高中阶段的毕业生中选拔学生到高职院校进行培养。高中阶段的毕业生既包括中职毕业生，也包括普通高中毕业生。这两类学生的文化基础和专业实践技能差异很大，所以招生考试的内容与形式也有所不同。

对于中职学校而言，大多采用"3+X"考试方式。"3"指三门文化基础课，即语文、数学、外语，"X"指专业综合考试。这种招生考试试题中的文化基础课由高职学校所在的地方（一般指省一级）教育考试部门统一出题。招生的高职学校往往参与专业综合考试的命题。这一模式逐步发展为职业教育类"高考模式"。2009年，广东启动"中高职三二分段"试点对口自主招生，面向全省中职的应届毕业生以及持有招生专业相关的中级以上（含中级）技能等级证书且有两年以上实践经验的社会人员开展自主招生。

对普通高中而言，往往采用"笔试＋面试"的方式进行。考试一般在四五月进行，与高考错开。如果学生感觉所录取的学校不太理想，还可以参加全国统一的高考，增加了一次升学考试和录取的机会。

（五）非学制灵活衔接模式

非学制灵活衔接模式是指打破中职与高职的层级与学制，主要通过灵活的教学制度以及一定的教学评估手段（如考试）进行的内涵式衔接模式。通过一定的方式对申请人员进行考试、考核或评估，对达到相应等级职业教育入学标准（如专业能力等）的人员，相应地安排到对应层次的职业院校接受教育，从而实现中高职衔接的模式。

这种内涵式中高职衔接模式的基础是课程学业成绩与技术技能水平，而不是学习的时间；衔接的手段是对于希望接受高职教育的申请者所学的课程和所具备的能力进行考试和评估。如果学生学完了规定课程，获得了相应学分，并通过了高职的入学考试或评估，便能够注册进入高职院校接受高职教育，从而实现中高职的对接。这种衔接的重要方面是要建立完善的学分制，使中职生可以依据自己的学习情况（如学习能力、可以使用的学习时间等）选择相应的课程进行学习。而学生达到高等职业教育入学条件的时间也可能会有所不同，可以二年、三年、四年或五年，也可以把获得的技能等级证书或获奖等级作为进入高职学院学习的条件。

这种模式，中职在校生或已工作的中职毕业生，他们可以在自以为合适的时间内，参加并通过高职入学考试或其他评估形式，进入高职学院学习。这种模式，学生不受学习时间的限制，可以使教学更大程度地满足个人的实际需求，达到节约教育资源、提高教学效率的目的，还为在职的中职毕业生打开了一条继续接受高等教育的通道，在构建终身教育体系中进行了有益的尝试。

中高职教育衔接是我国职教发展的重要内容，应该从注重形式的衔接（比如学制的衔接）向注重内涵的衔接（如课程的衔接）发展，实行学分互认。这种发展不能仅仅依靠单个的职业教育机构，应该从整个职业教育体系的宏观角度去考量，通过探索内涵式衔接的专业定位、培养目标、实施路径、工作措施等，开发具有不同级别资格内和不同级别资格之间相互衔接的课程内容与能力模块。

第五节 中高职能力培养有效衔接的理想模式

中等职业教育与高等职业教育是相同性质、不同阶段和层次的教育，在经济社会发展的不同时期担负应用技能型人才培养的重任。随着我国经济增长方式的转变、产业结构的调整和社会经济发展对人才需求的变化，人才向高层次发展的趋势已成为不争的事实，经济的发展对职业技术教育提出了新的更高的要求。中高职能力培养有效衔接，就是要统筹协调中高等职业教育发展，从学制、专业、课程、内容、职业证书等领域相衔接，切实增强人才培养的针对性、系统性和多样化。通过现实考察，我们认为现阶段我国中高职教育衔接应更多地采用"3+2"中高职多元递进层级衔接模式。

一 "3+2"中高职多元递进层级衔接模式是我国的现实选择

（一）"3+2"中高职多元递进层级衔接模式的内涵

"3+2"中高职衔接模式是中高职学校发挥各自优势、与行业企业紧密合作、协同培养高技能人才的一种办学形式。"3+2"中高职模式是指学生在完成3年中职教育阶段学习之后再接受2年的高等职业教育，毕业后取得相应的中高等职业教育学历证书及相关职业等级（资格）证书。"多元"主要指包括学制、专业、课程、职业证书等多层面多领域的衔接，"递进层级"则体现了技术技能由浅入深、从低到高的层级递进过程和从中级到高级技能的生成过程。通过对现实的比较分析，结合各省试行的各种衔接模式来看，"3+2"中高职衔接是培养高技能人才的先进办学形式，不仅可以为学生培养制订更专业的人才培养计划和培养方案，更可以为学生的多元化发展提供更多机会。

"3+2"中高职衔接不仅仅是招生方式的改革，其核心是人才培养模式的创新。通过职业教育贯通式培养，实现多元层级递进中高职衔接模型的建立。在人才培养上，采取中职、高职学校共同制定培养目标、培养方案、课程体系和课程标准,进行分学段教学和管理。中职往往是3年学业,高职也是3年学业,加起来是6年的时间,而中高职衔接则可减少一年,因此,学生必须在中职阶段就提前学习高职课程的理论知识。同时,中职"3+2"教育班的学生每个学期都可以定期到高职参与同专业的实践课程。这种一贯式培养模式对学生职业发展更具优势,中高职衔接学生在动手实践能力上比高中毕业生要强很多。"3+2"中高职衔接为学生发展提供更多空间,可以为学生提供更长的专业学习时间,相关技能训练水平也会随之提高,使学生能更充分系统地完成一个专业的学习,更好地服务学生的职业发展和行业服务能力。它有助于学生在学习过程中系统地提升理论知识和专业技能,更好地促进学生向准职业人转变,从而增强毕业生的就业竞争力,为中职学校学生发展拓宽通道。

(二)"3+2"中高职多元递进层级衔接模式的优势

"3+2"模式保持了学制的完整性和连贯性。从全国范围来看,中职通常为三年,对于中职阶段的知识、技能、心智等各方面的培养非常完整,为对接两年高职的学习打下了坚实基础,为学历提升也打开了空间,对于专业与学历的"门槛"限制问题也得到了解决。以学前教育专业为例,中职毕业生不能考取教师资格证,学生一毕业就面临学历不达标,因此毕业后只能从事保育员的工作。通过"3+2"中高职衔接培养,学生的技能水平提高了,学历提升了,不仅能为学生提供良好的就业基础,为行业企业提供更多的人才,也可以满足家长对于学生学历教育的需求,圆中职生的"幼师梦"。

"3+2"模式有利于专业与课程的衔接和递进。由于人才培养方案实行一体化设计,对中职与高职的课程衔接冲击较少。长期以来,中职与高职分别属于不同的管理体制,体现在独立教学计划、独立人才培养方案、独立法人、独立课程、独立校园、独立财政等。而"3+2"模式对现状的冲击小,中高职学校之间的分歧较少,因此对接起来也更为顺畅。中职教育与高职教育本属于同源同类型教育,目前专业分类趋于规范化,对接的可能性和可行性很高。学生可以根据自己的兴趣爱好选择喜欢的专业。只要确定自己的发展方向,就能选到比较满意的专业,有助于走向成功。中高职课程尤其注重两个阶段的有机融合,将专业课程层次的提升和专业技能的递进提高有机结合起来。在课程标准和教学内容上充分考虑到中高职之间的系统性、层次性和递进关系。

"3+2"模式在招生制度上障碍小。我国高职院校的招生主要来源于普通高中毕业生，近年来扩展到中职毕业生，而且学制都为三年，在招生制度上"3+2"没有任何瓶颈。尤其是对口专业学生的招生制度设计，有利于中职生接受更高层次职业教育，全面提高综合能力，提升自身技能。目前，我国各中高职院校中的同类专业尽管还是相互独立的，但在课程上都侧重于对学生动手能力的培养，而且对口衔接的院校之间都保持了一定互动和专业一体化人才培养方案的设计，使得对技能型人才培养的目标和要求更连贯和容易达成。

"3+2"模式普遍受到欢迎。从开展的试点与实践来看，该模式也是目前各种对接模式中最为成功和便利的。全国职业教育工作会议及有关省出台的配套政策文件表明，目前国家对职业教育中高职衔接在人才培养、招生就业、经费投入等方面给予政策倾斜，使得职业教育的优势逐步凸显。在政策扶持方面，国家大力实施免学费政策，所有就读中职的学生均可享受免学费。家庭经济困难学生还可申请国家助学金。对在读的中职生、高职生量身定做对接措施，享受多种中高衔接、高本衔接的升学政策。中职学生在完成学业以后，可以通过三二分段式进入高职院校学习继续深造，而且升学率高。近年来，对口专业"3+2"方式的学生升学比例高，有95%以上学生可以进入高职学院继续完成二年的全日制高职学习，实现深造的途径和方式十分便利。

二 "3+2"中高职多元递进层级衔接模式的主要内容

"3+2"衔接模式是中高职学校最为便利和有效的衔接模式，是目前中职学生提升学历、提高技能的重要路径，也是推动高职院校教育教学改革的重要举措。在具体的操作实践过程中，要充分发挥中高职各自的优势，与行业企业深度融合。在强调衔接多元的同时，综合考虑教学内容、课程、知识、技能、学历的层级递进关系。按照分段要求，各自做好学生3年中职教育、2年高职教育的学籍管理等工作，完善学历证书及技能证书的统筹规划，逐步规范并大力推动以

"3+2"为基础的中高职多元层级递进衔接实践。

（一）从学制层面实施有效衔接，让不同层级立体贯通

《国务院关于加快发展现代职业教育的决定》（国发〔2014〕19号）指出，要推进中高等职业教育紧密衔接，发挥中等职业教育在发展现代职业教育中的基础性作用，发挥高等职业教育在优化高等教育结构中的重要作用；加强职业教育与普通教育沟通，为学生多样化选择、多路径成才搭建"立交桥"。中高职衔接最基础性的是学制衔接，中职3年学制与高职2年学制的有效贯通才能搭建好"立交桥"。完成中职3年的学习获得普通全日制中职毕业证书，对接2年高职学习后获得普通全日制高职毕业证书。学制的贯通是中高职有效衔接的基础与佐证，需要从国家层面设计中高职一体化政策，有效促进中高职学制的有机衔接。

"3+2"模式在制度设计上是按学制来划分，采用三二分段形式组织教学，即已经完成了3年学制的中等职业学校的毕业生，到专业对口的高等职业院校学习2年。这两个阶段是相互联系、相互兼顾和相互补充的。目前，高职院校采用的招生方式是"3+X"考试。"3"是指三门文化基础课程，即语文、数学、外语；"X"是指专业综合考试。这种转段考试的文化基础课由教育考试部门统一命题，高职院校负责专业综合考试。在"3+2"模式中，报名时要求专业对口，这样便于整合教育资源，培养高质量的技能人才。

"3+2"衔接模式可有效降低两个学制衔接造成的损耗。为了使更多的优秀中等职校毕业生有到高一级学校深造的机会，教育部要求采取推荐、考核、考试等措施，扩大中等职校毕业生对口升入高等职业学校的比例。由于课程标准的弹性化，中职所学专业课偏离高职的培养目标，不完全符合高职要求，客观上会造成一些损耗。中高职的学习年限为五年，中职与高职共同设置衔接，进行总体的一体化设计。这种总计为五年的学制，实行无缝对接，内部减少衔接损耗。尤其是推行学分制后，必然形成学习年限的弹性化，有些学生可以提前毕业，有些学生也可以延长学习时间。

（二）从专业层面实施有效衔接，让标准范围深度融合

中高职衔接的前提与基础是专业设置要对口。专业设置依据专业

目录，专业目录的依据是职业分类；人才培养规格取决于专业标准，专业标准的依据是职业标准。职业标准是对职业进行分类而不分层，所以，中高职的专业标准需要有层次和类型区别。目前，中职与高职的专业不完全对接，中职与高职分属不同的主管部门，专业目录的修订时间也不同。中职专业目录是2010年修订的，高职专业目录是2014年修订的。专业标准与类别不衔接，存在高职、中职专业设置各自为政的现象，造成了专业衔接不畅通的现实。

对照现行的中职专业目录（2010年版）与高职专业目录（2014年版）不难发现，中高职专业目录中的分类、专业都有一定的区别。当然，由于是同类型教育，也存在着一定的对应关系。高职专业主要是根据高职的特点，体现职业性与学科性相结合。中高职学校要共同研究和选定衔接专业，共同编制中高职衔接的专业标准。在专业衔接过程中，要求中职上对口高职专业或者在专业大类上相符，要从专业的名称、分类、范围、标准等进行规范。

加强中高职衔接专业的系统性建设。中职专业未必能在高职专业中找到完全一致的接点，但在专业面向上要有趋同性，坚持专业基础与具体专业方向、专业与岗位的同步对应，减少中职阶段与高职阶段在专业课程上的矛盾。"3+2"分段式中高职衔接要求中职生经过3年基础课程和专业课程学习后进行独立入学测试（一般是笔试+口试），录取后进入高职阶段学习，真正实现中高职协同培养目标，使学生可以系统、完整地学习理论基础知识，提高综合素质与技能，实现一体化培养学生的目的。同时，也可推动中高职衔接专业的系统性建设。

（三）从课程层面实施有效衔接，构建一体化课程体系

中高职衔接最核心的问题是课程有效衔接。职业教育作为一种定向教育，应该与普通教育一样具有自身的衔接体系。同时，要突出专业操作技能的衔接。从联合国教科文组织《国际教育标准分类》（ISCED）和国际惯例来看，高职与中职同属B类，高职为第5层，中职属于第3层，中职3B能直接进入高职5B，而其他非3B的高中段，需经第4层补充学习之后才能进入高职。不论何种方式，都体现了专业知识和技能的学习需要一个由浅入深、从低到高、循序渐进的

层级递进关系，中高职之间应该形成递进衔接。而且，由于中高职在衔接的过程中，专业对口存在一定的差异性，对课程设置的标准分析研究更显必要。

构建中高职教育一体化课程体系。这需要中职与高职双方统筹协调、协商制定、兼顾两个层次学生特点及课程特点，制定切实可行、互相融合的"3+2"中高职衔接课程体系。培养目标与课程标准要进一步衔接。中职的培养目标是面向基层一线的技术工人和技术员，而高职的培养目标是高端技能型人才，也是面向技术工人和技术员的再加工。为此，需要构建既能满足中职教育又能满足高职教育的培养目标，明晰中职与高职的培养目标与课程标准，避免出现重复和错位现象。课程标准的衔接要考虑我国目前的中高职课程标准的现状（如缺乏统一的标准导致了中高职的衔接不畅），中职与高职应该主动协调和联合制订衔接专业的课程标准，开发课程体系与教材。要根据学生特点与各自的教学重难点设定课程标准，调整教学内容，完善教学评价，推进课程体系的有机衔接。

以职业能力为主线设置课程内容。任何专业人才培养方案都涉及多项课程内容，在设计思路上应以职业能力为主线，着眼于中高职一体化衔接人才培养。课程的编排既以知识的层次性和技术技能的逻辑性为出发点，又要体现出课程的系统性。根据职业能力与课程的对应关系，将课程进行分类整合，形成具有职业能力培养鲜明特色的课程结构，以培养学生的实际职业能力。"3+2"中高职课程衔接不能机械化地叠加处理，课程安排要适当关照授课对象的实际情况。课程内容的选编要结合企业行业的需求，并根据经济社会发展和企业行业的变化定期修订。同时，还要关注基础技能和前沿技术领域的最新进展等情况。

（四）从证书模块实施有效衔接，让职业能力层级递进

在2014年6月教育部等六部委发布的《现代职业教育体系建设规划》（2014—2020年）中指出，要"强化学历、学位和职业资格衔接。研究探索符合职业教育特点的学位制度。完善学历学位证书和资格证书'双证书'制度，逐步实现职业教育学历学位证书体系、专

业学位研究生教育与职业资格证书体系的有机衔接，探索建立各级职业教育与普通教育相衔接的制度。完善职业院校合格毕业生取得相应职业资格证书的办法。"① 要从职业能力入手推进课程模块化建设，按"职业能力本位"的要求确定中高职一体化人才岗位群所需要的职业能力。按岗位群实际需要的能力分解成若干个模块，并对应课程知识单元。通过对单元知识与模块证书技能的结合，并以是否获得证书作为对单元知识掌握程度的标准来衡量，在此基础上形成部分科目的以证代考，从而达到对某一项职业能力掌握。这样就真正将课程知识模块与某一能力或技能结合起来，使知识与技能有机融合。

中职或高职都培养人的职业技术能力。由于层次要求不一样，对职业能力和综合素质的要求也有所不同，这主要体现在人才的层次方面。中高职教育衔接的关键不是知识的衔接，而是职业能力和技术技能的衔接。职业能力和技术技能既可从学校获得，也可以在工作岗位上获得，这是职业教育与其他类型教育的区别之处。职业教育与普通教育相比，相对没有那么重视学科的理论性和知识的系统性，这也间接体现出职业教育的模块化更为突出。将一门课程分成若干个模块即是所谓的模块课程。模块课程形散而神不散，每个教学单元看似独立又有其内在联系。完成每个模块的学习目标即意味着整门课程目标的达成，只是教学过程和考核目标零散化了。

我国职业资格证书的框架体系正在形成。目前，我国推出的资格证书已有几百种，但认定部门与标准不一。既有国家认证，也有地方认证；既有人力资源和社会保障部门认证，也有行业协会认证；既有国内认证，也有国外认证。这些由不同部门、不同机构、不同渠道认证的资格证书，其衡量标准各异，易造成中高职院校在理解上的困惑，给中高职衔接造成一定困难。目前，国家正在进行规范清理，取消了一大批标准不科学、名称不规范、认证不合理的职业资格证书。通过国家职业标准的制定与规范，将提高认定程序的规范化和覆盖

---

① 《教育部等六部门关于印发〈现代职业教育体系建设规划（2014—2020年）〉的通知》，http：//www.moe.gov.cn/srcsite8/Ao3/moe_1992/moe-630/201406/t20140623_170737.html，2018-07-09.

率，增强认定的权威性和时效性。同一系列的职业资格证书能够衔接而且初级、中级、高级层级递进，如助理会计师、会计师、主管会计师、注册会计师、总会计师等，将形成完整的从低级到高级的整体系列。

三 "3+2"中高职多元递进层级衔接模式的立足点

中高职衔接模式是一种现代职业人才的培养模式。这种模式既是根据社会经济发展的需要，考虑产业转型升级对人才层次高移的需求，也是根据职业教育的内在发展规律和双高复合型人才成长规律的客观要求。通过中高职衔接模式，可以培养具有脚踏实地、专注持久"工匠精神"的现代职业人。培养知识与技能融合、专业与通识结合、高端技能与职业精神并举，具有创新性和可持续性发展潜力的现代职业人，是中高职衔接人才培养模式的重要选择。从西周时期的"百工制度"开始，古代"中国制造"就扬名海外，传统手工制品远近闻名。时过境迁，有百年匠心的德国与有千年匠人文化的日本成为当下工匠精神的榜样。在产业转型升级和经济发展新常态下，我们既要借鉴德国与日本工匠精神的优良品质，更要秉承中华民族工匠精神的精髓与灵魂，致力于培养具有工匠精神的现代职业人。

工匠是指有工艺专长的匠人，即技艺高超的艺人。在西方文化中，"工匠"的本义源自拉丁语中一种被称为"arts"的体力劳动，意为把某种东西聚拢、捏合和进行塑形。后来，随着这种劳动形式的逐渐丰富，就演变为"技能""技巧""技艺"的意思。而"artisan"作为一门特定的职业和特定的社会阶层，即"工匠""手工艺人"的意思，是通过16世纪法语"artisan"和意大利语"artigiano"的含义才确定下来的，并于17世纪早期开始广泛使用起来。[①] 这充分说明工匠与劳动、技能、技艺的历史渊源，为工匠精神研究与诠释提供了很好的途径。同时也说明工匠精神的形成过程，实际上就是人们对工匠的劳动观念认知和劳动价值彰显的过程。

---

① 李宏伟、别应龙：《工匠精神的历史传承与当代培育》，《自然辩证法研究》2015年第8期，第54—59页。

中高职教育职业能力培养有效衔接研究与实践

工匠精神（Craftsman's spirit）是指工匠对自己的工作和产品精雕细琢、精益求精、追求完善、力求极致的精神理念。工匠们喜欢不断雕琢自己的产品和改善工艺，享受着产品在双手中升华的过程。工匠们对细节往往有很高要求，追求完美和极致，对精品有着执着的坚持，努力要把品质从99%提高到99.99%。① "工匠精神"的"工"更多的是体现职业的操守；"匠"则是指从事某一职业并具有专项技能的人，如通常所说的木匠、石匠；"精神"则是指思想层面上的专注、态度与理念。工匠精神体现在对本职工作的精益求精，遇到问题时的锲而不舍。具体可从以下几个层面来把握工匠精神的内涵与品质。

从技能层面来看，体现在具有专门技能、特有技艺。工匠首先是能工巧匠，拥有高超的技艺，是经过长期专门化训练而卓然成家的能手，不同于一般简单的工作方法或谋生手段。

从职业层面来看，体现在精益求精、追求卓越。不仅拥有高超的技艺，高度关注并专注某一技能，而且在手工劳作中特别讲究细节，不惜花费时间和精力反复打磨与改进产品品质，追求完美与极致，确保每个部件的品质。

从精神层面来看，体现在敬业精业、坚持不懈。对自己的工作怀有敬畏之心，在本职工作上精益求精、全神贯注，对待每件工作和事情都认认真真。遇到问题时有耐心、有信心、有恒心，坚持不懈，锲而不舍。

从道德层面来看，体现在师徒相授、立德修身。从本义来看工匠精神包含了尊师重教的师道精神。工匠师傅带徒弟学习技艺，尊重师门，言传身教。徒弟对师傅的态度也是能否学精技艺的重要因素。同时，工匠精神讲究立德修身，具有良好的职业素养、职业态度和职业道德。

从价值层面来看，体现在理性认同、知行合一。工匠精神是外在技能与内在修为的统一，是理性的高度认同感，具有主动钻研、勇于

---

① 百度百科，http://baike.baidu.com/link?url = -ls81FTLUiqLG2qZJ1vL87_pwSCxq6H7iccs2LRHz6yAn6vmHS-4mgkYkeB1QGbzmOJgfChiMMyq3GJoPi31h6m8s2dDSwQLqYh2ql5D9Ru，2016-04-26/2017-06-20.

献身的品质。同时，在学习、训练与实践中，又能坚守内心的一份平静与安宁，敬畏职业，爱业乐业。既认真学习掌握师傅传授的技艺，又能在实践中反复打磨比较，不断推陈出新；既能给社会带来精雕细琢的产品与优质服务，又能从中感受到职业的满足和自我价值的实现，在工具理性与价值追求上高度融合，知行合一。[①]

自古以来，中国人最不缺的就是匠人精神，工匠精神不是舶来品。曾经，中国是世界上最大的匠品出口国，例如，从"四大发明"到"丝绸之路"，无不体现中国有独具匠心的工匠精神。从公元前200年至公元18世纪，中国具有2000多年的农耕经济文化历史，手工技艺的发展在世界上弥足珍贵，一直是最大的手工艺术产品输出国。中国的丝绸、瓷器、茶叶、漆器、金银器等精美产品享誉海外。中国的书法、雕塑、手工艺术品目前仍是世界上许多博物馆的镇馆之宝。"丝绸之路"的开启，更是体现了中国能工巧匠的卓越品质。

从1840年鸦片战争爆发到新中国成立，发达国家在如火如荼地开展工业革命，而中国却遭受列强凌辱，书写推翻"三座大山"的百年民族抗争血泪史，错过了第一次工业革命。新中国成立后，中国人用60多年的时间追赶世界科技发展，成为世界第二大经济体。不仅能在航天航空、高铁等领域领先世界，而且华为、格力等企业也在相应领域勇立潮头。这些发展与进步，同样体现了现代中国人独具匠心、追求极致的工匠精神。国人在追逐德国制造、日本产品的景象，正如过去2000多年来世界痴迷于中国制造的产品一样，是对匠心产品价值的认可，也是对工匠精神的赞誉。德国和日本也都经历过从学习仿造再到品质创新的过程。对于中国而言，需要重塑工匠精神，实现工匠精神的再造、再生和再提升。尽管传统优良的工匠精神有所丢失，但随着当今中国的迅速崛起，也有一大批富有献身精神的社会主义建设工匠们在勤奋努力做出贡献，而这正是新时期工匠精神的体现。

着力培养具有工匠精神的现代职业人是时代的要求，社会的呼

---

① 李德富、廖益：《中德日之工匠精神的演进与启示》，《中国高校科技》2016年第7期，第46—48页。

唤。长期以来，真正能够解决科研生产难题且技术精湛的人才十分缺乏，吸收、模仿别人成果的多，独具创新的少。这说明我们人才培养的模式、方法、路径、体制、机制、结构等方面出现了一些问题。分数导向培养的是读书人，忽视了学生实践动手能力和创新精神的培养。为此，不能过分地追求分数与升学率，而应更加注重培养实用型人才和能解决问题的复合型人才。我们既要学习德国、日本工匠精神的优良品质，更要发掘中华民族工匠精神的根和魂，坚守情怀，传承匠心。用我们自己的实际行动为工匠精神添砖加瓦，努力培养更多志存高远的实用创新型人才。这既是新时代的呼应，也是工匠精神的回归和升级。"3+2"中高职多元递进层级衔接模式的探索与实践，就是让学生在三年中职学习之后，能在高职再进行二年的学习，成为在技术技能上形成多元递进、在职业能力上层级衔接、在职业精神中能静心坚守、在价值追求上实现知行合一的现代职业人。

第四章　中高职能力培养有效衔接的职业能力与资格标准

中等职业教育和高等职业教育是职业教育体系中两个既相互独立又相互联系的阶段。中高等职业教育衔接并不是中职学校与高职院校简单的接续或叠加，而是中高职在专业设置、专业定位、培养目标、课程开发、教学内容、教学过程等方面贯通基础上的协同性发展，打通不同层次技术技能型人才的培养通道。中高职教育的衔接形式是层次衔接，核心是能力衔接，主要体现在职业能力的衔接上。中高职注重学生职业能力的培养，而职业能力培养有效衔接的理想模型需要通过构建职业能力标准来实现。为此，有必要对职业能力与职业资格、不同国家职业资格框架与职业能力核心要素、职业能力与资格标准的衔接原则和方法等进行分析与探讨。

第一节　职业能力的内涵与特征

一　职业能力的内涵

职业即个人在社会中所从事的作为主要生活来源的工作，是人类社会发展到一定阶段伴随社会分工的产生而出现的，社会分工是职业分类的依据。职业具有社会性、规范性、功利性、技术性和时代性等特点。按性质，职业可以分为一般职业和专门职业。职业分类则是根据人所从事的工作类型来归类，按照国际职业分类标准，一般可以分为大类、中类、小类、细类四个层次。大类主要反映产业层次的特征，中小类反映行业层次的特征，细类则反映职业层次的特征。

职业能力是人们在职业活动中所表现出来的实践能力。职业能力可以定义为从业者在劳动中能够顺利从事和完成某一社会职业的任务、承担职业责任的能力，包括一般职业能力和特殊职业能力。其中，一般职业能力指与各种岗位、各种职业岗位和各项任务有关的共同能力，诸如学习能力、语言能力、文字能力、表达能力、社会交往能力、活动能力、外语和计算机应用能力等；特殊能力是指从事某种专业活动必须具备的能力。

职业能力是个体从事其职业活动中多种能力的综合表现。任何一个职业岗位都有相应的岗位职责和要求，一定的职业能力则是胜任某种职业岗位的必要条件。由于概念的复杂性、社会文化的多样性、认知主体的局限性和研究视角的差异性等因素，不同国家和文化、不同领域的理论体系对职业能力有不同的理解。职业能力中的"能力"一词对应的英文单词是"competency"，与日常所讲的"能力（ability）"、"技能（skill）"有一定差异。"能力（ability）"既可以是天赋的能力，又可以是后天培养的能力；"技能（skill）"是通过反复训练而获得的技能；而"能力（competency）"则是从职业角度，强调能够胜任某项工作的能力，是从事某个或若干相近职业所必须具备的具有迁移特性的综合素质，包括知识、技能、态度和个性等方面。

我国中高职学生职业能力结构有三层含义：一是为了胜任某种具体职业而必须具备的能力，表现为任职资格，也叫职业特定能力。每个职业都是需要一定的和特殊的能力才能胜任，如教师要有专业授课能力、管理者要有协调管理能力。二是指个体进入职场之后所表现出来的职业素质，也叫行业通用能力。包括职业道德、职业态度等内在素质和遵守职场规则、履行职责等外在行为方式。三是职业生涯管理能力，也称为核心能力。具体表现为内省能力、自我管理能力、职业选择与抉择能力、信息获取与分析能力、资源整合与利用能力、职业环境了解与分析能力、个人生命周期与职业发展周期冲突处理能力、职业规划与职业转换能力等。总之，职业能力是个体对自身职业生涯进行合理规划和自我管理的能力。

社会发展对职业能力有重要的影响，它随着经济社会和科学文化的发展而发展。生产力的发展水平影响着职业能力的变化和层次。当前，人类社会由农业社会步入到现代信息社会和知识经济时代，对劳

第四章 中高职能力培养有效衔接的职业能力与资格标准

动者的素质和职业能力提出了更高的要求。职业教育具有职业性和教育性的双重属性,职业教育培养目标的核心内容是职业能力,而对职业能力内涵的理解直接关系到培养目标的实现。

二 不同国家职业能力的内涵

世界各国职业教育的发展进程不同,对职业能力的认识也不同。接下来,我们对德国、英国、澳大利亚、美国和我国的职业能力内涵进行具体分析。

(一)德国职业能力的内涵

德国职业教育界认为,对职业能力的研究与开发是一项系统工程,颇具研究和借鉴价值。德国人理解的职业能力远比英国人理解的以资格为本位的职业能力的内涵要丰富得多。德国人并非仅仅关注操作技能本身,而是全面、细致、深入地分析影响操作技能养成的诸多方面。因为具体的操作技能至少是知识、心理和行为三者有机结合的统一体,同时也涉及职业态度和良好行为习惯的培养、心理素质和智力的提高和审美意识的提高等。

德国的这种职业能力观受到以下三种学说的影响:一是德国现代职业教育的开创者施普朗格的理性主义哲学。它追求协调发展人所具有的各种能力,从而形成了关于全面生成人的总体教育的哲学。二是德国职业教育史上另一位重要的教育家凯兴斯泰纳的理论。他主张"公民教育",并强调"公民教育""职业教育"和"劳作学校"三位一体的"目的、手段和机构的关系",强调了职业教育伦理化的思想。三是德国格式塔心理学的顿悟说。该学说认为学习过程中最重要的是顿悟、观察和理解的过程,教师要以帮助学生理解知识为主,而不是要求学生盲目地、单纯地练习或重复。

德国学者认为,职业能力是个历史性概念,职业能力的内涵随着技术的快速变化处于不断的变动之中。职业能力可以从不同的视角来划分。如从能力内容的角度,职业能力分为专业能力、方法能力和社会能力;从能力性质的角度,职业能力分为基本职业能力和关键能力,后者包括方法能力和社会能力。

专业能力是指具备从事某项职业活动所需要的技能及其相应的知

识，是建立在本职业知识、技能基础之上，顺利完成本职业所要求的各项任务的能力；它是劳动者胜任职业工作的核心本领，是基本的生存能力。对专业能力的要求是要有合理的知能结构，强调专业的应用性和针对性。

方法能力是指具备从事职业活动所需要的工作方法和学习方法。方法能力是基本的发展能力，是劳动者在职业生涯中不断获取新的知识与技能、掌握新方法的重要手段。方法能力涉及分析与综合、全局与系统思维、整体与创新思维、决策、迁移能力、信息的获取、评价和传递、目标辨识与定位、联想与创造力等方面；具体包括制定工作计划的步骤、解决实际问题的思路、独立学习新技术的方法、评估考核工作结果的方式等。对方法能力的要求是科学的思维模式，强调方法的逻辑性和合理性。方法能力强调的是方法，在完成任务过程中不仅要会做，而且要知道为什么要这样做。

社会能力则是指具备从事职业活动所需要的行为能力，包括人际交往、公共关系、职业道德、环境意识、社会责任、群体协作、个人参与和心理承受力等。在现代生产过程中，生产流程是一个大系统，需要多方配合才能完成任务。个体不可能独立完成任务，需要和他人合作才能更好更快地完成。在生产过程中需要和他人进行合作、协调、沟通，在八小时以外更需要和人进行交流和合作。现代社会的人不仅是职业人，更是一个社会人，需要具备和人进行合作、协调、沟通的能力。社会能力既是基本生存能力，又是基本发展能力，是劳动者在职业活动中特别是在一个开放的社会生活中必须具备的基本素质。对社会能力的要求是积极的人生态度，强调对社会的适应性和行为的规范性。

"关键能力"是德国劳动和社会学家梅尔腾斯（Dieter Mertens）1974年在对劳动市场与劳动者的职业适应性研究时提出的概念。[①] 他将"关键能力"看作是进入日益复杂和不可预测的世界的工具，是促进社会变革的一种策略。梅尔腾斯的观点在西方社会和教育界引起

---

① 薛栋、潘寄青：《对德国职业能力本位观的解读》，《中国职业技术教育》2010年第27期，第23—27页。

第四章　中高职能力培养有效衔接的职业能力与资格标准

高度关注，成为德国职业教育课程改革的指导思想。关键能力的概念基于这样的设想，即这样的能力对人生历程的各个方面如职业生涯、个性发展和社会存在起着关键性的作用。具体包括：（1）基础能力。如逻辑性、全局性、批判性、创造性的思维和行为能力、计划能力和学习能力等。不仅局限于在职业活动中，还涉及一般的社会活动和私人交往。（2）职业拓展要素。指在许多具体的应用领域中不可或缺的基本知识和技能，如劳动保护、机器维护、技术测量以及阅读书写等。这些在当时联邦德国约400项培训职业中都是重要的培训内容。（3）信息获取和加工能力。即根据面对的问题或任务，有目的地获取、理解和加工信息的能力，从而达到个体对社会信息的有效利用。（4）时代关联要素。指的是与某一时代相关的能力要素，如全球化时代的外语能力、计算机时代的计算机应用能力等。这些要素并不是以前职业培训的内容，而是随着时代的发展成为了当代的必修内容。

德国最新的研究关注获得必需技能的方式方法，认为这些技能应尽可能地与工作情景接近。适应不同情境的综合职业能力应在跨情境的环境中获得。学校和公司在综合职业能力的形成过程中起不同的作用。综合职业能力在理解上是跨情境的，当在特殊的情境中被使用时才获得它们真实的含义，但它们能够在多种情况下应用，因为同一个综合职业能力在不同的行业中有不同的解释。如一个修理工的商业洞察力可能仅仅局限在对修理费用的意识上；而一位在银行工作的雇员，其商业洞察力就意味着他应该具备生意头脑。

（二）英国职业能力的内涵

自70年代以来，英国对职业能力的理解逐步发展，随着时代的变化而加深。

1979年，英国继续教育部（Further Education Unit）在《选择的基础》中第一次对英国职业教育中的综合职业能力做出了规定。明确综合职业能力包括读写能力、数理能力、图表能力、问题解决能力、学习技巧、政治和经济读写能力、模仿技巧和自给自足、动手技巧、私人和道德规范、自然和技术环境等11项能力。它涵盖的内容广泛细致，其基本思想是将职业能力与经济需要和社会要求结合起来。

继续教育部1982年出版的《基础技能》规定描述综合职业能力

的两条原则：普通性和迁移性。普通性是指这种能力在各种各样的工作和学习情境中都是需要的，而迁移性是指在一个环境中习得的能力可以被运用于另一环境中。这两条原则一直指导着此后英国职业教育和培训关于综合职业能力的规定。

1999年，英国权威的资格开发和颁证机构——爱德克斯国际教育基金会（Edexcel Foundation）开发的BTEC证书课程建立了专业能力与通用能力并重的教学目标。[①] 通用能力分为7个领域共18个方面。这7个领域分别是：（1）自我管理和自我发展能力领域。相对应的能力成果是安排自己的任务和承担责任；安排自己的时间完成课题；确定个人的发展方向和获得多样性的技能来适应新的、多变的环境。（2）与他人合作共事能力领域。相对应的能力成果是尊重他人的价值、看法和意见，个体和群体之间良好的合作交往和工作效率的整体性。（3）沟通与交往能力领域。相对应的能力成果是接受和应答变化的信息，通过可视性和灵活性的方式表达信息，用书面形式交流和用语言或形体语言参与交流。（4）安排任务和解决问题能力领域。相对应的能力成果是使用信息资源，处理复杂的常规和非常规工作，鉴定、解决常规问题。（5）数字应用能力领域。相对应的能力成果是运用数字技能和技巧。（6）科技运用能力领域。相对应的能力成果是使用多样性的科技设备和系统。（7）设计和创新应用能力领域。相对应的能力成果是在新产品的开发、服务和环境方面应用多样性的技能和技术来发展一种新颖的思想并进行多角度思维。7个领域的能力与德国关键能力所包括的内容有较高的相似性。

英国的职业能力观是从职业本身出发，但它并不是直接指向岗位能力，而是通过职业资格这一中介实现教育与工作的对接。因此，在英国，获得职业能力最直接的表现是获得相应的职业资格证书。而职业资格证书的开发是通过功能分析的方法，包括确定每一工作领域的主要目的或目标，然后进行细分直至确定达到目标所需完成的任务，并通过确定标准来设计相关的单元和要素。但是，职业资格证书从总

---

① 陈芳：《英国BTEC职业教育模式探析》，《职业技术教育》2005年第35期，第115—118页。

第四章 中高职能力培养有效衔接的职业能力与资格标准

体上来看仍然是一种功利取向的劳动力管理手段。它所能表征的职业能力仅仅是局限于能够显性化、行为化的静态知识与技能，并且通常把职业能力与生活背景严格割裂开来。

（三）澳大利亚职业能力的内涵

澳大利亚是个典型的移民国家，其母国是英国。因此，澳大利亚的职业教育在许多方面同英国非常类似，如国家职业资格证书制度、"培训包"、新学徒制等。但在职业能力观方面，同英国既有同源之处，又存在差异。相同之处在于双方都注重以职业资格证书作为判断职业能力的标准，开发方法也基本一致。其差异在于资格证书的指向有所区别。英国的资格证书明确地指向某个岗位，证书所包含的标准也直接指向岗位要求。虽然提出了关键能力，但在认证过程中并不作为必需的认证要点。而澳大利亚的资格证书除了注重单一岗位外，还考虑了岗位群的需求，因此在认证过程中，把岗位群对应的整合职业能力以及核心技能一并考虑。可见，相比之下，澳大利亚的职业能力观要比英国的职业能力观的内涵更为宽泛。

澳大利亚对职业能力的研究与关注始于20世纪80年代。1992年9月梅尔委员会（Mayer Committee）的报告具有里程碑作用，许多关键性的成果至今仍然在影响着能力培养的教育政策。梅尔委员会基本完成并确定了关键能力的七大基本范畴和具体内涵。[1] 这七大关键能力包括：收集、分析和组织信息；沟通想法和信息；规划与组织活动；与他人团队合作；运用数学观念与技艺；解决问题；运用科技等。2002年，澳大利亚商业和行业联合会与澳大利亚企业理事会一起征求300个制造业、建筑业、信息技术部门的意见，基于就业能力提出不同工作阶段的一系列职业能力，包含八组主要技能和个人品质特征：沟通技能；联合作业技能；解决难题能力；主动和进取精神；计划和组织能力；自我管理能力；学习能力；技术能力。在此基础上，还增加了包含忠诚、诚实、正直、热情、可靠、个人表现、共同观念、灵活性和处理压力的能力等个人品质特征。梅尔委员会的报告

---

[1] 庞世俊：《澳大利亚职业能力内涵变迁与理论研究》，《职业技术教育》2009年第7期，第84—87页。

认为，这些能力的综合可以促进工作业绩提高，这些能力在真实生活中的一体化发展在发展和评估中不应该被忽视，这是澳大利亚保持国际竞争力所需要的。同年，澳大利亚国家培训署提出，要通过职业教育与培训部门的工作来提高就业能力，并开始通过跨部门的协作扩大国人的教育途径。在此之前，学校、职业教育与培训部门、高等教育、成人与社区教育都是各自独立地进行能力培养的。作为协作培养项目程序的部分内容就是修订、改进并继续开发新的"培训包"。这是对技能提高方面如何成功地开展教与学的咨询与研究的反应。"培训包"是由国家机构签署的一系列标准和资格，主要用来对从业者的技能进行认证和评估，其目的在于界定从业者在工作岗位上有效地进行工作所必需的职业能力，但并不规定从业者接受培训的形式。

（四）美国职业能力的内涵

美国职业教育深受两个方面的影响：一方面，深受罗杰斯和奥图等人本主义思潮的影响，强调人的自主成长；另一方面，受到杜威实用主义哲学的影响，认为职业教育是非常重要甚至是"唯一重要的问题"。在教育体系上，美国采取职业教育与普通教育相互融通的做法，实际上就是把职业教育看作是个体自主发展中的一个路径，因而其课程具有普适性特点。

在美国，最早使用综合职业能力的是1983年德克萨斯州路易斯维尔区，一个研究高中毕业生能力要求的委员会提出了9类综合职业能力，其中包括决策、计划、生活、计算技能等。之后，哈德逊研究所（Hudson Institute）和美国培训与开发协会（The American Society for Training and Development）提出工作领域必需的7项能力，包括学会学习、学术基础、沟通、适应能力、个人发展、团队效力、影响力等。[①]

1991年美国成立必须技能达成秘书委员会（Secretary's Commission on Achieving Necessary Skills，简称SCANS），主要研究21世纪年轻人在工作中取得成功所必需的能力。它认为在使用一项特定的能力

---

① 庞世俊：《美、英、德、澳四国综合职业能力内涵的比较》，《中国职业技术教育》2009年第4期，第67—70页。

或基础技能执行某一项任务时,同时也需要应用其他的能力,只是该项能力是执行任务中最为需要的;几乎无法找出仅需使用一项能力就能完成的工作,但却能够非常容易地找出缺少一项特定能力就无法成功完成的任务。

美国劳工部把21世纪工人的基本素质称为"关键能力",要求在9—12年级进行职业技术教育并以培养学生的"关键能力"为导向。他们认为,关键能力的培养不仅要依靠中等职业教育课程,同时还要依靠普通教育课程。美国劳工部认为的关键能力包括处理资源的能力、处理人际关系的能力、处理信息的能力、系统看待事物的能力和运用技术的能力等。无论是职业课程还是普通课程,都应注重学生三方面的训练,即基础知识和技能、思维技能以及人格发展。美国劳工部公布的资料显示,最受雇主欢迎的技能依次为解决问题的能力、专业技能、沟通能力、计算机编程技能、培训技能、理财能力、信息管理能力和商业管理能力。

欧盟委员会在对美、英、法、德等国相关文献中对职业能力(competence)一词的界定进行了梳理后认为,职业能力的定义不仅仅局限于对知识和技能的掌握和应用,它应该包含更为宽泛的含义。具体包含:一是认知能力,包括对于既有理论与概念的运用以及通过实践经验获得技巧的过程;二是行动能力,在某一领域的工作中完成相应目标需要具备的技能;三是个人素质,指特定环境中的自我实现能力;四是习得(自我约束)能力,指在工作中逐渐适应社会和工作规则的能力。[1]

(五) 我国职业能力的内涵

刘京辉等学者在90年代末发表了剖析德国关键能力的文章。石伟平(1997)认为,应围绕任务和工作角色开发职业标准,再由职业标准开发评定方法与培训方法或学习计划。[2] 蒋乃平(2005)认为,职业能力包括专业能力、方法能力、社会能力和实践能力。专业

---

[1] 庞世俊、白汉刚、王辉:《以职业能力为基准的欧盟职业资格框架》,《中国职业技术教育》2010年第24期,第17—20页。

[2] 石伟平:《职业能力与职业标准》,《外国教育资料》1997年第3期,第59—64页。

能力一般是指专门知识、专业技能和专项能力等与职业直接相关的基础能力，是职业活动得以进行的基本条件。专业能力是在特定方法引导下有目的、合理地利用专业知识和技能独立地解决专业问题并评价其成果的能力，包括工作方式方法、对劳动生产工具的认识和使用等。方法能力包括思维能力、分析能力、判断能力、决策能力、获取信息能力、继续学习能力、独立制定计划能力等。社会能力包括组织协调能力、团队协作能力、适应社会能力、语言表达能力、心理承受能力和社会责任感等。实践能力是指人们在改造自然和改造社会的有意识的活动中体现出来的能力，是从业者所具备的专业能力、方法能力、社会能力在改造自然和改造社会的有意识活动中的综合体现。[1]姜大源认为，职业能力既来自职业情境中的行动训练又超脱职业情境而本体存在，即所谓源于职业情境而又高于职业情境。[2]

1999年7月颁发的《关于申报"面向21世纪职业教育课程改革和教材建设规划"研究与开发项目的通知》（教职成司［1999］19号），正式提出了"职业能力"的观点。同年颁发的《关于制定中等职业学校专业目录的通知》（教职成司［1999］34号），则出现了"综合职业能力"的提法。在以后陆续颁布的文件中，如《关于制定中等职业学校教学计划的原则意见》（教职成［2000］2号）、《关于中等职业学校专业设置管理的原则意见》（教职成［2000］8号），"综合职业能力"多次被强调。但在教职成［2000］1号文中，除了提出"综合职业能力"外，也把"综合职业能力"简化为"职业能力"。这种简化，在教育部乃至国务院的文件里使用得越来越多。1999年的一些文件中使用"综合职业能力"，自2000年后逐渐过渡为"职业能力"，其原因在于当时对职业能力的理解还有异议。学者们担心只写"职业能力"会产生行为主义能力观的倾向，把职业学校教育误导为职业培训。

目前，学界普遍认为，职业能力包括专业能力、社会能力和方法

---

[1] 吕蓉：《我国职业综合能力内涵研究》，《经营管理者》2013年第30期，第127页。
[2] 姜大源：《中国职业教育发展与改革：经验与规律》，《职业技术教育》2011年第19期，第5—10页。

能力。随着对职业能力研究的深入，对职业能力的理解不再局限于某一职业岗位操作技能的培养，逐渐重视从职业岗位群出发，把岗位工作任务、工作情境与学生的职业成长关联起来，从社会需求和个体发展的整体角度来关注职业能力的培养。职业能力不是让就业者被动受制于职业，而是主动去规划和设计职业发展的路径，从而形成了更为全面的职业能力观。

由于文化背景和学术传统差异等因素，各国对职业能力的理解也自然不同。但是，随着社会的发展，各国的职业能力观出现一些共同的特点，都把理解能力、思维能力、人与人之间的团队合作能力以及个人品质等放在显著的位置。

三 职业能力的基本特征

纵观国内外对职业能力内涵的分析，我们认为职业能力具有如下特征：

1. 应用性。在职业教育中，对能力的培养要以社会需求和市场需要为目标，以技术应用能力为主线，侧重于各种基本能力在职业活动中的具体应用，而且更多地表现为产业性特点，主要是在生产、技术、管理和服务等不同领域发挥作用。

2. 层次性（复合性）。职业能力是多层次、多领域、多方位的复合体。就其层次性而言，是一种树状结构；就其复合性而言，是一种网状结构。随着知识经济时代的到来，人才素质日益向通用型、复合型发展，多层次、多领域的能力要求是现代职业发展的趋势与方向。

3. 职业性。职业能力是针对一定职业的能力。离开了职业背景、职业环境，就谈不上职业能力的存在。尽管综合职业能力的推行对职业教育提出了新要求，能力的培养不能仅仅以专业技能训练为主，要注重全面素质和综合能力的培养，但这并不排斥职业能力的职业性特点，也可认为是职业能力的专门化、方向化。

4. 个体性。职业能力还具有个体属性。对于不同的个体对象，既有能力指向目标的多样化差异，又有能力强弱和水平高低的随机性差异。学生职业能力的目标指向、水平层次与个人性格、兴趣、爱好和需要等都密切相关。为此，应对学生进行个性化教育、因材施教。

5. 动态性。从行为主义职业能力观到认知主义职业能力观，进而向建构主义职业能力观的发展，充分体现了职业能力的动态变化与发展方向。行为主义职业能力观较多地关注个体是否能够完成明确、操作性、可测量的职业行为；认知主义职业能力观则强调认知、意义理解和独立思考等意识活动的重要作用；建构主义职业能力观从单纯的知识转向包括知识、技能、态度等综合素质，且更注重不同情境对职业能力获得与运用的特殊意义。

第二节 职业资格的内涵与特征

一 职业资格的内涵

资格是指从事某种活动应具备的条件，本质上指被社会认可的身份（刘永澎，2002）。职业资格是指为完成特定职业的工作目标和任务，对从事这一职业的人员所必备的学识、技术和能力的基本要求，它反映了劳动者为适应职业劳动需要而运用特定知识和技术的能力。[1]

在我国，职业资格制度正式出现于国务院颁发的《关于"中国教育改革和发展纲要"实施意见》（1993）中，它提出"在全社会实行学历和职业资格证书并重的制度"。1994年7月，全国人大八届八次会议通过《中华人民共和国劳动法》并规定"国家确定职业分类，对规定的职业制定职业技能标准，实行职业资格证书制度"。此后，《职业资格证书制度暂行办法》（1995）和《职业教育法》（1996）对实行国家职业资格制度做了详细规定。《关于深化教育改革全面推进素质教育的决定》（1999）明确，要在全社会实行学业证书、职业资格证书并重的制度。这些文件表明，国家职业资格制度的建立进入了正式的发展轨道。在职业资格制度建立过程中，《中华人民共和国职业分类大典》（1999）、根据职业分类颁布的《国家职业标准》发挥了基础性和导向性的作用。

对个体而言，职业资格是个体以自身职业特长进入社会并服务于

---

[1] 石金涛、陈琦：《职业资格制度的发展：人力资本理论的观点》，《科学管理研究》2003年第6期，第104—106页。

社会、取得劳动报酬的准入证。对社会而言，职业资格是允许个体在社会参与劳动服务的法律许可或社会承诺。按照职业准入的强制性程度，职业资格可以分为从业资格和执业资格。从业资格是指从事某一专业（工种）的学识、技术和能力的起点标准。从业资格是技术技能的体现，没有强制性。执业资格是指政府对某些责任较大、社会通用性强、涉及公共利益的专业（工种）实行准入控制，是依法独立开业或从事某一特定专业（工种）的学识、技术和能力的必备标准。执业资格是政府依据法律、法规确立的准入资格，具有强制性的特点。

二 职业资格的特征

职业资格根据其认可的职业行动作用维度及自主程度不同，可以从职业行动蕴含的学习内容、活动范围、工作特征和组织程度等四方面来分析。

在德国，职业资格的获取以职业教育经历为前提，但职业教育关注的不仅仅是职业资格，更注重个体整体性职业能力的发展。这种能力包括专业能力、方法能力、社会能力和个性能力。职业教育所传授的职业资格不再是为了满足越来越难以预测的社会需求，而是为了更多的职教学生职业能力的培养，满足社会和个性发展的需要。[①]

职业资格具有如下特征：（1）职业资格是一种专业准入控制，不是任何人都可以具有的。（2）职业资格是行政许可，是要经过政府有关部门审批的。（3）具有特定对象，不是所有专业都有职业资格的限制。（4）取得职业资格的人应当具备相应的学识、技术和能力，而且符合一定的标准。

第三节 不同国家职业资格框架

随着经济全球化和世界各国交流与合作的深入，各国都越来越重视国家资格框架的设计。到目前为止，全世界有一百多个国家正在开

---

① 姜大源：《职业教育学研究新论》，教育科学出版社 2007 年版，第 1 页。

发国家资格框架。而发达国家和地区（如德国、英国、澳大利亚等）已经累积了一定的有效运行经验，进入到调整和修订资格框架阶段。

一 德国的终身学习国家资格框架

在欧洲资格框架的影响下，德国于 2009 年公布《德国终身学习国家资格框架》，并于 2013 年 5 月正式实施。

（一）德国终身学习国家资格框架的开发过程

德国国家终身学习资格框架（Deutscher Qualifikations Rahmen，以下简称 DQR）的开发过程较为缓慢。自 2006 年德国启动资格框架开发工作以来，共经历了四个阶段。[1]

第一阶段自 2007 年 3 月至 2009 年 2 月，研究制定资格框架草案。德国成立了联邦与州政府德国资格框架协调小组以及德国资格框架工作小组，就目标、指导方针、能力分类、资格等级、学习结果描述和资格等级标准进行讨论定案。

第二阶段自 2009 年 3 月至 2010 年 9 月，主要针对资格框架草案进行测试。选取四个资格框架试点行业（信息技术、钢铁、卫生和贸易），与资格框架等级相联系。测试工作由学校和以工作为基础的职业教育与培训部门、继续教育与培训部门、普通教育部门、高等教育部门、工会和雇主等部门和专家代表等利益相关方参与。

第三阶段自 2010 年 10 月至 2012 年 12 月，是方案完善与正式通过阶段。2011 年 3 月，资格框架工作小组通过了国家终身学习资格框架的最终协议。同年 11 月，非正规和非正式学校认证小组建议将通过非正规和非正式学习途径取得的资格纳入资格框架；2012 年 1 月，利益相关方同意将职业教育与培训及高等教育的主要资格与资格框架等级联系起来，但尚未决定是否将普通教育资格纳入到资格框架；2012 年 12 月，完成"国家终身学习资格框架报告"，为"欧洲资格框架"对接的参照报告。

第四阶段自 2013 年至今，是实施运作与调整阶段。2013 年 5 月，

---

[1] 赵亚平、王梅、安蓉：《德国终身学习国家资格框架研究》，《职业技术教育》2015 年第 31 期，第 73—79 页。

德国宣布正式实施 DQR。自此 DQR 进入早期运作阶段。德国于 2017 年评估 DQR 的运作实施成效，并借鉴欧洲资格框架和其他国家资格框架的成功经验不断调整和完善框架内容。DQR 发展阶段见表 4-1。

表 4-1　　　　　　　　　DQR 的发展阶段①

阶段	主要工作安排
第一阶段：开发与设计 （2007 年 3 月至 2009 年 2 月）	成立联邦与州政府德国资格框架协调小组和国家资格框架工作组； 2007 年 3 月召开框架开发工作启动会； 就目标、指导方针、能力分类、术语、资格等级等达成共识； 开发 DQR 学习成果描述和资格等级标准。
第二阶段：测试与完善 （2009 年 3 月至 2010 年 9 月）	2009 年 5 月首次测试； 2010 年 7 月评估测试阶段工作； 修改和完善资格框架草案。
第三阶段：正式通过 （2010 年 10 月至 2012 年 12 月）	2011 年 3 月正式通过 DQR； 分配 DQR 资格； 编写 DQR 资格分配手册； 2011 年 11 月同意 DQR 纳入非正规和非正式学习获得的能力； 2012 年 1 月 31 日高层会议议决将职业教育与培训及高等教育资格与资格框架等级链接； 设立国家协调点； 2012 年 12 月，对接 EQF，提交参照报告。
第四阶段：早期运作 （2013 年 1 月至今）	2013 年 5 月宣布正式实施 DQR； 进一步纳入通过非正规和非正式学习获得的能力； 分配普通教育资格； 评估 DQR 的实施； 进行必要的调整。

（二）德国终身学习国家资格框架的主要内容

德国终身学习国家资格框架的建立标志着德国建立起以学习成果为导向、注重学习者职业能力培养、体现终身学习理念的资格框架体系，其主要内容包括以下四方面。②

---

① 赵亚平、王梅、安蓉：《德国终身学习国家资格框架研究》，《职业技术教育》2015 年第 31 期，第 73—79 页。

② 赵亚平、王梅、安蓉：《德国终身学习国家资格框架研究》，《职业技术教育》2015 年第 31 期，第 73—79 页。

1. 学习成果。从欧洲资格框架和其他各国的国家资格框架的实践经验来看，学习成果是国家资格框架的主要内容之一。它指的是学习者在完成学习过程时需要把握的目标、行为、操作方式等。将学习成果划分为不同的单元，有助于增加资格标准的可读性、可比性和可操作性。

近年来，德国推进教育改革，一直致力于开发基于学习成果或能力的资格描述方法。普通教育的学校及教育机构制定以能力为导向的教育教学标准；职业教育院校及培训机构引入学习领域的概念，进一步修改和完善以能力为基础的培训条例和教育课程，重点培养学生的综合职业能力；高等院校将课程划分为模块，承认非正规和非正式学习成果；继续教育领域则构建以能力为导向的教育教学标准。因此，DQR 的核心概念是能力，学习成果以能力为基础产生。DQR 资格等级标准是通过学习成果来描述的，并以此为依据开发教育与培训课程和项目。

2. 能力。能力是指能够运用知识、技能完成某项任务的主观条件，也包括在工作或学习情境中个人具备的社会能力和方法能力等。在 DQR 中，能力主要分为专业能力和个人能力。专业能力包括知识和技能。知识包含知识的深度和广度，技能则包括工具性能力、系统性能力和学习能力。个人能力包括社会能力和自主性。社会能力指的是领导能力、参与和沟通的能力。自主性包括自主责任心和责任感、反思能力和学习能力。[①]

在 DQR 中，能力也通过个人的世界观及态度来体现，主要表现在不同教育系统的课程之中。例如，企业培训涵盖了员工质量意识和客户中心意识的培养，普通教育学校的学习包括文化知识及个人自主学习过程等。德国认为，能力是能够解决问题的综合行动能力，包括认知、情感、动机、参与和反思等要素，涉及可靠性、精确度、耐力、注意力和民主的行为模式以及规范、伦理和宗教反思能力等，这些都属于行动能力培养的重要范畴。

因此，DQR 的能力概念，可以与德国"双元制"职业教育与培

---

① 孙进、皮国萃：《新世纪高等教育人才培养的目标——基于英、德、加三国国家资格框架的分析》，《比较教育研究》2011 年第 1 期，第 36—40 页。

第四章 中高职能力培养有效衔接的职业能力与资格标准

训系统中的"职业能力"概念相联系,基于此,德国明确了职业教育与普通教育之间的内在联系。

3. 等级标准。德国按照对能力的理解及教育学分类,将能力划分为四个维度,专业能力被划分为知识和技能;个人能力被划分为社会能力和自主性。每个资格的等级标准都从这四个维度进行详细描述。资格的等级标准描述采用 DQR 矩阵的形式呈现,形成 DQR 的等级标准(DQR 矩阵)。德国规定各级各类教育部门都要参照 DQR 去设计教育目标或开发新的课程和项目,学习者可通过各种教育途径进入和获取 DQR 资格。

4. 资格等级分配。2013 年 5 月,德国正式实施国家资格框架,推出了资格分配汇总表,并表明将会根据社会发展和人才需要更新资格目录。德国国家资格框架将资格分为八个等级,包含学位资格和职业资格,共有 22 种资格类型。学位资格包含学士学位、硕士学位和博士学位,分别在 DQR 的六级、七级和八级。职业资格包括非学位类职业资格和学位类职业资格。其中,非学位类职业资格是主体。

DQR 实施机构是德国推进 DQR 实施的专门机构,分为联邦和州政府协调组及国家资格框架工作组。联邦和州政府协调组每年举行两次会议,每次会议的主要任务是:检查资格分配情况;监督资格框架的实施;负责 DQR 与 EQF 对接程序;更新资格目录;指导并向利益相关方提供与 EQF 对接的信息;促进社会合作伙伴、企业组织和其他相关机构的参与等。[1] 同时,担任欧洲国家资格框架德国国家协调点(NCP),负责关注欧洲范围内国家资格框架的发展,并联络欧洲委员会处理框架透明度和人员流动性的相关事宜。

国家资格框架工作组则就 DQR 的实施和发展提出建议,吸收各利益相关方参与开发和实施德国资格框架。工作组主要负责教育课程和形式的开发、资格目录的更新、DQR 与 EQF 对接透明性的保障等。所有与 DQR 相关事宜均需两个专门机构在此法律框架下按照共识原则达成一致意见方可实行。这种做法能够同时保证各利益相关方的利

---

[1] Bundesministerium für Bildung und Forschung. Bund-Länder-Koordinierungsstelle, http://www.dqr.de/content/2327.php,2015 - 03 - 04/2017 - 09 - 22.

益和框架开发与实施工作的顺利推进。

2017 年，德国发布 2017 版国家资格框架，见表 4-2。

表 4-2 德国国家资格框架（2017）

水平	资格/资格类型
1	·职业准备教育—职业准备教育措施（BvB，BvB-Reha） —职业准备教育年（BVJ）
2	·主要学校毕业证（HSA） ·全日制职业学校（职业基础教育） ·职业准备教育—职业准备教育措施（BvB，BvB-Reha） —职业准备教育年（BVJ） —入职资格培训（EQ）
3	·中等教育毕业（MSA） ·全日制职业学校（中等教育毕业） ·双元制职业教育（2 年制）
4	·普通高校入学资格（AHR） ·高校限制性专业入学资格（FgbHR） ·应用技术高校入学资格（FHR） ·双元制职业教育（3—3.5 年制） ·全日制职业学校（依联邦州法的职业教育） ·全日制职业学校（依联邦职业教育法/手工条例完整资格的职业教育） ·依联邦职业教育法的转业培训（水平 4） —航空交通地面服务专业人士（考试）
5	·IT 专家（认证） ·服务技术员（考试） ·依联邦职业教育法/手工条例的特殊的一些职业继续教育资格（水平 5）
6	·学士及同等学力 ·专业学校（依联邦州法的职业继续教育） ·师傅资格 ·商务专业人士（考试） ·经济专业人士（考试） ·培训与继续教育专家人士（考试） ·操作专家（IT 行业）（考试） ·依联邦职业教育法/手工条例的特殊的职业继续教育资格（水平 6） ·依联邦职教法第 54 条的职业继续教育资格（水平 6）

第四章　中高职能力培养有效衔接的职业能力与资格标准

续表

水平	资格/资格类型
7	·硕士及同等学力 ·根据联邦职教法培训的企业经济家（考试） ·根据手工条例培训的企业经济家（考试） ·技术型企业经济家（考试） ·策略型专家（IT 行业）（考试） ·职业教育专家（考试）
8	·博士及其同等水平的艺术教育毕业

资料来源：Bund-Länder-Koordinierungsstelle für den Deutschen Qualifikationsrahmen für lebenslanges Lernen. Liste der zugeordnetenQualifikationen（Stand 01.08.2017），https：//www.dqr.de/media/content/Liste der zugeordneten Qualifikationen_01082017.pdf.2017-08-01/2017-11-06.

二　英国的国家资格框架

英国在 1921 年就开始实行国家资格证书制度。经过几十年的不断发展与完善，已经形成了国家职业资格证书和普通国家职业资格证书两大体系。

英国是世界上较早建立国家职业资格框架的国家。1997 年，首次建立 5 级国家职业资格框架（NVQ）；2004 年，将其调整为 9 级国家资格框架（NQF）；2011 年，又将其完善为"资格与学分框架"（QCF）；2015 年 10 月正式启用了规范资格框架（RQF），这是对 NQF 和 QCF 的继承和发展，即保留主体结构、简化内容要素，坚持在线运行、引入全程动态监管，继承共享平台、提升共享质量，又彰显注重柔性衔接、突出内部优化、强调持久发展的特点。[①] 英国以此作为各种资格认可的唯一国家标准。由此，英国的现代职业教育体系得以确立与完善。

（一）1997 年国家资格框架

为了使国家职业资格证书（NVQ，1988 年）和普通国家职业资格证书（GNVQ，1992 年）这两类证书之间能够对等互换，英国

[①] 安立魁、王一定、白玲：《RQF：英国资格证书的新框架及其启示》，《职业教育研究》2017 年第 7 期，第 86—91 页。

1997年首次提出建立国家资格框架（NQF），该资格框架共有5级。[①]（见表4-3）

表4-3　　　　　英国的国家资格框架（1997年）

证书水平	学历证书 Academic		普通国家职业资格证书 GNVQs	国家职业资格证书 NVQs
5级	高等教育	学士学位	无	NVQ5级
4级		文凭（副学士）	无	NVQ4级
3级	GCEA/ASLevels 普通教育证书 A 级（大学入学水平）（16—18岁）		GNVQ 高级（16—19岁）	NVQ3级
2级	GCSEsA*-C 普通中等教育证书（义务教育结束，GCE-O级考试通过，获中学毕业资格水平）（14—16岁）		GNVQ 中级（16—19岁）	NVQ2级
1级	GCSEsD-F 普通中等教育证书（中学在学水平）（14—16岁）		GNVQ 初级（14—16岁）	NVQ1级

在普通国家职业资格证书（GNVQ）中，共分为三个级别，即基础、中级和高级。每一个级别的资格都由若干个固定的单元组成，这些单元涵盖了某一职业领域的基本技能、原理和过程。GNVQ 证书框架由四个部分组成，分别是学习（Learning）、课程（Curriculum）、支持（Support）、评估（Assesment）。在国家职业资格证书（NVQ）中，共分为五个级别，分别是1-5级。其中NVQ4级和NVQ5级相当于高等教育，NVQ3级相当于普通教育的 A 级大学入学水平，NVQ2级相当于普通中等教育毕业水平，NVQ1级相当于中学在学水平。通过这个国家资格框架，普通教育资格证书与职业资格证书能够对等互换，构建了职业教育与普通教育相互贯通的现代职业技术教育体系。

（二）2004年国家资格框架

21世纪伊始，英国的经济发展中心向中高端制造业转移，劳动力结构也相应变化，高技术工作岗位增加。由于劳动力结构的变化，

[①] 刘阳：《图解英国国家资格框架之改革进程》，《职业技术教育》2006年第25期，第81—84页。

原有的5级国家资格框架难以将高等教育的高级教育资格清晰展示与对应起来，无法清楚阐述高层次的职业教育目标，不利于职业教育的实际操作。因此，英国政府开始修订国家资格框架，通过提供多种学习模式、培养关键技能等方式将职业资格与高等教育资格联系起来，完善职业教育与普通教育之间的贯通。2004年将国家资格证书由5级增至8级。加上入门级，则为9级。[①] 在9级国家资格框架中，NVQ4级和NVQ5级对应高等教育。其中，NVQ4对应的是4—6级，即高等教育证书到学士学位水平；NVQ5对应7—8级，即硕士及博士学位水平，见表4-4。

表4-4　　　　　　英国的国家资格框架（2004年）

证书	学历证书（Academic）		普通国家职业资格证书（GNVQs）		国家职业资格证书（NVQs）
8级	高等教育	博士学位	无		NVQ5级
7级		硕士学位			
6级		学士学位			NVQ4级
5级		高级文凭/副学士学位			
4级		高等教育证书			
3级	GCE A/AS Levels 普通教育证书 A 级		职业教育证书 VCE	GNVQ 双重授予	NVQ3级
				GNVQ 高级	
				GNVQ 高级补充	
2级	GCSE A*-C 普通中等教育证书		职业课程普通教育证书		NVQ2级
1级	GCSE D-F 普通中等教育证书				NVQ1级

（三）2011年国家资格与学分框架

基于提升英国公民技能水平、发展社会经济的愿景，英国开始实施国家资格框架改革工程，并力图在此轮改革中简化证书及认证体系。经过此次修订与完善，英国政府推出资格与学分框架（QCF），

[①] 刘阳：《图解英国国家资格框架之改革进程》，《职业技术教育》2006年第25期，第81—84页。

并于 2011 年正式运行。①（见图 4-1）

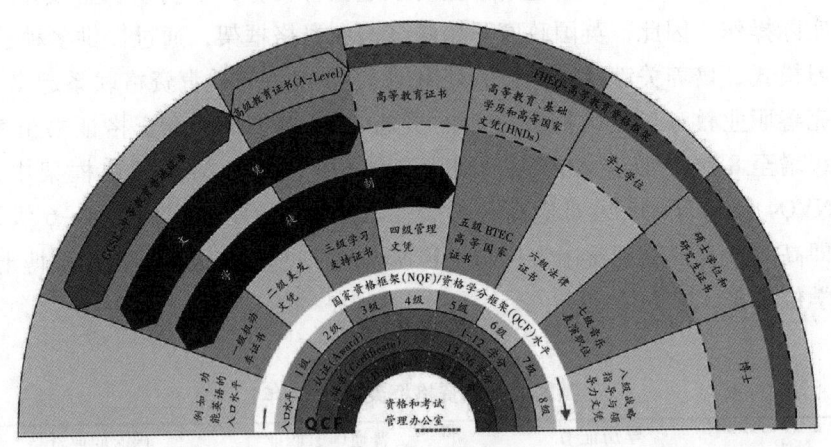

图 4-1　资格与学分框架

QCF 一共分为 9 个等级，从纵向上看，由入门级到 8 级，难度递增；从横向上看，每一级都从"知识与理解""应用与行动""自主和问责"三个方面进行资格描述。这一框架涵盖了中等教育、继续教育和职业教育等。虽然没有把学术性高等教育课程纳入进来，但却与高等教育资格框架（FHEQ）建立了对应联系，从而使各层次的教育都能进行相互比较。

在具体评价标准上，资格与学分框架以职业岗位需要的能力为基础，主要衡量某个人知道什么和能做什么，这是资格与学分框架的核心。每个资格都有相应的学分值，代表该资格的大小以及获得该资格需要的时间。学分值下还细分了学习单元，以学习单元为单位授予学分。无论学习在何时何地以何种形式进行，每个学分代表 10 个小时的学习时间，这是学习者完成学习单元所有学习结果的平均时间。资格与学分框架上有三种资格类别：一是认证（Award），需要 1 至 12 个学分；二是证书（Certificate），需要 13 至 36 个学分；三是文凭

---

① 资料来源：Dr Susan James, Professor Ken Mayhew, Dr Andrea Laczik, Ms Marta Mordarska, Report on Apprenticeships, Employer Engagement and Vocational Formation in England, Oxford University Consulting, 2013.

(Diploma)，需要 37 个以上学分。学习者通过完成所需的学习单元获取学分，并通过严格的证书认定来获得资格。

从图 4-1 可以看出，该框架具有明显的特征。首先，将学徒制纳入了资格与学分框架，明确了职业教育与培训在资格框架中的地位。其次，该框架第一次强调"应用性学习"文凭，允许学习者通过获取文凭进入继续教育体系和高等教育体系，进一步促进了普通教育与职业教育的相互贯通。第三，该框架包含了证书、文凭和学位以及学徒制，实现了职业资格证书与普通教育证书在高层次上的实质性等值与沟通，构建了更加开放的职业教育体系。最后，该框架大大简化了资格比较的复杂性。所有资格描述中都包含了资格与学分这两个维度的信息，使用者可以非常简明地了解每个资格的情况，而不用再专门进行比较。

（四）2015 年国家规范资格框架[①]

为满足社会需求，英国政府时刻关注 QCF 实施情况，一直致力于国家资格框架的改革。2014 年 12 月，英国资格认证与考试监督管理办公室（Office of the Qualifications and Examinations Regulator，简称 Ofqual）通过调查发现，QCF 主要满足英国获得统一的职业资格证书，但 QCF 在实现普通教育与职业教育的等值与流通方面未能达到预期效果，且引发了证书数量骤增、质量下降等问题。

2015 年 10 月起，英国政府着手实施规范资格框架（Regulated Qualification Framework，简称 RQF）。RQF 是一个简单的用来描述性框架的工具。RQF 适用于 Ofqual 监管所登记的资格，它就像图书馆的一个"书柜"，摆放着各种资格证书。书柜上每一个资格证书都是独特的、唯一的，都拥有独一无二的坐标。横坐标代表资格大小（Qualification size），即获得该证书所花费的明确、量化的资格学时。纵坐标代表资格等级（Qualification Level），即获得该资格证书的难度和复杂度，每一个证书的级别从"知识理解"（Knowledge and understanding）和"技能"（kills）两个维度做清晰描述。英国通过这种横

[①] 资料来源：Office of Qualifications and Examinations Regulation，Regulated Qualifications Framework， https://www.gov.uk/government/publications/regulaed-qualifications-framework-a-postcard，2015-09-17/2017-09-25.

纵通道"书柜"式规范资格框架的实施，最大限度实现职业教育与普通教育的通融与等值。

总之，资格与学分框架（QCF）和新的规范资格框架（RQF）为英国现代职业教育体系的完善奠定了坚实基础，进一步提升了职业教育在整体教育体系中的地位与作用，从而促进了普通教育与职业教育的相互贯通和联系。

三 澳大利亚的国家资格框架

顺应经济社会和时代发展的需要，澳大利亚从20世纪50年代始，重视职业教育与培训的改革与发展。澳大利亚资格框架（Australia Qualification Framework，AQF）于1995年正式建立，2000年全面实行，2005年进行修订与完善。AQF涵盖了中等教育和高等教育两个层次，涉及高中教育、职业教育和高等教育三种类型，从而实现不同教育层次和不同教育类型之间的有效衔接与相互沟通。澳大利亚资格框架建立了包括学历教育（高中、大学）、非学历教育（职业教育、技术与继续学院和私立机构）在内的各种教育类型的统一资格标准。它涵盖澳大利亚所有义务教育之后颁发的资格证书，为所有学历教育和非学历教育的资格提供了一个全国统一的、连贯的框架。[1] 澳大利亚是世界上最早建立与实施国家资格框架的国家之一。自1995年至今，经历了探索阶段，修订阶段和完善阶段。

（一）1995年澳大利亚国家资格框架：推动普职等值与资格标准化

20世纪80年代，随着澳大利亚矿产业、制造业和建筑业等传统产业发展不断萎缩，第三产业服务业快速发展，职业教育也相应发展变化。1985年发布的《柯尔比报告》在分析劳动力市场计划时指出，澳大利亚应该建立一个包括脱产正规培训和企业工作实习在内的职业技术培训。20世纪90年代中期，澳大利亚成立了国家培训局，并引入一级和二级资格证书，相当于中学VET一级和二级水平。以此为

---

[1] 曹勇：《借鉴澳职教经验探索我国教师资格培训新模式》，《中国职业技术教育》2007年第3期，第31—32页。

第四章　中高职能力培养有效衔接的职业能力与资格标准

标志，AQF 于 1995 年正式建立（见表 4-5）。经过五年的实施，2000 年在澳大利亚全面实行。

表 4-5　　　　　　　　1995 年澳大利亚国家资格框架[①]

中等教育领域	职业教育与培训领域	高等教育领域
		博士学位
		硕士学位
		研究生文凭
		研究生证书
	高级文凭	学士学位
	文凭	文凭、副学士学位
高中教育证书	证书 Ⅳ	
	证书 Ⅲ	
	证书 Ⅱ［中学 VET 二级水平］	
	证书 Ⅰ［中学 VET 一级水平］	

澳大利亚资格框架由职业教育与培训证书和学历教育文凭所代表的资格构成，囊括了两种教育类型（即普通教育与职业教育）和三个教育领域（高中教育、职业教育与培训、高等教育）。从表 4-5 可以看出，该资格框架的职业教育与培训提供 6 级证书：证书 Ⅰ～Ⅳ 级，相当于我国高中阶段的职业教育与培训；文凭和高级文凭，相当于我国专科阶段的职业教育与培训。证书 Ⅰ～Ⅳ 级，要求学习者在本专业领域中应该具有较强的动手能力及操作技能；而文凭和高级文凭，则要求学习者应该具有掌握一定的技术分析能力和解决实际问题的能力。该框架展现了职业教育体系的初步形态，为以后的澳大利亚资格框架发展提供了宝贵的可借鉴经验，但是依旧存在着局限性。该资格的认定范围主要局限于传统的行业之中，而对于经济发展的新兴行业资格标准并无涉及。另外，这个框架中的资格设定也没有与高等

[①] 匡瑛：《英、澳国家资格框架的嬗变与多层次高职的发展》，《高等工程教育研究》2013 年第 4 期，第 122—126 页。

（二）2005年澳大利亚国家资格框架：资格类型目标调整与颁发机构多元

进入21世纪后，随着澳大利亚产业结构的调整以及产业能级的提升，制造业和服务业的水平及比例都在增加，新的就业模式和职业群不断涌现。就业市场的变化对劳动者提出了新的要求，即提升个体的创新能力和技术素养。2005年，为了提升个体创新能力和技术素养，提高职业教育的学习层次，满足产业结构调整及市场变化需求，澳大利亚政府将国家资格框架的职业教育与培训证书增至8级（见表4-6）。

表4-6　　　　　　　2005年澳大利亚国家资格框架[①]

中等教育领域	职业教育与培训领域	高等教育领域	教育层次
		博士学位（Doctoral Degree）	高等教育
		硕士学位（Master Degree）	
	职业教育与培训研究生文凭（VET Graduate Diploma）	高等教育研究生文凭（HE Graduate Diploma）	
	职业教育与培训研究生证书（VET Graduate Certificate）	高等教育研究生证书（HE Graduate Certificate）	
	职业教育与培训高级文凭（VET Advanced Diploma）	学士学位（Bachelor Degree）、高等教育高级文凭（HE Advanced Diploma）	
	职业教育与培训文凭（VET Diploma）	副学士学位（Associate Degree）、高等教育文凭（HE Diploma）	
高中教育证书	4级证书		中等教育
	3级证书		
	2级证书		
	1级证书		

[①] 匡瑛：《英、澳国家资格框架的嬗变与多层次高职的发展》，《高等工程教育研究》2013年第4期，第122—126页。

第四章　中高职能力培养有效衔接的职业能力与资格标准

与6级国家资格框架相比较，2005年的8级国家资格框架是由一系列的证书及文凭所构成。如表4-6所示，该资格框架包含两个教育层次（中等教育、高等教育）和三种教育类型（高中教育、职业教育与培训、大学教育）。中等教育提供高中教育证书及1—4级职业资格证书，高等教育提供职业教育与培训资格证书和高等教育资格证书。而这里的"资格"，不是专指职业的资格和从业的资格，还指向教育的资格和学历的资格。[①] 高等职业教育与培训阶段的资格包含职业教育与培训文凭、职业教育与培训高级文凭、职业教育与培训研究生证书和职业教育与培训研究生文凭四级。其中，职业教育与培训研究生证书对应高等教育的研究生证书，而职业教育与培训研究生文凭对应高等教育的研究生文凭。职业教育的两级研究生证书与普通高等教育的研究生证书和文凭相应等值。此外，颁证机构呈现多元化，普通学校、注册培训机构、高等教育机构都可通过认证颁发证书。

澳大利亚国家资格框架的每一个水平等级都对学习者在知识与技能方面有一定的要求，却没有与资格体系相挂钩。2009年以来，为适应青年就业和申请获取相应职业资格的需要，满足政府、行业、企业和个人对更具规范性、操作性和融通性的资格证书的要求，资格框架委员会相继颁布《强化澳大利亚资格框架：一项建议》《澳大利亚国家资格政策和学分安排原则》《澳大利亚资格框架的资格保障政策和协议》等文件，就资格框架的实施目标、基本功能等做进一步规定和说明。目前，在新的国家资格框架指导下，无论是普通中等教育阶段和职业教育阶段的学生，还是在职人员及待业人员都可以根据自身的学习情况和社会经历，依照资格框架中的各级各类证书及文凭课程，选择起点继续学习[②]（见图4-2）。

（三）2013年澳大利亚国家资格框架：以学习结果确定资格等级

为了满足澳大利亚职业教育发展的需求，继2005年之后，分别于2007年、2011年和2013年再次进行资格框架修订，最终形成了较

[①] 姜大源：《现代职业教育与国家资格框架构建》，《中国职业技术教育》2014年第21期，第23—34页。

[②] AQR Qualifications. http://www.aqf.edu.au/AbouttheAQF/AQFQualifications/tabid/98/Default.aspx，2015-03-04/2017-09-22.

为成熟的框架体系,如表4-7所示。在这个版本中,高中毕业证书不再作为具体的资格级别,其只是一种资格类型;把职业教育与培训领域的职业研究生文凭和职业研究生证书移除,并允许颁发研究生证书和研究生文凭。其资格证书框架体系是按照学生的学习结果来确定等级水平和资格类型的分类结构。每种类型的资格证书均对应相应的等级水平,共有14种类型,10个等级,且层级分明。

表4-7　　　　　　　　2013年澳大利亚国家资格框架[①]

资格等级	高中教育	职业教育及培训	高等教育
10			博士学位
9			硕士学位
8		研究生文凭 研究生证书	研究生文凭 研究生证书 荣誉学士学位
7			学士学位
6		高级文凭	高级文凭、副学士学位
5		文凭	文凭
4		第四级证书	
3		第三级证书	
2		第二级证书	
1		第一级证书	
未分等级	高中毕业证书		

学习者可以根据自己的需要进行学习,以获得相应的资格等级。因此,资格类型贯穿于人的一生,促进人们在终身教育理念的指引下实现终身学习。澳大利亚教育教学体系能够有效地将普通教育教学与职业教育教学连接在一起,实现了普通教育与职业教育的沟通融合。学习者可通过不同种类教育教学模式实现相同等级教育教学认证资格,实现从一种教育教学类型转换到另一种教育教学类

[①] 余小娟、谢莉花:《澳大利亚资格框架的资格标准分析——以职业教育与培训领域为重点》,《职业技术教育》2017年第22期,第73—79页。

型。通过同种类型教育教学资格认证证书涵盖不同等级，实现纵向层次间衔接。这些都有力地促进了个人职业生涯的发展，扩展了个人职业生涯通道。

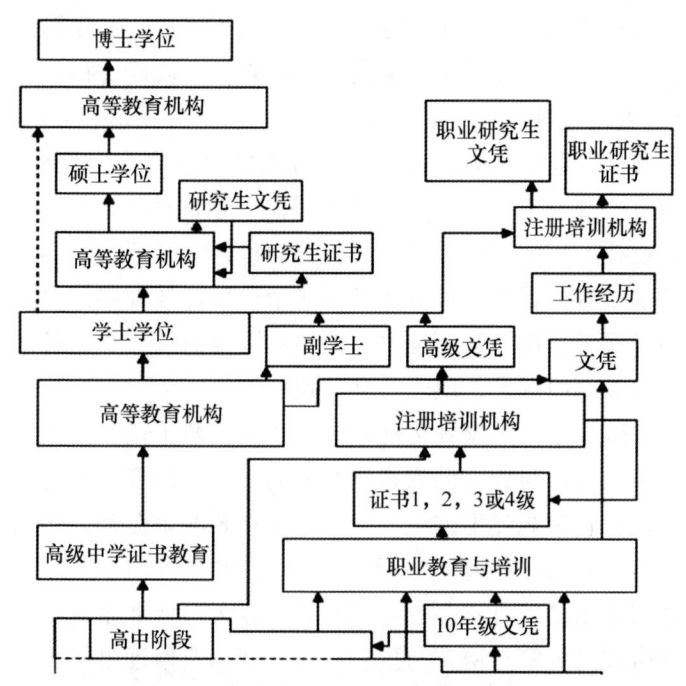

图 4-2 澳大利亚不同教育阶段和职业教育与培训之间的衔接对应

四 我国的职业资格框架

在 2013 年全国行业职业教育教学指导委员会工作会议上，时任教育部副部长鲁昕发表讲话。她指出：建立健全职业教育学历、学位和职业资格衔接制度，推动形成国家资格框架，是积累技术技能、培养技术技能人才的重要举措。迄今为止，我国尚未建立类似于德国、英国、澳大利亚的将职业教育与培训和学历教育相对应的国家资格框架。我国仍然处于在现有的学历教育体系与职业资格相独立的基础上摸索建构两者相互贯通的国家资格框架的过程中。

教育部公布的 2016 年教育统计数据显示[①]，我国的学历教育主要分为六部分：高等教育、中等教育、初等教育、工读学校、特殊教育、学前教育。其中，高等教育包括研究生（博士、硕士）、普通本专科（本科、专科）、成人本专科（本科、专科）、其他各类高等学历教育（在职人员攻读硕士学位、网络本专科生）；中等教育包括高中阶段教育（高中、中等职业教育）、初中阶段教育（初中、成人初中）；初等教育包括普通小学、成人小学。非学历教育也包括两部分：高等教育和中等职业教育。其中，高等教育包括研究生课程进修班、自考助学班、普通预科生、进修及培训；中等职业教育包括中等职业学校和职业技术培训机构。非学历教育均包括资格证书培训及岗位证书培训。学习者根据教育目标要求完成学业后，教育部门会对完成学制的学习者授予相应的学历证书。而职业资格证书通常由各级人力资源和社会保障部门颁发，属于劳动就业制度。

我国在探索建立国家资格框架时主要面临两个基本问题，一是我国用人的劳动制度与育人的教育制度分离。劳动制度与教育制度的分离不仅表现在管理职能上的重复交叉，更重要的是劳动力市场的用人信息无法与教育机构的育人数据相对应，导致用人需求与育人成效脱节。劳动力市场的信息资源、学校的教育资源与行业企业的实训资源无法得到合理的统筹、协调与配置。二是职业资格证书与教育学历证书的分离。我国的教育学历证书由教育部门颁发，职业资格证书则由各级人力资源与社会保障部门颁发，两者尚未形成对应关系。也正因为如此，两种制度和两种证书均无法互认，为社会的人才评定带来巨大阻碍，国家资格框架体系也难以有效推进。

第四节 职业能力核心要素

从层次和内涵上，职业能力可以划分为行业通用能力、职业核心能力和职业特定能力三个要素。

[①] http://www.moe.gov.cn/s78/a03/moe_560/jytjsj_2016/2016_qg, 2017 - 08 - 24/2017 - 09 - 22.

第四章　中高职能力培养有效衔接的职业能力与资格标准

行业通用能力是胜任行业岗位工作所需要的实用性职业能力，主要包括理解性阅读、积极聆听、语言表达、理解他人、服务他人、适应环境的能力、抗压能力等。

职业核心能力又分为方法能力和社会能力。方法能力是基本发展能力，是劳动者在职业生涯中不断获取新的知识与技能，掌握新方法的重要手段。它主要包括信息收集和处理能力，计划制定、决策和实施的能力，自我评价和接受他人评价的承受力。社会能力是劳动者在职业活动中特别是在一个开放的社会生活中必须具备的基本素质，主要是指一个人的团队协作能力、人际交往和沟通能力。

职业特定能力是劳动者为胜任某种职业工作而必须具备的能力，是劳动者赖以生存的核心本领，也是其基本的生存能力，通常表现为任职资格。每个职业都需要一定的和特殊的能力才能胜任，如园林工要有园林方面的技能，工程管理者要有工程管理的能力。

高等职业院校培养具有一定专业导向的职业人，每个专业都需有相对应的岗位职业能力。如数控技术专业毕业生应胜任数控工艺、数控编程、数控机床维修及数控机床操作等工作，高职数控技术专业典型工作岗位行业通用能力包括社会通用技能、专业通用技能、实用通用技能三个方面（见表4-8），专业典型工作岗位所需核心能力就数控工艺员、数控编程员、数控机床维修员、数控机床操作员四个岗位工作作了分析（见表4-9），专业典型工作岗位行业特定能力就完成2D/3D绘图与建模等七种特定技能作了分析（见表4-10）。又如模具设计与制造专业毕业生应胜任模具设计岗位、模具工程管理岗位、模具制造（模具数控加工）岗位、模具装配岗位等工作，模具设计与制造专业中高职职业能力的层级衔接呈现明显的递进关系（见表4-11）。

表4-8　　高职数控技术专业典型工作岗位行业通用能力

通用技能	内容
1. 社会通用技能	（1）语言表达和交际能力； （2）合作意识和团队精神； （3）公共关系建立； （4）遵守职业道德； （5）社会责任感。
2. 专业通用技能	（1）机械加工工艺编制与实施； （2）数控编程能力； （3）数控机床操作能力； （4）数控机床维修能力； （5）注塑模具设计能力。
3. 实用通用技能	（1）使用国家标准的能力； （2）对机加工过程合理规划、表达、组织的能力； （3）解决机加工过程中实际问题能力； （4）独立学习新工艺、新技术的能力； （5）对加工工作结果的归纳能力。

表4-9　　高职数控技术专业典型工作岗位核心能力

工作岗位	岗位性质	岗位及相关职业标准描述	职业素质与职业能力
1. 数控工艺员	核心岗位	根据加工零件图纸进行数控加工工艺分析，确定数控加工工艺方案，制定数控工艺文件。	（1）能熟读机械零件图纸； （2）熟悉常用金属材料的加工工艺性和热处理工艺性； （3）能够根据零件图纸技术要求和工期要求，结合企业设备及工人技术水平进行合理加工工艺设计，制定工艺文件。包括：毛坯、机床、刀具、夹具的选择；切削参数和基准的确定；热处理工序的安排； （4）能熟悉常用加工设备工艺范围、特点、加工的经济精度； （5）能在现场指导一线生产技术工人进行工艺文件的实施； （6）能解决现场常见工艺问题。

第四章 中高职能力培养有效衔接的职业能力与资格标准

续表

工作岗位	岗位性质	岗位及相关职业标准描述	职业素质与职业能力
2. 数控编程员	核心岗位	根据零件图纸要求，按照工艺文件，用手工或主流CAM软件编制数控加工程序，现场调试程序并指导数控机床操作工加工合格零件。	（1）能熟练识读零件图纸； （2）会手工编制数控加工程序（数车、数铣和线切割）； （3）能熟练应用至少一种主流CAM软件编程（数铣、数铣、加工中心（含多轴与高速加工）、线切割）； （4）能编制通用的机械加工工艺和数控加工工艺； （5）会操作一种主流数控系统和数车、数铣、加工中心（含多轴与高速加工）、电火花线切割机床； （6）合理选择刀具、工装和加工参数； （7）能够分析解决加工现场遇到的常见工艺问题； （8）能够顺畅与产品设计、工艺设计、生产管理、质检和设备维修一线人员合作交流。
3. 数控机床维修员	核心岗位	对数控机床出现的常见故障能熟练、及时地诊断与排除，并建立维修记录。	（1）熟知数控机床的工作原理、构造、机械结构、电气控制和控制系统参数设置； （2）熟知常用数控机床和2~3种数控系统的常见故障的诊断； （3）熟练排除常见数控机床的故障； （4）能按照生产规章，对数控机床进行日常维护。
4. 数控机床操作员	核心岗位	根据零件图纸和工艺文件要求，利用已编制好加工程序，熟练操作数控机床进行合格零件的生产加工。	（1）能读懂零件图上的公差配合与表面粗糙度意义；了解实现相关技术要求所需要的加工方法； （2）能熟练操作数控机床（数车、数铣、三轴与多轴加工中心、线切割机）加工工件； （3）能合理调整加工参数； （4）2会正确使用常用量具检测工件尺寸； （5）能较好地与工艺设计、程序编制、生产管理、质检人员交流沟通。

表4-10　**高职数控技术专业典型工作岗位行业特定能力**

特定技能	内容
1. 完成2D/3D绘图与建模	（1）根据制品或根据实物或用户要求设计产品结构； （2）进行必要的设计计算和分析； （3）构想三维建模思路； （4）用CAD/CAM软件绘平面图和三维模型。

续表

特定技能	内容
2. 完成零件加工工艺编制	（1）对零件图进行加工工艺分析； （2）对毛坯进行工艺性分析； （3）选择机床； （4）划分加工顺序； （5）安排加工顺序； （6）确定工件装夹方案及工艺装备； （7）设计必要的工装夹具； （8）选择刀具； （9）确定切削用量； （10）编制工艺文件。
3. 完成零件的数控编程	（1）识读零件图纸或数据资料； （2）数控加工工艺性分析； （3）选数控加工设备； （4）选用数控加工所用刀具及工艺装备； （5）计算数控加工所需的工艺数据和几何数据； （6）确定加工顺序、加工路径及加工参数； （7）编写数控加工程序； （8）模拟仿真优化程序； （9）调整程序及相关工艺参数； （10）输出程序单； （11）根据实际生产情况调试程序。
4. 操作数控机床	（1）识读零件图纸； （2）根据加工工艺文件进行加工准备工作（工件定位装夹、刀具装夹校正）； （3）输入加工程序（会手动编程）； （4）检验加工程序； （5）启动机床开始加工； （6）根据加工具体情况调整加工参数； （7）产品质量检查。
5. 完成零件的特种加工	（1）识读零件图纸； （2）根据加工工艺文件确定加工方案； （3）完成加工准备工作（工件定位装夹）； （4）编制电加工程序； （5）选择加工参数； （6）穿丝、对丝； （7）启动机床加工； （8）根据加工具体情况调整加工参数； （9）产品质量检查。

第四章　中高职能力培养有效衔接的职业能力与资格标准

续表

特定技能	内容
6. 完成数控机床的维修	（1）根据数控机床出现故障的现象，诊断其原因； （2）排除机床故障； （3）检测机床运行情况。
7. 完成注塑模具设计	（1）注塑件的三维造型； （2）注塑模具的尺寸计算； （3）上下模具的结构与形状设计； （4）模架的设计； （5）注塑模具二维工程图的绘制； （6）注塑模具设计软件的应用。

表4-11　模具设计与制造专业中高职职业能力层级衔接表

能力层级	行业通用能力	核心能力	行业特定能力
1. 中职阶段	①系统学习模具专业基本理论知识，具备一般零件图纸绘制与识读能力，懂得常用机构的工作原理与应用，掌握一般机械制造的基本工艺基础知识与技能； ②学习简单的模具机构与原理等专业基本知识，能够将知识及技能应用于模具设计与制造领域一系列不同的工作中； ③能够掌握模具专业基本技能，能对模具制造方向的相关工作、资料进行处理及评估，并能做出缜密的分析与判断； ④能对熟悉的模具专业工程学科的事物做出概括及推论； ⑤具备学习专业软件及其应用的能力。	①在指导下，进行自我制定工作进程，能够灵活运用已学知识、技术于工作实际中； ②具备独立完成岗位工作任务的能力，并具有工作责任感； ③能识读模具零件图纸，掌握模具制图的基本知识与表达特点、方法，能绘制简单模具零件图纸； ④具有查阅专业手册、资料的能力，熟悉通用标准件的选用原则，能整理并保护技术图纸信息安全； ⑤具有能读懂模具零件加工工艺文档的能力，会正确使用工艺文档实施工作，能对已有文档提出修订意见，具备信息收集与文档整理能力； ⑥具备一定的生产组织与协调能力。	①能熟练运用模具专业从业人员所需的职业技能和基本知识，独立完成所承担的工作，对本身工作成果的量和质负责，已具备指导他人工作能力； ②具备独立选择机床、刀具及工装、加工方法等、搜集信息解决问题的能力； ③具备编制零件加工工艺技术文档的能力，能对他人的文档提出合理化的意见与建议； ④具备制定工作日志的能力； ⑤具备对模具零件加工质量实施分析与提出改进措施的能力； ⑥掌握模具加工制作实施、验收规范与标准； ⑦熟练掌握模具配作的方法与修配技巧； ⑧掌握应用数控技术加工模具零件的方法； ⑨能够应用CAD/CAM等软件，进行简单设计、制造，具有识读和使用数据能力。

续表

能力层级	行业通用能力	核心能力	行业特定能力
2. 高职阶段	①能够通过学习建立较为完善的模具设计与制造专业知识体系，并专精于模具设计或模具制造某学科知识领域；②能够对一般复杂载体实施加工成型工艺分析、制定基本合理的模具设计方案；③能够清晰阅读整套模具图纸，对整套模具的加工与装配提出较为可行的工艺方案；④能运用一系列专门技巧及方法对设计与制造相关关键点与难点问题作出各种回应；⑤具有较强自主学习能力和可持续进步与发展的能力。	①能在企业从事模具设计、模具设计与2D/3D绘图、模具制造与数控工艺员、模具生产管理与经营采购等岗位常规工作，并能从事具有较有创意及非常规性的工作；②具备针对不同问题能够独立选择不同方法来解决的能力；③具备现场解决问题的能力；④具备信息收集、分析与评判的能力；⑤不但能订立自己的工作进程，且能进行指导性工作，具备在熟悉领域处理新问题的灵活性与果断性；⑥能够执行需要熟练技巧的工作，当中需要一些斟酌处理及判断能力，并需要执行监督职责。	①能熟练运用模具专业从业人员所需的职业技能和基本知识，独立完成所承担的工作；具备指导他人工作的能力，并能够承担部分项目管理工作；②具备完整项目分析与实施能力；③具备检测与控制项目质量的管理能力；④能够运用模具领域一系列经常使用的技能及一些先进技能，融通本领域的规范文件，有组织、有系统地传达复杂的构思，有良好的口头与书面沟通表达；⑤熟练掌握一般复杂模具设计的步骤、思路与环节，表达方法正确，简洁明了；⑥掌握模具材料特点、选用与采购知识、具备模具造价估算的一般能力；⑦掌握模具核心零件制造的方法与技巧，常用加工方法的原理与设备；⑧掌握一般复杂整套模具装配与调试的步骤与方法；⑨掌握CNC、EDM等数控技术加工模具零件的核心技术；⑩能够应用CAD/CAM等软件，进行有规划地借鉴、处理和修改整合数据能力。

第五节　职业能力与资格标准的衔接原则和方法

通过对德国、英国、澳大利亚和美国职业能力内涵的分析和我国对职业能力的理解可以看出，职业能力是人们从事其职业的多种能力的综合表现。任何一个职业岗位都有相应的岗位职责和要求，一定的

第四章　中高职能力培养有效衔接的职业能力与资格标准

职业能力则是胜任某种职业岗位的必要条件。职业能力的概括性，决定了其需要具体的职业资格标准来体现，职业资格标准实际上就是有关职业领域内有效能力的明确说明。以下就行业任职资格标准和国家职业资格标准的建立进行梳理与探讨。

一　行业任职资格标准的建立

（一）行业任职资格概述

行业任职资格是指从事某一种职位的任职者所必须具备的知识、技能、经验和行为的总和。任职资格标准包括能力标准（必备知识、专业技能和专业经验）和行为标准。能力标准界定了员工能做什么，做到什么程度；行为标准明确员工以什么样的行为规范来开展工作并取得绩效。

任职资格标准具体由4个方面的内容构成：基本条件、知识项、技能项（行为标准）和素质项。

1. 基本条件。主要包括学历、专业背景、工作年限、行业年限、外语及计算机应用能力等。

2. 知识项。包括知识类别、核心知识点等内容，还包含掌握每类知识的程度。需要跟技术专家讨论以明确所需的知识类别，每个类别的核心知识点，每个层级在知识点上需要掌握的程度。

3. 技能项。技能是掌握和运用专门技术的能力，是通过练习获得的能够完成一定任务的动作系统。技能按其熟练程度可分为初级技能和技巧性技能。初级技能只表示会做某件事，而未达到熟练的程度。初级技能如果经过有目的、有组织的反复练习，动作就会趋向自动化，而达到技巧性技能阶段。

4. 素质项。指的是职业素质，是劳动者对社会职业了解与适应能力的一种综合体现，主要表现为职业兴趣、职业能力、职业个性及职业情况等方面。对于用人单位而言，比较看重的职业素质是服务意识、工作主动性、跟客户沟通能力、团队合作以及敬业精神等。

（二）建立行业任职资格标准的方法

建立行业任职资格标准的方法有5种：

1. 文献资料查阅法。通过查阅公司业务目标规划、该岗位序列各层级的岗位说明书、相关业务操作章程、绩效考核制度以及担任该岗位序列员工的业绩、薪资、工龄、受教育情况等岗位要求信息。

2. 行为事件访谈法。通过对每个岗位序列关键岗位的员工过去成功工作经验的关键行为事件进行回顾、访谈，提取其胜任岗位的关键素质、能力、技能知识等要项。

3. 标杆人物分析法。寻找该岗位类别的标杆优秀员工，通过访谈、观察等方式提炼出胜任工作所需的知识、技能、受教育情况与经验、素质要求等。

4. 专家组会议讨论法。邀请该岗位类别优秀员工、资深员工、外聘专家、相关业务部门员工一起讨论，得出该序列的关键岗位职能及具体所需的知识、技能、素质、行为要求等。

5. 外部数据调入法。即参考同行业企业的相关任职资格标准。

（三）建立行业任职资格标准的步骤

1. 岗位序列分类分层。岗位序列是指工作性质或职位要素相同或类似的岗位组成的不同级别的职位族。由于中小企业规模有限，在设置岗位层级的时候不可过多，最多五级。因为公司业务发展不需那么高的要求，某些岗位序列可划分为四级或三级甚至更少的层级。尽管某些岗位名称差异很大，但工作所需的知识技能要求及关键功能是基本一样的，我们可把这些不同的岗位划分为一个岗位序列。

2. 岗位序列相关信息分析。通过文献资料查阅、标杆分析、行为事件访谈等方式获取岗位序列的关键任职信息，包括岗位功能、各层级人员分布情况、任职员工的素质能力状况。

3. 岗位序列关键功能分析。针对岗位工作责任所罗列的岗位工作内容，并将之进行归类整合，得到岗位功能完整性分析列表。

4. 各层级标准描述。根据各层级关键岗位功能的描述，将其分解为多个具体工作任务。再根据完成工作任务的知识、能力、素质、行为及结果要求，编制对应的能力标准、行为标准、贡献标准。

5. 标准确认。组织业务专家、各层级标杆员工、岗位所服务对象，共同召开会议，对任职资格标准进行评审，再将通过的任职资格标准定稿成册，在公司信息平台上进行分享。

第四章　中高职能力培养有效衔接的职业能力与资格标准

二　国家职业资格标准的建立

（一）国家职业资格概况

职业资格是对从事某一职业所必备的学识、技术和能力的基本要求，反映了劳动者为适应职业劳动需要而运用特定的知识、技术和技能的能力。职业资格更贴近职业劳动的具体要求，直接反映特定职业的实际工作标准和操作规范，体现劳动者从事该职业应具有的实际工作能力和水平。

国家资格框架是指国家通过设立统一的标准来衡量评价各类教育形式和学习成果，规定各级各类人才的质量规格与层次标准而建立的框架。国家资格框架的建立有利于打通普通高等教育、职业教育和职业技能证书之间的壁垒，使不同的专业人才能够相互比较，从而有利于人力资源的开发与配置。劳动和社会保障部门通过对职业的分析与评价，根据职业范围的宽窄、职业技术复杂程度的高低及从业者掌握职业技能所需培训时间的长短，合理设定国家职业资格等级。目前，我国职业资格分为五个等级，从高到低依次为高级技师（一级）、技师（二级）、高级技能（三级）、中级技能（四级）和初级技能（五级），见表4-12。[①]

表4-12　　　　　　　国家职业资格等级一览表

1. 国家职业资格五级（初级技能）	能够运用基本技能独立完成本职业的常规工作。
2. 国家职业资格四级（中级技能）	能够熟练运用基本技能独立完成本职业的常规工作；并在特定情况下，能够运用专门技能完成较为复杂的工作；能够与他人进行合作。
3. 国家职业资格三级（高级技能）	能够熟练运用基本技能和专门技能完成较为复杂的工作；包括完成部分非常规性工作；能够独立处理工作中出现的问题；能指导他人进行工作或协助培训一般操作人员。

---

① 但泱泱：《近代以来我国职业资格制度的发展、演变及启示》，《经营管理者》2015年第8期，第186—187页。

续表

4. 国家职业资格二级（技师）	能够熟练运用基本技能和专门技能完成较为复杂的、非常规性的工作；掌握本职业的关键操作技能技术；能够独立处理和解决技术或工艺问题；在操作技能技术方面有创新；能组织指导他人进行工作；能培训一般操作人员；具有一定的管理能力。
5. 国家职业资格一级（高级技师）	能够熟练运用基本技能和特殊技能在本职业的各个领域完成复杂的、非常规性的工作；熟练掌握本职业的关键操作技能技术；能够独立处理和解决高难度的技术或工艺问题；在技术攻关、工艺革新和技术改革方面有创新；能组织开展技术改造、技术革新和进行专业技术培训；具有管理能力。

  我国职业资格证书制度的建立经历了一个逐步发展的过程。职业资格证书制度是指按照国家制定的职业技能标准或任职资格条件，通过政府批准的考核鉴定机构对劳动者的技能水平或职业资格进行客观公正、科学规范的评价和鉴定，对合格者授予相应的国家职业资格证书。国家职业资格证书制度是劳动就业制度的一项重要内容。我国职业资格许可始于1994年，职业资格证书制度于当年被写入《劳动法》。1995年1月17日，人事部印发《职业资格证书制度暂行办法》的通知，推行职业资格证书制度。1996年实施的《职业教育法》第一章第八条明确指出："实施职业教育应当根据实际需要，同国家制定的职业分类和职业等级标准相适应，实行学历文凭、培训证书和职业资格证书制度。"[①]

  2000年3月，劳动和社会保障部第6号令《招用技术工种从业人员规定》明确，国家实行职业资格证书制度，实行先培训后上岗的就业制度。《劳动法》第八章第六十九条规定："国家确定职业分类，对规定的职业制定职业技能标准，实行职业资格证书制度，由经过政府批准的考核鉴定机构负责对劳动者实施职业技能考核鉴定。"这些法规确定了国家推行职业资格证书制度和开展职业技能鉴定的法律依据。

  截至2013年底，国务院有关部门共设置各类职业资格618项。

---

① 姜大源：《现代职业教育与国家资格框架建构》，《职教论坛》2014年第31期，第23—24页。

其中，专业技术人员职业资格219项，技能人员职业资格399项。地方自行设置职业资格1875项，其中，专业技术人员职业资格389项，技能人员职业资格1486项。因此，我国各类职业资格总数已经达到2493项。

（二）存在的主要问题与困境

目前，我们国家的职业资格，分为准入类职业资格和水平评价类职业资格等两类。准入类职业资格是根据法律法规和国务院决定设置，具有行政许可性质；水平评价类职业资格大多由国务院各部门或行业协会、学会自行设置，不具有行政许可性质。

实施职业资格20年来，水平评价类职业资格存在问题较多，主要表现在：一是缺少系统的框架设计。各个地方和行业协会自行设置，种类繁多，缺少规范，而且重复量很大；二是监督管理不严，标准不一。有些组织、协会、学会在实施职业资格制度的过程中，考试、培训与鉴定不分离，管理不规范，甚至滋生腐败。三是鉴定考证标准更新不及时，缺乏动态调整。有一大批职业资格认定已经不适应经济发展的要求。四是没有建立起科学的国家职业资格标准框架体系。职业资格在实施过程中背离了当初设置时的初衷，与教育文凭证书不对接。显然，职业资格制度已经到了非改不可的地步。应该将地方政府及其部门自行设置的职业资格予以取消，对国务院各部门和全国性行业协会、学会自行设置的职业资格也要进行审核鉴定。如确实需要保留的，则要纳入国家统一管理，不能自行其是。

2014年至2016年底，国务院共分七批次取消了433项职业资格，而且这项工作还在进一步规范审批中。2014年8月12日，国务院发布《国务院关于取消和调整一批行政审批项目等事项的决定》，取消了包括房地产经纪人、企业法律顾问、国际商务专业人员、注册资产评估师、质量专业技术人员、土地登记代理人、注册税务师等11项职业资格许可和认定事项。2015年6月，人社部发布信息，职业资格已取消了三批，第四批的基础工作也已做好，涉及62项职业资格。2015年10月，针对社会关注的"美甲师还得政府发资格证书现象"，人社部官网发布通知表示，还有个别地方违规将美甲师等水平评价类职业资格与就业创业挂钩，要求停止美甲师职业资格考试鉴定发证活动。尽管美甲师已不用考了，但包括酒店客房服务员、计算机操作工等常规工种，仍需考取职业资格证才能上岗。2016年11月23日，国务院取消临时导游、餐厅服务员、保洁员等114项职业资格许可。种类繁多的职业资格证书，造成管理与对接的混乱，为此要进一步规范管理，加强监督。

（三）建立国家职业资格标准框架的建议

为了进一步促进技术技能型人才的培养，建立健全职业教育学历、学位和职业资格衔接制度是推动形成国家资格框架的重要举措。目前，我国尚未建成类似于英、德、澳将职业教育与培训和学历教育相对应的国家资格框架。我国的资格框架体系，依然是处于学历教育体系和职业资格相互贯通的摸索阶段。为此，我们建议：

1. 制定职业岗位资格制度，建立相应的国家机构。成立国家职业资格指导委员会，由政府部门牵头，联合有关高校、社会企业、行业协会相关人员参与。明确主要职能与职责分工，制定国家职业资格标准，定期审议更新标准，检查评价鉴定认证工作，核准政府投入补贴等。形成政府引导、市场主导的动态调整机构，将话语权交还市场，按市场规律办事，从而改变过去行政部门介入过深、包揽过多、政出多门的现象。统筹制定职业岗位资格制度，通过税收减免、政策鼓励等方式发挥行业企业协会参与的积极性；形成面向社会、企业行业购买服务的管理机制，避免重复培训、互不承认、各自为政的现象，实现考核鉴定与技能培训相分离。国家职业资格指导委员会的协调指导单位、参与组成人员及主要工作职责见图4-3。

2. 通过职教与普教相沟通，实现国家职业资格标准无缝嵌入。在探索国家职业资格标准框架的过程中，我们面临着两方面的问题：一方面是用人的劳动制度与育人的教育制度相分离，导致用人需求与育人成效相脱节；劳动力市场的信息资源、学校的教育资源与行业企业的实训资源无法进行合理的配置。另一方面是职业资格证书与教育学历证书相脱离，导致教育学历证书、职业资格证书缺乏对应关系。因此，两种制度和两种证书要系统考虑、全面统筹、整体推进。职普沟通是建立现代职业教育体系的重要内容，构建职业资格标准无缝嵌入的国家职业资格框架是大势所趋。通过分析英国、德国、澳大利亚

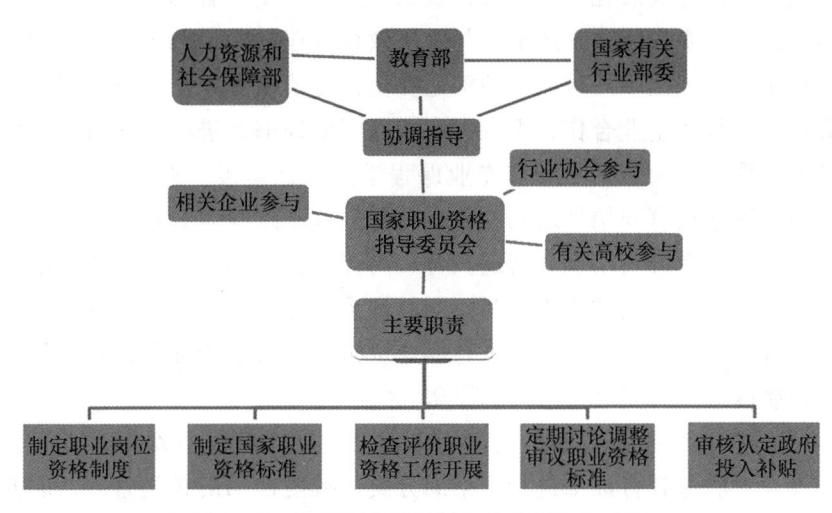

第四章 中高职能力培养有效衔接的职业能力与资格标准

图4-3 国家职业指导委员会的机构组成图

的国家职业资格标准框架可以看出,职业教育与普通教育相互依存,应该建立开放、交叉、贯通的融通体系,同时将职业资格、技能培训无缝嵌入学历教育的全过程。

3. 建立统一规范的国家资格标准框架体系。目前,我国的职业资格证书框架还未形成统一规范的标准。职业资格证书有人力资源与社会保障部门颁发的,也有行业企业的,还有国外引进按照国际标准的,甚至有中央各部委对口颁发的,也有教育行政部门核准的。这就造成职业资格证书良莠不齐,种类繁多,甚至真假难辨。各类证书在内容上又不相互沟通,在认证中也不对等。资格证书出自多部门不仅浪费大量的人力、物力和财力,还扰乱劳动力市场,使劳动者无所适从,最终损害劳动者的利益。因此,要真正建立统一的国家职业资格标准框架,将资格证书与教育学历证书放在一个整体框架中考虑,理顺各职业资格证书发证机构的关系,同时结合各级教育系统、行业部门、劳动人事部门等不同机构的要求,共同建立和发展全国统一的职业资格框架体系,做到全国统筹与规范统一。

4. 推行职业资格证书与学历教育相衔接的学分互换制度。澳大利亚国家把高中教育、职业教育与培训、高等教育三个不同教育部门

· 211 ·

之间的资格等级放在同一个资格框架体系中，使三者相互衔接相互沟通。为此，要探索非学历证书与学历教育专业的沟通和衔接，清理职业资格证书证出多门现象，使沟通和衔接更清晰和规范。可以通过学分银行与行业企业合作，引入国家职业资格证书并进行相应行业岗位培训，形成职业资格学分与专业课程学分互认制度，避免重复学习。要注重职业教育与培训之间的衔接并使其置于终身教育体系之中。不断加强职业教育与培训和普通教育、高等教育之间的联系，努力消除教育与培训领域间的障碍，为不同教育系统之间的流动提供保障，为学习者提供多种发展途径，推行职业资格证书与学历证书衔接和学分互换制度，实现其终身学习的愿望。

5. 基于学习结果分类确定资格证书，动态管理等级标准。我国并没有对职业教育证书进行严格的分类，致使证书的种类繁多，职业教育的学历证书含金量不高，而且社会对其认可度低。大部分资格证书往往只注重强调知识的掌握，证书的获得一般也是通过大量地做题、识记理论知识，只要通过传统的考试就可以获得，没有很好地体现知识技能的掌握程度以及运用水平。因此，要以学习成果的分类来确定资格证书，并在考试和认证中得到充分的体现。

国家职业资格标准目录清单需要定期更新和动态管理。动态调整等级标准与内容是确保各种职业资格能与时俱进、主动适应经济技术发展的重要手段。英、德、澳等国家设有专门的工作委员会跟踪技术与市场的要求，确定是否需要更新和调整职业资格技能与考核要求。因为职业资格的标准内容具有很强的时效性，要随着科技的进步和社会分工的变化进行调整，职业资格的考核标准内容也应该适时调整。譬如打字员的职业资格要求，在 20 世纪 80 年代是铅字印刷，打字员实际就是捡字员，技能要求是捡字眼疾手快，反应敏捷即可；90 年代打字员岗位要求是使用计算机快速打字，具体看用一种打字法在一分钟内打字多少；现在打字员的岗位逐渐消失，打字成了劳动者的基本工作技能。

6. 建立科学评价体系，加大政策支持和投入力度。职业资格本身就是评价从业人员职业技能与水平的手段，其目的是提高劳动者素质。但在实践中，却出现了一股与初衷不相符合的"考证热"，青年

第四章 中高职能力培养有效衔接的职业能力与资格标准

毕业生不仅要有高学历，还要抱着一摞证书找工作。职业资格清理不是完全取消职业资格证书，而是要建立科学规范的人才评价体系。随着科技进步和经济发展，社会分工越来越细，对劳动者的素质能力要求也必然越来越高，对职业资格评价体系的建设也必须越来越科学。通过对英、德、澳等国家职业资格评价的分析可以看出，国际趋势是越来越注重职业能力、工作业绩、学习成果、职业道德和知识水平的评价认证，评价主体越来越趋于多元化。

加大政策支持和政府投入力度，要在科学评价基础之上进行。要解决行业企业参与度、热情度不高的问题，就要在税收优惠、政策保障方面制定相应的措施，让行业企业协会主动参与、积极作为。欧美国家的职业资格投入或税收政策等优惠措施都很到位，会在合理公正评价的基础上进行财政拨款倾斜。例如，德国 F+U 教育（继续教育与转岗培训）集团通过"双元制"等模式获取的职业资格培训的费用超过 60% 是由国家财政支持的，但这些经费支持必须获得国家职业资格专业委员会的评价认可。

第五章　职业能力培养的层级分析与层级衔接

职业能力是职业教育人才培养的重要指向，而职业资格是职业能力的具体表现。职业资格直接反映特定职业的实际工作标准和操作规范，体现从业人员从事该职业所应具备的实际能力和水平。职业能力的层次性与职业资格的层级性是相互对应的关系。因此，有必要在对职业能力和职业标准的内涵和特点进行把握的基础上，进一步分析职业能力的层次划分，与职业资格进行层级衔接，从而更好地实现中高职能力培养的有效衔接。

第一节　职业能力层次划分与衔接的原则

中高等职业教育的能力培养是在中高职教育阶段必须进行的重要教育内容。遵循职业教育规律，促进我国中高等职业教育的健康发展，有必要在职业能力培养的过程中遵循适当的原则对职业能力进行层次划分与合理衔接。

职业能力层次划分与合理衔接必须遵循的主要原则有科学性原则、逻辑性原则、教育性原则、兴趣性原则、目标一致性原则、课程体系递进原则和学生导向原则等。

一　科学性原则

任何实践活动的进行都要以唯物主义基本原理为指南，按照客观规律办事，正确处理主观与客观、理论与实际、传统经验与现代管理科学之间的关系；同时，还要以先进的科学理论为指导，运用合理的技术手段来观察、认识和实施具体的活动。在进行职业能力的层次划分时，遵循科学性原则就是不能仅仅为了管理的方便，也不能仅仅依据个人经验来分割职业能力层次，而是要按照科学规律进行层次划分。在职业能力层次划分与衔接过程中，遵循科学性原则就是在职业能力层次划分与衔接实践活动中要遵循职业能力自身的客观规律，找到层次之间的内在逻辑关系，使衔接过程符合职业能力发展的具体规范和要求，同时还要将先进的专业理论和技术运用到职业能力划分与衔接的实践中。

二 逻辑性原则

逻辑是客观世界的存在和发展规律，特指人类社会活动的客观存在和发展规律。逻辑性是指发展过程要具有逻辑特点，符合逻辑体系，恪守逻辑规则。中高职教育职业能力培养的每一个层级都是一个完整的活动，相互之间都是独立的；各个层级是由各个具体的基本知识与能力组成的，层级之间既相互独立又密切关联。由于不同的职业能力类型和等级，各个知识点和能力点形成大小不一的层级，再组成整体的层级内涵。层级内容的执行具有先后顺序，所以各个具体的基本知识与能力都是具有方向性的。每个层次都具有明确的范围和时间安排，为此要遵循内在逻辑关系进行合理的职业能力层次划分与层级衔接。通过明确各层次在中高职能力培养中的定位，遵循学生职业能力的形成与发展规律，建立起层次化的中高职职业能力培养体系，并以职业能力为中心整体设计、合理构建中高职衔接课程体系，从而实现中职学校和高职院校作为一个系统分段实施中高职衔接的教学活动。

三 教育性原则

赫尔巴特在 19 世纪提出了"教学的教育性原则"，倡导一种能够使人"高尚而不是变坏"的教学。根据赫尔巴特的教育性原则，在中高职教育职业能力培养的活动中，从培养动机、培养过程到培养结果的各个方面和各个环节，都要有利于中高职教育职业能力培养目标的实现，有利于中高级专门技术人才的培养，有利于学生思想品质、道德情感、智力意志、专业技能、身体素质等全面和谐发展，尤其是要有利于学生道德品质的发展，真正实现立德树人的目的。在进行职业能力层级划分和层级衔接的过程中，务必要注意其蕴含的教育价值，要注重挖掘教学内容中的社会主义核心价值观，有针对性地对学生进行爱国主义、集体主义等方面的教育。

四　兴趣性原则

美国教育家、哲学家杜威曾指出，兴趣是生长中的能力的信号和象征，兴趣显示着最初出现的能力。因此，要细心观察中高职学生的兴趣，这对于职业能力层次划分与合理衔接是非常重要的。兴趣性原则指的是要把职业能力课程的重点放在中高职学生的兴趣和需求上，而不是仅从完善课程体系的角度出发。兴趣和需要是动机的源泉，是教学活动的前提，是职业能力培养课程中不可或缺的基本要素；忽视这一要素，往往导致职业能力培养过程演变成一种机械的、抽象的行为训练，既无益于学生的生活，也无益于学生的品德养成。兴趣是引导学生参与职业能力培养活动的重要因素。失去了趣味性，就难以激发学生的参与热情。当学生能体验到职业能力提高的自豪感和兴奋感时，就会有"不用扬鞭自奋蹄"的锻炼和自觉性。中高职教育职业能力培养要在具有目标统一性和可行性的教学内容中实现，兼顾内容的科学性与生动性、教学方法的原则性和先进性。要关注学生的真正需要，建立职业交流的专业能力，尊重他们的职业创造力，挖掘他们提升的潜在空间，以达到提高学生专业能力的培养效果。

五　目标一致性原则

目标一致性原则是指职业能力的层次划分与合理衔接要与教学领域的教学目标和能力培养的水平目标相一致。职业能力培养的教学应以能完成《课标》和《纲要》中提出的对应领域目标和水平目标为基本前提。各水平层级均有其对应的目标要求，不同水平层级的目标要求均不一样。在选择内容时，应把握其科学性、针对性、实践性、理论性和操作性。目标不能过高或过低，过高则无法达到，学生失去信心；过低则毫无意义，学生失去兴趣。要适应学生的实际需要和水平，并兼顾适度超前的要求。

六　课程体系递进原则

涉及职业能力的课程内容很多，要在有限的教学时间内让学生去学习和掌握它，是不太现实的。所以，在安排基于提高与培养职业能力的相关教学内容时，应本着有所为有所不为的原则进行遴选。作为一个学科专业，应考虑到让学生尽可能多地了解和掌握基本专业知识和技能。但鉴于有限的教学时数，又不可能平均使用力量。为了达到教学目标，使学生在相应的水平层级学会和掌握一定的职业技能。在考虑教学内容时，水平层级处于低位时，基本面应相对宽些，使基础更为扎实；水平层级处于高位时，突出的内容应越明确，面相对要窄些。为此，要遵循从低到高、由易到难、层次分明又相互衔接的课程体系递进原则。同时，要加强实践，通过实践教学环节达到加深理论知识的理解、促进专业技能提高的目的。职业能力的培养应以"突出职业能力、突出职业素质、突出创新能力为目标"，逐步构建渐进式实践教学体系，从而突出基本技能、专项技能、职业能力、综合职业能力等方面的训练。

七　学生导向原则

职业能力的分层、衔接的立足点是学生的能力培养与训练，因此，学生是培养活动的主体。而在培养学生的职业能力中，职业能力意识和职业能力行为是至关重要的。首先，职业能力意识既影响个人的择业方向，又影响社会的就业状况。职业能力意识是对职业劳动的认识、评价、情感和态度等心理成分的综合反映，是支配和调控全部职业行为和职业活动的调节器，它包括创新意识、竞争意识、协作意识和奉献意识等方面。其次，职业能力行为则是对职业劳动的认识、评价、情感和态度等心理过程的行为反映，是职业目的达成的基础。从形成意义上说，它是由人与职业环境、职业要求的相互关系决定的。职业能力行为包括职业创新行为、职业竞争行为、职业协作行为和职业奉献行为等方面。再次，在两者关系中，职业能力意识是导致职业能力行为的前提和基础，职业能力行为则是职业能力意识的具体体现。中高职教育职业能力培养是培养学生终身职业能力意识和终身职业能力行为的导向性教育，为此，要使学生毕业后能较快地适应社会并与社会融为一体，就要尽可能选择普及性强、便于开展、易于坚持的教学项目。这样，学生带着从学校养成的职业能力意识和行为习惯以及技能走向社会并付诸实践，将大大提高工作效果，也将成为终身学习和人生丰富生活的重要基础。

第二节　职业能力的层次划分

第二次世界大战后，以美国、加拿大为代表的能力本位教育（Competency Based Education. 简称 CBE）被提出，其核心是从职业岗位的需要出发，确定能力目标。20 世纪 70 年代，德国学者从能力性质角度把职业能力分为基本职业能力和关键职业能力。到 20 世纪 80 年代中后期，企业界普遍认为受训人员在岗位上所表现出来的实际操作能力才是职业能力的体现，职业能力应包含专业能力、方法能力、社会能力等。

一　职业能力的划分

《国务院关于大力发展职业教育的决定》在论及"坚持以就业为导向，深化职业教育教学改革"时，明确要求职业教育要为提高劳动者素质特别是职业能力服务，强调把学生的职业道德、职业能力和就业率作为考核职业院校教育教学工作的重要指标。[1]

在我国，以姜大源、赵志群等为代表的教育专家认为：在横向层面上，职业能力可划分为专业能力、方法能力与社会能力；在纵向层面上，职业能力则可划分为从业能力（基本职业能力）和关键能力（综合职业能力）。[2] 国家劳动部《国家技能振兴战略》研究课题报告将职业能力分成三个层次，即职业特定能力、行业通用能力和核心能力。

也有学者将职业能力划分为行业通用技能、职业特定技能和核心技能等三个层次。[3]（1）行业通用技能。职业岗位或工种由若干的职

---

[1] 国务院：《国务院关于大力发展职业教育的决定》，《中国职业技术教育》2005 年第 33 期，第 6—9 页。
[2] 李芹、胡克祖等：《对数控专业职业能力培养研究的述评》，《职教论坛》2011 年第 3 期，第 54—56 页。
[3] 黄艳芳：《职业与人生》，兰州大学出版社 2005 年版。

业功能和职业技能构成。对特定行业而言，往往存在着一定数量的通用技能。它们是在一组特征和属性相同或者相近的职业群中体现出来的通用的技能和知识要求，所以被称之为行业通用技能。（2）职业特定技能。即技能型人才从事特定的职业、岗位和工种应当或必须具备的技能。现代经济社会的高速发展以及生产分工的细化对从业人员的职业技能提出了更高的要求，职业特定技能所包含的要素也相应越来越复杂。（3）核心技能。是人们在日常生活中所必需的，而且也是从事任何职业工作都需要的，并能体现在具体职业活动中的最基本的技能。核心技能具有普遍适用性和广泛迁移性，对人的终身发展和终身成就影响极其深远。核心技能可以为技能型人才提供最广泛的从业能力并为其终身发展奠定基础，因此是一种基础性的能力，是行业通用技能和职业特定技能的基础。

尽管对职业能力有诸多的分析与理解，可以从不同的视角加以分类，但是根据现实状况，为了便于操作，我们更倾向于将职业能力划分为三个层级，分别是职业通用能力层级、职业专业能力层级和专业岗位能力层级。由于核心能力对所有从业者都是必需的，属于基础性的能力，在此不作讨论。

二　职业能力培养的目标划分

按职业能力培养的领域目标、水平目标和行为目标三个方面描述职业能力培养的内容和水平。（1）领域目标。包括基本职业能力和关键能力。中高职学生的基本职业能力是其从事职业工作所必需的能力，是胜任本职工作的核心本领。它强调专业的应用性、针对性和实践性，注重对专业知识和专业技能的掌握。按照职业工作的层次递进规律，基本职业能力包括岗位认知、基本操作技能、工作任务执行、工作改进和创新四个逐步递进的层次。中高职学生的关键能力，能够突破其所从事本专业工作的能力范围，使其能在未来的工作中适应处于变化中的工作岗位、工作任务和工作环境，从而具备进行跨专业的职业行动能力。因此，关键能力所包含的专业关键能力、方法关键能力和社会关键能力既影响着学生当前从事的职业工作，又相对独立于四项基本职业能力之外，成为超越某一项具体职业知识和技能范畴的能力。(2)水平目标。指反映目标指标的先进程度，即目标实现后所达到的水平，如职业能力的培养程度。教育者通过考察学生的目标水平，可以挖掘潜力，完善目标，进而达成领域目标。此外，也可通过考察本校学生的目标实现程度，评估学生在当地所处的地位。(3)行为目标。是以显性、具体、可操作性的行为描述形式来体现目标。行为目标的早期倡导者博比特（F. Bobbitt）认为，科学的时代要求准确性和具体性，课程目标也必须具体化、标准化，具有某种程度的客观性，并试图为确定课程目标提供一套操作程序。具体见表5-1。

表5-1 按职业能力培养的领域目标、水平目标和行为目标等来描述职业能力培养的内容和水平

领域	领域目标	水平目标	行为目标
1. 基本职业能力	（1）岗位认知	了解本职业工作环境、基本工作职责，理解和掌握本专业工作所需的表面性、概念性的知识。	如熟悉火电厂主要生产系统、流程和特征，掌握热工理论、机械基础、电工基础、自动控制等基本知识和原理。
	（2）基础操作技能	具备一般专业工具的知识和使用技能，即这些基础操作技能是独立性、功能性的。	如焊接、钳工、仪表使用等基本的操作技能。
	（3）工作任务执行	具备本职业工作任务的执行能力，可以胜任一般性的工作，即具备能在本职业岗位上"立足"的基本职业能力。	如在集控运行岗位上完成单元机组的启停操作，在机械生产岗位上完成机械设备的生产和维护。
	（4）工作改进与创新	在熟练掌握本职业工作所需技能的基础上，具备对工艺过程、技术细节、设备等进行一定改进和创新的能力。	改良机器，改进生产过程。
2. 关键能力	（1）专业关键能力	从事各专业工作都需要的基础能力。	外语能力、计算机应用能力及获取知识和信息的能力等。
	（2）方法关键能力	从事职业工作所需要的一般工作方法和学习方法。	工作计划制定、任务执行、问题解决、结果反思等环节中的基本思路和方法，以及根据实际情况对职业规划和职业行动进行调整和优化的能力，还包括分析与综合、联想与创造等方面自我认知能力、人际交往能力、语言表达能力、团队协作能力、创新创造能力等。
	（3）社会关键能力	适应不断变化的职业环境，运用已有的知识经验和技能，通过学习、模仿、交流、实践而形成的能带来最大社会适应效能的能力，从而实现跨专业的职业工作目标和职业环境适应。	

职业教育应更加重视能力培养，突出人才培养的能力本位特征。传统的学科型人才培养模式主要注重给学生传授知识，而用人单位却更加看重毕业生的职业活动能力，比如工作能力、实习经历、求职技巧等与就业直接相关的因素。事实上，只有当知识转化为能力时，才能对社会做出更大的贡献。

第三节 职业能力的层级衔接

既然职业能力可以划分为通用能力、专业能力和岗位能力三个层级，那么如何在能力培养中实现层级与层级之间的有效衔接呢？对于如何保持职业能力培养的连续性，使各水平目标层级之间有机衔接，是一个非常重要的现实问题。

因为中高职院校分别属于不同层次的学校，对于本项目组提出的"3+2"中高职衔接模式，政府的政策支持和制度性安排是必不可缺的。对于一所实行五年一贯制的学校而言，这是学校内部的问题，可以通过培养计划的调节性安排来实施。我们在实践中以若干专业为案例进行探索，实现中高职之间、各水平目标层级之间有序递进和有机衔接，来保证职业能力培养总体目标的实现。在相同的职业能力培养的领域目标下，各水平目标之间的联结是沿着从低到高、由易到难的层级向上递进、逐步提高的。这种水平目标之间的层级递进，符合中高职学生的认知规律和身心发展规律。层级之间衔接，就如一座金字塔，底基扎实丰厚，随着高度的增加而逐渐缩小口径，从而形成一个拥有坚实基础的塔式结构。下面从职业通用能力层级衔接、职业专业能力层级衔接、专业岗位能力层级衔接三个方面展开讨论。

一 职业通用能力层级衔接

职业通用能力是从事任何职业工作都需要并能体现在具体职业活动中最基本的技能。借鉴发达国家的研究成果并结合我国的实际，可以认为通用能力包括交流表达、数字运算、革新创新、自我提高、与人合作、解决问题、信息处理、外语应用等八类。职业通用能力具有普遍适用性和广泛迁移性，其影响幅射整个行业通用技能和职业特定技能领域，对人的终身发展和终身成就的影响也十分重大。职业通用能力能为技能型人才提供最广泛的从业能力并为其终身发展奠定基础。因而,职业通用能力是平台基础性的能力,是行业通用技能和职业特定技能的基础。从职业通用能力到职业专业能力,其要素越来越多,而适用范围越来越窄,职工的职业通用能力是企业核心能力的重要基础和关键要素。

随着经济的快速发展,社会对高素质、高技能和应用型人才的需求越来越迫切。统计数据表明,90%的中职生就业于国有中小型企业、民营企业和自主创业,这就要求中职生应是一专多能的复合型人才。中职毕业生的特点是能快速进入工作角色,但由于知识水平较低、专业文化素养相对欠缺,工作的后劲严重不足,因此中职生有必要进入高职院校继续深造,以满足日益发展的经济发展对人才层次提升的需要。既然各层次职业通用能力是基于行业生产与工艺的递进而提出的,那么中职生与高职生的职业能力培养如何进行衔接的问题就非常值得研究。我们以模具设计与制造专业为例,中职的职业通用能力对应为四级,主要是基本的、操作性的通用能力;高职的职业通用能力对应为三级,是对中职的职业通用能力各方面的提升。中职(四级)与高职(三级)职业通用能力递进衔接见表5-2。

表5-2　　模具设计与制造专业职业通用能力递进衔接

能力类型 等级	职业通用能力
1. 四级（中职）	(1) 系统学习模具专业基本理论知识,具备一般零件图纸绘制与识读能力,懂得常用机构的工作原理与应用,掌握一般机械制造的基本工艺基础知识与技能; (2) 学习简单的模具机构与原理等专业基本知识,能够将知识及技能应用于模具设计与制造领域一系列不同的工作中; (3) 能够使用模具专业基本能力,能对模具制造方向的相关工作、资料进行处理及评估,并能做出缜密的分析与判断; (4) 能对熟悉的模具专业工程学科的事物做出概括及推论; (5) 具备学习专业软件及其应用的能力。

续表

等级＼能力类型	职业通用能力
2. 三级（高职）	（1）能够通过学习建立较为完善的模具设计与制造专业知识体系，并专精于模具设计或模具制造某学科专业知识领域； （2）能够对一般复杂载体实施加工成型工艺分析，制定基本合理的模具设计方案； （3）能够清晰阅读整套模具图纸，对整套模具的加工与装配提出较为可行的工艺方案； （4）能运用一系列专门技巧及方法对设计与制造相关关键点与难点问题作各种回应； （5）具有较强的自主学习能力和可持续进步与发展的能力。

二 职业专业能力层级衔接

职业专业能力是在特定方法引导下有目的、合理地利用专业知识和技能独立解决专业问题并评价其成果的能力，包括工作方式方法、对劳动生产工具的认识和使用等。技术能力是专业能力的重要组成部分。按照与职业活动关系的紧密程度，可将技术分为职业技术与非职业技术两部分。前者与职业工作紧密相关，后者与职业工作的关系不大。职业技术包括许多与工作本身有关的"工作过程知识"和技能，经验起着重要的作用；而非职业技术即传统意义的工程技术。事实上，学习这两类技术的方法有很大区别。对职业技术而言，需要学习者参与特定的职业活动或进入模拟的职业情景等方能形成职业能力。

职业专业能力是技能型人才从事特定的职业、岗位和工种必须具备的技能。经济社会的高速发展以及生产分工的细化对从业人员的职业技能提出了更高的要求，职业专业能力所包含的要素也越来越复杂。职业岗位或工种由若干共通的职业功能和职业技能构成。对行业而言，往往存在着一定数量的职业专业能力。它们是在一组特征和属性相同或者相近的职业群中体现出来的共性的技能和知识要求，所以被称之为职业专业能力。

以模具设计与制造专业为例，中职对应的职业专业能力主要是基本的专业应用技能，高职对应的职业专业能力是在基本专业应用技能基础上的进一步提升，增加了设计能力。中职（四级）与高职（三级）职业专业能力递进衔接见表 5-3。

表 5-3　　模具设计与制造职业专业能力递进衔接

能力类型 等级	职业专业能力
1. 四级（中职）	(1) 能熟练运用模具专业从业人员所需的职业技能和基本知识，独立完成所承担的工作，对本身工作成果的量和质负责，已具备指导他人工作的能力； (2) 具备独立选择机床、刀具及工装、加工方法等，搜集信息解决问题的能力； (3) 具备编制零件加工工艺技术文档的能力，能对他人的文档提出合理化的意见与建议； (4) 具备制定工作日志的能力； (5) 具备对模具零件加工质量实施分析与提出改进措施的能力； (6) 掌握模具加工制作实施、验收规范与标准； (7) 熟练掌握模具配作的方法与修配技巧； (8) 掌握应用数控技术加工模具零件的方法； (9) 能够应用 CAD/CAM 等软件，进行简单设计、制造，具有识读和使用数据能力。
2. 三级（高职）	(1) 能熟练运用模具专业从业人员所需的职业技能和基本知识，独立完成所承担的工作；具备指导他人工作的能力，并能够承担部分项目管理工作； (2) 具备完整项目分析与实施的能力； (3) 具备检测与控制项目质量的管理能力； (4) 能够运用模具领域一系列经常使用的技能及一些先进技能，融通本领域的规范文件，有组织、有系统地传达复杂的构思，有良好的口头与书面沟通表达； (5) 熟练掌握一般复杂模具设计的步骤、思路与环节，表达方法正确，简洁明了； (6) 掌握模具材料特点、选用与采购知识，具备模具造价估算的一般能力； (7) 掌握模具核心零件制造的方法与技巧、常用加工方法的原理与设备； (8) 掌握一般复杂整套模具装配与调试的步骤与方法； (9) 掌握 CNC、EDM 等数控技术加工模具零件的核心技术； (10) 能够应用 CAD/CAM 等软件，进行有规划地借鉴、处理和修改整合数据的能力。

三　专业岗位能力层级衔接

（一）专业岗位能力的内涵

专业岗位能力是专业能力的组成部分，是专业能力的核心能力。

第五章　职业能力培养的层级分析与层级衔接

"核心能力"的概念最早由印度学者普拉哈拉德和美国学者哈默提出。他们于1990年在《哈佛商业评论》上发表了学术论文《企业核心能力》。该文章提出：核心能力是一组技能和技术的集合体，而不是单一的技术和技能；其独特性、延展性的特点，决定了在此背景下培养的人才具有市场前瞻性、岗位普适性、可持续性的独特优势。[①]

国际著名的职位评价系统IPE（International Position Evaluation）、HAY（Hay group）和Hewitt，都已经对现代职业岗位能力进行了评价分析。IPE国际职位评价系统已开发出第三版，并提出职业岗位能力的四个因素，即影响、沟通、创新和知识；而HAY职业评价系统则从智能水平、解决问题的能力和风险责任三个方面对职业岗位能力进行评价。高职院校所培养的职业岗位能力应当全面关注学生的个体发展，使其不断适应社会环境、市场需求、行业企业特色和职业岗位特征的变化。高职院校所培养的人才不仅要具备某一具体岗位所需要的专业知识能力，包括职业岗位所指向的专业认知程度、专业基础知识、专业掌握程度以及专业知识的运用等，还需要具备适应现代职业发展所应具有的专业素质和专业能力，包括自主学习能力、环境适应能力、工作创新能力、人际交往能力，以及团队意识、协作意识、职业精神、职业道德和职业素养等。

岗位能力是胜任岗位的主观条件之一，是直接影响职业活动效率的职业能力，主要体现在与职业活动的相关性上。凡是与职业活动效果与质量密切相关的能力，即人的多种基本能力在职业活动中的具体应用，都可以看作是岗位能力。由于能力包含的范围很广（如智力、专门能力、创造力等），所以职业岗位对人的能力的需求是多方位和多层次的。岗位能力是对职业活动的效果、质量、速度起决定性作用的能力，如操作能力、知识的应用能力、技术创新能力、组织协调与统筹能力，等等。尽管岗位能力包括了从事一定职业活动所必须具备的多种能力，但并非是所有能力的总和。

职业实践意义上的岗位能力不同于心理学抽象概念上的岗位能

---

① 张顿、贺新：《基于职业岗位能力的高职院校人才培养模式构建》，《常州大学学报》（社会科学版）2015年第5期，第110—113页。

力，它侧重于能力的外显形式，包括形成条件和作用结果。人们把能力分解为知识、技能、态度等若干条件和结果，就是为了增加教学实施的目的性和针对性。而心理学意义上的岗位能力主要强调的是一种内在的心理能量。这种心理能量可以广泛迁移，即人们在反映客观现实的过程中所获得的观察力、记忆力、分析和综合能力，被广泛迁移和应用到不同的职业活动场合，可以在极广的职业领域发挥作用。换句话说，它不同于某一职业岗位的专门能力和专业技能。心理学意义上的能力和技能有着严格的区分，但从职业实践和职业教育的视角看，专业技能是职业能力的一种重要的外显形式，是职业能力作用的结果。各种技能形成的过程，也就是能力形成的过程，专业技能的强弱可以反映其职业能力水平的高低。

岗位能力是职业活动中所需要的多角度、多层面能力的整合。对岗位能力内涵的理解，不能将其等同于简单的"专业技能"或"动手能力"，也不能只将其归于某一岗位或职业所需要的专业技能的范围。现代职业教育的发展已超越单一的学科专业界限，正在朝着系统化、综合化、交叉性的方向发展，要求从业者必须具有掌握多种相关学科专业知识的应用能力，并通过紧密协作、交互作用才能顺利完成职业活动中岗位所要求的复杂的工作任务。同时，单纯的专业能力也不能满足现代社会对不同职业岗位的需求，不同的职业领域是一个开放的系统，它从多方位、多领域、多层面对从业人员的能力提出了更高的工作要求。从工作过程看，岗位能力主要是指技术应用能力或业务能力；从劳动组织看，主要是指各种社会能力；从职业岗位适应性看，主要是指工作的方法能力；从个人可持续发展看，主要是指自主学习能力。所以，"关键能力"（或通用能力）概念的引入，就是为了适应这种能力观变化的需要。关键能力之所以"关键"，就是因为它具有将各种能力进行整合、迁移、聚合的作用。关键能力不仅着眼于现实，而且也为未来职业活动的发展做充分的准备。

岗位能力是个体多种基本能力在不同职业领域的应用和升华。就其适用范围来说，可分为基本能力和专门能力，岗位能力更重于后者。能力本位的教育是在加强学生基本能力培养的基础上，突出专门能力的培养，这一特点决定了职业教育对学生能力培养的要求不同于

第五章 职业能力培养的层级分析与层级衔接

其他类型的教育。

（二）专业岗位能力的特征

专业岗位能力具有如下几个方面的特征：

1. 能力品质的广泛性。与传统意义上的职业能力相比，现代职业能力的内涵更丰富，外延更加宽泛。职业能力不仅指具体岗位的专门知识与技能，而且是多种能力整合的结果。

2. 职业岗位的变异性。随着社会竞争的日益加剧，未来的从业者需要具备的不是单一技能而是多种技能，以增强适应环境的能力。首先，企业需要降低人力成本以维持或提升竞争地位。其次，随着科技进步以及人们受教育程度的普遍提高，过去许多专门技能已经成为普通技能（例如汽车驾驶、计算机操作等）。用人单位要求员工能够从事多种岗位的工作，以满足企业及时、低成本地履行客户订单的需要。因而，宽基础、多技能可增强从业者的适应能力和抗风险能力。

3. 技术技能的综合性。职业能力是从业者多种技术技能和能力整合的结果。包括发现问题、分析问题、解决问题的能力；获取数据、加工处理、储存和传递信息的能力；制定计划、组织实施、检查反馈、控制与综合评估的能力；根据具体的工作情景，灵活机动、随机应变以适应环境变化的能力。

4. 个人活动的重要性。现代职业能力更加强调个体在团队中的作用，因而团队精神、人际交往、与人共事、创业创新等能力成为职业能力不可或缺的重要组成部分。

5. 继续教育的终身性。经济快速发展、科技日新月异、新兴技术不断涌现，只有坚守终身学习理念、具有自主学习能力才能跟上时代的步伐，满足就业岗位的需要，适应技术环境的变化。

（三）专业岗位能力的层级

职业教育的快速发展更加突显职业岗位能力的作用。在经济调整时期，企业从发展要求出发，更看重毕业生的职业活动能力。职业岗位能力包括职业特定技能、行业通用技能和核心技能三个层次。从核心技能到行业通用技能再到职业特定技能，其要素越来越多，而适用范围则越来越窄。中高职人才培养的目标要求应是开始工作时的初始岗位（群）和3—5年后的目标岗位（群）相衔接，中职以操作性或技术操作性岗位为主,高职以技术应用性或技术技能性岗位为主。中高职院校可以通过课程体系的一体化、岗位能力系统化衔接来实现专业人才培养与岗位需求(任职资格)的对接。

以模具设计与制造专业中高职的岗位能力层级衔接为例,中职以模具装配工为职业特定技能,以各种模具常用零件的制作(含设备操作)为行业通用技能;高职以模具(特定注塑或其他类)设计为职业特定技能,以模具件的设计和制作(含设备操作)为行业通用技能。通过对岗位能力层级的定位,有针对性地学习相关的专业知识,实现中高职岗位职业能力衔接。见表5-4。

表5-4 模具设计与制造专业中高职的岗位能力层级衔接

岗位能力	岗位能力层级	培训途径	内容
模具零部件制造与模具工艺方案设计	二级 模具制造技师	高职本科毕业,高职专科生获得高级工职业资格证,具有一定工作经验可以参加培训获得。	精密多工位模零件排样、工序图设计。复杂注塑模浇注系统设计与CAE分析。难度较高的复杂模具设计。按图、按工艺及技术要求制造模具零部件。多工位、复杂模具的总装。多工位模的修复保养。复杂产品、模具的三维CAD建模。模具CAM与仿真的应用。
	三级 模具制造高级工	高职专科毕业获得初级职业资格证并参加高级工培训可获得。高职本科毕业可以获得。	模具设计与模具工艺方案设计,确定先进、合理的模具加工工艺方案。按图、按工艺与技术要求制造模具零部件。多工位模或多腔成型模的总装、试模、检测。模具及制品的CAD应用及数控编程。
	四级 模具制造中级工	中等职业学校和技工学校毕业,高等职业技术学院专科毕业,本科毕业均可获得。	根据模具装配图及模具制作过程的图纸、工艺文件,在各机加工序完成零件加工;根据模具装配图、零件图及技术要求,组装成完整模具;调试好成型设备,使其处于能正常工作状态,在成型机上和模具设计员、成型机操作工汇审,直至制出合格制品。

第四节 专业核心课程的层级衔接

职业能力的培养和衔接可以通过教学活动和实践活动来实现，这些活动的载体主要是课程。在职业教育的课程体系中，核心课程是关键部分。如果核心课程能够实现有机衔接，职业能力的有效衔接就能较好实现。

一 课程衔接的重要性

姜大源认为，在任何一种教育体系中，课程始终处于核心地位。职业教育的发展与改革特别是教育教学改革，最终必然要归结到课程的发展与改革。职业教育课程是连接职业工作岗位和中高职衔接专业培养目标之间的桥梁，课程也是学生能力建构的核心，其任务就是适应社会发展和个人发展的需要，使学生获得胜任职业岗位工作的能力。中高职衔接中课程存在的突出问题，亟须通过衔接、整合和一体化等策略加以解决。

（一）职业教育专业课程衔接是中高职教育衔接的落脚点

中高职教育专业的衔接最终要通过课程的衔接来实现。在课程目标的衔接上，要将中职的实用性、操作性、工具性目标与高职的技术性、创造性、人格化目标进行优化设计和系统整合。在课程内容的衔接上，要根据中高职相同或相近专业大类的特点和要求，制定相互衔接的统一的课程标准，确定科学合理的教学顺序和实施路径。既要避免中高职课程内容的脱节或重复，又要拓宽和深化课程内容，真正实现课程内容衔接的顺序性、连续性和整合性。

（二）在中高职衔接的诸多方面中，课程衔接处于核心地位

首先，因为课程结构是以培养目标为导向按一定标准选择并组织起来的各种课程关系的总和，它包括了各类课程的内容、比重、配合、排序等，承载着培养目标中知识结构、能力结构和培养规格等重要内容，是实现培养目标的具体途径。其次，因为课程结构作用的实现是以消耗包括时间在内的各种教育资源和智力资源为条件和代价的。因此，中高职课程结构能否科学合理地衔接，直接关系到中职与高职两个层次培养目标的实现途径能否有机统一，能否避免教育资源和智力资源的浪费，能否有效提高职业教育整体的教育质量和办学效

益问题。而这个问题，正是做好中高职衔接的根本目的所在。

二 课程衔接的原则及目标定位

（一）课程衔接的原则

在课程衔接的设计上要贯彻和遵循"中职为基础，高职为主导"的原则。中职教育具有明确的职业定向，为经济建设和社会发展培养和输送合格的中初级专业劳动人才是其最基本的特点和任务。在一个相当长的时期内，大部分中职毕业生要直接走向生产、经营和服务的第一线就业，只有少部分毕业生才能进入高等职业院校继续深造。高职教育只有以中职为基础，深刻了解并牢牢把握中职的培养目标及其实现途径，才能在不干扰和影响中职教育以职业素质为基础、以职业能力为核心、以获得就业优势为重要目标的办学原则和方向的前提下实现中高职的合理衔接，才能在中职教育的基础上有效拓展和提高学生的知识、能力和综合素质，才能真正达到完善职业教育体系，提高办学质量和办学效益，实现职业教育事业持续、健康发展的目标。

（二）课程目标的定位

高职教育的课程目标应与中职教育的课程目标具有层次上的区别。高职定位在培养高级技术型人才，要针对高职生的专业或工作岗位的特点开发专业核心课程。首先，应该根据岗位目标确定其课程目标，即进行科学目标定位，这样才有利于突出高职教育特色又区别于中职教育模式。中高职衔接涉及专业设置、培养目标、学制、课程设置等诸多方面，中高职衔接的基础是专业设置的衔接，关键与核心是课程的衔接。中高职衔接应构建一体化的课程体系，统筹安排、科学制订专业教学计划。中高职衔接课程体系架构是基础，课程内容的衔接是落脚点。一方面，要注重课程目标的衔接，将中职的操作性和实用性目标与高职的技能性和创造性目标整合优化；另一方面，要实现中高职教学有效衔接，必须解构和重构课程内容，整合中高职的课程资源，避免教学内容重复，提高教学效益。为保证教学内容衔接的逻辑性和连续性，中高职学校应建立定期沟通合作机制，邀请行业企业的技术骨干与专任教师全程参与中高职人才培养方案的设计，共同探讨中高职衔接中学生的知识、能力和素质的结构，制定相互衔接的课程标准，科学合理地确定中高职衔接的教学路径。

三 课程开发及构建

（一）课程开发

课程是实现人才培养目标的载体，而课程开发是保证课程质量的重要环节。职业教育课程开发包括三个核心环节，即职业岗位分析、工作任务分析与职业能力分析。先根据不同专业的岗位面向，对其工作任务进行分解，再对完成该项工作所需的职业能力进行分析，然后在统一的职业资格框架下，依据职业资格证书的等级要求，对中高等职业教育的课程进行一体化设计。

中高职教育衔接必须打破学科型教学模式，以"宽基础、活模块"为原则，以岗位、职业能力为核心。根据经济和社会发展需要，依照职业岗位（群）的工作内容，按照国家职业（行业）标准和职业鉴定考核要求，全面统筹中高职教育内容和教材体系，确定所需要的知识结构、能力结构和技能结构。为此，要科学设计、合理构建由文化课模块、专业课模块、选修课模块、实训课模块等组成的模块化课程体系。按照中高职的不同培养目标以及不同类型学生的知识和能力结构，分别选取其中某些模块进行课程组合，以此来确定中高职的课程设置、教材编写和教学内容。中职在坚持职业定向、能力本位的同时，要重视人的全面发展，加强文化基础教学，提升人文精神。高职要加强专业基本建设，加大"双师型"师资队伍建设力度。要增开选修课，增开实训模块化课程，以适应高职学生生源和类型多样化的趋势。

（二）主干课程的构建

主干课程体系的构建要基于核心技能（能力）体系构建。要通过对核心技能（能力）培养所必备的知识进行分析、总结和归纳，从而构建出与核心技能（能力）相匹配的核心课程体系。在不同层级中，主要培养学生的社会能力、方法能力、可持续发展能力和未来转岗能力。在高职阶段还应重点加强社会公益服务、行为问责能力的培养。要具备核心能力，就必须学习相应的核心课程；学生要学习核心课程，就必须要学习相应的专业基础课和辅助课程。因为核心课程决定了专业基础课和辅助课，而专业基础课和辅助课主要是为核心课程服务的，为核心课程提供基础知识和技能支撑。

在高职教育阶段的专业核心课程的教学中，应注意做好与中职教育教学内容的衔接、深化与提升。所以，专业核心课在中高职阶段应避免简单重复，要根据两个阶段培养目标的不同设置专业课程与取舍教学内容。中高职衔接职业能力核心课程体系应具有连续性和可持续性。因此，要构建以岗位、职业能力为核心的模块化课程体系，实现理论教学与实践教学的一体化。这不仅能够克服中高职课程内容的重复，减少课时数量和课程门数，提高课程衔接质量，而且能够凸显职业教育教学的特色，促进学生的就业和未来发展。

以模具设计与制造专业为例，该专业中高职的核心课程分别有四门。根据目标岗位职业任职资格标准，课程的内容与技能、实践教学的比重及考核都不相同，通过中高职核心课程的有效衔接、深化与提升，可使课程学习具有连续性和可持续性。模具设计与制造专业中高职三二衔接核心课程名称及主要内容见表5-5。

表5-5　模具设计与制造专业中高职三二衔接核心课程名称及主要内容

	序号	主干课程名称	主干课程实践教学比重（参考）	职业能力
中职学校	1	CAD机械制图	60%	制图标准与零件制图，获绘图员中级证
	2	普通机械加工基础	70%	普通机床结构与操作，获操作工中级证
	3	数控加工技术基础	70%	数控机床结构与操作，获数控机床操作中级证书
	4	模具设计与装配	40%	模具识图与装配，获模具装配工中级证书
高职院校	5	装备制图	50%	制图标准与设备制图，获绘图员高级证书
	6	机械加工技术	40%	普通机床切削原理与夹具，中等复杂零件加工
	7	典型零件数控加工	70%	典型零件的数控加工原理与工艺，获数控机床操作工高级证书
	8	模具设计与制造	60%	典型模具的设计与制造，获模具设计助理设计师证书

第五章 职业能力培养的层级分析与层级衔接

第五节 职业资格证书及职业能力的层级衔接

国家职业标准是指在职业分类基础上，根据职业的活动内容，对从业人员工作能力水平的规范性要求，包括职业概况、基本要求、工作要求和鉴定比重四个部分。其中，工作要求为国家职业标准的主体部分。国家职业标准要求对从业人员进行职业资格鉴定，将职业资格等级分为五级，并制定不同的工作能力要求。《国家职业标准》是以职业活动为核心、以职业能力为导向的国家标准体系，反映当前职业对从业人员能力水平的规范性要求。其对知识、技能、态度的要求是职业教育课程开发的主要参照标准，具有影响和规范职业教育的作用。

一 职业资格证书的作用

（一）职业资格证书制度是实现中高职有效衔接的载体

中高等职业教育的衔接，实质上是其各自对应的岗位层次的衔接。职业资格标准是对工作岗位进行科学合理定位的依据。在统一的国家职业资格框架下，明确中高等职业教育的培养目标，准确定位其岗位面向，合理设置课程，是实现中高职有效衔接的重要抓手。

（二）实行国家统一的职业资格和等级考核制度

依据各种职业资格不同等级的理论水平和实践能力标准，分初、中、高三个层次，形成阶梯递进的考核制度，并与中高职教育的培养目标相衔接。中职教育的培养目标定位于中级及以下，高职教育的培养目标定位在中级以上，逐步从根本上消除中高职在专业理论教学和职业技能培养上的重复和倒挂现象；逐步实行国家统一的职业资格制度，明确不同等级及其考核标准。

（三）实现高职高专学历教育与职业资格证书相融通

学历教育是根据国家制定的教学大纲而展开的，一般一个专业面向一个职业岗位群，可以同时满足几个甚至十几个职业岗位的必需的文化知识和专业知识，同时具有面向一个职业岗位群的基本、通用、熟练的职业技能，还要具有适应职业变化的能力。职业资格证书的考核是根据职业分类和职业岗位标准来进行的，针对性强。也就是说，学历教育要求知识面较宽，而职业资格证书的考核要求则更为具体，更重视对操作技能的考核。尽管高职高专的学历证书与职业资格证书定位不同，但存在知识与技能的相互联系，可以实现等值与融通。

二　职业资格证书的层级衔接

（一）实行学历证书和职业资格证书并重的"双证书"制度已经成为职业教育界的共识

国家通过职业资格鉴定考核，对职业教育培养的人才进行科学考核与评价，以确定其是否具有从事该职业的资格。国家职业资格证书体系是包括五个等级的衔接性体系，从低级到高级分别为国家职业资格五级、四级、三级、二级、一级，分别对应初级工、中级工、高级工、技师、高级技师。不同等级的职业资格证书对应的知识与技能要求不同，是一个由低级向高级递进的过程。中职学生和高职学生毕业时应分别获得国家职业资格四级证书和国家职业资格三级证书。课程学习是学生获得胜任工作岗位所需职业能力的必然途径，而职业能力的获得需要建立在一定专业理论知识和专业技能学习的基础之上，是一个由低到高、由浅入深的发展过程。只有通过由中职到高职相互衔接的专业理论课程和专业实践课程学习，才能实现由国家职业资格四级到三级的递进发展。中高职教育课程衔接能够在课程目标、课程内容以及课程评价等方面为学生职业能力提升创造条件，使学生在获得学历证书的同时取得相应的职业资格证书。

（二）中高职课程衔接的重点在于职业能力的培养

我们应该改变传统的课程内容考核方式，参考国家职业资格证书的理论考试内容与实践操作考评模式要求，结合理论考试占40%—50%与实践操作考核占50%—60%的要求综合评定成绩，使学生从原来的"学过什么课程"转向现在的"能做什么事情"，从而获得质的提升。在教学中应加入技能考证的相关内容，使学生在课程理论基础知识考试合格后，通过简单的培训就可以获取职业资格证书，实现学历教育与职业资格的有效衔接。中高职在职业资格等级和工作领域、工作任务、职业能力分析的基础上进行有效的课程内容衔接，能

第五章 职业能力培养的层级分析与层级衔接

保证中高职的人才培养质量，使中高职生的职业能力有明确的定位。

以模具设计与制造专业的职业资格证书为例，该职业资格证书分为四个层级，分别是一级模具设计师、二级模具设计师、三级模具设计师和计算机辅助设计（机械 CAD）中级绘图员。中职考证可以对应计算机辅助设计（机械 CAD）中级绘图员，高职考证对应三级模具设计师。模具设计与制造专业对应的模具设计师职业资格证书等级见表 5-6。

表 5-6 模具设计与制造专业对应的模具设计师职业资格证书等级

职业资格证书等级	申报条件	职业能力
1. 一级模具设计师	①连续从事本职业工作 19 年以上。 ②取得二级模具设计师职业资格证书后，连续从事本职业工作 4 年以上。 ③取得二级模具设计师职业资格证书后，连续从事本职业工作 3 年以上，经一级模具设计师正规培训达规定标准学时数，并取得结业证书。	分析复杂模具制品图纸，进行工艺分析，确定设计方案。绘制产品造型图、装配图、零件图。能分析与处理成型过程数字模拟结果，提出模具与制品的改进方案跟踪试模与调模，直至制件合格。能处理和解决试模现场的各种问题，能进行试模现场指导。
2. 二级模具设计师	①连续从事本职业工作 13 年以上。 ②取得三级模具设计师职业资格证书后，连续从事本职业工作 5 年以上。 ③取得三级模具设计师职业资格证书后，连续从事本职业工作 4 年以上，经二级模具设计师正规培训达到规定标准学时数，并取得结业证书。 ④取得本专业或相关专业大学本科学历证书后，连续从事本职业工作 5 年以上。 ⑤具有本专业或相关专业大学本科学历证书，取得三级模具设计师职业资格证书后，连续从事本职业工作 4 年以上。 ⑥具有本专业或相关专业大学本科学历证书，取得三级模具设计师职业资格证书后，连续从事本职业工作 3 年以上，经二级模具设计师正规培训达规定标准学时数，并取得结业证书。 ⑦取得硕士研究生及以上学历证书后，连续从事本职业工作 2 年以上。	分析制品图纸，进行工艺分析，确定设计方案。绘制产品造型图、装配图、零件图。能利用数字模拟软件对成型过程进行分析。跟踪试模与调模，直至制件合格。能确定模具调试方案，能在试模过程中调整各种技术参数。

续表

职业资格证书等级	申报条件	职业能力
3. 三级模具设计师	①连续从事本职业工作6年以上。 ②具有以高级技能为培养目标的技工学校、技师学院和职业技术学院本专业或相关专业毕业证书。 ③具有本专业或相关专业大学专科及以上学历证书。 ④具有其他专业大学专科及以上学历证书，连续从事本职业工作1年以上。 ⑤具有其他专业大学专科及以上学历证书，经三级模具设计师正规培训达规定标准学时数，并取得结业证书。	分析制品图纸，进行工艺分析，确定设计方案。绘制产品造型图、装配图、零件图。
4. 计算机辅助设计（机械CAD）中级绘图员	中等职业学校和技工学校毕业，高等职业技术学院专科毕业，本科毕业均可获得。	正确测量产品外形尺寸，手工及使用CAD软件绘制零件标准图样；使用绘图仪器、设备，根据工程或模具产品的设计方案、草图和技术性说明，绘制其正图（原图）、底图及其他技术图样；对模具产品的设计图纸进行解释及提供技术指导；按照现有的技术规范完成模具产品的图纸标准化工作。

注：内容参考模具设计师国家职业标准。

三 职业能力的层级衔接

中高职教育职业能力的层级划分与层级分析，是实现层级衔接的前提与基础。中职教育与高职教育学段之间、各水平目标层级之间有序递进、有机衔接，可保证职业能力培养总体目标的实现。在相同的职业能力培养的领域目标下，各水平目标之间的难度是沿着从低到高、由易到难的层级向前递进、逐步提高的。职业能力划分为职业通用能力、职业专业能力和职业岗位能力三个方面，每个方面又依次从第四级向第三级、第二级提升，从而构成了职业能力层级衔接总体结构（见图5-1）。

第五章 职业能力培养的层级分析与层级衔接

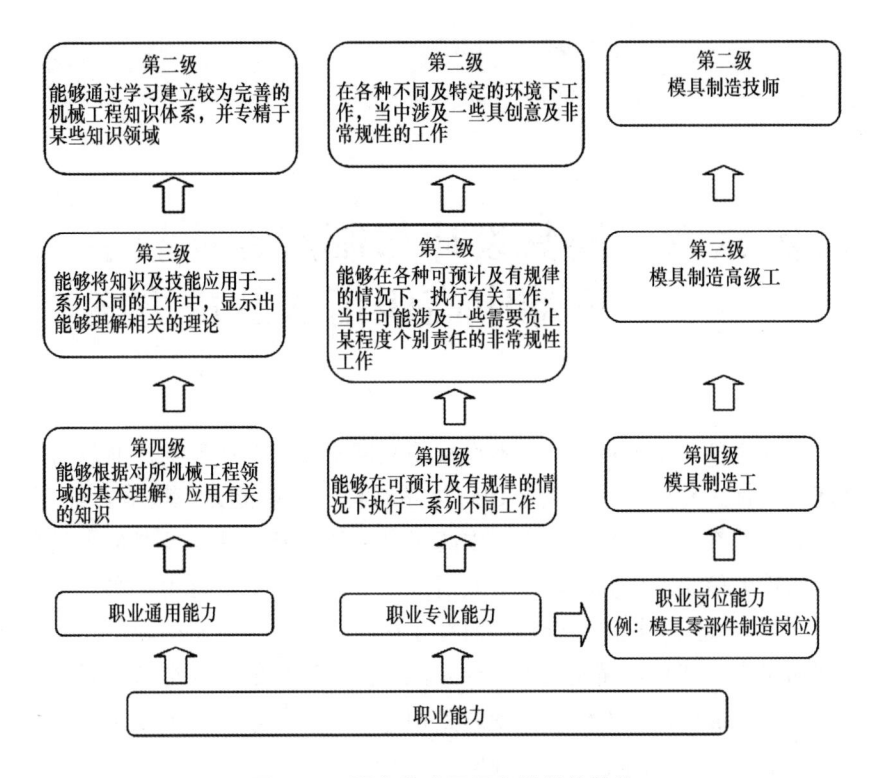

```
┌─────────────┐      ┌─────────────┐      ┌─────────────┐
│   第二级    │      │   第二级    │      │   第二级    │
│能够通过学习 │      │在各种不同及 │      │模具制造技师 │
│建立较为完善 │      │特定的环境下 │      │             │
│的机械工程知 │      │工作，当涉及 │      │             │
│识体系，并专 │      │一些具创意及 │      │             │
│精于某些知识 │      │非常规性的工 │      │             │
│领域         │      │作           │      │             │
└──────△──────┘      └──────△──────┘      └──────△──────┘
┌─────────────┐      ┌─────────────┐      ┌─────────────┐
│   第三级    │      │   第三级    │      │   第三级    │
│能够将知识及 │      │能够在各种可 │      │模具制造高级工│
│技能应用于一 │      │预计及有规律 │      │             │
│系列不同的工 │      │的情况下，执 │      │             │
│作中，显示出 │      │行有关工作， │      │             │
│能够理解相关 │      │当中可能涉及 │      │             │
│的理论       │      │一些需要负上 │      │             │
│             │      │某程度个别责 │      │             │
│             │      │任的非常规性 │      │             │
│             │      │工作         │      │             │
└──────△──────┘      └──────△──────┘      └──────△──────┘
┌─────────────┐      ┌─────────────┐      ┌─────────────┐
│   第四级    │      │   第四级    │      │   第四级    │
│能够根据对所 │      │能够在可预计 │      │模具制造工   │
│机械工程领域 │      │及有规律的情 │      │             │
│的基本理解， │      │况下执行一系 │      │             │
│应用有关的知 │      │列不同工作   │      │             │
│识           │      │             │      │             │
└──────△──────┘      └──────△──────┘      └──────△──────┘
┌─────────────┐      ┌─────────────┐      ┌─────────────────┐
│ 职业通用能力│      │ 职业专业能力│ ⇒    │   职业岗位能力  │
│             │      │             │      │(例：模具零部件  │
│             │      │             │      │  制造岗位)      │
└──────△──────┘      └──────△──────┘      └────────△────────┘
           ┌─────────────────────────────────────┐
           │             职业能力                │
           └─────────────────────────────────────┘
```

图 5-1 职业能力层级衔接总体结构

第六章 模具设计与制造专业教学标准中高职衔接解决方案

专业教学标准的衔接是专业衔接的关键所在，专业教学标准包括人才培养目标、专业教学内容、课程体系结构、职业能力、教学安排等。中高职专业教学标准衔接是实现中高职衔接的基础，课程设置是实现中高职衔接的核心。中高职教育有效衔接在实践操作中要得到落实，取得成效，就要找到衔接的结合点。而专业在职业院校中处于中观层面，学校层面过大，课程层面又过小。专业也是面对社会的主要组织单元，与社会的接触面广泛，与经济活动紧紧相连。专业与职业的关系密切，专业设置的主要依据就是职业的导向性。因此，以专业为单位进行中高职衔接既有理论价值，又有重要的实践意义。为此，选择模具设计与制造、数控技术、会计、酒店管理等4个专业进行研究与实践。

模具设计与制造专业是中职教育和高职教育工科类的主要专业。针对中高职衔接培养过程中存在的问题，采用归纳分析法制定模具设计与制造专业中高职衔接培养方案。通过调研分析模具类岗位群所对应的职业资格标准、相关企业任职核心能力，并按照相关从业者的职业生涯发展分析归纳职业能力层阶的递进，建立与确定模具专业能力标准，在此基础上构建模具设计与制造专业中高职衔接人才培养体系。

第一节 模具设计与制造专业中高职衔接现状

一 模具设计与制造专业中高职衔接的国外主要做法和经验

西方实现工业化较早的国家在 20 世纪已经开始了中高职教育衔接的探索和实践。德国是公认的职业教育发达国家，该国的职业教育

第六章　模具设计与制造专业教学标准中高职衔接解决方案

多数采用"双元制"模式，即整个培训过程是在工厂企业和职业学校进行，其中职业学校包括职业学校、职业专门学校、专科学校等，课程多强调技术的应用和操作，以技工培养为主；而其高职院校一般也称为应用科技大学，同时也提供学士学位，课程更偏向工业、科技的实际应用，以工程师培养为定位；部分职业学校和高职院校经契约约定可实行中高职衔接，职业学校的毕业生可根据自身的爱好和经历申请进入高职院校就读。

英国在 20 世纪 80 年代开始探索国家职业资格制度，随后建立了《国家资格框架》，并在实践中逐步完善。2011 年又出台《资格与学分框架》，从而统一了之前的各项资格框架，将职业教育领域的各项资格进行了分类和整合。按照学习难度和学习时间，将职业教育所对应的资格划分为九级三类，从难度最低的"入门级"到对应博士学位的"八级"，并根据完成的学习量，将职业资格分为证明、证书和文凭等三种类型。在资格框架中，明确规定了"学习单元"作为资格获取的最小学习和认证单位，学习者通过"学习单元"的积累和组合来获得相应的资格，框架体系中不同层次学习单元的衔接实现了中高职教育中课程的有效衔接[1]。

澳大利亚通过国家培训包体系与资格框架体系来实现中高职的课程衔接，其中以澳大利亚国家资格证书框架为基础的"培训包"制度是澳大利亚职业教育和培训体系的核心部分，与国家认证框架共同构成国家培训框架[2]。现行的澳大利亚资格认证框架体系是 2010 年制定的，按照岗位能力从弱到强，分成了十个等级，一级最低，前三个等级基本是普通从业者岗位，如操作员、清洁工等；最高的几级主要对应行业专家及领袖。该体系起到一种桥梁作用，打通了不同种类教育、同类教育不同层次之间的壁垒，为个人职业生涯的发展提供了更多选择。

二　我国模具设计与制造专业中高职衔接现状分析

我国模具设计与制造专业的中高职衔接培养主要采用"3 + 2"中高

---

[1] 邵元君、匡瑛：《全纳的创新资格框架：英国的 QCF》，《外国教育研究》2011 年第 10 期，第 69—74 页。

[2] 陶秋燕：《高等技术与职业教育的专业和课程》，科学出版社 2004 年版，第 116 页。

职衔接模式。该模式始于2000年，最早在浙江实施。以招收初中毕业生为主，中高职院校按照分段式培养，学生前三年在中职学校学习，后两年转到高职院校继续学习。在实践中，升学率近100%，降低了高职院校的生源质量，增加了高职培养的成本。但一所高职院校对应多所中职学校的方式也增加了中高职衔接之间在培养目标、教学内容、教学方式、教学管理等方面的整合难度，导致衔接培养形式的表面化。

2010年，广东省教育厅发布《关于2010年开展职业院校对口自主招生三二分段试点工作的通知》（粤教职函［2010］63号），开始了中高职衔接的培养探索和实践。文件明确要求中高职院校相关对口专业要制定一体化人才培养方案，并分段开展教育教学活动。在之后的几年中，广东省教育厅出台了一系列相关文件，逐渐对中高职衔接三二分段自主招生的任务、标准和流程进行了规范，形成了具有广东特色的培养模式。江苏省从2012年开始实施中高职衔接试点工作。在随后的几年中，试点项目规模迅速扩大。2012年，北京选择17所中高职院校，按照专业相同或相近的原则，在模具设计与制造专业等10个专业开展"3+2"中高职衔接办学试点。经过几年的试点实践，在中高职衔接培养方面，各省市均积累了一定的经验，也取得了初步的成果。但在衔接的实施层面还存在着诸多问题，如中高职一体化衔接不到位、没有形成高质量课程标准等。

在中高职衔接人才培养中，一体化人才培养方案和课程体系的构建是三二分段衔接培养成败的关键。对于如何构建中高职一体化的培养目标、课程体系、专业课程、教学模式等，一直是中高职衔接培养研究的重点。学校、行业、企业市场调研是明确专业定位与人才培养规格的基础，应将职业能力、工作能力作为导向，构建中高职模具专业课程体系。

具体而言，虽然对模具设计与制造专业中高职衔接的一体化进行了有益的探索和实践，并取得了阶段性的成效。但是，一方面，各项研究多停留在理论探索阶段，缺少可直接借鉴的具体成果；另一方面，对模具设计与制造专业所需的职业能力的具体内涵、组成、层级的分析还不够深入和细化。

相对于经济发达国家，我国对中高职课程衔接的研究远远不足。

尽管这个问题已经引起多方面的关注，许多教育专家对该问题进行了分析和研究，但是还存在诸多的问题。在我国的职业教育体系中，多年存在体系条块分割、中职和高职学校缺少沟通，对中高职阶段的培养目标、课程教学任务理解不一，没有统一的教学和课程标准，中职、高职学校各自设计课程，课程体系缺乏一体化设计等问题。

第二节　模具设计与制造专业中高职衔接的主要问题

一　中职和高职人才培养目标定位不明确

中职和高职的模具设计与制造专业人才培养方案能够着眼于提高技能，瞄准行业的需求，体现了关注就业创业的导向。但是，在人才培养目标的定位上没有真正体现适应行业和企业发展的需要，在目标定位、能力衔接、岗位适应性等方面区分度不明显，中职和高职培养目标重复问题突出。调查发现，多数中职学校的模具设计与制造专业都是以中等应用型和技能型人才为培养目标，而高职院校则以高等应用型和技能型人才为培养目标，二者的区别有中等和高等之分，但到目前为止，对于中等和高等并没有明确的标准。

二　中职与高职校际之间合作交流机制不畅

从中高职衔接试点实践看，一所高职院校对应着若干所中职学校。中职和高职学校不一定在同一个城市，有的距离很远，两校的教师和教学管理人员沟通比较困难。现行的中高职衔接主要考虑的是学历的衔接和中职学生的继续教育等问题，由中职学校和高职学院进行校际联系和交流，直接负责衔接培养的专业负责人、专任教师等相互接触较少。致使在中高职衔接中，两校各自为政、合作浮于表面，而未能深入到课程设计、教研项目、教材开发等环节，高职在中高职衔接中没有发挥出应有的引领作用和带动作用。

三　中高职教育课程设置与内容存在重复现象

中高职衔接人才培养的核心是课程的衔接，但是课程的衔接存在不少问题，制约了中高职衔接的开展。在模具设计与制造专业的中高职衔接课程中，多门课程存在重复，如"金工实习""机械制图""机械设计"等课程。部分参与中高职衔接工作的中职学校仍然保持原有的教学模式和教学内容，过于重视专业技能训练，而忽视了基础文化知识的教学和基本素养的提高，致使毕业生文化基础知识不牢，学生在高职阶段的学习中对有些知识的掌握存在困难。中职学校长期从事职业技能培养，经过多年的积累，在实训教学条件方面普遍具有优势；而高职院校开展的时间较短，实训设备、师资都不同程度缺乏。所以，出现中职实践技能课程训练比高职还要强的情况。

四 专业实践教学存在重复训练与技能倒挂现象

理论上讲，中职教育阶段为高职教育提供必要的基础理论知识和基本的实践技能，高职教育是中职教育的继续延伸和提升。从模具设计与制造专业实践技能培养来看，与中职生相比，高职学生的实践动手能力要求应该更强、更高，但是事实上并非如此。有的高职院校该专业开设的某些实训项目与中职院校比较相似，当中职学生升入高职后，就会存在低水平的重复训练，甚至部分高职院校该专业因受总学时的限制，实践教学课时不足，导致出现技能培养不如中职的"倒挂"现象。

第三节 模具设计与制造专业中高职衔接解决方案

认真分析上述问题后不难发现，中高职衔接存在的根本问题还是人才培养目标定位不清。如何厘清中职、高职两个不同阶段的人才培养目标定位，是中高职衔接的首要问题；但是，该问题一直是个难点，其根源一方面是目前相当一部分的高职是中职学校升格，其学校的管理、教师思维、认识等还没有完全脱离原有模式的影响；另一方面，近几年高职的教育教学模式一直处于不断改革的阶段，虽然基本的方向很清晰，但具体的做法还没有一个大家比较公认的标准，不少学校还在摸索。

第六章 模具设计与制造专业教学标准中高职衔接解决方案

职业教育的目标是培养学生的职业技术能力,在这一点上中职与高职是相同的,但职业有分工、岗位有不同要求,只要从这一方面入手,中职与高职就可以准确定位,避免混淆。项目组在认真分析模具企业现有岗位的基础上,明确中高职教育的岗位定位;通过岗位能力分析,建立相应的课程和要求,制定基于能力培养的模具设计与制造专业中高职衔接人才培养方案,实现人才培养工作的协调发展;同时,加强中职和高职院校的通力合作,发挥各自特色和优势,打通中高职教师的交流渠道,实施中高职一体化的人才培养方案。

一 调研分析就业岗位,明确培养目标定位

中等、高等职业技术教育本质上都是对人的职业(专业)技术能力的培养,培养目标主要从行业的职业岗位的不同要求及相应规范中去确定。如果根据中职和高职各自所预期的工作岗位来确定培养目标,中高职人才培养目标就很容易区分。在实际工作中,中职和高职模具设计与制造专业所预期的工作岗位是不同的,中高职培养目标的衔接就是预期的工作岗位的层次衔接。高职院校应该充分发挥自身的资源优势,不仅在技能方面保持比中职更高,还应充分利用师资优势在技术方面比中职更高。从而使中职毕业生真正在高职阶段的学习中获得提升,突出高职人才培养的个性与特色。

二 建立利益相关者的交流机制,重构人才培养方案

实现中高职有效衔接,科学合理的人才培养方案是重要环节。在调研人才需求的基础上,中高职院校应建立专业建设委员会,吸纳行业、企业、社会人士等参加。还应拓宽校际、专业和教师之间的交流渠道,通过研讨会、人才培养方案论证会等形式建立利益相关者交流反馈机制。通过中职和高职教师等合作共同制定人才培养方案。中职和高职院校要突破各自固有的脱节的教学模式,重新设计中高职衔接的一体化人才培养方案。

三 对接职业能力层级需求,构建中高职一体化课程体系

通过对各企业生产流程和岗位能力进行现场考察和访谈调查,分析归纳模具设计与制造企业的关键岗位[如模具设计岗位、模具工程

管理岗位、模具制造（模具数控加工）岗位、模具装配岗位群］的工作过程，分析模具设计与制造专业的四个就业岗位所对应的岗位能力和职业专业能力；通过对模具企业的生产流程上各岗位所需岗位能力和职业专业能力的归纳剖析，从而得到模具设计与制造专业的职业通用能力。这样不仅可以避免中高职模具设计与制造专业课程内容重复，节约教育资源，而且可提高学生动手能力。

按照第五章职业能力层级及其划分的原则，将三个能力进行层次划分，分别得到中职、高职不同阶段所对应的职业通用能力、职业专业能力和岗位能力。

根据中高职培养的专业职业能力层级，构建模具设计与制造专业中高职职业能力与课程体系（见表6－1）。

表6－1　　模具设计与制造专业中高职职业能力与课程体系

职业能力	中职课程	高职课程
1. 职业通用能力	①综合文化素质课 ②职业道德与法律 ③经济政治与社会 ④计算机基础 ⑤机械基础 ⑥机械制图 ⑦机加工工艺 ⑧钳工工艺与技能训练 ⑨CAD绘图 ⑩数控车、铣床 ⑪模具拆装实训 ⑫公差配合与技术测量	①思想道德修养与法律基础 ②就业指导教育 ③基础英文与英文图纸识读 ④计算机基础应用 ⑤应用文写作 ⑥机械制图与机械CAD ⑦机械设计基础 ⑧机械加工 ⑨互换性与技术测量 ⑩三维造型（UG） ⑪数控编程与加工
2. 职业专业能力	①塑料模具结构与制造 ②数控加工工艺与编程 ③冲压工艺与模具设计 ④数控车实训 ⑤数控铣实训 ⑥金属材料与热处理 ⑦普通机加工综合实训 ⑧三维造型（Pro/E） ⑨模具CAD/CAM技术 ⑩电火花机、线切割	①模具材料检测与选择 ②注塑模具设计与制作 ③冲压模具设计与制作 ④典型模具零件生产工艺与加工（CAM软件） ⑤模具数字化设计（3D） ⑥三维造型（机械PRO/E） ⑦模具的装配与调试 ⑧特种加工 ⑨塑压成型设备

续表

职业能力	中职课程	高职课程
3. 岗位能力	①模具实例加工实训 ②项目实习	①企业技术经济管理 ②模具优化设计 ③毕业综合训练和生产（顶岗）实习

四 模具设计与制造专业中高职衔接培养计划

在现行的培养工作中，中高职的培养方案是不一样的。中职阶段的培养以建立基本职业素质及懂得模具设计及加工的基本理论知识、操作技能为主，能从事企业中模具加工设备操作及模具装配等工作；高职阶段的培养以较高的职业素质、更深的模具设计及制造理论知识和更加复杂的操作技能为主。中高职阶段课程目标应各有侧重，中职阶段的专业核心课程重点以模具加工方向的职业岗位群所要求的职业能力为培养目标，通过专业知识的学习和技能操作的培训，使其养成职业规范，提升职业意识；高职阶段专业核心课程以模具结构设计、模具加工工艺规划方向岗位群所要求的职业能力为培养目标，在掌握专业知识及技能的前提下，通过各种教学项目的完成，形成模具设计及制造的综合能力。

为了能清晰地表达培养目标的改进，我们在研究过程中，选择一所中职学校和一所高职院校模具设计与制造专业的培养目标及教学计划进行分析。

1. 中职学校广东理工职业技术学校模具设计与制造专业的培养目标及教学计划

（1）培养目标

本专业主要面向机械制造、化工建材、设备维修与购销服务等行业企业，从事冷冲压模具加工、塑料成型模具加工、计算机辅助设计、模具数控加工技术、化工建材设备的维修等工作的模具加工、设备操作、计算机绘图、数控车铣编程、紧密测量、逆向工程、数控线切割、电火花加工编程和操作等工种的高素质劳动者和技能型人才。

（2）教学计划

该校模具设计与制造专业教学计划见表6-2，其中文化基础课按照国家的相关规定进行开设。

表6-2　　　中职学校模具设计与制造专业教学计划

课程类型	课程类别	序号	课程名称	考核方式	课时	学分	第一学年 一 A	第一学年 一 B	第一学年 二 A	第一学年 二 B	第二学年 三 A	第二学年 三 B	第二学年 四 A	第二学年 四 B	第三学年 五 A	第三学年 五 B	第三学年 六 C
							11	7	12	6	18	0	18	0	14	4	19
必修课	文化基础课	1	德育	考查	146	8.0	2		2		2		2		2		
		2	演讲与口才	考查	28	1.5									2		
		3	商务礼仪	考查	28	1.5									2		
		4	语文	考查	44	2.5	4										
		5	数学	考查	44	2.5	4										
		6	专业英语	考试	56	3.0									4		
		7	信息技术	考试	66	3.5	6										
		8	体育与健康	考查	46	2.5	2		2								
			小计（占总学时）	14.82%	458	25.0	18	0	4	0	2	0	2	0	10	0	0
	专业技能课	9	机械制图	考试	114	6.0	6试		4查								
		10	机械基础	考试	48	2.5			4								
		11	CAD二维绘图技术	考试	144	8.0			6		4						
		12	测量技术	考查	24	1.0			2								
		13	机械制造工艺	考查	42	2.0	(6)										
		14	电工电子	考查	72	4.0					4						
		15	气液压控制技术	考试	44	2.5	4										
		16	质量分析与控制技术	考查	54	3.0							3				
			小计（占总学时）	17.54%	542	29.0	10	(6)	16	0	8	0	3	0	0	0	0

· 246 ·

第六章 模具设计与制造专业教学标准中高职衔接解决方案

续表

课程类型	课程类别	序号	课程名称	考核方式	课时	学分	第一学年 一 A	第一学年 一 B	第一学年 二 A	第一学年 二 B	第二学年 三 A	第二学年 三 B	第二学年 四 A	第二学年 四 B	第三学年 五 A	第三学年 五 B	第三学年 六 C
							11	7	12	6	18	0	18	0	14	4	19
必修课	专业核心课	17	模具材料与热处理	考查	48	2.5			4								
		18	模具概论	考查	18	1.0					1						
		19	冷冲模具设计	考试	108	6.0					6						
		20	塑料模具设计	考试	108	6.0							6				
		21	特种机床操作与加工	考试	72	4.0							4				
		22	pro/e 三维造型设计	考试	108	6.0							6				
		23	UG 模具设计	考试	84	4.5									6		
			小计（占总学时）	17.67%	546	30.0	0	0	4	0	7	0	16	0	6	0	0
限选课	专业方向课	24	MasterCAM 自动编程技术	考试	108	6.0			9								
		25	数控车床编程与加工	考查	108	6.0					6						
		26	数控铣床编程与加工	考试	72	4.0					4						
		27	模具制作与加工	考查	108	6.0							6				
			小计（占总学时）	12.82%	396	22.0	0	0	9	0	10	0	6	0	0	0	0
	专业实践课	28	车削加工技术	考查	56	3.0	2W										
		29	钳工技术	考查	196	10.5	1W		6W								
		30	铣削加工技术	考查	28	1.5	1W										
		31	刨、磨、电焊技术	考查	28	1.5	1W										
		32	数控综合训练	考查	112	6.0									4	2W	
		33	入学教育及国防教育	考查	28	1.5	1W										
		34	企业认知实践	考查	28	1.5	1W										

续表

课程类型	课程类别	序号	课程名称	考核方式	课时	学分	第一学年 一 A	第一学年 一 B	第一学年 二 A	第一学年 二 B	第二学年 三 A	第二学年 三 B	第二学年 四 A	第二学年 四 B	第三学年 五 A	第三学年 五 B	第三学年 六 C
							11	7	12	6	18	0	18	0	14	4	19
限选课	专业实践课	35	企业实习	考查	56	3.0										2W	
		36	顶岗实习	考查	532	28.5											19W
			小计（占总学时）	34.43%	1064	57.0	0	7W	0	6W	0	0	0	0	4	4W	19W
任选课	专业拓展课	37	营销实务	考查	28	1.5									2		
		38	模具制造成本核算	考查	56	3.0									4		
			小计（占总学时）	2.72%	84	4.5	0	0	0	0	0	0	0	0	6	0	0
			合计		3090	167.5	28	7W	33	6W	27	0	27	0	26	4W	19W

说明：1. 学分学时计算标准：课堂教学一般按18学时/学分计算；集中实践教学按1.5学分/周、28学时/周计算。2. W表示集中实践教学周。3. 表中A表示课堂周，B表示实训周，C表示顶岗周。

2. 高职院校广东工贸职业技术学院模具设计与制造专业的培养目标及教学计划

（1）培养目标

面向制造和加工业生产第一线，培养具备模具设计能力及模具制造工艺知识，能熟练运用设计制造软件及操作数控机床的高素质、高技能应用型人才。

（2）教学计划

高职院校模具设计与制造专业教学计划见表6-3，其中文化基础课按照国家的相关规定进行开设。

第六章 模具设计与制造专业教学标准中高职衔接解决方案

高职院校模具设计与制造专业教学计划

表6-3

类别	序号	课程名称	课程类型	总学时	理论学时	实践学时	学分	考核性质	考核学期	一学年 1学期 周学时	1学期 周数	2学期 周学时	2学期 周数	二学年 3学期 周学时	3学期 周数	4学期 周学时	4学期 周数	三学年 5学期 周学时	5学期 周数	6学期 学时
必修公共课	1	军训	B	54	36	18	3.0	考查	1▲		2									12
	2	体育	B	72	8	64	4.0	考试	1,2	2	15	2	15							20
	3	思想道德修养与法律基础	B	72	44	28	4.0	考试	1,2	2	13	2	13							
	4	毛泽东思想和中国特色社会主义理论概论	B	72	44	28	4.0	考试	3,4					2	13	2	13			20
	5	就业指导	B	38	24	14	2.0	考查	2,3			2	4	2	4					22
	6	大学英语	B	60	50	10	3.0	考试	2*			4	15							
	7	计算机应用基础	B	30	16	14	1.5	考试	1*	2	15									
	8	高等数学	A	60	60	0	3.0	考试	2			4	15							
	9	形势与政策	A	16	16	0	1.0	考查	1,2,3,4	4	1	4	1	4	1	4	1			
	10	大学生心理健康教育	A	8	8	0	0.5	考查	1,2,3,4	2	1	2	1	2	1	2	1			
		小计		484	306	176	26.0			6		12		2		2		0		

· 249 ·

续表

类别	序号	课程名称	课程类型	总学时	理论学时	实践学时	学分	考核性质	考核学期	一学年 1学期 周学时	1学期 周数	一学年 2学期 周学时	2学期 周数	二学年 3学期 周学时	3学期 周数	二学年 4学期 周学时	4学期 周数	三学年 5学期 周学时	5学期 周数	三学年 6学期 学时
必修专业课	11	创业教育	B	18	10	8	1.0	考查	1	6	3									
	12	机械识图与绘图1	B	84	54	30	4.5	考试	1	6	14									
	13	机械测绘	C	24	0	24	1.5	考查	1		1W									
	14	电工与机床控制	B	52	34	18	3.0	考试	1	4	13									
	15	机械设计基础	B	72	44	28	4.0	考查	2			8	9							
	16	零件设计	C	24	0	24	1.5	考查	2				1W							
	17	材料力学与性能检测	B	44	24	20	2.5	考查	2			4	11							
	18	机械识图与绘图2（AutoCAD 技能考证）	B	56	28	28	3.0	考试	2*			8	7							
	19	互换性与测量技术基础	B	45	25	20	2.5	考查	1	3	15									
	20	零件质量检测	C	24	0	24	1.5	考查	2				1W							
	21	模具材料及热处理	B	60	40	20	3.0	考查	2			4	15							
	22	金工实习	C	96	0	96	6.0	考查	3						4W					
	23	机械制造基础	B	65	33	32	3.5	考试	3					5	13					

第六章 模具设计与制造专业教学标准中高职衔接解决方案

续表

类别	序号	课程名称	课程类型	总学时	理论学时	实践学时	学分	考核性质	考核学期	一学年 1学期 周学时 周数	一学年 2学期 周学时 周数	二学年 3学期 周学时 周数	二学年 4学期 周学时 周数	三学年 5学期 周学时 周数	三学年 6学期 学时
必修专业课	24	三维造型（UG）	B	56	26	30	3.0	考试	3			4 14			
	25	数控编程与加工	B	72	40	32	4.0	考试	3▲			6 12			
	26	塑压成型设备★	B	56	44	12	3.0	考试	3			4 14			
	27	冲压模具设计★	B	90	52	38	5.0	考试	4				5 18		
	28	注塑模具设计★	B	90	54	36	5.0	考试	3				5 18		
	29	典型模具产品部件生产工艺与加工★（数控技能考证）	B	90	45	45	5.0	考试	4▲				5 18		
	30	特种加工	B	48	36	12	2.5	考查	4				3 16		
	31	模具数字化设计（UG）★（助理模具设计师考证）	B	80	48	32	4.5	考试	5					8 10	
	32	模具优化设计	B	54	28	26	3.0	考查	5					3 18	
	33	模具制造工艺	B	57	37	20	3.0	考试	5					3 19	
	34	模具装调与维修	B	45	25	20	2.5	考查	5					3 15	
	35	毕业综合实训和生产（顶岗）实习★	C	408	0	408	25.5	考查	6▲						24* 17W
		小计		1810	727	1083	103.5			19	16	19	18	17	

续表

类别	序号	课程名称	课程类型	总学时	理论学时	实践学时	学分	考核性质	考核学期	一学年 1学期 周学时	一学年 1学期 周数	一学年 2学期 周学时	一学年 2学期 周数	二学年 3学期 周学时	二学年 3学期 周数	二学年 4学期 周学时	二学年 4学期 周数	三学年 5学期 周学时	三学年 5学期 周数	三学年 6学期 周学时
选修专业课	36	压铸模具设计	B	20	10	10	1.0	考查	5									2	10	
	37	绿色设计与制造	B	30	22	8	1.5	考查	5									2	15	
	38	创新思维训练	B	32	16	16	2.0	考查	2			2	16							
选修创新创业课	39	商务营销	B	30	20	10	1.5	考查	3					2	15					
	40	职场礼仪	B	18	12	6	1.0	考查	4							2	9			
	41	创业模拟	B	60	30	30	3.0	考查	4							4	15			
	42	创业模拟实训	C	60	0	60	3.0	考查	5									4	15	
		小计、周学时		250	110	140	13.0			0		2		2		6		8		
选修公共课	43	文学艺术类	A	36	36	0	2.0	考查	2			4	9							
	44	经济金融类	A	18	18	0	1.0	考查	3					2	9					
	45	社会法律类	A	18	18	0	1.0	考查	4							2	9			
		小计		36	36	0	2.0			0		4		2		2		0		
总学时、学分、周学时合计				2578	1179	1399	144.5			25		34		25		28		25		

说明：1. 学分学时计算标准：课堂教学一般按18学时/学分计算，1.5学分/周，24学时/周计算，集中实践教学按1.5学分/周，W表示集中实践教学周。2. 课程类型：A（纯理论课）、B（理论课+实践课）、C（纯实践课）。3. 课程考核：课程如果融合技能证书鉴定，即以证书鉴定代考，批准设置为"过程性考核"的，考核学期数字后加标注"*"；专业核心课程，课程名称后加标注"▲"；思政课（三下乡和国家安全教育）40学时和就业指导22学时均含"军事技能训练"（2周，1学分）、"军事理论"（36学时，2学分）。（3）第6学期公共课程实践教学时包括体育（运动会）12学时，思政课（三下乡和国家安全教育）40学时和就业指导22学时均为选修课。

第六章 模具设计与制造专业教学标准中高职衔接解决方案

3. 模具设计与制造专业中高职衔接一体化培养方案

（1）培养目标

面向广东省及珠江三角洲地区，适应现代制造业需要，培养具有诚信品质、敬业精神和团队意识，掌握模具设计能力及模具制造工艺知识、能熟练运用设计制造软件及操作数控机床，能从事模具制造各加工工种、模具装配与维修、模具设计、模具制造工艺等岗位，兼顾机械制造工艺、机械产品结构设计等岗位的高素质技术技能型人才。

（2）专业特色

本专业特色为融递进、体验、教学为一体，着重培养学生数字化设计与制造能力。

在课程体系的内容及设置上，基于模具产品生产过程，以能力的递进培养为主线；同时强调新技术的运用，突出模具数字化设计与制造能力的培养，设计及加工软件的学习贯穿模具设计与制造的整个过程，使学生在学习中自觉熟悉整个模具设计与制造过程的信息化。

在课程教学方面，针对高职教育特点，坚持行动导向任务驱动，采用了项目教学法，根据岗位工作过程，确定教学项目，设计教学情境；在教学过程中，贯彻"教、学、做"一体化，实现"做中学"和"学中做"，以学生为主体，使学生充分体验项目的完成过程，增强职业素质和职业技能。

（3）教学计划

本项目所制订的模具设计与制造专业中高职衔接一体化教学计划见表6-4，其中文化基础课按照国家的相关规定进行开设。

4. 培养目标和教学计划对比分析

现行的中职学校和高职院校模具设计与制造专业体现了层次上的区别。通过培养目标的对比，本课题所设定的培养目标更为明确，即职业面向、职业素质要求、知识要求、技能要求和就业岗位更为明确且全面。而中职学校模具设计与制造专业的培养目标，未提职业素

表6-4 本课题所制定的模具专业中高职衔接一体化教学计划

类别	序号	课程名称	课程类型	总学时	理论学时	实践学时	学分	考核性质	考核学期	一学年 1学期	一学年 2学期	二学年 3学期	二学年 4学期	三学年 5学期	三学年 6学期	四学年 7学期	四学年 8学期	五学年 9学期	五学年 10学期
公共课	1	职业生涯规划	A	32	32	0	2.0	考试	1	2									
	2	职业道德与法律	A	36	36	0	2.0	考试	2		3								
	3	经济政治与社会	A	36	36	0	2.0	考查	3			3							
	4	哲学与人生	A	36	36	0	2.0	考查	4				3						
	5	语文	A	168	168	0	9.0	考试	1,2,3,4	4	4	2	2						
	6	数学	A	158	158	0	9.0	考试	1,2,3	5	4	2							
	7	英语	A	170	170	0	9.5	考试	1,2,3	5	4	3							
	8	计算机应用基础	B	123	91	32	7.0	考试	1,2,3,4	2	3	2	2						
	9	体育与健康	B	110	78	32	6.0	考查	1,2,3,4	2	2	2	2						
	10	公共艺术	A	52	52	0	3.0	考查	3,4			2	2						
	11	军训及入人学教育	B	48	30	18	3.0	考查	1	2W									
	12	社会实践	C	48	0	48	3.0	考查	1,2,3,4	0.5W	0.5W	0.5W	0.5W						
	13	毕业教育	B	24	12	12	1.5	考查	6						1W				

· 254 ·

第六章 模具设计与制造专业教学标准中高职衔接解决方案

续表

序号	类别	课程名称	课程类型	总学时	理论学时	实践学时	学分	考核性质	考核学期	一学年 1学期	一学年 2学期	二学年 3学期	二学年 4学期	三学年 5学期	三学年 6学期	四学年 7学期	四学年 8学期	五学年 9学期	五学年 10学期
14		机械基础	B	116	86	30	6.5	考试	1,2	4	4								
15		机械制图	B	120	90	30	7.0	考试	1,2	6	2								
16		机械加工工艺	B	52	32	20	3.0	考试	2		4								
17		钳工工艺与技能训练(一体)	B	120	30	90	7.5	考试	2		5W								
18		CAD绘图★	B	52	32	20	3.0	考试	3			4							
19	专业课	塑料模具结构与制造★	B	52	32	20	3.0	考试	4				4						
20		数控加工工艺与编程★	B	52	36	16	3.0	考试	3			4							
21		冲压工艺与模具设计★	B	90	60	30	5.0	考试	4				7						
22		铣工工艺与技能训练(一体化)★	B	192	42	150	12.0	考试	3,5			3W		5W					
23		公差配合与技术测量	B	30	22	8	2.0	考查	3			3							
24		金属材料与热处理	B	30	26	4	2.0	考查	3			3							
25		三维造型(Pro/E)	B	52	32	20	3.0	考试	4				4						
26		模具CAD/CAM技术应用★	B	52	32	20	3.0	考试	4				4						
27		普通机加工综合实训	C	48	0	48	3.0	考查	3			2W							
28		数控车实训	C	120	0	120	7.5	考查	5					5W					

· 255 ·

续表

序号	类别	课程名称	课程类型	总学时	理论学时	实践学时	学分	考核性质	考核学期	一学年 1学期	一学年 2学期	二学年 3学期	二学年 4学期	三学年 5学期	三学年 6学期	四学年 7学期	四学年 8学期	五学年 9学期	五学年 10学期
29	专业课	数控铣实训	C	120	0	120	7.5	考查	4,5				4W	1W					
30		模具拆装实训	C	120	0	120	7.5	考查	4,5				1W	4W					
31		电火花机、线切割	C	72	0	72	4.5	考查	5					3W					
32		模具实例加工实训	C	48	0	48	3.0	考查	5					2W					
33		项目实习	C	408	0	408	25.5	考试	6						17W				
	中职3年学时、学分小计			2987	1451	1536	177.5			30	30	30	30						
1	公共课程	军训	B	54	36	18	3.0	考查	7							2W			
2		体育	B	72	8	64	4.0	考试	7,8							2×15	2×15		
3		就业指导	B	38	24	14	2.0	考查	8,9								2×4	2×4	
4		思想道德修养与法律基础	B	36	22	14	2.0	考试	8								2×13		
5		毛泽东思想和中国特色社会主义理论概论	B	36	22	14	2.0	考试	8								2×13		
6		形势与政策	A	8	8	0	0.5	考查	7,8							4×1	4×1		
7		大学生心理健康教育	A	4	4	0	0.5	考查	7,8							2×1	2×1		

第六章 模具设计与制造专业教学标准中高职衔接解决方案

续表

序号	类别	课程名称	课程类型	总学时	理论学时	实践学时	学分	考核性质	考核学期	一学年 1学期	一学年 2学期	二学年 3学期	二学年 4学期	三学年 5学期	三学年 6学期	四学年 7学期	四学年 8学期	五学年 9学期	五学年 10学期
8	专业课程	装备识图与绘图 1	B	56	32	24	3.0	考试	7							4×14			
9		装备识图与绘图 2（AutoCAD高级技能考证）	B	52	28	24	3.0	考试	7							4×13			
10		机械工程基础与典型制造工艺	B	104	64	40	6.0	考试	7,8							4×12	4×14		
11		三维造型（UG）	B	52	28	24	3.0	考查	7							4×13			
12		数控编程与加工	B	72	32	40	4.0	考试	7							6×12			
13		特种加工	B	36	24	12	2.0	考查	8								2×18		
14		典型模具零部件生产工艺与加工（考数铣高级证）★	B	90	42	48	5.0	考试	8								6×15		
15	专业课程	注塑模具设计与制作（项目教学）★	B	76	44	32	4.0	考试	8								4×19		
16		模具材料及热处理	B	42	18	24	2.0	考试	8								3×14		
17		模具数字化设计（UG）（助理模具设计师考证）★	B	80	44	36	4.5	考试	9									8×10	
18		塑压成型设备★	B	52	34	18	3.0	考试	9									4×13	

· 257 ·

续表

序号	类别	课程名称	课程类型	总学时	理论学时	实践学时	学分	考核性质	考核学期	一学年 1学期	一学年 2学期	二学年 3学期	二学年 4学期	三学年 5学期	三学年 6学期	四学年 7学期	四学年 8学期	五学年 9学期	五学年 10学期
19	专业课程	冲压模具设计★	B	90	46	44	5.0	考试	9									6×15	
20		模具表面调与维修	B	45	25	20	2.5	考查	9									3×15	
21		模具优化设计	B	52	36	16	3.0	考查	10									4×13	
22		毕业综合实训和生产(顶岗)实习	C	408	0	408	25.5	考查	10										17W
23		英文图纸识读	B	16	8	8	1.0	考查	8							2×8			
24		压铸模具设计	B	20	16	4	1.0	考查	9									2×10	
25	素质课程	法律基础(劳动法与合同法)	A	8	8	0	0.5	考查	8								2×4		
26		公共选修课	A	36	36	0	2.0	考查	8,9								2×9	2×9	
	高职2年学时、学分小计			1635	689	946	94.0					28	30	30	30	22	22	21	21
	中职高职合计			4622	2482	2140	271.5						30	30	30	22	22	22	21

说明：1. 学分学时计算标准：课堂教学一般按18学时/学分计算；集中实践教学按1.5学分/周, 24学时/周计算；W表示集中实践教学周。2. 课程类型：A (纯理论课), B (理论课+实践课), C (纯实践课)。3. 课程实施：(1) 专业核心课程、课程名称后加标注 "★"。(2) 军训包含"军事技能训练"(2周, 1学分), "军事理论"(36学时, 2学分)。(3) 第6学期公共课程实践学时包括体育(运动会)12学时, 思政课40学时和就业指导22学时。

· 258 ·

第六章　模具设计与制造专业教学标准中高职衔接解决方案

质要求，缺乏文化知识及素质方面的公共选修课；而高职院校模具设计与制造专业的培养目标则偏于简化，对学生综合素质的培养要求过于简单。

中职学校模具设计与制造专业的教学计划，在理论课程教学方面课时太多，如《冷冲模具设计》《塑料模具设计》等课，而在企业实际对应岗位方面要求并不高。与中职学校模具设计与制造专业的教学计划对比，本课题所制订的教学计划安排了较多的课时在学生的基本素质培养方面，与企业的实际需求更加符合。所选择的一所高职院校的模具设计与制造专业教学计划则因其针对的生源为高中毕业生，需考虑培养对象专业技能的基础比较薄弱、专业素质相对缺乏。因此，在专业基础能力、专业核心技术及技能的培养广度及深度等方面也显得不足。通过实施本课题所制定的一体化人才培养方案，模具设计与制造专业学生的就业质量有了明显的提升，无论是第三方教育评价机构的数据还是学校自身的调查数据均显示，该专业的学生就业率、就业薪酬、就业对口率等均有不同程度的增长。

在中职和高职不同阶段的课程中，课程内容应以岗位技能要求为目标，基于岗位工作过程培养学生的综合职业能力。在这两个阶段，应明确目标岗位的能力层级，否则在课程内容上易导致重复或脱节。中职和高职阶段模具设计与制造专业均要设"塑料模具设计"和"冲压模具设计"相关课程，中职阶段此类课程主要内容为模具结构的认识，其目标是让学生掌握模具的基本结构，以便从事模具装配、模具加工等职业岗位；而高职阶段的课程则以模具设计的基本过程和详细规范为主，其目的是使学生掌握模具设计的基本方法及计算，为将来从事模具设计岗位奠定基础。除此之外，在课程安排上，高职阶段应适当加强学生拓展能力的培养，拓宽其知识面。

第四节　模具设计与制造专业中高职衔接方案实践评价与发展

本专业中高职衔接方案自 2011 年始，与中职学校进行合作，已持续5年开展中高职衔接人才培养的实践工作。经过探索与实践，项目组进一步明确中高职人才培养的目标定位，不断优化教学计划，所培养的学生各项技能及综合素质得到持续提升。

组织专家组认真审议该方案后，得出如下结论：（1）该方案整体设计合理，培养目标清晰，充分考虑了中高职一体化教育的要求，教学计划方面层级分明，基础知识、核心技能、综合素质的培养合理，兼顾学生的长期发展和潜力培养，一体化人才培养对我省职教事业是一个有益的补充，尤其是应对我省模具企业需求的人才培养。（2）该方案综合考虑了中职和高职教育的特点，从岗位分工出发，岗位技能、素质分析翔实，培养目标明确、培养计划合理，符合企业的需求现状，所培养的学生在企业中得到较快的发展。

进行试点的2011级模具设计与制造专业中高职衔接班李超同学认为：经过近5年的学习，掌握了机械和模具设计的基本知识，现在能熟练操作数控机床加工复杂的零件，已经能设计一些模具，包括塑料模和五金模，自己对以后的人生有明确的规划。

经过数年的中高职培养实践，项目组积累了丰富的教学及建设经验，其中也遇到不少困难，深深体会到促进中高职衔接人才培养工作进一步发展需要社会多方面的协同努力。

一 建立与完善中高职管理制度体系

中高职衔接是培养适应经济社会发展需要的高素质技能型人才的重要途径。而中高职顺利衔接需要理顺管理层面的衔接。一方面，需要从制度上确保中高职管理系统的统筹协调，这是推进中高职衔接的关键所在；另一方面，通过开展中高职衔接项目，可以加快推进中高职管理系统的深度协调。比如，统筹开展对中高职衔接质量的审核工作，统筹管理中高职衔接特定要求的课程标准开发。事实上，这是一个互动的过程，中职和高职管理层面应该加强对话，目的在于促进现代职业教育体系的构建，帮助中职、高职开展互动衔接，帮助学生获得职业生涯的可持续发展，实现高技能人才的培养，满足产业升级和经济社会发展的需要。

二 建立中高职衔接专项经费资助制度

中高职衔接配套经费不足是制约中职、高职参与积极性的重要因素。在探索中高职衔接过程中，确实需要必要的经费支持，比如，以一体化设计（"中高职贯通"）衔接模式为例，中职、高职院校需要打破原来的中职、高职各自为政的分割局面，重新设计一体化中高职贯通的人才培养方案；需要中职、高职教师开展中高职贯通培养的研究工作，需要按照中高职贯通的培养需要重构课程体系等，这些都需要经费的支持。基于此，建议对中高职衔接设立专项经费支持。应考虑两个方面：一是要论证经费使用的合理性；二是审核专项经费使用的绩效。主要可以实现两个目的：一则提升中职、高职院校参与中高职衔接的积极性；二则为中高职衔接提供必要的物质保障，优化中高职衔接的外部环境，确保中高衔接项目高质量完成。

三 建立健全中高职衔接教育质量审核制度

1. 中高职衔接教育质量的审核主体应多元化。多元化的审核主体可以确保各方利益主体的意见得以体现，从而兼顾不同利益主体对中高职衔接中的利益诉求。为此，应设立中高职衔接教育质量审核委员会，成员包括中职和高职院校的教师、校领导、进入"中高职衔接"培养模式的学生家长、职教专家、企业代表、评估专家、生涯指导教师以及其他人员等。

2. 中高职衔接教育质量的审核内容应全面化。具体可包括以下方面：对投入教育经费使用绩效的审核；对中高职衔接教育成果的审核，如多少比例的学生完成了中高职衔接教育，多少比例的学生从事了预期的工作岗位等；对中高职衔接实施过程的审核；企业对中高职衔接教育质量的满意度调查；学生对参与中高职衔接教育的满意度等。

3. 中高职衔接教育质量的审核结果应效用化。中高职衔接教育质量的审核结果应形成报告，并反馈给各个职业院校和职业教育主管部门。一方面，为中职、高职院校进一步改革提供咨询和依据；另一方面，可逐步将审核结果向社会公布，成为公众关注中高职衔接教育质量的窗口。

第七章 数控技术专业教学标准中高职衔接解决方案

近年来，随着我国制造业的快速发展，企业急需大批既懂专业知识，又精于编程、操作和维修的数控技术专业高技能型人才。但是现有中职数控技术专业和高职数控技术专业所培养的人才都存在不同程度的素质缺失，不能很好满足现代企业生产的需要。针对上述问题，通过完善中高职教育衔接机制，重新审视中职人才培养和高职人才培养存在的问题，贯通人才培养实施路径，让继续追求学业的中职毕业生踏入高职教育的门槛，并从专业能力及综合能力等方面进一步提升，成为满足企业及社会需求的技能人才。数控技术专业实行中高职一体化培养，既是企业对人才规格提升的要求，也是中高职自身发展必须解决的重要问题。

第一节 数控技术专业中高职衔接现状

一 数控技术专业中高职衔接国外主要做法与经验

德国是制造业强国，其数控机床专业人才培养富有特色，享誉世界。在德国，职业教育倍受重视，其受到关注的程度甚至高于普通教育，职业教育不仅涉及大多数人的利益，而且关系到国家的发展前途。据经济合作与发展组织（OECD）统计，德国大学毕业生占同龄人的比例为20%左右，而将近80%的年轻人接受的是职业教育，并由此走上工作岗位。德国实施的"双元制"职业教育在世界职业教育中影响甚大。据了解，德国大学生占1/3，其余2/3进入"双元制"教育体系，隶属德国工商会管理。在德国教育体系中，必须完成九年制义务教育，才能开始职业教育。技术大学的数控技术专业通常为3年，专业衔接形式非常灵活，将行业职业教育由传统机电制造业向高新技术制造业发展，如纳米技术、光电技术、生物技术和系统扩展技术。企业不承担全过程的岗位培训，而是通过组建培训联盟的方式，政府给予资助，帮助学生实习，提升工作技能，快速适应工作岗位。培训过程是免费的，培训学员还有基本工资和保险，由工商会发放技工证书。在职业培训中有针对性地进行机械工程师的学位教育、职业培训后的员工继续学位教育或进入其他培训等，企业则通过对员工的全程培训维持和更新机床工业工作工人的技术。

日本的中高职衔接模式为对口入学模式，实质是通过在高等专门学校实施五年一贯制来实现中高职衔接，是一种典型的以学制为中心的衔接模式。在这种衔接模式中，学生在高等专门学校学习的五年时间里，前三年主要集中完成中等职业教育的课程，后两年完成高等职业教育的课程。在课程设置时遵循的首要原则是逻辑体系，同时考虑到学生的认知水平。高等专门学校的生源除了初中毕业生外，还有职业高中的优秀毕业生和具有一定职业技能及实践经验的社会人士，通常采取推荐入学、考试选拔等多种方式给他们提供继续学习的机会。

美国是以课程或大纲直接衔接模式来实现衔接的。主要途径是通过对中等职业教育课程的改革，实现其与高中后技术课程的衔接。这种模式在《卡尔·D.帕金斯职业和应用技术法案》[①]中有明确规定："联邦和各州政府用于职业教育的财政拨款主要任务，一是把高中职业课程（2年）改为高中后技术教育的准备课程，二是实施中高职课程衔接，即'2+2'课程。"另外，美国还鼓励社区学院与高中进行合作，共同制定衔接方案并进行实用技术课程的研发。

中国台湾技职教育伴随经济的发展得到快速发展，不仅纵向从高职到研究所自成体系，而且横向又能与普通教育相互沟通。台湾科技大学的设立标志技职教育发展提升至高等教育阶段，形成了对接分工培养初级、中级、高级技术人才的"高职—专科—科技大学"技职教育体系。这种方式在台湾的教育发展中，被称为"第二条教育高速公路"。数控

---

① 蒋春洋：《中高职衔接，国外哪些经验值得借鉴》，《中国教育报》2015年1月5日，第006版。

技术专业的中高衔接因此非常畅通，职业学校的数控技术专业毕业生可以直接报考专业对口的专科学校、技术学院和科技大学，也可以在课余或者假期参加相关文化课的补习，直接报考普通高等学校。进入技术学院和科技大学学习的职业学校学生，都可以按规定取得大专、本科学历，甚至可以取得硕士、博士学位。台湾中高职衔接的技职教育体系的建立，为技职教育的持续健康发展提供了有力保障。

二 我国数控技术专业中高职衔接的现状分析

近年来，我国各省都在积极探索中职教育与高职教育的衔接模式。在数控技术专业推出的中职、高职教育衔接模式中，主要有"3+2"或"五年一贯制"中职教育直接与高职专科教育对接模式。两种对接模式优势在于将数控技术专业的中等教育、高等教育贯通，整体设计和统筹安排学生数控技术专业的知识、能力、素质的培养，并能有效地提高教育资源的效益。对于"3+2"模式，即学生完成3年中职教育之后，再到高职完成2年课程学习。前3年的教学为分段式灵活学制，其中2年学习文化基础课和某科类的专业课，第3年按学生意愿实行分流：一部分集中进行升学预备教育，即继续留校参加为期一年的专业课和文化课集中学习，然后参加当年的普通高校招生考试，或参加对口招生的高职考试或成人高校招生考试；而另一部分则集中进行就业预备教育，如参加数控铣床工等级考试培训以及与就业相关的系列培训，取得数控铣床工职业等级证书及其他相关证书后面向社会自主择业。因此，可以说在中职阶段数控技术专业重点培养数控机床操作技能型人才，达到数控初中级工水平；高职阶段数控技术专业重点培养机械制造、模具制造等行业的生产和管理第一线的高端技能型人才，达到数控高级工水平。"五年一贯制"模式为招收初中毕业生在高职完成5年的学习。

中高职教育衔接是培养高技能型人才的有效途径，也是国内部分地区正在试点与推广的一种人才培养模式。对于中职、高职两个不同层次的办学，很容易因衔接不当而导致人才培养质量达不到预期效果。中高职数控技术专业在衔接过程中存在的突出问题是：专业培养目标不明确，课程标准层次不清晰，缺乏有效对接的系统顶层设计，课程设置与教学内容重复。调查研究表明，中职数控技术专业开设的专业基础课和专业技术课，几乎都是高职院校所开设的课程。文化素质课则层次脱节，实践技能课存在"倒挂"现象。中职学校文化素质课学时少，学生文化基础薄弱，难以适应高职教育对文化基础的要求。中职学校较为注重学生的专业实践技能训练，而高职院校专业实践技能高得不明显，有的甚至还不如中职专业实践技能训练。

第二节 数控技术专业中高职衔接的主要问题

一 中职和高职人才培养目标定位差异化不足、层次不清

中职教育和高职教育作为同一类型的教育，都以"服务为宗旨、就业为导向"，在办学模式上力求实现"校企合作、工学结合"，在教学模式上探索"教、学、做"一体化，因此具有较高的相似性。但中职教育和高职教育的协调发展缺乏系统的研究和实践，人才培养目标常常定位不清、交叉含糊。高职的人才培养目标是培养第一线需要的高素质技能型专门人才，中职则是培养具有综合职业能力，在生产、服务一线工作的高素质劳动者和技能型人才。由此，高职教育与中职教育的人才培养目标定位具有很大雷同，缺乏清晰的差异化定位。

例如，广东省理工职业技术学校对数控类中职专业的培养目标是"主要面向机械、电子、电器、汽车、模具等制造行业企业，从事生产、服务、管理等工作的具有一定专业技术的高素质劳动者和技能型人才"。就业职业岗位是"数控编程加工技术、CAD/CAM 一体化技术、模具数控加工"。而广东工贸职业技术学院数控技术高职专业的培养目标是"面向加工制造业生产第一线，培养具备数控加工工艺制订、程序编制与数控设备维护能力，熟练运用数控加工软件及熟练操作数控机床（含多轴与高速加工机床）的高素质、高技能应用型人才"。就业岗位是"数控工艺员、数控编程员、数控机床维修员、数控机床操作员、2D/3D 绘图员、注塑模具设计员等"。中职和高职的人才培养目标中都强调高素质的技能型人才，从中职的人才培养到高职人才培养没有体现出递进提升的层级关系。中职与高职两者定位不清晰、存在交叉，为后

面人才培养的衔接带来不少问题。

二 中职和高职课程设置重复有余、课程内容衔接不足

迄今为止，国家还没有制定统一的不同层次的职业教育课程标准。由于中职和高职院校之间缺少沟通交流的平台，互不联系，中职学校和高职院校各自构建自己的专业课程体系，确定课程教学内容。由此可见，中高职学校同类专业之间教学计划势必存在重复、断层和脱节现象。高职课程开发时与中职学校缺乏应有的沟通，没有兼顾中等职业教育课程改革的实际需要，更缺乏对中等职业学校课程开发特点的研究，而是按照学科结构模式自成体系。此外，没有考虑课程之间的递进关系，缺乏统一、贯穿中高职的课程体系。综上所述，既没有统一的中高职教育课程标准，也缺乏中高职贯通的教材。例如，数控技术专业中高职均既有机械制图、机械基础、CAD/CAM、数控加工等相同或相似的专业基础、专业技术类课程，又有计算机应用基础这样的公共基础课程。很多课程内容，中高职之间没有考虑递进关系，内容重复，不仅浪费了学生学习时间，还严重影响了学生的学习积极性。

基础课程设置与安排不合理且内容涵盖面窄，中职生升入高职院校后，对文化基础课的学习普遍感到困难，尤其是对数学、物理、英语等基础性课程。这与目前中职学校普遍存在的重技能轻文化、重操作轻理论的现实相关。反映出中高职课程体系构建的思想和原则的差异，高职与中职理应体现出层次内涵上的差异，然而，不少高职院校技能训练定位低，中职学生入读高职后发现有些实践训练项目与中职相差不多。重复训练的现象严重，大大影响了学生学习的积极性和主动性。

中高职院校相同或相近专业，专业基础课程重复开设是正常的，这样中职学生入读高职就可以直接学习专业课程。专业课程有重复也是允许的，但是学习要求、讲授内容与深度应有所不同。现实是中高职院校课程设置时并没有考虑两个阶段的相互衔接和递进关系，高职阶段专业课程的教学内容基本包含了中职讲授的内容。还有一些专业课程对中职毕业生来说是新开设课程，但往往中职学校又没有开设先修课程，学生学习起来非常困难，从而导致中职和高职的教学内容出现断层和脱节。

三　中职和高职专业设置对接存在脱节现象

为了适应经济发展和市场需要，近几年中等职业教育专业变动比较频繁，而高职专业设置则主要是参照本科教育，范围较窄，既不能满足社会对一些专业高层次实用型、技术型人才的需要，又不能满足中职学生渴望进入高职深造的愿望。这在中高职的专业目录中都明显地体现出来。《中等职业学校专业目录（2010年修订）》中专业名称的特征是对应产业和职业岗位，如机械加工技术、数控应用技术等；《高职专业目录》中的专业则与本科专业有较多的相似。由此可知，高职与普通本科专业具有较好的衔接对应关系，而与中职不管在专业划分依据上，还是专业名称上都存在较大差异，导致中高职教育难以实行有效、深度衔接。另外，近年来，中高职教育得到快速发展，特别是高职院校迎来了发展的重要机会，因此难免存在急功近利的专业建设和课程建设行为，这也导致了两者在专业设置对接上的脱节。

第三节　数控技术专业中高职衔接解决方案

一　准确定位中高职人才培养目标

完善的职业教育体系应是从初级到高级结构合理、递进衔接的完整系统，其体系内的各组成要素、各层次间的关系密切相关、相互依存，共处于系统的整体之中不可脱离或割裂。定位科学准确、层次分明的人才培养目标，具有紧密关系、合理衔接的中高职专业体系，是职业教育中高职协调发展的重要基础。中等职业教育与高等职业教育的人才培养目标都是培养适应生产、服务等一线需要的技术应用型专门人才。但从中高职衔接的视角看，两者应有各自不同的定位。中职教育应以培养技能型人才为主，高职教育则应以培养高素质技能型人才为主。

数控技术专业中职人才培养目标定位应该是"从事数控设备的操作与简单编程、数控设备的管理和维护，在生产、服务、管理一线工作的技术技能型人才"；就业职业岗位是"数控车工、数控铣工/加工中心操作工"。而高职的培养目标则是"熟练掌握数控编程、数控加工操作、计算机软件绘图等技能，具备数控机床的安装、调试和数控设备维护的高端技能型人才";就业职业岗位是"数控加工工艺员、数控加工编程员、数控机床售后服务人员、机械(数控)加工工艺师等"。数控专业中职培养目标以培养技能型人才为主,与高职培养目标衔接合理,这样的目标定位既明确清晰,又考虑到中高职的层次和递进关系。

通过对生产企业和行业的调研发现,中高职数控技术专业毕业生当前就业主要集中在数控机床操作、数控机床编程、机械加工工艺编制、机电设备装配与调试、生产调度管理等岗位,职业能力要求是能胜任数控机床操作、程序编制和零件数控加工工艺编制。从岗位职业能力要求出发,人才培养目标可归纳为:中职培养具有数控中级工水平的生产、服务及管理一线需要的技能型人才,高职培养具有数控高级工水平的生产、服务及管理一线需要的高技能型人才。为此,在确定目标定位时,要突出中职的基础地位,强调高职是中职的拓展与深化,强化中高职教育的内在逻辑关系,实现培养目标的有机衔接、统一协调。

根据数控技术专业中职教育的要求和特点,中职就业岗位主要可以分为数控编程加工岗位、CAD/CAM技术岗位、模具数控加工岗位(见表7-1)。

表7-1　　　　　　　中职数控技术专业就业岗位

序号	对应职业（岗位）	职业资格证书举例	专业（技能）方向
1	数控编程加工技术	①数控车（铣）机床操作工中级证;②普通车床工（中级）证	①普通机床操作与加工;②数控车床操作与加工;③数控铣床（加工中心）操作与加工;④数控加工工艺实施与程序编制;⑤数控设备的销售与技术服务。
2	CAD/CAM一体化技术	①计算机设计（CAD）中级绘图证;②计算机辅助制造（CAM）中级程序员证	①计算机辅助绘图;②数控加工工艺实施与程序编制;③工业产品设计;④技术档案管理。
3	模具数控加工	①普通钳工（中级）证;②模具制造工中级证	①模具数控加工工艺实施与程序编制;②数控线切割、电火花加工编程与操作;③模具CAD/CAM技术;④模具制造装配;⑤模具生产现场管理。

第七章 数控技术专业教学标准中高职衔接解决方案

根据数控技术专业高职教育的要求和特点，高职就业岗位分为数控工艺员、数控编程员、数控机床维修员、数控机床操作员、注塑模具设计、2D/3D 绘图员等岗位，见表 7-2。

表 7-2　　　　　　　　　高职数控技术专业就业岗位

序号	工作岗位	岗位性质	岗位及相关职业标准描述	职业素质与职业能力
1	数控工艺员	核心岗位	根据加工零件图纸进行数控加工工艺分析，确定数控加工工艺方案，制定数控工艺文件。	①能熟读机械零件图纸； ②熟悉常用金属材料的加工工艺性和热处理工艺性； ③能够根据零件图纸技术要求和工期要求，结合企业设备及工人技术水平进行合理加工工艺设计，制定工艺文件。包括：毛坯、机床、刀具、夹具的选择；切削参数和基准的确定；热处理工序的安排； ④能熟悉常用加工设备工艺范围、特点、加工的经济精度； ⑤能在现场指导一线生产技术工人进行工艺文件的实施； ⑥能解决现场常见工艺问题。
2	数控编程员	核心岗位	根据零件图纸要求，按照工艺文件，用手工或主流 CAM 软件编制数控加工程序，现场调试程序并指导数控机床操作工加工合格零件。	①能熟练识读零件图纸； ②会手工编制数控加工程序（数车、铣和线切割）； ③能熟练应用至少一种主流 CAM 软件编程（数铣、数铣、加工中心（含多轴与高速加工）、线切割）； ④能编制通用的机械加工工艺和数控加工工艺； ⑤会操作一种主流数控系统和数车、数铣、加工中心（含多轴与高速加工）、电火花线切割机床； ⑥合理选择刀具、工装和加工参数； ⑦能够分析解决加工现场遇到的常见工艺问题； ⑧能够顺畅与产品设计、工艺设计、生产管理、质检和设备维修一线人员合作交流。
3	数控机床维修员	核心岗位	对数控机床出现的常见故障能熟练、及时地诊断与排除，并建立维修记录。	①熟知数控机床的工作原理、构造、机械结构、电气控制和控制系统参数设置； ②熟知常用数控机床和 2~3 种数控系统的常见故障的诊断； ③熟练排除常见数控机床的故障。 ④能按照生产规章，对数控机床进行日常维护。

· 269 ·

续表

序号	工作岗位	岗位性质	岗位及相关职业标准描述	职业素质与职业能力
4	数控机床操作员	核心岗位	根据零件图纸和工艺文件要求，利用已编制好加工程序，熟练操作数控机床进行合格零件的生产加工。	①能读懂零件图上的公差配合与表面粗糙度意义，了解实现相关技术要求所需要的加工方法； ②能熟练操作数控机床（数车、数铣、三轴与多轴加工中心、线切割机床）加工工件； ③能合理调整加工参数； ④会正确使用常用量具检测工件尺寸； ⑤能较好地与工艺设计、程序编制、生产管理、质检人员交流沟通。
5	注塑模具设计员	核心岗位	根据要求进行注塑模具的三维造型及整套模具的设计。	①能利用有关软件进行注塑件的三维造型； ②能掌握注塑模具设计的基本理论与相关计算； ③能利用有关软件进行上下模及整个模架的设计； ④掌握将三维图形转成二维工程图。
6	2D/3D绘图员	辅助岗位	使用测量工具测量已有产品的尺寸或根据机械产品设计方案、草图和技术说明，绘制零件标准图样；对机械产品的设计图纸进行解释及提供技术指导；按照现有的技术规范完成机械产品的图纸标准化工作。	①会使用常用测绘仪器，能对较复杂零件进行尺寸与形位测量； ②能熟练读识装配图和复杂曲面零件图，能按照国家制图标准对装配进行正确表达、能绘制较复杂曲面零件视图； ③掌握利用2D和3D绘图软件进行较复杂的二维、三维绘图； ④熟悉通用标准件的选用原则，能进行简单机械设计； ⑤能保护图纸信息安全。

二 合理构建基于职业能力层级的中高职衔接系统

准确确定了层次清晰的中高职人才培养目标之后，构建基于职业能力层级的中高职衔接系统是实现人才培养目标的落脚点。中职和高职在办学实体衔接中存在的大量断裂现象，多因缺乏可依据的能力衔接系统。根据对制造类企业的调研结果，中职与高职的区别主要体现在就业岗位的层次上，要针对相应的岗位，分析中高职不同阶段所对应的能力层级，从而构建中高职衔接的系统。

根据第五章职业能力的划分原则，经过对人才需求的调研分析，总结过去的经验和存在的问题，得到数控技术专业中职、高职不同阶

第七章 数控技术专业教学标准中高职衔接解决方案

段所对应的职业通用能力、专业能力和岗位能力要求，见表7-3。

表7-3　　　　数控技术专业中职与高职职业能力层级表

能力类型＼等级	中职	高职
1. 职业通用能力	①能正确识读和绘制四类典型零件图； ②能读懂零件图上的公差配合与表面粗糙度意义；了解实现相关技术要求所需要的加工方法； ③能保护图纸信息安全。 ④能识读常用机床的型号、常用机床的零部件名称； ⑤能正确使用车床和铣床加工典型零件，达到图纸要求； ⑥能熟练操作数控机床加工件； ⑦掌握文明安全操作； ⑧能熟练安装和调试刀具； ⑨会正确使用常用量具检测工件尺寸； ⑩熟练操作办公自动化软件，具备上网查询相关信息，收集整理的能力； ⑪能熟练应用至少一种主流CAM软件编程； ⑫能利用2D和3D绘图软件进行二维、三维绘图； ⑬具备主动合作的意识，善于与他人沟通，能采取有效措施，通过对他人的理解和支持来促进工作。	①能熟练读识装配图和复杂曲面零件图，能按照国家制图标准对装配进行正确表达，能绘制较复杂曲面零件视图； ②能熟悉常用加工设备工艺范围、特点、加工的经济精度； ③能编制通用的机械加工工艺和数控加工工艺； ④会操作一种主流数控系统和数车、数铣、加工中心、电火花线切割机床； ⑤会手工编制数控加工程序（数车、铣和线切割）； ⑥能熟练应用至少一种主流CAM软件编程； ⑦能够顺畅与产品设计、工艺设计、生产管理、质检和设备维修一线人员合作交流； ⑧能按照生产规章，对数控机床进行日常维护； ⑨掌握利用2D和3D绘图软件进行较复杂的二维、三维绘图； ⑩熟悉通用标准件的选用原则，能进行简单机械设计； ⑪会使用常用测绘仪器，能对较复杂零件进行尺寸与形位测量。
2. 专业能力	①能合理调整加工参数； ②能正确选择刀具、切削用量； ③能识别各种电路图； ④能正确识读典型的液压传动系统图； ⑤知道材料的用途及相应的热处理方式； ⑥会根据名牌识别电气元件，并知道作用； ⑦能正确使用液压和气压传动系统。	①熟悉常用金属材料的加工工艺性和热处理工艺性； ②合理选择刀具、工装和加工参数； ③熟知数控机床的工作原理、构造、机械结构、电气控制和控制系统参数设置； ④熟知常用数控机床和2~3种数控系统的常见故障的诊断； ⑤熟练排除常见数控机床的故障。

续表

能力类型＼等级	中职	高职
3. 岗位能力	①能读懂一般的工艺技术文件； ②能根据工艺要求，加工出合格的较复杂形状的零件； ③具有比较正确的语言、文字表达能力和一定的社会交往能力。	①能够根据零件图纸技术要求和工期要求，结合企业设备及工人技术水平进行合理加工工艺设计，制定工艺文件； ②能在现场指导一线生产技术工人进行工艺文件的实施； ③能解决现场常见工艺问题。

三 科学构建中高职职业能力培养有效衔接的课程体系

根据中高职培养的专业职业能力层级，系统分析职业能力培养所依托的课程，从而构建数控技术专业中高职有效衔接的课程体系，见表7-4。

表7-4　数控技术专业中高职职业能力与课程体系

职业能力	中职课程	高职课程
1. 职业通用能力	①文化素质综合 ②沟通技能 ③商务礼仪 ④信息技术应用基础 ⑤体育与健康 ⑥机械制图 ⑦机械基础 ⑧互换性与测量技术 ⑨CAD二维绘图技术 ⑩钳工技术 ⑪车削加工技术 ⑫铣削加工技术 ⑬刨、磨、电焊技术 ⑭数控车床编程与加工 ⑮三维造型设计	①军训 ②体育 ③就业指导 ④思想道德修养与法律基础 ⑤毛泽东思想和中国特色社会主义理论概论 ⑥形势与政策 ⑦大学生心理健康教育 ⑧装备识图与计算机绘图 ⑨机械工程基础与典型制造工艺 ⑩数控编程与加工 ⑪注塑模具测绘 ⑫特种加工 ⑬英文图纸识读 ⑭机械产品设计 ⑮公文写作/礼仪

续表

职业能力	中职课程	高职课程
2. 职业专业能力	①工程材料 ②数控铣床编程与加工 ③特种加工 ④数控机床拆装与维修 ⑤自动编程技术 ⑥质量分析与控制技术常识 ⑦三坐标测量技术 ⑧机械制造成本核算	①典型机械产品造型与加工 ②模具数字化设计 ③电工与机床控制电路 ④可编程控制器 ⑤高速与多轴加工 ⑥数控机床故障分析与排除及装调 ⑦注塑模具设计
3. 岗位能力	①企业认知实践 ②顶岗生产实习 ③数控综合加工	①数控加工综合实训 ②企业项目管理 ③毕业综合实训和生产（顶岗）实习

四　数控技术专业中高职衔接培养计划

根据职业能力层级，合理安排中职、高职两个阶段不同的培养内容，再根据培养内容设置相应的课程教学，则可以形成基于职业能力层级数控技术专业中高职衔接教学计划。

为方便对比，我们选择1所中职学校和1所高职院校该专业的培养目标及教学计划与本课题的成果进行对比。

1. 中职广东理工职业技术学校数控技术专业的培养目标及教学计划

培养目标：本专业旨在培养德、智、体、美全面发展，能操作和维修数控机床并从事机械制造工作，机电结合的复合型中高级应用技术人才。

该校数控技术专业教学计划见表7-5，其中文化基础课按照国家的相关规定进行开设。

2. 高职院校广东工贸职业技术学院数控技术专业的培养目标及教学计划

培养目标：培养面向生产、建设、服务与管理第一线需要的德、

表7-5　　　　　　中职学校数控技术专业教学计划表

课程类别	序号	课程名称	考试/考查	课时	学分	学年 1				学年 2				学年 3		
						学期 1		2		3		4		5		6
						课堂	实训	课堂	实训	课堂	模块	课堂	实习	课堂	模块	顶岗
						10	8	12	6	17	1	18	0	16	2	20
公共基础课	1	德育	考查	144	9.0	2		2		2		2		2		
	2	沟通技能	考查	32	2.0									2		
	3	商务礼仪	考查	32	2.0									2		
	4	语文	考查	40	2.5	4										
	5	数学	考查	40	2.5	4										
	6	专业英语	考试	64	4.0									4		
	7	信息技术应用	考试	60	4.0	6										
	8	体育与健康	考查	44	3.0	2		2								
		小计（占总学时）	14.6%	456	29.0	18	0	4	0	2	0	2	0	10	0	0
专业技能课	9	机械制造技术														
		①机械制图	考试	108	7.0	6试		4查								
		②机械基础	考试	48	3.0			4								
		③互换性与测量技术	考查	24	1.5			2								
		④CAD二维绘图技术	考试	174	11.0			6试		6查						
		⑤机械制造工艺基础（在实习周上）	考试	36	2.0		(6)									
		⑥工程材料	考查	24	1.5			2								
	10	普通机加工技术基础	考查													
		①钳工技术	考查	56	3.0	2W										
		②车削加工技术	考查	224	12.0	2W		6W								
		③铣削加工技术	考查	28	1.5	1W										
		④刨、磨、电焊技术	考查	28	1.5	1W										
	11	机床电气控制技术基础														
		①电工电子学	考试	96	6.0					4	1W					
		②气液压控制技术	考试	60	4.0	6										
		③数控机床控制技术	考试	68	4.0					4						
		小计（占总学时）	31.3%	974	58.0	12	6W	18	6W	14	1W	0	0	0	0	0

续表

课程类别	序号	课程名称	考试/考查	课时学分	学年	1				2				3		
					学期	1		2		3		4		5		6
						课堂	实训	课堂	实训	课堂	模块	课堂	实习	课堂	模块	顶岗
						10	8	12	6	17	1	18	0	16	2	20
专业核心课	12	数控机床操作与加工技术														
		①控车床编程与加工	考试	102	6.0					6						
		②数控铣床编程与加工	考试	102	6.0					6						
		③特种加工	考查	72	4.5							4				
		④数控机床拆装与维修	考试	64	4.0									4		
	13	CAD/CAM软件应用技术														
		① pro/e 三维造型设计	考试	90	6.0							5				
		② MasterCAM自动编程技术	考查	72	4.5			6								
		③solidworks 三维型	考试	72	4.5							4				
	14	质量控制技术														
		①质量分析与控制技术常识	考查	36	2.0							2				
		小计（占总学时）	19.6%	610	37.5	0	0	6	0	12	0	15	0	4	0	0
实践课、其他	15	模具数控加工技术														
		①数控综合加工	考试	108	7.0							6				
		② UG模具设计	考试	96	6.0									6		
		小计（占总学时）	6.5%	204	13.0	0	0	0	0	0	6	0	6	0	0	0
	16	入学教育	28	1.5		1W										
	17	企业认知实践	84	4.5		1W									2W	
	18	顶岗生产实习	532	30.0												19W
	19	毕业教育	28													1W
		小计（占总学时）	21.6%	672	36.0	0	2W	0	0	0	0	0	0	0	2W	20W

续表

课程类别	序号	课程名称	考试/考查	课时 学分	学年									
					1		2		3		4		5	6
					课堂	实训	课堂	实训	课堂	模块	课堂	实习	课堂	模块	顶岗
					10	8	12	6	17	1	18	0	16	2	20
专业拓展课	20	三坐标测量技术	考查	32	2.0									2		
	21	市场营销实务	考查	64	4.0									4		
	22	机械制造成本核算	考查	32	2.0									2		
	23	模具概论	考查	72	4.5							4				
	小计（占总学时）		6.4%	200	12.5	0	0	0	0	0	0	4	0	8	0	0
总学时、学分、周学时合计				3116	186.0	31	8W	28	6W	28	1W	27	0	28	2W	20W

说明：1. 学分学时计算标准：课堂教学一般按16学时/学分计算；集中实践教学按1.5学分/周、28学时/周计算，W表示集中实践教学周。2. 课堂、实训、顶岗均指周数。

智、体、美等方面全面发展，熟练掌握数控加工工艺和数控加工程序编制，熟练进行数控加工设备操作和维护的高技能人才。

教学计划：高职院校数控技术专业教学计划见表7-6，其中公共基础课按照国家的相关规定开设。

从中职和高职学校的课程列表可以看出，机械制图、计算机绘图是重复开设的课程，高职的金工实习与中职普通机加工技术基础课程内容一样，高职的数控编程与加工要和中职的有所区别和提高，高职的典型机械产品造型与加工Ⅰ（MarsterCAM）与中职的CAD/CAM课程有重复。两所学校的课程都存在名称相同或内容重复现象。实际上，高职的课程可以在中职的基础上进行调整安排，相同内容的课程应该取消，同一门课程高职应提高学习要求、增加讲授内容与拓展内容深度。因此只有通过建立递进关系，统筹研制贯穿中高职一体化的课程体系，才能更好培养出高素质技术技能人才。

第七章 数控技术专业教学标准中高职衔接解决方案

表7-6 高职院校数控技术专业教学计划表

课程类别		序号	课程名称	课程类型	总学时	理论学时	实践学时	学分	考核性质	考核学期	一学年 1学期 周学时	1学期 周数	一学年 2学期 周学时	2学期 周数	二学年 3学期 周学时	3学期 周数	二学年 4学期 周学时	4学期 周数	三学年 5学期 周学时	5学期 周数	三学年 6学期 周学时
必修	公共课程	1	军训	B	54	36	18	3.0	考查	1▲	2	2									
		2	体育	B	72	8	64	4.0	考试	1,2	2	15	2	15							12
		3	思想道德修养与法律基础	B	72	44	28	4.0	考试	1,2	2	13	2	13							20
		4	毛泽东思想和中国特色社会主义理论概论	B	72	44	28	4.0	考试	3,4					2	13	2	13			20
		5	就业指导	B	38	24	14	2.0	考查	2,3			2	4	2	4					22
		6	大学英语	B	60	40	20	3.0	考试	2*			4	15							
		7	计算机应用基础	B	30	16	14	1.5	考试	1*	2	15									
		8	高等数学	A	60	50	10	3.0	考试	2			4	15							
		9	形势与政策	A	16	16	0	1.0	考查	1,2,3,4	4	1	4	1	4	1	4	1			
		10	大学生心理健康教育	A	8	8	0	0.5	考查	1,2,3,4	2	1	2	1	2	1	2	1			
	小计				482	286	196	26.0			6		12		2		2		0		

续表

课程类别	序号	课程名称	课程类型	总学时	理论学时	实践学时	学分	考核性质	考核学期	1学期周学时	1学期周数	2学期周学时	2学期周数	3学期周学时	3学期周数	4学期周学时	4学期周数	5学期周学时	5学期周数	6学期学时
	11	机械制图	B	90	56	34	5.0	考试	1	6	15									
	12	计算机绘图	B	54	28	26	3.0	考试	2			6	9							
	13	注塑模具测绘	C	24	0	24	1.0	考查	2				1W							
	14	金工实习	C	72	0	72	3.0	考查	2				3W							
	15	金属材料与热处理	B	30	22	8	1.5	考查	1	3	10									
必修专业课程	16	互换性与技术测量	B	36	24	12	2.0	考查	1	4	9									
	17	零件质量检测	C	24	0	24	1.0	考查	3											
	18	机械设计基础（含工程力学）	B	90	68	22	5.0	考试	2			6	15							
	19	液压传动	B	36	24	12	2.0	考查	2			6	6							
	20	机械零件课程设计	C	48	0	48	2.0	考查	3						2W					
	21	机械制造基础	B	48	40	8	2.5	考试	1	6	8									
	22	机制工艺课程设计	C	24	0	24	1.0	考查	3						1W					
	23	数控编程与加工★	B	90	50	40	5.0	考试	2▲			6	15							

第七章 数控技术专业教学标准中高职衔接解决方案

续表

序号	课程类别	课程名称	课程类型	总学时	理论学时	实践学时	学分	考核性质	考核学期	一学年 1学期 周学时	一学年 2学期 周学时	一学年 2学期 周数	二学年 3学期 周学时	二学年 3学期 周数	二学年 4学期 周学时	二学年 4学期 周数	三学年 5学期 周学时	三学年 6学期 学时
24		典型机械产品造型与加工Ⅰ（Marster-CAM）★	B	88	54	34	5.0	考试	3▲				8	11				
25		典型机械产品造型与加工Ⅱ（UG）★	B	70	50	20	4.0	考试	4▲						10	7		
26		高速与多轴加工（UG）★	B	40	28	12	2.0	考试	4▲						4	10		
27	必修专业课程	特种加工	B	32	20	12	1.5	考查	3▲				8	4				
28		数控加工综合实训	C	48	0	48	2.0	考查	4							2W		
29		电工与机床控制电路	B	40	25	15	2.0	考查	3				5	8				
30		可编程控制器	B	40	24	16	2.0	考试	3				5	8				
31		数控机床故障分析与排除及装调★	B	90	40	50	5.0	考试	4▲						10	9		
32		毕业综合实训和生产（顶岗）实习	C	864	0	864	36.0	考查	5、6▲								19W	24×17W
		小计		1978	553	1425	93.5			19	18		15		14		0	

续表

序号	课程类别	课程名称	课程类型	总学时	理论学时	实践学时	学分	考核性质	考核学期	一学年 1学期 周学时	一学年 1学期 周数	一学年 2学期 周学时	一学年 2学期 周数	二学年 3学期 周学时	二学年 3学期 周数	二学年 4学期 周学时	二学年 4学期 周数	三学年 5学期 周学时	三学年 5学期 周数	三学年 6学期 学时
33	专业选修课	注塑模具设计	B	48	38	10	2.5	考查	4							6	8			
34		模具数字化设计(UG)	B	54	44	10	3.0	考查	4							6	9			
35		英文图纸识读	B	16	8	8	1.0	考查	3					2	8					
36		公文写作	B	16	8	8	1.0	考查	3					2	8					
		小计		134	98	36	7.5			0		0		4		12		0		
37	公共选修课		B	72	72	0	4.0	考查	2~5			4	9	2		2	9	(2)		
		小计		72	72	0	4.0			0		4		2		2		(2)	(9)	
		总计		2666	1009	1657	131.0			25		34		23		30		0		

说明：1. 学分学时计算标准：课堂教学一般按18学时/学分计算，24学时/周计算，集中实践教学按1.5学分/周，W表示集中实践教学周。2. 课程类型：A（纯理论课），B（理论课+实践课），C（纯实践课）。3. 课程考核：课程如果融合技能证书鉴定——以证代考，考核学期数字后加标注"*"；批准设置为"过程任考核"的，考核学期数字后加标注"▲"。要求建设配套的网络课程，并在网络课程网站中完成理论考试——课程实施：（1）专业核心课程，课程名称后加标注"★"；专业基础课程，课程名称后加标注"●"。（2）军训包含"军事技能训练"（2周，1学分）、"军事理论"（36学时，2学分）。（3）第6学期公共课程实践教学包括体育（运动会）12学时，思政课（三下乡和就业指导22学时，40学时和就业指导22学时。5. 课程性质：序号1—32为必修课，33—37为选修课。

3. 数控技术专业中高职衔接一体化教学计划

（1）培养目标

面向加工制造业生产一线，培养具备数控加工工艺制订、程序编制与数控设备维护能力，熟练运用数控加工软件及熟练操作数控机床（含多轴与高速加工机床）的高素质、高技能应用型人才。

（2）专业特色

本专业特色为：以职业技能为标准、项目教学为手段、综合人才培养为目标，着重培养学生数控加工与设备维修综合能力。

在课程体系的内容及设置上，基于复杂空间任意曲面零件的精密数控加工与数控机床维修为目标，以能力的递进培养为主线；同时强调多轴、高速、高效加工新技术的应用，突出实际技能的培养，数控加工工艺设计能力的培养贯穿在数控编程加工过程中，使学生在学习中自觉地熟悉整个数控制造的过程。

在课程教学方面，针对高职教育特点，坚持行动导向任务驱动，采用项目教学法，根据岗位工作过程，确定教学项目，设计教学情境；在教学过程中，贯彻"教、学、做"一体化，实现"做中学"和"学中做"，以学生为主体，使学生充分体验项目的完成过程，增强职业道德和职业技能。

（3）专业创新

根据区域经济发展规划及企业技术发展的需求，高效、高精度零件加工将是企业争取最大效益的趋势。在专业课程体系设置上，突出实际技能的培养，数控加工工艺设计能力的培养贯穿在数控编程加工过程中，使学生在学习中自觉地熟悉整个数控制造的过程。建设与之配套的实训条件，改革课程体系及教学模式，保证毕业生的高就业率及长期发展潜力。

（4）教学计划

本课题所制订的数控技术专业中高职衔接一体化教学计划见表7-7、表7-8，其中公共基础课按照国家的相关规定开设。

4. 培养目标和教学计划对比分析

本项目组所制定的课程培养目标与中职在教育层次上有明显区

中高职教育职业能力培养有效衔接研究与实践

别。将中职定位在培养高级技术型人才,并针对高职的专业或工作岗位特点开设适应的高职阶段课程。与上述高职院校单一培养高职专业人才相比,本课题组所制定的教学计划,从岗位目标确定其课程目标,进行科学定位,既有利于凸显高职教育特色,又区别于中职教育模式。在教学过程中加入数控技能考证的相关内容,使学生在课程理论基础知识内容考试完成后,通过培训就可以通过职业资格证书考试,从而实现学历与职业资格的有效衔接。

数控技术专业教学模式注重实践动手能力的培养,在教学计划中,实践课时占到总课时的51%。三学年的总体安排为:一年级为公共基础课和专业基础课,并进行金工实习和数控认识实训;二年级安排专业核心课程的学习,其教学方法是从课堂搬到车间,实施项目过程一体化教学模式;三年级安排数控考证、毕业设计和企业顶岗综合实训。

表7-7 数控技术专业中高职衔接一体化教学计划(中职部分)

序号	课程类别	课程名称	课程类型	总学时	理论学时	实践学时	学分	考核性质	考核学期	一学年 1学期	一学年 2学期	二学年 3学期	二学年 4学期	三学年 5学期	三学年 6学期
1	公共课程	德育	A	146	146	0	8.0	考查	1~4	2×10	2×12	2×17	2×18	2×16	
2		沟通技能	B	32	22	10	1.5	考查	5					2×16	
3		商务礼仪	B	32	22	10	1.5	考查	5					2×16	
4		语文	A	40	40	0	2.0	考查	1	4×10					
5		数学	A	40	40	0	2.0	考查	1	4×10					
6		专业英语	A	64	64	0	3.5	考试	5					4×16	
7		信息技术应用基础	B	60	40	20	3.0	考试	1	6×10					
8		体育与健康	B	44	4	40	2.5	考试	1、2	2×10	2×12				

第七章 数控技术专业教学标准中高职衔接解决方案

续表

序号	课程类别	课程名称	课程类型	总学时	理论学时	实践学时	学分	考核性质	考核学期	一学年 1学期	一学年 2学期	二学年 3学期	二学年 4学期	三学年 5学期	三学年 6学期
9		机构制图	B	108	70	38	6.0	考试	1、2	6×10	4×12				
10		机械基础	B	48	40	8	2.5	考试	2		4×12				
11		互换性与测量	B	24	20	4	1.0	考查	2		2×12				
12		CAD二维绘图	B	174	90	84	9.5	考试	2、3		6×12	6×17			
13		机械制造工艺基础	A	36	36	0	2.0	考试	1	6×6					
14		工程材料	B	24	20	4	1.0	考查	2		2×12				
15		钳工技术	C	48	0	48	2.0	考查	1	2W					
16		车削加工技术	C	192	0	192	8.0	考查	1、2	2W	6W				
17		铣削加工技术	C	24	0	24	1.0	考查	1	1W					
18		刨、磨、电焊技术	C	24	0	24	1.0	考查	1	1W					
19	专业课程	电工电子学	B	68	50	18	3.5	考试	3			4×17			
20		气液压控制技术	B	40	30	10	2.0	考试	1	4×10					
21		数控机床控制技术	B	68	40	28	3.5	考试	3			4×17			
22		数控车床编程与加工	B	102	60	42	5.5	考试	3			6×17			
23		数控铣床编程与加工	B	102	60	42	5.5	考试	3			6×17			
24		特种加工	B	72	40	32	4.0	考查	4				4×18		
25		数控机床拆装与维修	B	64	34	30	3.5	考试	5					4×16	
26		pro/e三维造型设计	B	108	60	48	6.0	考试	4				6×18		
27		MasterCAM自动编程技术	B	72	40	32	4.0	考查	2		6×12				
28		质量分析与控制技术常识	B	16	14	2	1.0	考查	4				2×8		
29		数控综合加工	B	108	20	98	6.0	考试	4				6×18		
30		企业认知实践	C	72	0	72	3.0	考查	1、5	1W				2W	

续表

序号	课程类别	课程名称	课程类型	总学时	理论学时	实践学时	学分	考核性质	考核学期	一学年 1学期	一学年 2学期	二学年 3学期	二学年 4学期	三学年 5学期	三学年 6学期
31	专业课程	顶岗生产实习	C	456	0	456	19.0	考查	6						19W
32		模具概论	B	72	68	4	4.0	考查	4				4×18		
33		三坐标测量技术	B	32	12	20	1.5	考查	5					2×16	
34		市场营销实务	B	64	60	4	3.5	考查	5					4×16	
35		机械制造成本核算	B	32	28	4	1.5	考查	5					2×16	
中职3年学时、学分小计				2708	1270	1448	135.0			34	28	26	24	22	

表7-8 数控技术专业中高职衔接一体化教学计划（高职部分）

序号	课程类别	课程名称	课程类型	总学时	理论学时	实践学时	学分	考核性质	考核学期	四学年 7学期	四学年 8学期	五学年 9学期	五学年 10学期
1	公共课	军训	B	54	36	18	3.0	考查	7	3W			
2		体育	B	72	8	64	4.0	考试	7,8	2×15	2×15	12	
3		就业指导	B	38	24	14	2.0	考查	8,9		2×4	2×4	22
4		思想道德修养与法律基础	A	36	22	14	2.0	考试	8		2×13		10
5		毛泽东思想和中国特色社会主义理论概论	B	36	22	14	2.0	考试	8		2×13		10
6		形势与政策	A	8	8	0	0.5	考查	7,8	4×1	4×1		
7		大学生心理健康教育	A	4	4	0	0.5	考查	7,8	2×1	2×1		
8	专业课	装备识图与计算机绘图（AutoCAD高级技能考证）●	B	80	50	30	4.5	考试	7	8×10			
9		机械工程基础与典型制造工艺●	B	104	80	24	5.5	考试	7,8	4×14（机械设计）	4×12（机械制造）		
10		★数控编程与加工（项目教学）	B	72	36	36	4.0	考试	7*▲	*8×9			
11		注塑模具测绘●	C	24	0	24	1.0	考查	7	1W			

续表

序号	课程类别	课程名称	课程类型	总学时	理论学时	实践学时	学分	考核性质	考核学期	四学年 7学期	四学年 8学期	五学年 9学期	五学年 10学期
12	专业课	特种加工●	B	40	24	16	2.0	考查	8▲		4×10		
13		英文图纸识读●	B	20	16	4	1.0	考查	8		2×10		
14		★典型机械产品造型与加工（UG）（项目教学）	B	96	56	40	5.0	考试	8▲		12×8		
15		注塑模具设计●	B	80	70	10	4.5	考查	8		8×10		
16		模具数字化设计（UG）●	B	64	32	32	3.5	考试	8		8×8		
17		电工与机床控制电路●	B	50	35	15	2.5	考查	9			10×5	
18		可编程控制器●	B	50	30	20	2.5	考查	9			10×5	
19		★高速与多轴加工（项目教学）	B	56	34	22	3.0	考试	9▲			8×7	
20		★数控机床故障分析与排除及装调（项目教学）	B	84	36	48	4.5	考试	9▲			12×7	
21		机械产品设计（Solidwork）●	B	60	30	30	3.5	考试	9▲			6×10	
22		数控加工综合实训●	C	48	0	48	2.0	考查	9			2W	
23		企业项目管理●	B	16	10	6	1.0	考查	9			2×8	
24		公文写作/礼仪●	B	18	12	6	1.0	考查	9			2×9	
25		毕业综合实训和生产（顶岗）实习	C	408	0	408	17.0	考查	10				24×17W

续表

序号	课程类别	课程名称	课程类型	总学时	理论学时	实践学时	学分	考核性质	考核学期	四学年 7学期	四学年 8学期	五学年 9学期	五学年 10学期
26	素质课	公共选修课	B	36	36	0	2.0	考查	8, 9		2×9	2×9	
27		绿色制造	B	8	6	2	0.5	考查	7	2×4			
		高职2年学时、学分小计		1662	717	945	84.5			24	24	22	
		合计		4370	1987	2393	219.5						

说明：1. 学分学时计算标准：课堂教学一般按18学时/学分计算；集中实践教学按1学分/周、24学时/周计算，W表示集中实践教学周。2. 课程类型：A（纯理论课）、B（理论课+实践课）、C（纯实践课）。3. 课程考核：课程如果融合技能证书鉴定――以证代考，考核学期数字后标注"＊"；批准设置为"过程性考核"的，考核学期数字后标注"▲"，要求建设配套的网络课程，并在网络课程网站中完成理论考试。4. 课程实施：(1) 专业核心课程，课程名称后加标注"★"；专业基础课程，课程名称后加标注"●"。(2) 军训包含"军事技能训练"（2周、1学分）、"军事理论"（36学时、2学分）。(3) 第6学期公共课程实践学时包括体育（运动会）12学时、思政课（三下乡和国家安全教育）40学时和就业指导22学时。

为避免中高职课程内容衔接错位，提升中高职培养效率和效果，将原来"基础课、专业基础课、专业课"的刚性课程结构，改革变成"文化课模块、专业通修课模块、专业课模块、选修课模块、实训课程模块"的课程体系。在专业教师指导下针对不同层次的学生，根据其基础知识和能力层次，组成适合自己的课程体系，选择合适的学习内容，从而实现学习内容的顺利过渡和接轨。

数控技术专业主干课程是以"项目化"课程为主体的课程体系。为了让学生在有限时间内获得较强的实践技能，充分体现高职课程的就业导向功能，我们打破传统的以学科课程为主的高职课程体系，适当减少专业基础课程、改公共基础课程为选修课，开发以"项目化"为中心的专业技能课程，充分利用数控机床设备，实现理论与实践一体化教学。比如，实训课程模块进行实训技能训练时，加强综合技能训练，而不是传统单项的训练。结合金工实习、数控编程、数控仿真、数控铣工实训、数控车加工综合技能实训，生产出合格的产品，以产品质量的评定分数作为学生的成绩。这样，实践课始终围绕数控的理论课程展开，增强了学生的动手能力，加强了CAD产品造型设计、数控编程、数控加工技术、数控仿真、课程设计及毕业设计课程之间的联系，并明确了它们的先后、难易等关系，加强了学生的理论基础，达到了数控加工技术专业的培养目标。

第四节　数控技术专业中高职衔接方案实践评价与发展

本研究项目自2011年开展以来，以广东工贸职业技术学院为试点学校，持续5年与中职学校协同开展中高职衔接人才培养模式改革的实践工作。经过探索与实践，不断明确中高职人才培养的目标，优化教学计划，改革教学内容和课程体系，所培养的学生各项技能及综合素质持续提升。

专家组认真审阅了本专业人才培养方案后认为：（1）该方案综合考虑了中职和高职教育的特点，从岗位分工出发，岗位技能、素质分析翔实，目标明确、培养计划合理，符合目前珠江三角洲地区企业的人才需求现状。（2）该方案整体设计合理，培养目标清晰，充分考虑了中高职一体化教学的要求。教学计划层级分明，基础知识、核心技能、综合素质的安排科学合理，兼顾学生的长远发展和潜力培养。经过5年实践，数控技术专业人才培养质量稳步提升，毕业生就业质量高，岗位适应能力强，得到社会的普遍认可，受到用人单位的普遍好评。

为进一步完善中高职有效衔接，应在如下几个方面予以加强。

一　完善中高职教学过程与管理衔接

广东工贸职业技术学院牵头近100个企业、行业学会、高职、中职学校，组建了职业教育集团。职业教育集团组织相关中高职院校协同制定了一体化的人才培养方案。按照国家职业资格标准对职业能力的要求，确定培养目标，制订教学计划，优化课程和人才培养过程，科学制定考试和学生职业能力评价方式，对人才培养质量的提高起到了重要作用。为使教学计划得到严格执行、教学过程更加规范、中高职院校之间更加协调，有必要建立与完善教学管理的有关制度，尤其要切实保证教学计划得到贯彻。原则上不能调整,如有特殊原因需作调整的,要经中高职衔接院校论证后,履行一定程序。

二 完善中高职衔接合作交流机制

人才培养例会是研究、协调和部署人才培养工作的例行会议,是中高职衔接系统化培养技术技能型人才的重要机制。也是教学、教研的具体业务会议,是人才培养常规教学管理的一种特有形式。定期或不定期组织中高职相关部门参加例会是中高职衔接人才培养制度的特点。通过例会解决中高职衔接系统化培养技术技能人才教学工作中出现的问题。

三 建立中高职衔接经费保障制度

中高职有效衔接的配套经费不足是制约中职、高职参与积极性的重要因素。在探索中高职衔接过程中,需要必要的经费支持。比如,以一体化设计中高职贯通衔接模式为例,中职、高职院校需要打破原来的中职、高职各自为政的分割局面,重新设计一体化中高职贯通的人才培养方案;需要中职、高职院校教师开展中高职贯通培养的研究工作,按照中高职贯通培养重构课程体系等,这些都需要经费的支持。

四 完善中高职课程教学内容衔接

中职的专业教学不仅要满足学生的就业要求,还要为学生职业发展和继续学习做好铺垫。特别是主要招收中等职业教育毕业生和实行初中后五年制的高等职业教育,要围绕中等和高等职业教育衔接专业的人才培养目标,整体设计、层次分明地开展课程开发和教学内容选择,明确中高职教育的教学重点,按照《中高职衔接专业教学和课程标准:数控技术专业》的要求制定课程标准,确定科学合理的教学顺序和实施路径。既要避免中职、高职课程内容的重复,又要拓宽和加深课程内容,实现中高职课程内容衔接的连续性、逻辑性和整体性。

五　完善中高职课程考核与评价衔接

中高职教育教学需要完成学生学业结果评价，两者都要建立完善的评价体系。因为职业教育重点在职业技能的训练与掌握，评价标准与评价策略不同于其他类型教育。所以既要评价学生对于基本理论知识的掌握程度，又要评价学生对基本操作技能及技术能力的熟练程度。需要指出的是，必须保证中高职教育在学业评价上具有相同的评价目标，构建共同的评价体系，才能有助于中高职衔接的协调发展，共同构建学习过程评价体系、专业理论知识评价体系和职业技术技能评价体系。要加强与探讨技能考试的模式，技能测试与必要知识测试相结合，还需要参考学习过程的综合评价，这样才能更好更全面评价学业状况，以利于实现中高职教育有序衔接。

第八章 会计专业教学标准中高职衔接解决方案

会计专业是中职和高职教育规模较大的专业之一，几乎所有中职学校和高职院校都开设了会计专业。在中职学校和高职院校开展的会计专业中高职衔接实践中，取得了阶段性的成果。但在会计专业中高职衔接人才培养过程中，还存在着人才培养定位不清、模式单一、质量不高、特色不明等现实问题。为此，在对人才需求进行调研的基础上，分析会计专业中高职衔接模式存在的主要问题，进而按照岗位群所对应的职业资格标准、相关企业任职核心能力对专业培养目标重新定位，科学制定会计专业中高职衔接人才培养方案，并进行实践探索。

第一节 会计专业中高职衔接现状

一、会计专业中高职衔接国外现状

市场经济发达国家的会计专业中高职衔接模式大致可以归为三种：以英国为代表的国家确认普教与职教文凭等值的衔接模式；以德国为代表的经专门补习实现学历达标衔接模式；以美国为代表的通过一体化课程或大纲直接衔接模式。这三种衔接模式的实现路径和方式各不相同，但其核心和关键点都是课程衔接。

（一）以英国为代表的国家确认普教与职教文凭等值的衔接模式

英国所有职业资格都被纳入国家教育/资格证书框架中，确立了教育证书和资格证书等级的对应关系，实现了国家职业资格"证书"和普通教育"文凭"价值均等。英国在实施国家教育/资格证书框架的基础上,较为成功地创立了以教学单元为基础的会计专业中高职教育资格证书衔接模式,部分会计专业资格证书甚至成为有世界影响力的职业资格证书。在英国,学分换算体系给予各种证书公平待遇,以量化形式将原本很难比较的各种资格证书梳理为有序的、参照性很强的证书比照体系,以普通教育和职业教育证书等值方式将职业教育摆在与普通教育同等的地位,从而扩展了中高职教育衔接的范围,并促进了职业教育"立交桥"式发展。

(二)以德国为代表的经专门补习实现学历达标的衔接模式

德国采用学制的螺旋式上升和课程阶梯式综合职业课程衔接的方式。行业协会是相关领域"双元制"职业教育的主管机构,各行业协会设立了职业教育委员会,负责协调和管理本协会辖区范围内职业教育的有关重大事项。联邦职业教育研究所是协助有关部门解决职业教育相关问题的决策咨询和科研机构,州文化部以及有关行业协会、企业、工会、职业学校代表等组成的州职业教育委员会是州层面的协调机构,各州文化部长联席会议及其职业教育委员会是各州之间职业教育的议事协调结构,从而形成联邦与各州及各州之间、行业协会与教育主管部门之间上下协调、各方协作的职业教育管理体制。德国的会计职业教育也按照这种方式,形成了由核算员、会计主管、会计师审计师等构成的初、中、高三级职业资格体系。德国的会计职业不问学历和专业出身,以实践能力为主,而相应的职业资格证书考核和职业教育主要由德国会计标准委员会、德国联邦会计师审计师协会、德国联邦税务代理人协会认可的社会机构来承担。这些社会机构既包括职业院校、大学,也包括会计师事务所等企业组织,形成了贯通教育与职业的"双元制"。

(三)以美国为代表通过一体化课程或大纲直接衔接的模式

美国技术准备计划的重要目标之一就是要整合中等与中等后职业教育,要求参与的实体包括社区学院、地方职业技术学院、综合中学、四年制的学院或大学、各类学徒组织以及私立教育实体。美国社区学院通常还为在职人员提供会计专业相关方面的技能培训。在组织上,美国联邦政府要求这些实体相互签订实施"技术准备计划"的协议。这意味着美国会计专业职业教育衔接还拓展到了本科教育层面。美国有许多会计职业团体,如美国注册会计师协会、美国特许注册会计师协会、美国管理会计师协会等。美国这些会计职业团体都在会计职业界有一定影响，通过较为严格的证书考核体系，形成与美国社区学院和大学会计专业的相互沟通。实际上，美国许多社区学院和大学都认可会计职业资格证书，并设置将其转换为学分的通道。这样形成了能够沟通社区学院、大学和职业资格证书的职业教育体系。

综上所述，国外都比较关注中高职衔接，而在市场经济发达国家职业教育衔接中不仅包括中高职衔接，还包括普通教育与职业教育衔接、职业教育与市场经济体系建设衔接等一系列相关的组织、方式。

二 我国会计专业中高职衔接现状研究

（一）我国会计专业中高职衔接模式

中高职衔接不是中职与高职两个系统的简单叠加或者连接，而是两个系统在多种特征上的兼容并蓄和可持续发展。经过多年的探索，会计专业中高职衔接得到了积极推进，中职、高职间积极开展多种形式的联合办学，实现教育资源共享。通过中高职校际联合办学，在统一制定人才培养方案的基础上，由中职学校招收初中毕业生并组织完成中职阶段的教育任务，再由高职院校通过对中职毕业生进行入学资格审定或通过考试考核，合格者继续接受高职教育。中高等职业教育一体化，有利于统筹安排教学内容和加强实践能力的培养，也有利于扩大中高职生源，充分发挥职业教育资源的整体优势，但会计专业中高职的衔接主要还是体现为学制衔接及招生模式衔接上，具体有三种衔接模式：

1. 五年一贯制模式。高职院校以高职人才培养为目标直接招收参加中考的初中毕业生，学籍上前三年按照中职管理，后两年按照高职管理，五年学业期满考试合格者颁发普通高等毕业证书。这是一种在教学计划上整体贯通，学籍管理上分段衔接的中高职教育衔接模式。

2. 单考单招模式。招生对象为普通高校招生考试报名或中职升学考试报名的应往届普通高中毕业生和中职毕业生，这是国家授权高职院校独立组织考试录取的一种方式，于高考前完成录取。按教育部规定，考生参加单独招生考试，若被正式录取，无须参加全国统一高考，未被录取的可继续参加全国统一高考。

广东省还采取"3 + 证书"模式。"3 + 证书"考试是针对中专、职中、技校学生参加的高考,所谓的"3"是指语文、数学、英语;"证书"是指专业技能课程证书,包括广东省教育考试院颁发的广东省中等职业技术教育专业技能课程考试证书及教育部考试中心颁发的全国计算机等级考试证书、全国公共英语等级考试证书等。通过这类考试,中职学校的毕业生能够进入高职院校接受更高层次的教育,进而提高专业技能,是中高职衔接的模式之一。

3. "3+2"衔接模式。中职与高职院校联合办学,学生在中职学完三年中职课程后,不用参加统一组织的高考,通过高职院校组织的入学测试,或直接升入高职对口专业就读,毕业成绩合格,颁发专科类高职教育毕业证书。

目前我国中高职衔接更多追求的是一种学制上的衔接,即外延式衔接,以课程为核心的内涵式衔接还很薄弱,成为制约中高职教育协调发展的瓶颈。研究者认为教育的类型和层次归根到底是由课程决定的,中等职教和高等职教是同一类型教育中的两个不同层次,中高职课程结构能否科学合理的衔接,直接关系到中职与高职两个层次培养目标的实现途径能否有机统一,以及能否避免教育资源和智力资源的浪费问题,这是一个关系职业教育整体质量和办学效益的关键问题。有学者认为课程衔接是中高职衔接的"本",没有课程衔接,中高职的协调发展必然流于表面,只有课程的衔接才是最深入和最灵活的。因此,课程衔接是中高职衔接的实质与核心问题,是实现中高等职业教育持续发展和协调发展的关键。研究者通过对国内外中高职衔接模式和成效的对比分析,发现在发达国家不论何种模式都较好地实现了中高职的有效衔接。综观国外,都以课程衔接作为中高职衔接的核心和落脚点,我国虽然探索了多种中高职衔接模式,但课程衔接只是被当作中高职衔接的内容而进行内部变革,还没有从整个职教体系协调发展的角度进行系统设计、统筹安排,导致中高职衔接出现的诸多问题,难于从根本上解决。随着改革的推进,中高职课程衔接的核心地位逐渐得到认同,衔接的有效性将得到提高。

(二) 我国会计专业中高等职业教育衔接模式的特点分析

1. 五年一贯制模式的特点。招收参加初中升高中考试的初中毕业生,学生文化基础知识比较统一,在课程上能够统筹设计五年的课程体系，避免了学习内容的重复性。但该模式也有其缺点，第一，它是一个独立的课程体系，前三年是一个打基础的过程，学生在第三年后未能实行部分淘汰和分流，培养周期较长，学生易因缺少竞争压力而产生惰性心理。第二，五年时间全由高职院校来举办，而学籍管理上是分段管理，加之生源是初中毕业生，年龄较小，不适应高校的管理模式，由此造成管理难度加大。第三，未能充分发挥高职院校和中职学校各自的办学优势。

2. 单考单招模式的特点。该模式为中职毕业生开辟了一条继续升学的途径，使中职毕业生出路更加广泛，但高职课程与中职课程缺乏衔接，专业课程重复学习，教学资源浪费，招收的中职生来自不同的专业且与普通高中毕业生混合编班，学生基础不一，给高职教学和管理带来困难。

3. "3+2"衔接模式的特点。一是中职与高职院校在专业培养目标和课程设置上整体设计，分段实施，相对独立，具有明显的阶段性和紧密的关联性，比较符合学生的身心发展规律和认识规律，符合高技能型人才培养规律。二是针对不同年龄段的学生采用相应的教学管理模式，充分发挥中高职院校各自的特色和优势，有利于职业教育资源整体效益的充分发挥。三是三年中职学业完成后，实行分流，学生可以升学，也可以就业，有利于激发中职学生的学习动力，提高学习效果。在整体设计人才培养方案时，需要组织对口专业协同调研、共同研究。特别是中职阶段的课程，既要达到升入高职学习的基本要求，也要考虑未升学学生的就业需求；同时，中高等职业教育课程分段实施，需要联办院校之间相互协调，建立完善的质量评价体系。与五年一贯制和单考单招模式相对比，中高等职业教育衔接模式并不是两校学制的简单衔接，而是中职和高等职业教育在培养目标、培养模式、课程体系、课程内容、教学管理等的内涵式衔接。"3+2"衔接是比较理想的中职和高职衔接模式，这也正是我们研究中高等职业教育衔接的根本所在。而要实现内涵式衔接，应对其适合衔接的专业范围、培养目标、课程体系等方面进行深入研究，这样才能发挥其优势。让学生既有学历，又有技能，真正做到中高级技能衔接和中高等职业教育贯通，为培养高技能人才架设"立交桥"。

第八章　会计专业教学标准中高职衔接解决方案

北京市教委积极推进"3+2"衔接模式,在原来基础上公布《2014年"3+2"中高职衔接试点项目列表(专业)》。与2013年做法相比,中高职衔接试点规模进一步扩大,新增招生专业32个。2014年"3+2"中高职衔接规模达2000人,较上年增长1000余人。专家分析,"3+2"中高职衔接试点成为培养高技能人才的先进办学形式,不仅为学生制定更专业的人才培养计划,更为其多元化发展提供了机会。北京财贸职业学院教务处处长平若媛认为,如何实现"3+2"中高职院校之间的统筹,目前还尚未达成共识。北京财贸职业学院与北京市商务科技、房山职业、北京市外事等六所中职学校合作,分别在珠宝、玉石加工与营销、会计、物流服务与管理等五个专业形成"3+2"中高职试点衔接。其中,北京财贸职业学院与北京市商务科技、房山职业的对口专业均为物流管理。平若媛指出:"在尽量保证两所中职学校优势特色的前提下,如何实现相对标准化,这给我们教学组带来了挑战。"北京市会计学校校长田雪洁同样认为,"3+2"中高职衔接的一贯制课程衔接模式,对于提高学生的动手及实践能力至关重要。学生在中职期间,集中进行专业知识的学习,通过转段考试升入高职院校后,学生则着重实操。北京市教委对中高职衔接人才培养上有明确要求。荣燕宁称,试点的高职院校要同合作的中职学校共同研究制定一体化人才培养方案,由市教委组织专家评审论证,试点学校要按照专家意见,修改完善人才培养方案,修改后的人才培养方案提交市教委备案。

陈村职业技术学校和顺德职业技术学院是广东省"中高职三二分段"的学校,会计专业是试点专业。陈村职业技术学校与顺德职院共同研讨中高职衔接会计专业人才培养标准与课程标准,初步构建会计专业"三二分段"中高职衔接的课程体系,确定《会计实务》《会计电算化》《成本核算》《纳税基础》等四门课程为中高职衔接课程。初步设计了中高职衔接三二分段"4231"的模式,即第1—4学期学习基础性课程;第5—6学期学习中高职衔接课程,为转段作准备,完成中职学段学习任务;第7—9学期学习职业能力提升课程,考取初级会计职称;第10学期为顶岗实习,完成高职学段学习任务。两校中高职衔接试点,打通了会计专业人才培养的直升通道,有效提升了该专业人才培养的层次和质量。

第二节 会计专业中高职衔接的主要问题

会计专业中高职衔接在实践中取得了一定的成效，但也存在诸多困难与问题。

一 中高职专业人才培养目标定位不清

高等职业教育具有高等教育和职业教育的双重属性。从教育层次上，它是高等教育的重要组成部分，要具备一定的基础理论知识；从教育类型上来看，它重点培养高端技能型人才，要注重实践技能的拓展。中等职业教育是高中阶段教育的重要组成部分，重点培养技能型人才。中职会计专业学生往往要经过2—3年的中职阶段学习才能升入到高职院校继续学习。这样中职学生不仅在学历层次上有所提高，并且通过三年的高职学习，在理论知识、实践技能、综合素养等方面均有质的飞跃。现实上，部分中职学生步入高职院校却发现"投入"与"产出"的匹配度不高，付出不菲的学费却学不到预期的知识和技能，就业单位、岗位薪酬也不能令人满意。其主要原因就在于，会计专业的中职与高职在培养目标定位上不够准确和清晰。

二 中高职院校纵向与横向沟通不畅

由于中职和高职院校办学体制分割，以及政府部门对高职、中职的行政监管和统筹薄弱等，职业教育呈现城乡多元办学、多头管理格局。目前，一些中职与高职院校不顾本校会计师资力量薄弱的现实情况，盲目增设会计专业并扩大招生规模，这导致中职教育的基础作用难以发挥，高职教育的引领作用难以体现。另外，作为中高职会计专业的骨干教师和企业人力资源部人员、会计人员、税务人员、注册会计师行业工作人员之间缺乏必要的联系和沟通，对社会需求、会计人员具体的工作环境和税务工作开展的流程关注较少，使得教师在讲授财务会计、查账实务、成本核算、管理会计、纳税申报等专业课程时与实际工作要求脱节，学生难以学到实用的会计专业知识。

三 中高职专业课程设置重复与课程内容缺乏贯通并存

通过对中职和高职院校的人才培养实施计划进行比较看出，尽管中高职院校近几年在会计专业教学改革上做出了不懈努力，对教学计划不断进行修订，但由于中高职课程对接缺乏系统性设计，课程重复与雷同现象非常明显，选用的教材也相似。学生在中职阶段学过会计专业的基础会计、企业会计实务、成本会计、财务管理、会计电算化、财经法规等课程，高职阶段也开设这些课程，重复开设率达到50%，有的则高达80%。这不仅浪费学生学习时间，也严重影响了学生的学习积极性，难以体现中高职院校人才培养的层次性。另外，在普遍开设的专业课程中，内容上出现大量重复，如财务会计中生产制造环节的核算与成本会计中的成本核算，财务管理与管理会计中的资金时间价值、财务预测、投资决策方面的知识点都相互重复。在对一些中高职院校名称相同的课程进行对比后不难发现，课程内容重复率高于30%，有的甚至高达60%。而高职院校教师不了解这些课程重复的状况，缺乏对教材的把握与调整。这就造成了严重的学习浪费和不必要的时间消耗，降低了学习效率。

四 中高职课程内容与职业资格证书考核内容不匹配

职业教育应结合实际需要，与国家制定的职业分类和职业等级标准相适应，实行学历证书、培训证书和职业资格证书相结合制度。《中华人民共和国会计法》第三十八条规定："会计人员应当具备从事会计工作所需要的专业能力。"这是我国会计行业的职业准入制度，职业资格证书是连接"专业"与"职业"之间的桥梁。中职和高职会计专业的学生必须深刻地认识到这些职业证书对他们从业的重要性。近几年，各地会计培训机构应势而生，也有不少高职院校利用教师资源、场地为学生提供有偿培训。学生为了应试、提高过关的几率，在完成课业任务的同时，还花大量精力报各种培训辅导班。由于教师不了解考证的要求造成课程教学内容与证书考核内容脱节。

五 中高职课程体系安排与学生素质要求割裂

在人才培养方案的课程体系构建中,出现明显的脱节现象,主要表现在两个方面:一是文化基础课设置脱节。中职与高职在课程设置上缺乏系统性和递进关系,国家和各地都没有制定统一的中高职课程体系、课程标准,缺乏中高职贯通的教材。因此,中职生升入高职院校后,对文化基础课的学习普遍感到困难,尤其是高等数学、英语等课程。二是专业课程设置脱节。高职院校生源来自普高生和中职生,主要生源是普高生。普高生知识基础较为扎实,但没有经过技能训练。中职生有专业意识和专业技能,但是,文化基础薄弱。但是,大多数高职院校的人才培养方案是以普通高中毕业生生源为起点编制的。对两种生源采用混合培养方式,从而导致中职毕业生入读高职院校以后,理论知识跟不上,基本技能又要重新练习,浪费了职业教育资源。

中职陈村职业技术学校和高职顺德职业技术学院会计专业教学计划分别见表 8-1 和表 8-2。

表 8-1　　　　　　中职学校会计专业课程教学计划表

课程类别	序号	课程名称	学分	学时	考核方式 考查	考核方式 考试	学时分配 理论教学	学时分配 课内实训	周学时安排 第一学年 一	周学时安排 第一学年 二	周学时安排 第二学年 三	周学时安排 第二学年 四	周学时安排 第三学年 五	周学时安排 第三学年 六	备注
公共基础课	1	职业道德与就业指导	2	36	1		36		2						
	2	创业教育	2	36	4		36					2			
	3	体育	8	144	1-4		144		2	2	2	2			
	4	英语	8	144		1-2	144		4	4					
	5	计算机基础	8	144		1-2	144		4	4					
	6	计算机文化基础	4	72		1-2	36	36	4						
	7	语文(应用文写作)	8	144		2-3	144				4	4			
		小计	40	720			684	36	12	18	6	4			

第八章 会计专业教学标准中高职衔接解决方案

续表

课程类别	序号	课程名称	学分	学时	考核方式 考查	考核方式 考试	学时分配 理论教学	学时分配 课内实训	周学时安排 第一学年 一	周学时安排 第一学年 二	周学时安排 第二学年 三	周学时安排 第二学年 四	周学时安排 第三学年 五	周学时安排 第三学年 六	备注
专业基础课	8	计算技术	4	72	1-2		20	52	2	2					
	9	财经法规	4	72		2	72			4					
	10	税收基础	4	72		3	54	18			4				
	11	统计原理	4	72	4		54	18				4			
	12	经济法	4	72	3		54	18			4				
	13	审计学基础	4	72	4		54	18				4			
	14	基础会计	4	72		1	36	36	4						
		小计	28	504			344	160	6	6	8	8			
专业技能课	15	财务会计（上、下）	8	144		2-3	72	72			4	4			
	16	成本会计	4	72		4	36	36				4			
	17	财务管理	6	108			54	54					6		
	18	会计电算化	4	72		4	36	36				4			
		小计	22	396			198	198	0	4	8	10			
专业选修课	19	市场营销	4	72	4		36	36				4			
	20	Excel在财会中的应用	4	72	3		36	36			4				
	21	外贸知识	4	72	3		36	36			4				
	22	企业管理	4	72	4		36	36				4			
		小计	8	144			72	72	0		4	4			
素质教育课	23	口语训练	2	36	1		18	18	2						
	24	礼仪	2	36	2		18	18		2					
	25	公共关系	2	36	4		18	18				2			
	26	书法	2	36	1		18	18	2						
	27	心理健康（安全教育）	2	36	1		18	18	2						
		小计	8	144			72	72	8	0	0	2			

· 299 ·

中高职教育职业能力培养有效衔接研究与实践

续表

课程类别	序号	课程名称	学分	学时	考核方式 考查	考核方式 考试	学时分配 理论教学	学时分配 课内实训	周学时安排 第一学年 一	周学时安排 第一学年 二	周学时安排 第二学年 三	周学时安排 第二学年 四	周学时安排 第三学年 五	周学时安排 第三学年 六	备注
集中实践	28	会计模拟训练	4	120				120					4周		
	29	电算化模拟训练	6	180				180					6周		
	30	收银训练	4	120				120					4周		
	31	顶岗实习	18	540				540						18周	
	32	办公自动化实训	4	120				120					4周		
		小计	36	1080				1080							
		必修学分要求	126												
		限选学分要求	8												
		任选学分要求	8												
		实践环节学分要求	36												
		毕业学分要求	142												
		合计							26	26	26	26	18周	18周	
总计		总学时：2988			理论学时：1370			实践学时：1618				总学分：142			

说明：1. 学分学时计算标准：课堂教学一般按18学时/学分计算；集中实践教学按1学分/周、30学时/周计算。

表8-2　　高职学院会计专业课程教学计划表

序号	课程类别	课程名称	课程类型	总学时	课内学时	实践学时	学分	考核性质	考核学期	一学年 1学期 周学时	一学年 1学期 周数	一学年 2学期 周学时	一学年 2学期 周数	二学年 3学期 周学时	二学年 3学期 周数	二学年 4学期 周学时	二学年 4学期 周数	三学年 5学期 周学时	三学年 5学期 周数	三学年 6学期 学时
1		军训	B	54	36	18	3.0	考查	1▲	2W										
2	必修公共课	体育	B	72	52	20	4.0	考试	1,2	2	13	2	13							12
3		思想道德修养与法律基础（廉洁修身合并）	B	72	52	20	4.0	考试	1,2	2	13	2	13							20
4		毛泽东思想和中国特色社会主义理论体系概论	B	72	52	20	4.0	考试	3,4					2	13	2	13			20

续表

序号	课程类别	课程名称	课程类型	总学时	课内学时	实践学时	学分	考核性质	考核学期	一学年 1学期 周学时	一学年 1学期 周数	一学年 2学期 周学时	一学年 2学期 周数	二学年 3学期 周学时	二学年 3学期 周数	二学年 4学期 周学时	二学年 4学期 周数	三学年 5学期 周学时	三学年 5学期 周数	三学年 6学期 学时
5	必修公共课	就业指导	B	38	16	22	2.0	考查	6▲			2	4	2	4					22
6		大学英语	B	60	50	10	3.0	考试	1*	4	15									
7		计算机应用基础	B	30	24	6	1.5	考试	2*			2	15							
8		形势与政策	A	16	16		1.0	考查	6▲	4	1	4	1	4	1	4	1			
9		大学生心理健康教育	B	8	8		0.5	考查	6▲	2	1	2	1	2	1	2	1			
		小计		424	308	116	23.0			8		6		2		2		0		
10	必修专业课	财经法规与会计职业道德	B	30	20	10	1.5	考试	1	2	15									
11		会计基础★	B	90	45	45	5.0	考试	1	6	15									
12		计算技术与点钞	B	60	30	30	3.0	考试	1	4	15									
13		统计原理	B	45	23	22	2.5	考查	2			3	15							
14		财务会计★	B	124	60	64	7.0	考试	2,3			4	15	4	16					
15		电算化会计★	B	60	30	30	3.0	考试	2			4	15							
16		税务会计	B	45	22	23	2.5	考试	2			3	15							
17		金融概论	B	60	30	30	3.0	考查	2			4	15							
18		财务管理★	B	96	48	48	5.0	考试	3					6	16					
19		成本会计★	B	64	32	32	3.5	考试	3					4	16					
20		EXCEL在财务中的应用	B	64	32	32	3.5	考查	3					4	16					
21		税法★	B	60	30	30	3.0	考试	4							4	15			
22		经济法（初级）	B	60	30	30	3.0	考试	4							4	15			
23		外贸会计★	B	66	33	33	3.5	考试	4							6	11			
24		国际贸易	B	66	33	33	3.5	考试	4							6	11			
25		国际金融	B	64	32	32	3.5	考试	4							4	16			

续表

序号	课程类别	课程名称	课程类型	总学时	课内学时	实践学时	学分	考核性质	考核学期	一学年 1学期 周学时	一学年 2学期 周数	二学年 3学期 周学时	二学年 4学期 周数	三学年 5学期 周学时	三学年 6学期 学时
26	必修专业课	报关	B	60	30	30	3.0	考试	5					4	15
27		经济法（中级）	B	60	30	30	3.0	考查	5					4	15
28		审计	B	60	30	30	3.0	考查	5					4	15
29		网中网软件应用	B	60	30	30	3.0	考试	5					4	15
30		会计分岗实训	C	72	0	72	3.0	考查	2		3W				
31		财务会计模拟实习	C	72	0	72	3.0	考查	3			3W			
32		会计应用调查	C	48	0	48	2.0	考查	4				2W		
33		会计综合实训	C	72	0	72		考查	5					3W	
34		毕业综合实训和生产（顶岗）实习	C	408	0	408	17.0	考查	6▲						24*17W
		小计		1966	650	1316	96.0			12	18	18	24	16	
35		公共选修课	A	72	72	0	4.0	考查	2~5		4 9	2 9	2 9	(2)	(9)
		总学时、学分、周学时合计		2460	1028	1432	133.0			20	28	22	28	16	

说明：1. 学分学时计算标准：课堂教学一般按18学时/学分计算；集中实践教学按1学分/周、24学时/周计算，W表示集中实践教学周。2. 课程类型：A（纯理论课）、B（理论课+实践课）、C（纯实践课）。3. 课程考核：课程如果融合技能证书鉴定－－以证代考，考核学期数字后加标注"＊"；批准设置为"过程性考核"的，考核学期数字后加标注"▲"，要求建设配套的网络课程，并在网络课程网站中完成理论考试。4. 课程实施：(1) 专业核心课程，课程名称后加标注"★"。(2) 军训包含"军事技能训练"（2周、1学分）、"军事理论"（36学时、2学分）。(3) 第6学期公共课程实践学时包括体育（运动会）12学时、思政课（三下乡和国家安全教育）40学时和就业指导22学时。

由表 8-1 和 8-2 可以看出，中职阶段的计算技术、财经法规、税收基础、经济法、审计学基础、基础会计、财务会计（上、下）、成本会计、财务管理、会计电算化、Excel 在财会中的应用、外贸知识，与高职阶段财经法规与会计职业道德、会计基础、计算技术与点钞、统计原理、财务会计、电算化会计、税法、税务会计、经济法（初级）、财务管理、成本会计、Excel 在财务中的应用、外贸会计等课程名称与内容存在超过 50% 的重复知识点和技能点，甚至课程安排顺序都比较接近。从课程设置重复度较高的情况来看，当前我国中高职院校会计专业人才培养定位目标也有重复之处，两者边界并不清晰。中高职院校会计专业之间教学沟通并不顺畅；中高职院校会计专业都重视学生会计技能培养，但是课程设置与学生素质培养之间存在比较严重的脱节现象。

第三节　会计专业中高职衔接解决方案

不论企业规模大小、经营范围宽窄，都需要会计人员。会计人员是企业的核心人员，也是机构运转的关键角色。无论是本科、高职、中职、成人教育、自学考试都开设了会计专业，会计专业成为中高职招生人数最多的专业。近年来，随着会计制度的日益完善，社会对于会计人员的高度重视与严格的职业诉求，会计行业的人才规格要求也越来越高。据"人才网"统计，会计人才的需求位居前十位，而且对高职人才的需求也增多。一项对广州市中职学校的调查显示：会计专业的规模在财经类专业中占 80%，占全市中职学校整体规模的 11%。而毕业后希望继续学习的人数也有所增加，税务、金融专业的学生有 50% 选择毕业后继续学习。巨大的就业需求，呼唤高质量的培养质量，而高质量的人才培养方案是保障培养质量的重要环节。

一　会计专业中高职衔接人才培养方案的制订要求
（一）以就业岗位和培养目标为切入点，制定切实可行的培养方案

有学者认为，品质能力观强调人才技能的基础训练，任务能力观强调职业技能的训练，而整合能力观则汲取二者之优。对职业技能人才的需求逐步由狭义的岗位技能拓展到综合素质，由单一的满足岗位要求转向适应社会发展需要。中职教育应着重品质能力的培养，加强

基础训练；高职教育应着重任务能力培养，全面提高学生的综合素质。

1. 分析就业岗位、明确培养目标

中等职业教育重点培养技能型人才，发挥基础性作用；高等职业教育重点培养高端技能型人才，发挥引领作用。培养目标不同，使得毕业生的工作岗位不同。对能力的要求不同，课程体系的构建也就有所不同。中职毕业生虽然专业技能突出，但由于学历层次相对较低，很难竞争到自己所学专业的对口岗位。财经类专业中职毕业生的就业岗位相对集中在文员、会计、营销和储蓄员等。调查统计表明，中等职业教育会计专业毕业生的平均就业对口率在20%左右，从事与会计相关的出纳、收银等工作占40%左右，另外40%则从事与专业无关的文员、营业员等工作。

2. 中职会计专业培养方案的制定要求

在制定专业人才培养方案时，应着重树立人格、打好基础、培养技能。

（1）把握中职学生的特点。中职学校入学的学生多数是应届初中毕业生，年龄大都在15岁左右，正处于性格逆反期。因此，既要进行专业基础知识的学习和专业基本技能的训练，也要进行语文、史地、英语、理化、礼仪等基础知识的学习。对于树立正确的人生观、价值观非常重要，要注重培养他们良好的道德品质、认真负责的态度、团结协作的精神，使他们学会做人、学会做事。即前半段应侧重于国民素质课程和职业通识课程的学习，后半段应侧重于岗位技能课程的学习和实训。

（2）掌握扎实的基本专业技能。从事会计工作的人员，要了解会计核算的基本程序和会计的专门方法、掌握一般企业日常业务的会计处理方法。从事出纳工作的人员，要了解工作内容、掌握收付款单据和凭证的种类、用途、填写方法，熟悉各种结算方式和办理程序、正确的开设和登记库存现金日记账和银行存款日记账、定期进行核对和检查等。作为收银员，要了解识别货币真伪的方法、防止收取假币，熟练掌握点钞的技能、确保快速和准确，熟练掌握POS机的使用、电脑的打印技术等。作为一般的文职人员，应有较强的文字表达能力、沟通能力，熟悉常用公文的格式和标准，熟练使用 WORD 软件，熟练使用打印机、复印机等。作为营销人员，要有较好的口头表达能力，熟悉营销的基本技能和技巧。

（3）合理开设会计专业课。专业课不能开得太多、太深。《会计基础》课要使学生了解会计核算的基本程序，熟练掌握原始凭证的取得、填制、审核方法，正确进行记账凭证的编制、审核和装订、会计账簿的登记和保管，熟练编制各种会计报表。既要学实、又要练熟。《财务会计》课要有针对性，对学生们就业的中小企业业务的核算，要讲的精、学的细，够用为度。《会计电算化》让学生学会利用会计软件进行常用业务的核算，要学的懂、操作快。这样既能满足学生就业的需要，又符合他们年龄段的接受能力，同时也为今后的学习打下良好的基础。至于其他的会计专业课程如《财务管理》《审计》《管理会计》等，则可以淡化或取消，可以作为高职阶段学习的内容。

3. 高职会计专业培养方案的制定要求

在制定高职会计专业人才培养方案时，应注重加强深度、拓展宽度、增多领域。

（1）合理设计高职教育会计课程体系。中等职业教育和高等职业教育在专业设置、课程与教材体系、教学与考试评价等方面存在脱节、断层或重复现象，因此应考虑其系统性、衔接性，相同课程的内容也应不同，要实现由浅到深、由窄到宽、稳步上升。

（2）专业知识向纵向延伸。如《财务会计》的教学内容可以延伸到不同行业和不同类型、不同规模的企业经济业务核算。

（3）相关知识横向扩展。如增加成本的计算与核算、财务管理、管理会计等和会计预测、报表分析等内容的学习，以及审计的基本内容和方法、税收申报和筹划等。拓展知识领域的学习，遵循"以能够满足岗位工作需要的理论知识"为基准，适当加深理论知识的学习，帮助提高自主学习和终身学习的能力。

（二）为实行多种衔接方式制定培养方案

1. 制定独立的培养方案

制定五年制的培养方案，前三年的培养目标在中职教育阶段完成，后二年的培养目标在高职教育阶段实现。无论哪个时期的培养目标都要紧扣就业岗位对能力的要求，与学生的就业需求相适应。它类似于五年一贯制高职教育，但又有所区别。前者是在同一院校完成两个阶段的学习，后者是在不同学校实施培养。要求注意培养方案的认可度和可行性，方案由中高职教师共同制定、分别实施；其优点是连续性好，但对直接就业的中职生和直接考进高职的学生并不适合。

2. 分别制定中高职培养方案

对由高考直接进入高职学习的学生和中职升入高职的学生，分别制定不同的培养方案。前者适应于三年制的高职生，后者适应于由中职升入高职学习的学生，而中职学生无论升学与否，都采用同一个方案。方案由中职、高职教师协商后分别制定、分段实施。其优点是中职的培养方案适应性广，缺点是中职、高职两个方案的连续性、层次性难以把握，容易出现重复、断层、跳跃的情况。

3. 研制学分制培养方案

制定中高职的学分互认制度，相近课程学分可互认，或折合成相应学分。确定中高职衔接培养方案的总学分和分阶段学分，完成不同的学分，可分别对应不同的学历。中职毕业符合条件的学生可以申请进入高职学习，也可以就业后再学习，还可以考虑边就业边学习，学生也可以根据自己工作的需要，选择合适的课程学习。这种方法的优点是易操作、灵活性大，但要求高职的课程开设要考虑学生的不同需求。国际上通用实行学分制的专升本办法值得借鉴，即学分累计达到专科要求的，专科就能毕业；若要升本科，再注册课程，修更多的学分和更高层次课程，达到本科毕业要求就能实现本科的愿望。

无论采取什么方式，都要明确中等职业教育和高等职业教育专业培养目标定位，以不同层次的学生为中心，提升质量，办出特色，提高效率，满足要求，促进学生全面发展。

二 会计专业中高职衔接人才培养方案的制定

（一）准确定位会计专业中高职衔接人才培养目标

会计专业中高职教育衔接培养面向各类企事业单位从事出纳、会计、成本核算、财务管理、审计等工作，具有爱岗敬业、诚实守信、廉洁自律、客观公正、坚持准则的职业道德与操守，具备熟练的会计书写、会计计算、点钞与验钞、汉字录入及常用办公设备的操作、电子收款机的操作、计算机开票及网络报税、会计资料整理的财会基本技能和可持续发展能力，诚信做人、踏实做事、人格健全的高端技术技能型人才。

1. 中职学段培养目标。主要面向小企业和会计服务行业，培养能从事会计、出纳、仓管、收银、文员等工作，具备与我国社会主义现代化建设要求相适应，德、智、体、美、劳全面发展，熟悉岗位操作技能，具有良好职业道德、科学文化素养和综合职业能力以及继续学习能力的高素质劳动者和初级技能型人才。

2. 高职学段培养目标。主要面向中小型企业、金融机构、行政事业单位、社会中介机构（如会计师事务所）等企业事业单位，从事会计助理、审计助理、会计主管、会计咨询等工作岗位，具备良好的职业道德和综合素质，熟悉国家财经法规和经济政策，具备会计、税务、成本核算、财务管理、审计等专业知识；具有良好的表达、沟通与协调能力，具有较强责任心，良好的职业判断能力与学习能力，在服务、管理第一线的复合型和创新型的技术技能人才。

（二）深入分析会计专业中高职衔接人才培养就业行业领域及就业岗位

1. 中职教育毕业生主要面向企事业单位和经济组织，从事基层会计核算、会计常规事务管理等工作。其岗位层次为会计核算员、基层财税协管员、银行出纳、商业及服务业收银员、统计员、营销员、文员、仓库管理员等。

2. 高职教育毕业生主要面向中小型企业、行政事业单位、会计（税务）师事务所及财税咨询公司等经济组织。其岗位层次为中小企业出纳、统计员、记账会计、制单会计、会计（财务）助理、成本核算、仓库管理、工资核算、资产核算、企业内审以及基层和中层经理助理、会计（财务）主管等；行政事业单位财务工作人员，金融企业出纳、财务人员，会计师事务所、税务师事务所及财务咨询公司的助理审计、代理记账、代理报税等执业人员。

对中职与高职毕业生的就业岗位要求不同，主要体现在职业能力要求不同，而中职职业能力与高职职业能力是可以实现互通与递进衔接的，具体见图 8-1。

- 具备开具各类票据、正确处理各类货币资金的日常业务和准确登记账簿的能力；
- 具备识别原始凭证、填制记账凭证、登记账簿、期末对账和报表编制及分析的能力；
- 具备运用财务管理基本方法进行筹资管理、投资管理、利润分配管理；
- 具备编制财务预算、实施财务控制的能力；
- 具备选择恰当的成本核算方法进行产品成本核算、成本控制和成本管理的能力；
- 具备领购和使用各类发票、填制涉税文书、进行网上纳税申报的能力；
- 具备运用各种审计方法，拟定审计方案、实施审计程序和撰写审计报告的能力；
- 具备利用会计电算化软件建立账务应用环境的能力；
- 具备利用会计电算化软件选择与运用财务专用模块进行账务处理的能力；
- 具备一定的阅读和翻译专业英文资料及听、说、写的能力；
- 熟悉计算机和互联网知识的应用，能利用计算机工具进行专业相关信息处理；
- 有利用会计信息进行财务分析与管理的能力。

二年学制 ↑ 高职阶段
三年学制 │ 中职阶段

- 熟悉财经法规的具体规定，能依照相关法律规定办理会计基本业务；
- 熟悉货币资金管理规定，能按规定处理货币资金日常业务及管理；
- 具有会计核算的基本能力；
- 能按会计基础操作规范和账务处理流程核算企业主要会计业务；
- 能编制简单的资产负债表及利润表；
- 熟悉会计电算化操作的一般流程和操作要求，具有应用通用会计核算软件的职业能力；
- 具有计算机录入、点钞、账簿书写等会计基本技能，能较熟练地处理相关业务。

图 8-1　会计专业中高职职业能力衔接

以上职业能力，需要持有企行业认可度较高的职业资格证书。(1) ERP管理系统证书：以金蝶或用友品牌软件为主，要求毕业生必须持有，为从事相关职业岗位工作奠定基础。(2) 会计专业技术资格证：主要包括初级、中级和高级三个层次。高职毕业生在校期间或毕业后可以通过考试获得初级专业技术资格。获得初级专业技术资格的毕业生可以通过用人单位聘任为会计员或助理会计师，在选择以上职业岗位上更具竞争力。

（三）合理构建会计专业中高职衔接人才培养课程体系

会计专业中高职衔接人才培养课程的安排是：前四个学期，重点强化学生的专业基础知识，掌握财会基本技能；第五、六学期，为中高职的接口环节，侧重学生的文化基础教育，加强专业技术的基础训练；第七、八、九学期，提高学生的综合素质，突出实践教学，重点

第八章 会计专业教学标准中高职衔接解决方案

抓专业能力及关键能力的培养，获得较高级别的专业技术资格和职业教育等级证书；最后一学期，学生参加校外毕业顶岗实习。会计专业中高职衔接人才培养工作任务与职业能力、会计专业中高职衔接课程教学计划分别见表8-3、表8-4。

表8-3　会计专业中高职衔接人才培养工作任务与职业能力

工作领域	工作任务	职业能力
1. 会计核算	（1）审核、填制会计凭证	①能准确确认单据的真实性、合法合规性、完整性 ②能准确完整地填制会计凭证
	（2）登记账簿	①熟悉会计基础规范基本要求 ②懂得会计各类账务处理程序 ③能准确完整地登记日记账、明细账、总账 ④能熟练应用会计软件
	（3）编写财务会计报告	①熟悉会计报告的基本要求及格式 ②能准确编制财务会计报表 ③能正确检查账账、账实、账表有关项目是否相符 ④能编写会计报告附注 ⑤能编制企业内部管理报表
	（4）会计稽核	①能正确审核会计记录的内容是否真实、完整 ②能正确审核核算程序是否合规、核算方法是否正确
2 收入管理	（1）收入管理	①熟悉单位经营业务过程 ②能应用常见的金融工具 ③了解市场发展趋势、参与销售策略制定 ④能管理销售合同 ⑤能进行收入的确认和计量
	（2）信用管理	①熟悉内部应收账款的控制制度 ②能建立与维护客户信用资料 ③能正确分析应收账款的账龄 ④能正确分析客户的信用状况 ⑤能制定信用政策

续表

工作领域	工作任务	职业能力
3. 成本管理	（1）采购成本管理	①能获取并积累供应商的信息 ②能参与采购价格管理 ③能合理管理库存 ④能管理资金占用及结算方式
	（2）营业成本管理	①了解生产工艺流程 ②能制订消耗定额 ③能运用成本归集、分配方法 ④能进行成本分析控制 ⑤能提出降低成本的措施 ⑥能熟练运用经营杠杆
	（3）期间费用管理	①能编制期间费用预算 ②能考核期间费用预算执行情况 ③能评价期间费用的合理性、提出改进措施
	（4）职工薪酬管理	①熟悉企业薪酬分配制度 ②能应用企业薪酬核算方法
4. 资金管理	（1）资金预算	①能熟练运用资金预算编制方法 ②能够正确预测一定期间的资金需求量 ③能编制资金预算
	（2）资金筹集	①熟悉融资品种及其利弊 ②熟悉融资渠道、对融资机构的能力有较全面的分析 ③掌握各种外币的基本知识，具有规避外汇风险的知识 ④懂得不同融资品种利率的差异，争取低息贷款 ⑤能合理做好上下游客户的赊购及赊销业务，减少资金占用，降低占用成本 ⑥能编制筹资方案
	（3）资金使用	①熟悉企业内部有偿使用资金的原则及方法 ②能管理库存、减少资金占用 ③能熟练分析资金结构和使用状况 ④懂得资金平衡技术、防止资金链条断裂 ⑤能正确运用企业互相担保的审理技术，防止财务风险

续表

工作领域	工作任务	职业能力
4. 资金管理	（4）负债管理	①能熟练运用财务杠杆 ②能防范财务风险
	（5）收益分配	①熟悉国家财经法规与企业章程 ②能合理分配收益
5 资产管理	流动资产管理	（1）货币资金管理	①懂得现金使用范围 ②熟悉支付结算方法 ③能编制现金、银行存款日报表 ④能完成银企对账 ⑤能保证资金安全
		（2）存货管理	①能建立健全存货收、发、存内控制度 ②能进行存货安全管理 ③能进行存货价值管理
		（3）应收账款管理	①能制定应收账款管理制度、账款催讨办法等规章制度 ②能监督销售货款回收情况，应收账款余额变化情况 ③能分析应收账款的数据和交易情况，进行账龄分析 ④能进行坏账的处理与监督 ⑤能协助外部机构对应收账款的审核
	非流动资产管理	（1）固定资产管理	①了解企业资产占用情况 ②了解企业资产损耗情况 ③了解企业资产的运用情况，提高资产使用效率 ④能制定企业资产管理办法 ⑤企业资产减值管理和安全管理
		（2）无形资产管理	①能进行具备无形资产资本化的职业判断能力 ②能够进行研发费用资本化的会计处理 ③能进行无形资产的价值管理
		（3）长期股权投资管理	①熟悉金融市场与金融工具 ②能够进行投资方案的可行性分析 ③能制定投资管理的方案 ④能选择恰当的方法进行业务处理 ⑤能进行长期投资的价值管理 ⑥能进行长期投资的风险管理

311

续表

工作领域	工作任务	职业能力
6. 税务管理	（1）涉税办理	①能办理税务登记 ②能申请购领发票 ③能配合税务检查 ④能进行纳税申报 ⑤能申请减免税 ⑥能办理出口退税 ⑦能开具各类发票
	（2）税务会计	①能办理增值税会计核算 ②能办理企业所得税会计核算 ③能办理个人所得税会计核算单 ④能办理其它税种会计核算
	（3）税收筹划	①能开展增值税筹划 ②能开展企业所得税筹划 ③能开展其他税种筹划 ④能开展个人所得税筹划
7. 档案管理	会计档案管理	①能进行会计信息资料的分类、整理及收档 ②能进行会计软件信息的备份 ③熟悉会计资料的日常保管技术 ④能进行会计资料的查询、调阅服务 ⑤能进行会计资料的销毁 ⑥能进行经济合同的管理

　　通过中高职院校会计专业一体化人才培养，可以形成长达5年的一贯制课程体系。如表8-4所示，中高职院校会计专业一体化人才培养方案覆盖了财经法规与职业道德、会计基础、财会基本技能、会计电算化、出纳实务、初级会计实务、金融基础知识、市场营销、经济法基础、Excel 在财务中的应用、成本核算、统计基础与实务、成本管理、中级会计实务、管理学基础、纳税基础、税务处理、财务管理基础、审计实务、财务分析、企业经营沙盘、综合会计业务实训、会计岗位工作实践、ERP 管理系统、专业技术资格考证、职业教育等级考证、证券投资、投资理财、商务礼仪、电子商务、非营利组织会计

第八章 会计专业教学标准中高职衔接解决方案

表8-4 中高职衔接会计专业课程教学计划

课程类别	课程性质	序号	课程名称	总学分	总学时	计划学时 课内总学时	计划学时 理论讲授	计划学时 课程实践	各学期课内周学时分配 一	二	三	四	五	六	七	八	九	十	考核方式	实践教学场所	备注
公共课	必修课	1	语文	8	128	128	128		4/16	4/16									★		
		2	数学	6	96	96	96		3/16	3/16									★		
		3	英语	6	96	96	96		3/16	3/16									★		
		4	经济政治与社会	2	32	32	32				2/16										
		5	计算机应用基础▲	6	96	96	48	48	3/16	3/16									★		
		6	应用文写作	4	64	64	64					4/16									
		7	体育与健康	10	180	180	60	120	2/16	2/16	2/16	2/14	2/14	2/14					★		
		8	哲学基础	3	48	48	48						4/12								
		9	毛泽东思想、邓小平理论和"三个代表"重要思想概论▲	4	64	64	64						4/16						★		
		10	思想道德修养与法律基础▲	4	64	64	64							4/16					★		
		11	形势与政策	1	16	16	16							2/8					★		
		12	大学生心理健康教育与职业规划▲	2	32	32	24								2/12						8⊕
		13	大学国文▲	2	32	32	32								2/16				★		

· 313 ·

续表

课程类别	课程性质	序号	课程名称	总学分	总学时	计划学时 课内总学时	计划学时 理论讲授	计划学时 课程实践	一	二	三	四	五	六	七	八	九	十	考核方式	实践教学场所	备注
公共课	必修课	14	经济数学	2	32	32	32								4/8				★		
		15	高职英语▲	9	144	144	144								5/16	4/16			★		
		16	入学教育与军训	3	3w	3w		3w							3w					校内	
			小计	72	1124+3W	1116+3W	948	168+3W	240	240	64	92	140	108	168+3W	64					
	限选课	17	经济与管理类	1	16	16	16												8⊕		三选二
		18	人文与社科类	1	16	16	16														
		19	科学与艺术类	1	16	16	16						2/8								
	任选		小计	2	32	32	32						16		16						
		20	至少选修1学分	1	16	16															课程设置面向全校,由教务处统一安排
专业课	必修课	21	财经法规与职业道德	4	64	64	64		4/16												
		22	会计基础与实务▲	10	144+1W	144+1W	144	1W	6/16	4/12+1W									★	校内	
		23	财会基本技能	6	96	96		96		4/8		4/8									
		24	会计电算化▲	5	64+1W	64+1W	64	64+1W			4/16+1W									校内	
		25	出纳实务	4	48+1W	48+1W	48	48+1W			4/12+1W									校内	

第八章 会计专业教学标准中高职衔接解决方案

续表

课程类别	课程性质	序号	课程名称	总学分	总学时	课内总学时	理论讲授	课程实践	一	二	三	四	五	六	七	八	九	十	考核方式	实践教学场所	备注
专业课	必修课	26	初级会计实务▲	12	192	192	96	96			6/16								★		
		27	金融基础知识	2	32	32	32				32										
		28	市场营销	4	64	64	64					4/8									
		29	经济法基础	2	32	32	32						4/8								
		30	Excel 在财务中的应用	4	64	64		64					4/16							★	校内
		31	成本核算与管理▲	4	48+1W	48+1W	32	16+1W						4/12+1W							
		32	统计基础与实务	2	32	32	16	16							4/8					★		
		33	经济学基础	2	32	32	32								4/8					★		
		34	中级会计实务▲	4	64	64	48	16							4/16					★		
		35	管理学基础	2	32	32	32									4/8						
		36	企业纳税实务▲	5	64+1W	64+1W	64	1W								4/16+1W			★	校内	
		37	税务筹划▲	3	48	48	32	16									4/12			★		
		38	财务管理基础▲	5	80	80	48	32									5/16			★		
		39	审计实务	3	32+1W	32+1W	32	1W									4/8+1W				校内	

续表

课程类别	课程性质	序号	课程名称	总学分	计划学时 总学时	计划学时 课内总学时	计划学时 理论讲授	计划学时 课程实践	各学期课内周学时分配 一	二	三	四	五	六	七	八	九	十	考核方式	实践教学场所	备注
专业课	必修课	40	财务分析▲	3	48	48	32	16									4/12		★		
		41	企业经营沙盘	1	1W	1W		1W				1W								校内	
		42	综合会计业务实训	4	4W	4W		4W					4W							校内	
		43	会计岗位工作实践	6	6W	6W		6W						6W						校外	
		44	ERP管理系统	4	4W	4W		4W								2W	2W			校内	
		45	顶岗实习与毕业设计	16	16W	16W		16W										16W		校外	
		46	会计从业资格考证	5	80	80	80			2/8	2/8	2/8	2/8	2/8							
		47	专业技术资格考证	4	64	64	64								128	4/16					
		48	职业教育等级考证	3	48	48		48						2/8	2/8	2/8	2/8				
			小计	129	1472+37W	1472+37W	944	528+37W	160	96+1W	256+2W	176+1W	176+4W	80+7W		176+3W	224+3W	16W			
限选课		49	证券投资	2	32	32	16	16													
		50	投资理财	2	32	32	16	16				4/8									2选1
		51	商务礼仪	2	32	32	16	16				4/8									
		52	电子商务	2	32	32	16	16				4/8									2选1

第八章 会计专业教学标准中高职衔接解决方案

续表

课程类别	序号	课程名称	总学分	计划学时 总学时	课内总学时	理论讲授	课程实践	一	二	三	四	五	六	七	八	九	十	考核方式	实践教学场所	备注
专业课 限选课	53	非营利组织会计实务	2	32	32	16	16						4/8							2选1
	54	商业会计	2	32	32	16	16						4/8							
	55	会计专业英语	2	32	32	16	16								4/8					2选1
	56	内部会计控制	2	32	32	16	16								4/8					
	57	财务预算	2	32	32	16	16									4/8				2选1
	58	高级财务会计	2	32	32	16	16									4/8				
		小计	10	160	160	80	80				64		32		32	32				
任选课	59	选修2学分	2	32	32	16	16												8⊕	
		公共课合计	74	1156+3W	1148+3W	980	168+3W	240	240	256+2W	92	140	124	168+3W	80		16W			
		专业课合计	141	1664+37W	1664+37W	1040	624+37W	160	96+1W	256+2W	240+1W	176+4W	112+7W	128	208+3W	256+3W				
		学分、学时及平均周学时统计	215	2820+40W	2812+40W	2020	792+40W	25	22	23	22	26	26	23	22	20				

说明：▲ 表示核心课程；★ 表示考试，其余为考查；⊕ 表示公共课课程实践（课外）；w 表示集中实践教学周；课堂教学一般按16学时/学分计算；集中实践教学按1学分/周计算。

实务、商业会计、会计专业英语、内部控制、财务预算、高级财务会计、顶岗实习与毕业设计等重要专业基础及专业技能课程，不仅减少了中职阶段和高职阶段人才培养定位模糊、课程内容重复等问题，而且适度加强了人才培养的素质教育，使技能训练在素质提高的基础上循序渐进，进而提高人才培养质量。

第四节 会计专业中高职衔接方案实践评价与发展

一 会计专业中高职衔接人才培养改革的实践

项目选择广东一所中职和一所高职院校开展中高职衔接改革实践研究。

广东试点的高职院校是国家骨干高等职业院校建设单位，坐落在珠三角腹地佛山顺德。学校先后获得"全国职业教育先进单位""全国高校校园文化建设优秀成果奖""广东省高技能人才培养先进单位"等荣誉称号。会计专业为广东省示范专业。

广东试点的中职学校是一所与地方经济紧密结合的国家级重点中等职业学校。开设物流服务与管理、会计、市场营销（商贸）等专业，创新教育富有特色，申报专利达719项（其中授权246项），被评定为"全国创新教育研究基地"。

会计专业改革试点工作根据项目研究的理念、原则和设计方案，结合学校实际创新人才培养方案，推动了中高职衔接教学改革实践。

（一）制定与优化人才培养方案

人才培养方案是保证教学质量和人才培养规格的重要文件，是组织教学活动、安排教学任务的基本依据。人才培养方案既要保持一定的稳定性，又要根据社会发展以及教学改革的深入，适时进行调整和修订。为实现构建中等职业教育与高等职业教育课程、培养模式和学制贯通的"立交桥"任务，深入探索高职、中职、企业三方合作机制，全面落实中高职教育贯通培养模式改革试点。人才培养方案制订的程序是：（1）高职院校和中职学校共同成立人才培养方案制订工作领导小组，广泛调查社会、经济和科技发展对人才的要求，深入论证"中高职贯通"人才培养目标和培养规格；（2）中职学校和高职院校组织专业负责人、课程负责人、企业专家成立人才培养方案制订工作小组，在进行充分调研、论证的基础上形成"中高职贯通"专业人才培养方案，经专家论证后报教务部门；（3）教务部门对上报方案进行审核，经学校教学工作委员会审议、批准后，人才培养方案生效执行。

（二）规范与强化教学运行管理

教学运行管理是按教学计划对教学实施的过程管理。在教学过程中，中高职院校双方严格执行制订好的教学计划，高质量完成教学过程的各个环节和任务，并通过采集教学信息、建立反馈和整改机制，保证教学质量，达到预期效果。双方选聘教学经验丰富、教学效果好、学术水平高的学校或企业教师担任主讲教师，并鼓励企业人员参与讨论和制订教学大纲，选用或编写与大纲相适应的教材及教学参考书，编制授课计划和教案，开展教学观摩活动，建立听课和自检、自评教学质量的制度。实践教学是培养和提高学生实践能力和综合素质的重要教学环节，包括实验教学、校内外实习、课程设计、毕业设计（论文）、社会实践等多种形式。中高职双方协同建立相对稳定的校内外实践教学基地，确保完成培养方案所规定的各类实习和社会实践任务。对实践性教学环节各项内容的组织管理按相应管理办法执行。日常教学管理由中职学校和高职院校负责，教务处和相关部门经常了解教学信息，及时处理执行过程中出现的问题。

（三）优化与构建一体化科学化课程体系

注重实践性教学及其课程模块间的相互渗透，培养方案和课程实行一体化设计。强调培养过程五年不断线，体现贯通培养的一贯性。构建文化基础课、专业核心课、专门方向课、专业拓展课的"四模块"课程，凸显"三个能力"，即社会能力、专业能力和方法能力。中高职教育贯通培养模式的推行以试点专业人才培养方案为基础，其中涉及人才培养目标、教学计划、课程设置等关键要素。在进行课程设计时，对中高职相关课程进行全面系统的梳理，整合教学内容，重新分配课时，重新开发课程教材。在专业课设计方面，以职业能力模块化设计开发专业课程，重新梳理原有中高职的课程门类，以岗位所需职业能力为核心对课程进行模块化设计，突出教学内容对接岗位需求。教学内容的重组与整合，按理论知识学习与职业能力培养要求进行整体设计并分段实施。前三年将学生对专业的认识及基本技能的基础打好，把中高职阶段重复课程及教学内容删去；后两年则适当拓宽专业面，注重专业核心课程的学习，加强实训、毕业设计和实习。在公共基础课方面，需要按照一体化设计的思想，做好文化基础课程等的中职与高职层次的衔接，使学生能顺利实现中高职层次学习的过渡。

（四）建立健全教学质量监控体系

对影响教学质量的内外部诸要素和教学过程的各个环节，进行认真规划、检查、评价、反馈和调节，切实保证和提高教学质量。试点中职学校和高职院校按照"中高职贯通"指导思想、目标定位和发展规划，制定出一系列教学管理规章制度。高职学院对各阶段教学环节进行规划、组织和管理。中职阶段教学质量由各试点中职学校负责，高职学院负责跟踪和调控，逐步探索和建立"中高职贯通"教学质量管理体系。试点中高职院校每年对"中高职贯通"学生进行数据分析，编写年度教学质量和学生状态数据报告。中职学校和高职院校教务部门联合定期组织专家对各试点学校"中高职贯通"办学进行检查和评估。

二 会计专业中高职衔接人才培养改革实践的评价

项目组对两所院校会计专业中高职衔接人才培养改革进行了访谈调查，访谈对象包括在校学生、毕业生及用人单位。由于试点改革单位的会计专业中高职衔接时间比较短，因此，仅仅进行了在校学生和用人单位的调研。我们调研25家用人单位，其中商业企业10家、工业企业6家、会计师事务所6家、农业企业3家，见表8-5。经过调研分析，认为试点改革取得了较好的教学改革成效。

第八章　会计专业教学标准中高职衔接解决方案

表8-5　用人单位对中高职衔接会计专业毕业生表现的评价

调查项目	好（%）	较好（%）	一般（%）	差（%）
集体主义观念、团队精神	83.9	14.7	1.4	0
思想素质	76.0	22.1	1.9	0
实践动手能力	67.7	30.4	1.9	0
创新能力	59.5	37.3	2.8	0.4
继续学习能力	65.4	31.8	2.4	0.4
专业理论知识适用本职工作情况	71.0	24.4	4.6	0
身体健康状况	44.7	49.3	5.6	0.4
工作态度	64.5	34.1	1.0	0.4
综合素质与能力	66.0	22.6	1.4	0

从以上统计结果可以看出，用人单位对中高职衔接会计专业毕业生的集体主义观念、思想素质、专业理论知识适用本职工作情况等评价都较高，其"好"的评价达到了70%以上。但也有个别选项如创新能力、身体健康状况评价"好"的选项低于60%，显然与用人单位的要求还有一定差距。

在实践动手能力方面，用人单位认为中高职衔接会计专业毕业生实践动手"能力强"和"较强"的占98.1%，而认为实践动手能力"一般"的占1.9%，显示中高职衔接会计专业毕业生大部分实践动手能力较好，并能获得单位的肯定。

在用人单位的角度看来，中高职衔接会计专业毕业生最突出的特点是具有良好的集体主义观念、团队精神，占83.9%，而认为继续学习能力强的也占65.4%，说明中高职衔接会计专业毕业生的道德修养比较高，适应工作能力较强，并能认真做好本职工作。

用人单位录用中高职衔接会计专业毕业生的渠道呈多样化趋势。其中，主要通过他人介绍和推荐的方式，占36.9%；而学生上门求职的方法也比较普遍，占29%；其次，就是通过就业市场，这一渠道占24.9%；但直接去高校物色的却比较少，只占9.2%；说明高校

中高职教育职业能力培养有效衔接研究与实践

与用人单位之间的沟通交流不足，彼此之间缺乏联系和协作。

用人单位对中高职衔接会计专业毕业生在工作岗位上至今未有违法行为而表现出的政治素养予以肯定，49.3%的用人单位认为中高职衔接会计专业毕业生违约现象不严重，37.9%认为中高职衔接会计专业毕业生根本就不存在违约现象。

在筛选毕业生简历时，用人单位最为重视的是所学专业和社会活动经历，各占25.6%和21.8%，显示出专业对口又具有一定的社会实践能力的毕业生较受用人单位青睐。用人单位最不看重的是毕业生的获奖情况及其性别。而在用人单位对毕业生进行面试时，最为重视的内容是专业水平占17%，道德品质占16.1%，表达能力占15.5%，精神面貌占14.0%，思维能力占12.4%，知识面广占10.2%，快速反应能力占9.9%，外语水平占4.7%，有些单位还重视职业基本技能及为人处事、与人沟通及应变能力等。

项目组分别向二所中高职衔接会计专业在校学生就"课程设置""教材""教学水平""实践指导水平""实训条件""社会实践""职业素质教育""学生活动"和"技能提高"等九个方面进行调查，调查情况及结果为：

高职院校参加调查的学生人数为197人次，统计结果表明：对上述九个方面的内容表示"非常满意"的有121人次，占60.8%；表示"较满意"的有27人次，占14.1%；表示"基本满意"的有29人次，占14.8%；表示"不满意"的有20人次，占10.3%。综合来看，总满意度为89.7%。

中职学校参加调查的学生人数为163人次，统计结果表明：对上述九个方面的内容表示"非常满意"的有102人次，占62.6%；表示"较满意"的有26人次，占16.0%；表示"基本满意"的有35人次，占21.5%；表示"不满意"的为0。

通过试点改革，得出以下结论：

1. 中高职衔接人才培养目标定位逐渐合理，但层次区分度不高。高职教育是以培养技术技能型人才为主的教育。较中职教育而言，其理论水平要求更高，创造性和独立性要求更强，专业适应面更宽。中职教育是以培养具有生产、服务、技术和管理等职业劳动能力为主的教育，其培养目标是培养具有一线操作技能的技能型人才，培养层次是中等专业人才，专业适应面较窄。

2. 中高职开始注重课程衔接，但衔接内容不够深入。中高职课程衔接是中高职衔接的核心内涵与基础。如何实现中职与高职课程衔接，不仅关系到中职与高职教育专业内部衔接的顺利实现，也切实关系到中职与高职课程的教学效果。如果在课程衔接方面，不能反映中高职的层次性和衔接性，就很难说明中高职衔接顺畅，也很难依托中高职衔接，培养出经济社会发展所需的各层次技术技能型人才。主要表现为：第一，中高职课程各自为政。在课程体系设计层面，尤其是在分段式衔接中，中职和高职院校各自根据其培养目标设计课程体系，中职的课程体系旨在实现中职的培养目标，而未兼顾到继续升学学生升入高职的需要。同时，高职课程体系的设计是基于高职的培养目标设定。在实践中，由于中职和高职的培养目标趋同，其课程体系设计在某种程度上也与中职课程体系趋同，甚至某些课程出现高比例的重复，比如，会计专业中高职都开设《会计基础》，都要求学生具备专业能力。第二，中高职课程评价区分度低。根据调研及访谈结果，大部分教师都提到没有办法区分中职、高职课程授课难度，其主要原因是评价标准的缺失，不能依据评价标准准确判断不同水平学生应达到的知识和技能水平，从而导致对中职和高职课程讲授程度出现困惑：同样的内容，给中职的学生要讲到什么程度，给高职的学生要讲到什么程度。第三，一体化课程设计只停留于表面。根据访谈发现，部分学校中高职一体化设计仍然是"中职课程体系"+"高职课程体系"，就是对中职和高职各自课程体系的"加加减减"，以及中职课程加上高职课程成为中高职贯通的课程。中高职一体化设计需要根据中高职贯通所确定的培养目标，进行工作任务和职业能力分析，进而构建基于职业能力标准和课程标准的课程体系。

三　会计专业中高职衔接人才培养改革应关注的主要问题

我国会计专业中高职衔接人才培养方案还处于探索阶段，各地区发展差异比较明显。因此，应该根据各地区、行业的情况分别制定相应的会计专业中高职衔接方案。尽管会计专业中高职衔接方案可能有多种形式，但是无论哪种形式都需要探索如何解决中高职院校会计专业人才培养方案课程间由于缺乏学科系统性带来的重复问题，实现中高职会计课程的无缝对接，促进中高职会计教育的协调发展。

（一）凸显中高职会计专业人才培养定位的层次性

职业教育不仅仅是传授职业知识、培养职业道德的教育，而且要提高学生的专业技能和职业能力。为了适应社会需要，高职院校应以培养技术应用能力为主线设计培养方案。毕业生应具有基本理论知识适度、技术应用能力强、知识面较宽、素质高等特点。因此，高职会计专业应该以应用为主旨和特征构建课程和教学内容体系。根据教育部教职成［2009］2号文件，中职教育是培养具有综合职业能力，在生产、服务一线工作的高素质劳动者和技能型人才。中职既要为生产、社会、管理的第一线培养实用型人才，而且要为高一级尤其是高职院校输送合格新生。因此，构建中职会计专业课程和教学内容体系时，要以"够用"为原则，突出对学生实践能力和职业技能的考查。

（二）强化政府对中高职教育的统筹管理职能

要实现中高职会计专业课程对接，必须强化政府的统筹管理职能。首先要统筹政策，制定促进会计专业发展的政策措施，包括会计专业的经费筹措渠道、招生就业指导、实习实训基地建设与使用等；其次要统筹资源配置，包括中高职会计专业的教师资源、实训基地建设资源、教育教学资源、招生就业资源等，形成中高职优质资源共建共享的联动机制。建议各省市联合劳动、税务等部门成立中高职教育工作领导小组，定期召开会议，及时研究并解决中高职教育工作和发展中的重大问题。

（三）构建以岗位能力为核心的中高职教育课程衔接体系

中职会计专业的培养目标是培养生产服务一线的技能型会计人才，处于会计教育系列的初级层次，即在基层企事业单位从事会计核算与会计事务管理工作，以及商业及服务企业收银、统计、开票制单、管理（领班、主管）等方面工作的技能型人才。故中职学校的会计课程设置应以就业为导向，主要培养学生的会计业务核算能力和会计电算化能力。高职教育主要培养高素质高技能型人才，其会计课程设置必须在中职侧重于职业基本技能训练的基础上，突出会计实践教学，注重学生综合职业能力的培养，增强学生解决实际问题的能力。总之，中高职课程体系的设计必须以职业和技术为导向，瞄准职业岗位或者技术领域的实际需要，以职业岗位能力为核心。针对中职和高职现有会计职业岗位群的需求，应设置前后关联、循序渐进、理论与实践并行的专业模块课程群。

（四）统筹兼顾中高职教育课程内容与职业资格证书考评的需要

按照中高职人才培养定位要求，结合职业岗位能力的专业课程设置，要求中职90%以上的学生在校期间要具备从事会计工作所需要的专业能力。高职学生入学第一学年在学习初级会计实务、经济法等专业课程的同时，可以参加会计初级资格证书的考试；第二学年根据学生的兴趣爱好，在学习专业课和选修课的基础上，有选择地参加社会上认可度比较高的ERP信息化工程师模块认证、统计证、涉外会计岗位证等证书的考试。这就要求教师在制定教学大纲时要与相关证书最新的考试大纲相衔接，在讲授会计专业课程的过程中把证书考试的内容和要求融入课程教学之中，有针对性地训练学生，使学生顺利获得职业资格证书，从而提升中高职会计专业毕业生的竞争力。

第九章　酒店管理专业教学标准中高职衔接解决方案

随着我国经济社会的发展，对服务型人才的需求急速增长，特别是对酒店管理、餐饮服务等行业的人才需求日益旺盛。酒店管理专业作为注重实践性的专业，培养的人才主要在酒店业服务与管理第一线前厅、客房、餐饮等部门从事服务与管理工作，包括前厅接待、客房、对客服务、摆台、调酒等工作。当前在酒店管理专业中高职衔接人才培养过程中，存在人才培养定位不清晰、专业基础课课程内容重复、专业技术课"中职不中、高职不高"等问题。因此，开展中高职教育衔接，要根据中高职能力培养有效衔接的模式分析这些问题，按照岗位群所对应的职业资格标准、相关企业任职核心能力制订酒店管理专业中高职衔接人才培养方案，实施人才培养模式改革，才能更好地满足酒店行业对各层次人才的需求。

第一节　酒店管理专业中高职衔接现状

一　酒店管理专业中高职衔接国外现状研究

英国的中高职衔接主要是"职业教育与普通教育一体化"衔接模式，即通过在中高职教育之间采取一系列的弹性体制打通它们的衔接渠道，具体表现在职业资格制度方面，通过使不同层次的职业资格证书与相应的普通教育文凭等值，实现职业资格升学与就业的双重功效。2010年9月，英国开始实行由英国商业与技术委员会（Business&Technology Education Council）设立的"全国酒店管理三级证书"（BTEC Level 3 Nationals in Hospitality）标准。在该标准框架下，酒店管理行业、现代

第九章 酒店管理专业教学标准中高职衔接解决方案

酒店管理原则、食物与酒水服务、酒精类饮料服务、欧洲食品、亚洲食品、高级点心制作等课程都是学生需要修读并通过考试的课程。从课程设置来看，英国职业教育的培养目标不仅要求学生掌握理论基础和行业规则，而且必须具备实际操作中所需技能，从而为学生成为管理型人才奠定基础。

德国和法国采用的"补习式衔接模式"，其特点是依托职教机构对中职毕业生进行一定时间的集中和专门补习，使其达到高中段学历标准。通过这种"补习"，不仅可以提高高职教育的教学质量，也可以提升中职教育的吸引力，建立起顺畅的中高职教育衔接渠道。当然，这一模式的实施，需要相关政策的支持与鼓励。[①]

瑞士的酒店管理专业是行业内的最高殿堂，其专业性强、讲求实战经验，严格的教育体制使这个国家的酒店管理专业越来越优秀。首先，瑞士有专门学习酒店管理专业的学校，例如瑞士格里昂酒店管理学院和瑞士理诺士酒店管理学院，学校课程设置非常丰富，学生自踏进学校起就接受着欧洲传统酒店文化的熏陶。其次，瑞士酒店管理学校非常注重学生理论与实践结合，行业带薪实习是酒店管理学生的必修课，学生能在实际工作环境中体会酒店管理的精髓。再次，瑞士酒店管理教育能全面提升学生的外语能力、乐观性格、人脉积累、综合素质和个人修养。每年都有来自世界各地的著名酒店集团参与瑞士酒店管理学院的大型招聘会，企业争先聘用瑞士的酒店管理留学生。

二 我国酒店管理专业中高职衔接现状

（一）国内酒店管理专业中高职衔接实践

有的职业技术学院采取"3+2"模式开展酒店管理专业中高职衔接，专业培养目标定位为面向高星级商务（度假）酒店、品牌餐饮连锁、会议中心、豪华游轮、高级会所等领域，培养具有良好的职业道德和敬业精神，有较强的职业素养和专业服务技能，掌握酒店管理专业基础理论和管理技巧，能适应现代旅游酒店业中基层管理职位要

---

① 王渔：《酒店管理专业中高职衔接一体化人才培养模式创新研究》，《中国市场》2016年第23期，第227—232页。

求的复合型高技能人才,如广州番禺职业技术学院。该院参照酒店业和餐饮业国家职业标准,确定技能型人才的职业能力标准和层次结构,酒店管理专业中高职衔接学生可分别在中职阶段选择考取前厅服务员(4级)、客房服务员(4级)、餐厅服务员(4级)、调酒师(4级)、茶艺师(4级)等职业资格证书;在高职阶段选择考取前厅服务员(3级)、客房服务员(3级)、餐厅服务员(3级)、调酒师(3级)、茶艺师(3级)等职业资格证书。按照实际工作过程组织教学,将行动领域向学习领域转换,共开发出酒店管理专业学习领域课程10门。整个职业学习领域课程模块遵循从"服务员→领班(主管)→部门经理"的职业成长及认知规律,实践教学持续贯穿、阶段深化。科学设计中高职合理分段的实践教学环节,按照"整体设计、分段递进"教学思路优化实践教学体系,将职业技能训练贯穿整个课程体系。技能训练体现中高职承接与延续的关系,分段完成职业技能培训,中职阶段侧重职业基本技能训练以及基本操作规范和方法等的培养,高职阶段注重综合职业能力的训练以及对解决复杂问题能力的培养。

  有的职业技术学院通过面向中职学生的自主招生开展酒店管理专业中高职衔接。如浙江旅游职院,主要以特色班(迪拜实验班)开展人才培养模式改革,目标是培养具有扎实的国际酒店经营管理与服务所需理论知识和熟练操作技能,具有良好的职业形象、人文素养和较强的英语应用能力,熟悉国际顶级酒店行业的惯例,适应国际知名品牌酒店及其相关行业所需要的高技能应用型国际酒店人才。经过多年教学改革,酒店管理迪拜班教学成效显著。先后有22名学生被选拔赴美国进行为期3个月的带薪实习,15位优秀学生赴台湾高雄餐旅大学、台湾观光学院等亚洲知名大学进行为期半年的交流学习,23名学生被选拔前往迪拜高星级酒店进行为期1—2年的带薪实习和就业,4名学生被国际顶尖邮轮公司"歌诗达邮轮公司"录取带薪实习和就业。

  我国部分职业院校开展了酒店管理专业中高职衔接,从整体来看职业院校酒店管理专业中高职衔接通常是结合当地经济发展和市场需求,制订符合实际的人才培养方案和专业课程计划,但尚未形成统一的规定和原则,仍然存在培养定位雷同、技能倒挂、文化基础课脱节、专业课程重复等问题。

第九章　酒店管理专业教学标准中高职衔接解决方案

（二）我国酒店管理专业中高职衔接模式分析

随着现代职业教育体系的不断完善，政策层面中职升学通道逐步完备，越来越多的中职毕业生报考高职院校，中职毕业生升入高职院校的人数持续增长，中高职衔接的实践探索与可能模式逐步成为当前社会关注的焦点话题。因此，实施中高职衔接沟通，是职业教育改革发展的必然趋势，是适应社会经济发展对人才需求规格上移的必然选择。中高职的衔接发展绝不是中职与高职两个系统的简单链接，而是两个系统在多种特征上兼容性的繁杂适配。就酒店管理专业而言，其中高职衔接的基本模式主要有以下几种：

1. 五年一贯制模式。即高职院校直接招收参加中考的初中毕业生，以高职人才培养为目标，学籍上前三年按照中职管理，后两年按照高职管理，五年学业期满考试合格者取得专科学历。

2. 单考单招模式。即中职与高职根据各自的学制年限进行教育，部分中职毕业生（中专、技校、职高毕业生）完成三年中职学习，通过对口升学考试进入专业对口的高职院校接受二至三年的高职教育。其考试采取3+X，"3"是指语文、数学、外语，"X"是指综合专业课一科或专业基础课、职业技能课两种。按照教育部的规定，每年通过这种模式升入高职院校继续深造的学生控制在当年中等职业学校毕业生总数的5%。该模式给中职学生提供了一条继续升学的通道，但是中高职课程没有衔接、专业课重复学习，容易造成教学资源的浪费。

3. "3+2"或"3+3"衔接模式。即中职与高职联合办学模式，前3年在中职学校学习，不用参加统一组织的高考，经过推荐或通过高职院校组织的入学考试，升入高职对口专业就读，毕业成绩合格，颁发专科类高职教育毕业证书。一般情况下，这种模式中职和高职学校之间有合作协议，其人才培养计划具有明显的阶段性和紧密的关联性。三二分段连贯培养的衔接模式，既能满足中职学生提升学历层次与管理技能的需要，又能满足高职教育对学生基础知识与基本操作技能的要求，有利于中职、高职教育功能和优势最大限度地发挥。三二分段中高职有效衔接，能够促进高职教育以中职教育为基础，实现所培养的专业人才在层次上的衔接。与五年一贯制和单考单招模式相比,"3+2"模式具有其独特的优越性,它并不是两所学校学制的简单衔接,而是中高等职业教育在培养目标、培养模式、课程设置、教学计划以及实习实训等方面的内涵式衔接。

第二节 酒店管理专业中高职衔接的主要问题

中高职的顺利衔接,需要考虑多个方面,我国中高职衔接的模式虽然体现了内涵衔接的一面,但主要还是重视学制的衔接。此前,中职和高职是两个独立的体系,缺乏沟通与交流,人才培养机制缺乏有效衔接,尚未形成相互联系与相互依存、统筹协调与共同发展的良好格局。这就直接导致了中职与高职院校酒店管理专业的课程内容设置雷同、办学目标不明确、培养规格模糊等问题的存在。

一 中职与高职人才培养定位不清晰与边界模糊

各层次职业教育培养目标的准确定位是实现完善的职业教育课程体系和教学标准的前提条件。目前,我国同类专业的中高职教育专业培养目标之间并没有体现出彼此之间的依存性,二者还未能找到最佳的契合点,中高职的人才培养目标各有侧重,但是却缺乏螺旋递进式的统一,在衔接上不顺畅。就酒店管理专业而言,中高等职业教育酒店管理专业的人才培养目标也存在一定的交叉性与分离性。在交叉性方面,吕红等收集了30多所中高职学校酒店管理专业人才培养目标进行对比分析,发现中高职酒店管理专业的人才培养目标相似度较高,基本上以培养德、智、体、美全面发展,掌握现代饭店经营服务与管理的基本理论知识和服务技能,具备从事本专业领域工作解决问题的能力,能较快适应现代酒店服务和管理一线的技术应用型专门人才为培养目标[①],如表9-1所示。高素质、高技能人才成为中高职共

---

① 吕红、辜川毅:《中职升高职,在课程上脱节——以重庆酒店管理专业课程设置为例》,http://paper.jyb.cn/zgjyb/html/2012-12/19/content_84493.htm,2012-12-19/2017-06-23。

第九章 酒店管理专业教学标准中高职衔接解决方案

同的培养目标,并没有体现出明显的承接性和连贯性,培养目标的边界模糊、相互交织、相互重叠、层次不明。

在分离性方面,中职教育主要以培养酒店服务人员为主要目标,教学设计以学生就业为中心,过于重视技能训练而忽视了理论素养,导致学生的知识面狭窄,难以适应高职教育更深、更广的理论学习,达不到高端技能型人才培养的要求。而高等职业教育酒店管理专业则以培养高素质技能型专门人才来设定其培养目标,以宽度较广的岗位群为基础制订人才培养计划,较为重视理论教学和高级技能,将培养学生的可持续发展能力作为重要的培养目标。中职与高职培养目标之间相互脱节,缺乏内在有机联系,缺少系统性与完整性。

表9-1　　中高职酒店管理专业人才培养目标对照表

中职酒店管理专业人才培养目标	高职酒店管理专业人才培养目标
主要面向各级各类宾馆饭店,培养从事宾馆饭店餐饮、前厅、客房、康乐等一线接待服务相应基层管理工作,具有综合职业能力和职业生涯发展基础的中初级技能型人才。[1]	培养适应社会与市场经济发展需要、德智体美全面发展,具备现代饭店经营管理和餐饮服务管理方面的专业基础知识,全面掌握前厅、客房、餐饮、人力资源等部门的服务和管理技能,能在大型饭店、星级宾馆、高档餐厅、度假村、会展中心等旅游服务机构从事餐饮、客户服务等销售服务工作的高级应用技能型人才[2]
为适应市场经济发展需要,培养具有综合职业素质和能力并能够迅速适应工作环境的酒店管理及旅游服务人才而开设。经过系统的理论学习和实习实训,使学生具备较高的专业素质,掌握适用的工作技能,为社会提供德才兼备的高素质人才。[3]	依照"以德为先,能力为本,德能并重"的原则,培养适应服务和管理第一线需要的德、智、体、美等方面全面发展的,能够熟练掌握餐饮服务技巧和基本管理方法,适合在餐饮企业和相关行业从事服务和基层管理工作的高技能专门人才。[4]

---

[1] 《浙江中职学校旅游服务与管理专业(酒店服务与管理方向)教学指导方案》,http://blog.66wz.com/home.php?mod=space&uid=193381&do=blog&id=335272,2010-12-7/2017-06-23.

[2] 《北京财贸职业技术学院酒店管理专业课程设置说明》,http://219.143.12.206/xibu/lyx/single.asp?id=71,2015-05-08/2017-06-23.

[3] 贵州省建设学校酒店管理专业人才培养方案。

[4] 威海职业学院餐饮管理与服务专业人才培养方案。

续表

中职酒店管理专业人才培养目标	高职酒店管理专业人才培养目标
主要培养拥护党的基本路线，适应酒店行业服务与管理一线需要的，德、智、体、美全面发展，具备本专业所需的文化科学基础知识，牢固掌握本专业的基本知识和基本理论，有较强实践技能的酒店管理高素质、高技能人才。①	培养具有必备的旅游管理基本知识，熟练掌握酒店服务与管理、导游服务、旅游企业经营与管理等专业知识和核心技能，能胜任星级酒店、旅行社等旅游企事业一线服务和基层管理工作，具有健全的人格、良好职业道德和敬业精神的高素质技能型人才。②

二 中高职教育缺乏有效衔接的贯通课程标准

课程是中高职衔接的载体，对于中高职顺利衔接起着至关重要的作用。但在课程设置中出现了包括专业基础课教学内容重复、专业技术课不能贴合各自教学目标等突出问题。主要原因是尚没有一个权威部门来统一制定中高职课程标准，缺乏中高职贯通的专业教材。我国普通教育的课程标准比较完善，但是职业教育大多只是对课程设置做出一些原则性的规定，尚没有制定统一的课程标准。虽然部分省市已经着手就中高职课程衔接标准进行探索，比如，广东省成立了由教育厅和人社厅等相关负责人组成的中高职协调办公室，统筹协调中高职协调发展。2010年广东省教育厅还与英国驻广州总领事馆文化教育处签署了"中高职衔接课程改革理论与实践研究"项目框架协议。通过对旅游等四个重点行业对应的中高职相关专业，探求中高职课程衔接的方法指南，③ 但是其地方色彩较为浓厚，尚未上升为行业指导标准或省级职教标准。此外，我国职业教育仍以学科为中心构建课程模式和内容体系，而以学科为中心的课程体系设置强调知识的系统性、完整性。因此中高职教育很难避

---

① 云南省旅游学校酒店管理专业人才培养方案。
② 安徽中澳科技职业学院旅游管理专业人才培养方案。
③ 广东省教育厅：《中英"中高职衔接课程改革理论与实践研究"项目框架协议》，http://www.gdhed.edu.cn/main/www/138/2010-12/120292.html，2010-12-29/2017-06-23。

第九章 酒店管理专业教学标准中高职衔接解决方案

免同一层次相关课程、不同层次同类课程内容的相互重叠，造成课程的有效值降低。[①] 这些原因都加剧了中高职人才培养的弱层次性和弱递进性。酒店管理行业从业人员岗位技能差异本身不明显，调查显示，酒店管理专业无论是中职毕业生还是高职毕业生，初始就业岗位均是具有服务性质的一线管理岗位和具有管理性质的一线服务接待岗位，只是高职毕业生获得发展岗位的时间要短于中职毕业生。[②] 与此同时，《国家职业标准》的权威性和科学性也有待提高，使得酒店管理专业课程设置的重复性更高。

中职教育层次以中等职业学校旅游类专业教学指导方案为例，其课程分为：（1）德育课程，包括心理健康教育、职业指导、法律基础、政治经济基础、哲学基础、创业教育；（2）公共基础课，其中必修课包括语文、数学、英语、计算机应用基础、体育与健康、公共艺术；（3）专业技能课程，包括旅游概论、餐饮服务与管理、客房服务与管理、旅游心理学等；（4）专业技能选修课程。

高职教育层次以高职院校酒店管理专业的课程开设情况为例，其课程分为：（1）基本素质必修课，包括语文、高职英语、职业规划与就业指导、心理健康教育、体育等；（2）职业能力课，包括酒店服务常识、酒店餐饮管理、菜品与酒水知识、酒店公关礼仪、会议接待服务、酒店消费市场营销管理、酒店英语、消费心理学、宴会菜单设计、营养与食品卫生、国际酒店管理等课程；（3）职业培训课，如前厅服务技能培训、客房服务技能培训、顶岗实习等。

通过对二者的比较看出，存在明显的课程脱节或重复设置现象。

中职学校酒店管理专业课程教学计划，见表9-2。高职学院酒店管理专业教学计划，见表9-3。

---

① 董绿英：《中高等职业教育衔接的制约因素及发展对策》，《广西师范大学硕士学位论文》2004年，第32—33页。
② 饶雪梅：《酒店管理专业中高职衔接"3+2"课程体系的一体化设计》，《职业教育研究》2014年第11期，第44页。

表9-2 中职学校酒店管理专业课程教学计划表

课程类别	课程性质	序号	课程名称	学分	总学时	一 18周	二 18周	三 18周	四 18周	五 20周	六 20周	备注
公共基础课	必修课	1	德育	8	144	2	2	2	2			
		2	语文	10	180	3	3	2	2			
		3	数学	6	108	2	2	1	1			
		4	英语	8	144	4	4					
		5	计算机应用基础	8	144	2	2	2	2			
		6	体育与健康	8	144	2	2	2	2			
		7	公共艺术（音乐）	4	72	1	1	1	1			
			小计	52	936	16	16	10	10			
	选修课	8	形体与基本礼仪	2	32	1	1					说明：第1、2学期各选修1学分。
		9	图书阅读	2	32	1	1					
		10	历史	2	32	1	1					
		11	地理	2	32	1	1					
		12	演讲与口才	1	16	1						
		13	摄影技术	1	16		1					
		14	书法	1	16							
		15	其他课程……									
			小计	2	36	1	1	0	0			
			合计	54	972	17	17	10	10			
专业技能课	必修课	16	旅游概论	2	36	2						
		17	饭店服务礼仪	2	36	2						
		18	饭店服务心理学	2	36		2					
		19	食品营养与卫生	2	36			2				
		20	客房服务与管理	4	72			2	2			
		21	餐饮服务与管理	6	108			4	2			
		22	前厅服务与管理	4	72			2	2			
		23	饭店专业英语	8	144			4	4			
		24	饭店产品营销	2	36			2				
		25	饭店财务基础	2	36				2			
		26	饭店服务基础	2	36		2					
		27	饭店服务活动策划	3	54			2	1			
			小计	39	702	4	4	16	15			

第九章 酒店管理专业教学标准中高职衔接解决方案

续表

课程类别	课程性质	序号	课程名称	学分	总学时	一 18周	二 18周	三 18周	四 18周	五 20周	六 20周	备注
专业技能课	选修课	28	茶艺	1	18	1						选修说明：第1、2学期各6学分，第3学期3学分，第4学期4学分。
		29	调酒	1	18		1					
		30	烹调基础知识	2	36			2				
		31	饭店康乐服务	2	36				2			
		32	饭店工程与安全常识	2	36				2			
		33	应用文写作	2	36	2						
		34	插花	1	18			1				
		35	咖啡制作	1	18				1			
		36	英语听说	6	96	2	2	2	2			
		37	现代科普常识	2	32	1	1					
		38	化妆与形象设计	1	16		1					
		39	饭店美学	1	16		1					
		40	其他课程……									
			小计	19	342	6	6	3	4			
	综合实训	41	入学教育与军训	1	30	1周						
		42	旅游实践	1	24	1日	1日	1日	1日			
		43	职业养成教育	1	30	1周						
		44	模块化实训/见习	4	120				1月			
		45	专业技能培训考证	2	60				2周			
		46	毕业教育	1	30						1周	
			小计	10	294							
顶岗实习		47	顶岗实习	59	1170					600	570	
			小计	59	1170							
			合计	127	2508	10	10	10	10			
			合计	181	3480	27	27	29	29			

说明：课堂教学按16—18学时/学分计算；集中实践教学按1学分/周、30学时/周计算。

表9-3　　　　高职院校酒店管理专业课程教学计划表

课程类别/课程性质	序号	课程名称	总学分	总学时	理论讲授	课程实践	一	二	三	四	五	六	考核方式
素质课/必修课	1	思想品德修养与法律基础	1.5	28	24	4	2/12						考试
	2	毛泽东思想和中国特色社会主义理论体系概论	2.5	44	36	8		2/18					考试

· 335 ·

续表

课程类别/课程性质	序号	课程名称	总学分	总学时	理论讲授	课程实践	一	二	三	四	五	六	考核方式
素质课/必修课	3	形势与政策	2	64	12	52	2/2+8	2/4+8	36				考查
	4	公益劳动	1	16	0	16	16						考查
	5	大学生心理健康教育	2	32	32	0	4/8						考查
	6	职业规划与就业指导	1	24	24	0		8	2/4				考查
	7	创新创业基础	2	32	32	0	2/12+8						考查
	8	军事理论	2	36	36	0	2/4+28						考查
	9	军训	3	60			2W						考查
	10	高职英语	5	90	90	0	2/15	4/15					考试
	11	体育	2	30	0	30							考试
	12	大学语文	3	54	54	0	4/14						考试
	13	普通话	2	42	14	28	3/14						考查
	14	黄梅戏欣赏与演唱	3	54	10	44		3/18					考查
	15	酒店服务礼仪	2	36	20	16	2/18						考查
	16	形体训练	3	54	10	44			3/18				考查
	17	酒店营销实务	2.5	48	38	10				3/16			考查
	18	酒店日语口语	4.5	80	40	40					5/16		考查
		小计	44	824	472	292	11	11	3	8	0	0	
素质课/讲座课	19	科学·人文艺术教育	1	16	16	0	1/16						考查
	20	心理健康教育	1	16	16	0	1/16						考查
	21	书法	1	16	16	0	1/16						考查
	22	音乐欣赏	1	16	16	0	1/16						考查
	23	毕业设计（论文）	0.5	9	9	0				0.5/18			考查
		小计	2.5	41	41	0	0	2	0	0.5	0	0	

第九章 酒店管理专业教学标准中高职衔接解决方案

续表

课程类别/课程性质	序号	课程名称	总学分	总学时	理论讲授	课程实践	一	二	三	四	五	六	考核方式
职业能力课/专业模块	24	酒店管理概论	3	56	48	8	4/14						考试
	25	酒店行业介绍	1	14	10	4	1/14						考查
	26	前厅服务与管理	1.5	28	22	6	2/14						考查
	27	餐饮服务与管理	2	36	30	6		2/18					考试
	28	食品营养与卫生	2	36	30	6		2/18					考试
	29	客房服务与管理	2	36	30	6			2/18				考试
	30	康乐服务与管理	3	54	36	18			3/18				考试
	31	旅游应用文写作	2	54	36	18			3/18				考试
	32	酒店英语口语	4	72	30	42			4/18				考查
	33	酒店电脑管理	2	36	10	26			2/18				考查
	34	酒店服务心理学	3	54	46	8			3/18				考查
	35	旅游公共关系	2.5	48	30	18				3/12			考试
	36	酒店财务管理	2.5	48	36	12				3/16			考查
	37	中国饮食文化	2	32	26	6				2/16			考查
	38	旅游法规	2.5	48	42	6				3/16			考试
	39	酒店人力资源管理	2.5	48	42	6				3/16			考试
		小计	38.5	700	504	196	7	4	17	14	0	0	

续表

课程类别/课程性质	序号	课程名称	总学分	总学时	理论讲授	课程实践	一	二	三	四	五	六	考核方式
职业能力课/综合实践	40	前厅服务技能实训	2	42	0	42	3/14						考试
	41	餐厅服务技能实训	3	54	0	54		3/18					考试
	42	客房服务技能实训	2	36	0	36			2/18				考试
	43	职业技能鉴定培训	3	60	0	60				2w			考查
	44	顶岗实习(1)	19.5	390	0	390					13w		考查
	45	毕业论文(设计)	4.5	90	0	90					13w		考查
	46	顶岗实习(2)	24	480	0	480						16w	考查
		小计	58	1152	0	1152	3	3	2	2w	16w	16w	
		合计	143	2717	1017	1640	21+2w	20	22	22.5+2w	16w	16	

说明：w表示集中实践教学周，1周计30学时，1.5学分；课堂教学一般按18学时/学分计算。

三 中高职教育招生制度缺乏有效衔接

以往，我国高职院校以招收普通高中毕业生为主，中职学生的对口升学招生指标限定在5%以内[①]，限制了大部分中职生对口升入高职院校的渠道，中等职业学校学生接受高职教育的机会更少。只有不断完善招生政策，实现中等职业教育"就业与升学"双重功能，才能建立中职与高职衔接的有效路径。目前，高职招生普遍采取3+X考试方式，"3"指三门文化基础课：语文、数学、外语；"X"指专业综合考试。但由于高职所招收的不仅是中职毕业生，还有普通高中毕业生，学生的文化基础和专业实践技能差异很大，要同时对这两种不同生源进行授课，相对困难；还由于这种模

---

① 2006年开始教育部规定高职对口招收中职应届毕业生的规模不得超过当年本省中职应届毕业生的5%。

式往往是由两种不同层次的教育机构实施，它们对中职、高职阶段的教育目标、任务的理解不一致，要开展实质性衔接也有一定的困难，而且容易造成重复教学或中职所学专业知识在高职期间有效利用率低等问题。

四　中高职院校缺乏常态化的沟通交流机制

由于中职和高职院校长期以来存在各自延续的一套人才培养方案和教学体系，条块分割、相互独立、相互脱节，缺乏必要的协作与交流，缺乏必要的统筹规划，难以制订具有连贯性的人才培养方案和教学计划，严重影响了中高职的内部衔接。于志晶在《关于中高职协调发展的调研报告》中对"高职教育对中职教学培养目标了解情况"的调研结果是："了解一点"占51.69%；"了解较多"占10.17%；"一点不了解"占38.14%。[①] 可见，高职院校对中职院校的人才培养情况并不是很了解，中高职院校之间不能有效的沟通已成为影响中高职衔接的重要问题。

第三节　酒店管理专业中高职衔接解决方案

通过以中高职能力差异及其"接口"为基础，把满足学生的学习发展需求以及符合国家对中职、高职教育发展的要求结合起来，设计有效对接的酒店管理专业中高职衔接人才培养方案。按照职业成长规律构建"能力递进"的课程体系，将职业道德、人文素养教育贯穿于人才培养的全过程。通过"必备知识+技能提升"的方式，按照由简单到复杂、从服务到管理的原则，实现酒店管理专业学生由服务员—领班—主管—部门经理的职业成长及认知规律进行排序，体现出中职与高职之间的阶梯性，高职教育将中职学习内容不断深化和提升，实现学生终身学习和可持续发展的目标。

---

① 赵迁远、田旺军：《中高职人才培养工作有机衔接探析》，《北京城市学院学报》2012年第4期，第22页。

一　酒店管理专业中高职衔接人才培养改革设计的特征

酒店管理专业人才培养过程对职业实践操作技能训练要求较高，因此，酒店管理专业中高职衔接人才培养改革设计具有如下特征：一是人才培养目标定位要准确。培养目标要与国家职业教育总体目标和国家对中高等职业教育人才培养定位保持一致，明确自身的培养定位，认清自身的办学定位，使培养目标的设置具有连续性、统一性；二是课程体系设计要特色鲜明。中职教育和高职教育是职业教育中两个不同的层次，要遵循能力阶梯式提升原则和市场需求，体现中高职目标的区分与衔接性，实现课程内容从中职到高职是一个循序渐进、由浅入深的过程，从而有效地提升酒店管理专业中高职教育的合理性、科学性；三是技能训练与素质培养要全面。既要兼顾学生多样化和个性化特点，又要尊重学生职业成长规律和发展需求，使得不同层次职业教育与学生的可持续发展达到和谐统一。

（一）以能力提升为切入点，制定中高职衔接人才培养方案

以酒店行业职业标准为依据，以不同岗位层级所需要的职业能力为主线，按照能力递进的原则，科学设计、合理确定酒店管理专业中职与高职人才培养目标。

中等职业教育酒店管理专业培养目标定位为：培养具有良好的职业道德，掌握旅游与酒店管理基本知识、基本技能以及计算机操作、英语简单对话能力，熟悉酒店服务工作，能胜任酒店前厅、客房、餐饮、康乐等一线接待服务与相应的基层管理工作的初、中级技能型专门人才。

高等职业教育酒店管理专业培养目标定位为：面向国际国内酒店集团中、高端酒店企业，具有现代酒店业经营管理理念，重点掌握现代酒店管理的各个岗位（群）所需要的基础知识，具备酒店各岗位实践操作技能和中基层管理人员管理技能，能够从事高星级酒店、度假村及相关行业一线业务运转部门现场管理与服务工作，具有良好的职业道德和敬业精神，较强开拓与创新能力、终身发展能力的高素质复合型技术技能型人才。

酒店管理专业中职与高职培养目标表述清晰、具体、全面，为中高职酒店管理专业人才定位提供了清晰的指引，既解决了酒店企业对不同层次人才的需求问题，使人才培养更具针对性，也很好地诠释了中高职

的特点和差异,体现了中高职人才培养目标的连贯性和递进性。

(二)瞄准行业职业岗位与层级,选择培养方案制定模式

按照就业领域——目标岗位——职业能力——职业层级及资格——发展速度的流程调研分析,五星级高端酒店的岗位职级一般设有四级岗位:一线服务员、督导层(领班、主管)、经理级(部门副经理、部门经理)、高层级(部门总监、执行总经理、总经理)。其中督导层属于酒店基层管理人员,经理级属于酒店中层管理人员,高层级属于酒店高层管理人员。根据我国职业教育不同层次的目标定位,要明确岗位层级和学历层次:中职酒店管理专业培养的是中级技能型人才,国家职业资格四级,层次主要对应服务员,人才培养目标定位为以"操作、一线"为主线,以"会操作、懂服务、知运营"为目标,培养酒店一线业务运营部门的高素质服务人才,该定位重点在于专业操作技能的技术性;高职酒店管理专业培养的是高端技术技能型人才,国家职业资格三级,层次主要对应领班主管基层督导管理人员,人才培养目标定位为以"管理、督导"为主线,以"熟操作、精服务、善管理"为目标,培养酒店一线业务运营部门的高素质基层管理人才,该定位除了专业操作技能的技术性以外,还需要一定的组织、指挥、协调、监督、激励等管理技能。

二 酒店管理专业中高职衔接人才培养改革方案设计

(一)酒店管理专业中高职衔接人才培养目标

酒店管理专业培养面向国际酒店业服务与管理第一线,在前厅、客房、餐饮等部门从事服务与管理工作,具有诚实守信、团结协作、吃苦耐劳、爱岗敬业的良好职业素质,具有熟练的前厅接待、做房、对客服务、摆台、调酒等实操技能和酒店管理技能,具备较强的人际沟通能力和一定的可持续发展能力,既会做事又会做人的高素质高技能人才。

(二)酒店管理专业中高职衔接人才的就业领域及就业岗位

酒店管理专业培养人才的主要就业岗位(群)有:前厅部预订、接待、商务中心、行政楼层及礼宾等的领班、主管;客房部楼层服

务、洗衣房及公共区域（PA）的领班、主管；餐饮部中餐厅、西餐厅及酒水部和大堂吧等的领班、主管；康乐部领班、主管；大堂副理及客户关系主任；酒店销售代表；酒吧调酒师；酒店咨询管理公司；旅游服务行业中烹饪、营养管理、导游等服务类相关工作。具体的工作岗位、工作任务及职业能力要求见表9-4。

表9-4　　　　　工作岗位、工作任务与职业能力分析

工作岗位	工作任务	职业能力
1. 前厅服务	（1）预订服务	①能通过各种方式，积极销售客房 ②能妥善处理客人的各种订房要求 ③能熟练操作酒店订房系统，做好预订工作 ④能够协调与接待处、客房部的关系
	（2）接待服务	①能够熟练办理住店/离店手续 ②掌握各种分配房间的技巧 ③能熟练操作酒店管理系统，熟悉各种房态 ④掌握一定的财务知识，懂营业报表，会审计 ⑤能识别各种客人，会客户关系管理 ⑥具有一定的公关能力，能应对各种突发事件
	（3）礼宾服务	①熟悉迎送宾客服务 ②熟悉团队及散客行李服务 ③能正确迅速地回答客人的问讯 ④能够正确处理各种客人邮件
	（4）总机服务	①能够转接饭店各类电话 ②能回答所有客人的问询 ③能为客人提供叫早、留言服务 ④能做好各种联络服务 ⑤能够接受和处理客人的投诉
	（5）商务中心服务	①能够为各类宾客提供文字处理服务 ②能够提供打印、复印、装订文件服务 ③能够提供接发传真服务
	（6）情景英语表达	①会酒店预订、前厅、客房、餐饮服务的英语情景对话 ②会酒店业礼貌用语 ③能用英语介绍酒店各种设施和服务

第九章　酒店管理专业教学标准中高职衔接解决方案

续表

工作岗位	工作任务	职业能力
2. 客房服务	(1) 客房部文员工作	①掌握接听电话的程序、方法及礼貌、礼仪 ②能熟练操作酒店管理系统，熟悉各种房态 ③具备一定的财务知识，会制作客房部月报 ④具有良好的沟通能力，协调客人、员工、部门内外以及与工程部和前厅部的关系 ⑤熟悉客房部能提供的各种服务 ⑥具备一定的英语会话能力 ⑦掌握一定的推销技能与技巧 ⑧掌握遗失物品的处理程序和处理要领 ⑨能处理或协助处理各种突发事件
	(2) 客房楼层服务	①掌握客房服务的基本程序、礼貌及礼仪 ②掌握为客人提供优质服务的技能与技巧 ③掌握各种铺床方法与程序 ④熟悉加床、拆床服务 ⑤熟悉开夜床及夜间客房服务 ⑥熟悉各种客衣送洗服务程序和方法 ⑦能够识别各种清洁剂和清洁工具，并掌握多种清洁方法 ⑧会对不同设施、家具及电器进行清洁和保养 ⑨熟悉常用的消毒方法和消毒程序 ⑩掌握客房清扫的程序和操作规范 ⑪能处理或协助处理楼层各种突发事件
3. 中餐服务	(1) 餐前准备	①能够做好餐前准备，包括餐厅门口、迎宾台区域卫生，准备酒水单、菜单、记录本等物品 ②掌握和了解预订状况，包括团体名称、人数、标准、餐桌安排 ③掌握负责区域预订状况，了解当天菜点的供应情况，特别注意了解特色菜、时令菜、准备推销 ④熟记餐厅菜单，主要特色菜的做法 ⑤具备一定的推销能力
	(2) 迎宾服务	①能够仪表仪容端庄整洁，微笑用敬语迎宾 ②能够做好询问客人是否预订，能够根据客人人数及具体要求，选择适当的餐桌
	(3) 引座服务	①能够按照服务礼仪和规范做好引领 ②能够按照服务礼仪，根据不同的客人安排到不同的位置

续表

工作岗位	工作任务	职业能力
3. 中餐服务	（4）入座服务	①会将客人引到桌边，待客人同意后，请客人入座 ②能够按照服务礼仪和规范，为客人拉椅、送椅 ③会向客人介绍推荐菜品、酒水
	（5）点菜服务	①能够按照礼仪和规范为客人打开餐巾，拆去筷套 ②茶水服务员能够按客人人数上茶，送毛巾，并送上相应数量的开胃碟 ③能够熟练地介绍菜肴品种和特色，推销特色菜、时令菜 ④会引导客人点齐冷菜、热菜、面点、主食、酒水饮料等四项 ⑤能够正确记录客人的点菜和特殊要求并落单 ⑥能够在点菜完毕，向客人复述一遍，请客人确认
	（6）斟酒服务	①熟悉酒的分类和特性 ②熟悉酒具的配备 ③熟练掌握斟酒的礼仪和动作要领
	（7）上菜服务	①掌握上菜顺序：冷菜→热菜→点心→汤→水果 ②熟练掌握上菜礼仪和动作要领 ③能够熟练地向客人报菜和介绍菜品 ④能够按照礼仪和规范为客人分汤、分菜
	（8）餐间服务	①会观察，能够回答客人的提问，提供小服务 ②能够及时更换烟缸、撤换餐碟、添加酒水 ③能够保持转台及台面始终干净
	（9）结账服务	①能够用敬语询问客人结账方式 ②能够代客结账及找零服务
	（10）送客服务	①能够用敬语微笑送别客人 ②能够递还客人物品；送客人至电梯口，并为客人打铃牌 ③能够做好预订情况、每餐用餐人数、时间等的记录
	（11）收台工作	①能够及时整理餐椅、翻台 ②能够按照先后顺序收口布、小毛巾、酒杯、水杯、不锈钢餐具、瓷餐具、台布等到规定洗涤处 ③能够用清洁剂、干湿抹布擦拭转台 ④能够重新铺台布置，恢复原样

续表

工作岗位	工作任务	职业能力
4. 西餐服务	（1）服务准备	①了解西餐的主要特点 ②掌握西餐的主要菜系及其特点 ③掌握西餐的组成 ④掌握西餐与酒水的搭配 ⑤熟悉西餐的服务方式
	（2）西餐零点服务	①能够用英语接受预订，并正确记录客人信息 ②能够用敬语迎接客人，并引领入座 ③掌握铺餐巾要领，并按次序为客人铺餐巾 ④能够熟练地为客人点上蜡烛 ⑤能够熟练地向客人推销餐前饮品和饮品服务 ⑥能够熟练地为客人上面包、黄油，并按照规范摆放面包篮和黄油碟 ⑦能够熟练地为客人递上餐牌，向客人推荐菜品，并按点菜次序（女士优先，先宾后主）为客人点菜 ⑧能够按照规范送上酒单，并介绍餐酒 ⑨能够熟练地掌握各种酒具的摆放及各种酒类服务礼仪和动作要领 ⑩能够熟练地撤换和摆放餐具 ⑪能够熟练地上菜，掌握上菜礼仪、动作要领 ⑫餐间巡台，会为客人及时地添加酒水、面包、黄油，更换烟灰缸，撤空饮品杯 ⑬能够熟练地撤餐碟，掌握礼仪和动作要领 ⑭掌握向客人推销甜品、饮品和餐后酒的技巧 ⑮会为客人结账 ⑯能够用敬语送客
	（3）西餐宴会服务	①能够在开餐前半小时，按宴会标准做准备 ②能够用敬语迎接客人，为客人拉椅、送椅，从右侧为客人铺餐巾 ③能够按照斟酒的礼仪为客人斟酒 ④能够按照上菜礼仪，为客人上菜 ⑤能够在客人结束用餐并允许后，按照规范撤餐具 ⑥能够熟练地清台 ⑦能够按照礼仪和规范为客人上甜品、咖啡或茶 ⑧能够用敬语送客

续表

工作岗位	工作任务	职业能力
5. 宴会服务	（1）准备工作	①掌握和了解宴会宾主身份、国籍、宗教信仰、饮食喜忌； ②宴会时间、标准、人数、地点及特殊要求等 ③熟悉菜单，便于服务时介绍菜肴与准备服务用具及餐具 ④能够准备好宴会菜单 ⑤能够按照宴会客人要求，宴会类别、宴会厅形状合理布置宴会厅 ⑥能够在客到前十至十五分钟上酱、醋料，上冷菜，有造型的冷盆
	（2）检查工作	①能够做好餐具、毛巾、口布、台布等检查 ②能够做到灯光、室温、音响、家具、设施完好和运行正常、鲜花鲜艳无枯萎 ③能够做到宴会厅整体布局协调，台椅整齐划一
	（3）迎宾服务	①能够仪容仪表端庄整洁，用敬语迎宾 ②能够主动帮助客人接挂衣帽，放置随身物品 ③如客人宴会前会谈，能够立即送上茶水、毛巾 ④客人入席时，能够为客人拉椅服务 ⑤能够从主宾开始顺时针方向依次为客人送上小毛巾（冬暖夏凉），然后去筷套，铺餐巾
	（4）斟酒服务	①会首先斟上客人已预订的烈性酒 ②能够按照服务礼仪和规范为客人斟酒
	（5）餐中服务	①斟完酒水后，看客人用冷菜情况，征得主人同意后通知备茶间出热菜 ②能够按服务礼仪和规范上菜，会报菜名并介绍 ③会为客人按照礼仪和次序分菜 ④能够始终要保持餐桌、转台的清洁 ⑤能够适时撤离盆、脏碟、烟缸 ⑥能够在上整蟹、整虾类菜时，先上洗手盅 ⑦能够掌握上菜时机 ⑧能够在上水果前，撤去所有菜肴与客人前的餐具，换上干净的骨盆，配上水果刀叉，然后再上水果 ⑨客人用完水果后，撤下水果盆，端上鲜花盆景

第九章　酒店管理专业教学标准中高职衔接解决方案

续表

工作岗位	工作任务	职业能力
5. 宴会服务	（6）结账服务	①会询问客人结账方式 ②能够代客结账及找零服务
	（7）送客服务	①会为客人拉椅让路，并送上衣帽，物品等 ②向客人致谢，礼貌道别，并欢迎再次光临 ③能够在门口欢送客人
	（8）收尾工作	①能够及时检查台面与座位，及时送还遗留物品 ②能够按顺序撤台
6. 酒吧服务	（1）服务准备	①熟练掌握酒吧各种工具、器具的使用方法 ②能够调制各种流行鸡尾酒，保证饮品质量 ③掌握所供酒水的特性及饮用形势 ④掌握服务知识，会向客人推销酒水 ⑤能够熟练地进行酒具和工具的清洗消毒 ⑥做好清洁工作
	（2）迎宾服务	①会用敬语迎宾 ②能够按照礼仪规范引领客人入座
	（3）点酒服务	①能够熟练地向客人介绍酒水和鸡尾酒的品种，并能回答客人的有关提问 ②能够熟练地为客人点酒，并正确地填写酒水单
	（4）送酒服务	①能够用敬语，按照服务礼仪和规范为客人送酒 ②能够按照示酒、开酒、试酒、斟酒的服务程序为客人服务（如果客人点了整瓶酒）
	（5）结账服务	能够为客人结账服务
	（6）送客服务	能够用敬语按照服务礼仪和规范送客
7. 康乐服务	（1）健身房服务	①能够做好健身房的清洁卫生和准备工作 ②能够做好健身房室内服务工作 ③能做好代客结账、找零服务 ④能做好健身房用品用具的维修保养工作 ⑤能够做好事后清洁、整理工作
	（2）桑拿室服务	①能够做好桑拿室的接待服务工作，能够做好开单服务、更衣服务、浴室服务与休息室服务 ②能够做好桑拿营业场所的卫生清洁工作 ③能够进行桑拿室各项设备的使用、检查、保养工作 ④能够对按摩水质取样化验 ⑤能够做好物品的清点和记录 ⑥能够做好安全工作 ⑦熟练掌握按摩室的工作内容和服务程序 ⑧能够收好客人用过的毛巾、浴巾等物品

续表

工作岗位	工作任务	职业能力
7. 康乐服务	（3）台球室服务	①能够做好台球室的清洁卫生 ②做好台球室用品用具的准备工作 ③能够做好室内服务工作 ④能够做好待客结账、找零服务
8. 会议服务	（1）会场布置	能够按照会议类型、规格做好会场布置
	（2）茶水服务	能够按照服务礼仪进行茶水服务
	（3）会议设施设备服务	能够按要求做好投影仪、音响等设备操作服务
	（4）茶歇服务	能够做好会议中间的茶歇服务
	（5）会议礼仪服务	能够按照要求做好礼仪接待工作

（三）酒店管理专业中高职衔接人才培养课程体系

课程体系主要包括三个部分，一是公共课，二是专业核心课程，三是实践训练课程。

1. 公共课

主要包括语文、数学、英语、体育、法律基础知识、计算机应用基础、职业生涯规划、大学生心理健康教育、大学国文、经济政治与社会等。

2. 专业核心课程

核心课程的学习与掌握是实现人才培养目标的重要基础。主要包括酒店及餐饮业概况、顾客关系与营销实务、形体与礼仪、客房操作与管理实务、前厅操作与管理实务、饭店业督导、餐饮服务与管理、国际酒店管理等课程。

3. 专业综合实践课程

专业综合实践是一体化教学的重要环节，专业综合实践内容与要求见表9-5；中高职衔接专业课程体系课程教学计划见表9-6。

第九章 酒店管理专业教学标准中高职衔接解决方案

表9-5　　　　　　　　　专业综合实践内容与要求

综合实践名称	学习内容要求	职业技能与职业素养培养要求	学时（周）	学期	地点
酒店管理专业实践	培养学生对酒店行业的感性认识，形成对酒店管理专业的初步认识；初步接触酒店行业各个主要岗位，了解它们的工作性质，并能在实践中初步掌握服务技能与技巧等。	认识行业特点和技能操作要点	校内1w 校外1w	2	校内外
			校内2w 校外1w	3	
餐厅中级服务员考证	获得中级餐饮员资格考证；建议获得美国饭店协会教育学院（AH&LA-EI）的一线员工专业资格认证（Hospitality Skills Certification - Line Level Staff）。	取得酒店行业必要的资格证书	3w（考证2w）	4	校内
顶岗实习、毕业设计（论文）	理论与实际有机结合，由酒店管理专业学生逐步转变为酒店人；通过在具体岗位近一年的工作与学习，能够从事酒店高级服务员岗位，或领班及主管等初级管理岗位。	锻炼酒店服务技能与管理能力；培养学生吃苦耐劳及团队合作精神、职业道德等。理论密切联系实际，并在企业相关人士的指导下，针对实习企业的某个问题、难题等提出自己的看法与建议，毕业论文具有一定的实践价值。	18w	5	校外
	学生在顶岗实习的基础上，完成毕业论文。把顶岗实习中学到的知识和技能与在校学习的理论知识相结合，实现从理论到实践，从实践到理论的升华。要求学生毕业论文能帮助企业解决一定的实际问题，为实习企业提供一定的参考。		16w	6	

表9-6　　中高职衔接酒店管理专业课程教学计划表

课程性质	序号	课程名称	核心课程	总学分	总学时	计划学时 课堂教学		各学期课内周学时分配										考核
						讲授	实践	一 18	二 18	三 18	四 18	五 18	六 16	七 18	八 18	九 18	十 16	
公共必修课	01	语文		12	192	192		48	48	48	48							
	02	数学		12	192	192		48	48	48	48							
	03	英语		12	192	192		48	48	48	48							
	04	经济政治与社会		2	32	32					32							
	05	计算机应用基础	▲	8	128	64	64	64	64									
	06	心理健康教育		4	64	64		16	16	16	16							
	07	体育		14	224	64	160	32	32	32	32		32	32				
	08	职业道德与法律		2	32	32				32								
	09	哲学基础	▲	3	48	48									48			★
	10	重要思想概论	▲	4	64	64								64				★
	11	思想道德修养与法律基础	▲	4	64	64								64				★
	12	形势与政策		1	16	16								4	4	4	4	
	13	大学语文	▲	2	32	32								32				★
	14	心理健康与职业规划		2	32	24	8							32				
	15	入学教育与军训		3	3w		3w	3w						3w				
		小计		85	1312+3w	1080	232+3w	256	256	224	192	64	0	132+3w	132	52	4	
公共限选课	16	经济与管理类		1	16	16								16				
	17	人文与社科类		1	16	16								16				
	18	科学与艺术类		1	16	16									16			
		小计		2	32	32								16	16	16		
任选	19	选1学分		1	16	16								全校性安排				

· 350 ·

第九章 酒店管理专业教学标准中高职衔接解决方案

续表

课程性质	序号	课程名称	核心课程	总学分	总学时	计划学时 课堂教学 讲授	实践	一 18	二 18	三 18	四 18	五 18	六 16	七 18	八 18	九 18	十 16	考核
专业必修课	20	形体训练		14	224	64	160	32	32	32	32	32		32	32			
	21	旅游史地知识		2	32	32		32										★
	22	酒店服务常识		2	32	16	16					32						
	23	酒店前厅服务	▲	3	48	24	24	48										★
	24	酒店客房服务	▲	3	48	24	24				48							
	25	酒店餐饮服务	▲	3	48	24	24					48						★
	26	菜品与酒水认识		2	32	16	16				32							
	27	酒店公关礼仪		2	32	16	16	32										
	28	会议接待服务		2	32	16	16		32									
	29	酒店经营管理	▲	2	32	16	16			32								★
	30	酒店英语	▲	10	160	80	80	32	32	32	32	32						★
	31	消费心理学		2	32	16	16			32								
	32	酒店市场营销	▲	3	48	24	24					48						★
	33	酒店财务知识		2	32	16	16					32						
	34	宴会菜单设计	▲	2	32	16	16				32							
	35	营养与食品卫生		2	32	16	16					32						★
	36	西餐常识		2	32	16	16	32										
	37	校内综合技能训练		2	2w		2w					2w						
	38	酒店专业英语	▲	12	192	96	96							48	48	48	48	★
	39	酒店业督导	▲	3	48	24	24								48			★
	40	国际酒店管理		3	48	24	24							48				
	41	酒店设施与资产管理		3	48	24	24								48			
	42	酒水知识与调制	▲	3	48	24	24								48			
	43	酒店电子商务		3	48	24	24							48				
	44	酒店财务管理		3	48	24	24								48			
	45	顾客关系与营销实务	▲	3	48	24	24										48	★
	46	酒店人力资源管理	▲	3	48	24	24										48	★
	47	顶岗实习与毕业论文（设计）	▲	36	36w		36w						16w		10w	10w		
		小 计		132	1504+38w	720	784+38w	176	176	176	176	160+2w	16w	176	176	144+10w	144+10w	

续表

课程性质	序号	课程名称	核心课程	总学分	总学时	计划学时 课堂教学 讲授	计划学时 课堂教学 实践	一 18	二 18	三 18	四 18	五 18	六 16	七 18	八 18	九 18	十 16	考核
专业限选课	48	中外饮食文化		2	32	16	16									32		
	49	酒店公共关系与危机管理		2	32	16	16									32		
	50	酒店消防与保安		2	32	16	16										32	
	51	酒店康乐管理		2	32	16	16										32	
		小 计		4	64	32	32									32	32	
任选	52	选修n学分																
		公共课合计		88	1360+3w	1128	232+3w											
		专业课合计		136	1568+22w	752	816+22w											
		学分、学时及平均周学时统计		224	2928+25w	1880	1048+25w	24	24	23	21	14		22	18	31	23	

说明：1. 课程性质：序号1—19为公共课，20—52为专业课；2. 课堂教学按16学时/学分计算；集中实践教学按1学分/周；3. W表示集中实践教学周，▲表示核心课程，★表示考试，其余为考查；4. 序号16—18三选二、48—49及50—51为二选一。

第四节　酒店管理专业中高职衔接方案实践评价与发展

一　酒店管理专业中高职衔接人才培养改革的实践

项目组对顺德职业技术学院酒店管理专业开展中高职衔接改革试点实践情况进行调研。该院在五年的探索过程中，酒店管理专业中高职衔接工作取得了较好成效，已经发展为珠三角地区高端国际酒店人才培养的重要基地，为珠三角地区酒店业培养了大批系统掌握国际酒店业服务与管理的专业技能，适应现代酒店业及相关服务行业需要，既会"做事"又会"做人"的高素质高技能人才。目前，顺德区共

第九章　酒店管理专业教学标准中高职衔接解决方案

有43家各类星级酒店、100多家餐饮名店和500多家各类社会旅馆，行业的人力资源需求旺盛。由于连锁型酒店和餐饮服务行业对人力资源的要求相对较低，一般人员经过较短时间的培训基本就可以上岗，因此，比较容易满足。但高星级酒店由于对员工素质要求相对较高，且员工流动率高，加上本地就业观念和酒店薪资待遇等原因的影响，导致高星级酒店中高层管理的人员总体上供不应求，甚至存在短缺。[①] 这样的人才需求背景为酒店管理专业实现中高职衔接、让一部分学生继续深造和提高就业技能，具有一定的迫切性、必要性和可能性。

（一）科学制定人才培养目标，实现有效衔接

科学合理的人才培养目标是中高职教育有效衔接、协调发展的关键。教育部鲁昕副部长在2011年职业教育与成人教育会议讲话中指出：现代职教体系建设"要发挥中等职业学校的基础作用，重点培养技能型人才；发挥高等职业学校的引领作用，重点培养高端技能型人才……"，这在一定程度上体现了中高职教育的层次性和衔接性，但什么是"高端技能型人才"，并没有给予明确的界定。饶雪梅在《酒店管理专业中高职衔接"3+2"课程体系的一体化设计》一文中，将酒店管理专业中高职衔接"3+2"培养模式的专业人才培养目标定为：面向高星级商务（度假）酒店、品牌餐饮连锁、会议中心、豪华游轮、高级会所等领域，培养具有良好的职业道德和敬业精神，有较强的职业素养和专业服务技能，掌握酒店管理专业基础理论和管理技巧，能适应现代旅游酒店业基层管理职位要求的复合型技能人才。[②]

基于社会需求调研和毕业生反馈信息，通过对洲际、希尔顿、香格里拉等国际知名酒店管理集团的人才需求分析，顺德职业技术学院酒店管理专业明确了走国际化发展的道路，确立了"培养面向国际酒店服务与管理第一线，从事前厅、客房、餐饮等部门服务与管理工作，需要具备与岗位相匹配的诚实守信、团结协作、吃苦耐劳、爱岗

[①] 顺德区教育局、广东省教育研究院编：《现代职业教育改革新起点：顺德区中等职业教育专业标准体系建设调研报告》，广东高等教育出版社2014年版，第82页。

[②] 饶雪梅：《酒店管理专业中高职衔接"3+2"课程体系的一体化设计》，《职业教育研究》2014年第11期，第44页。

敬业的良好职业素质，具有熟练的前厅接待、做房、对客服务、摆台、调酒和酒店营销与策划能力、人力资源管理、财务会计管理等实操技能和酒店管理技能，具备较强的人际沟通能力和一定的可持续发展能力，既会做事又会做人的高素质高技能人才"的培养目标。顺德区在对该区中等职业学校酒店管理专业调研的基础上，将其人才培养目标重新界定为："面向高星级酒店，培养能从事高星级酒店餐饮、前厅、客房、康乐等一线接待服务与相应的基层服务与管理工作，具有职业生涯发展基础，具有较强职业素养的中高级应用型技能人才。"[1] 二者的人才培养目标体现出了一定的承接性，都面向"国际酒店服务管理的第一线"，中职教育重点在于"中高级应用型技能人才"，而高职教育重点则放在培养"高素质高技能人才"。与此同时，高职酒店管理专业的人才培养目标也体现了一定的"高等性"，比如突出强调"酒店营销与策划能力、人力资源管理、财务会计管理等实操技能和酒店管理技能"，突出培养学生的管理能力和策划能力，尤其将学生的可持续发展能力作为重点培养目标。

（二）建立中高职招生考试对接机制，探索多元化专业衔接形式

1. 建立招生考试衔接机制。目前中高职衔接的招生模式主要包括对口招生、分段贯通、五年一贯制等。自2010年纳入"中高职三二分段"试点工作以来，该校酒店管理专业取得了较好的成效。中高职试点专业的学制为五年，按一体化人才培养方案要求，完成三年中职学段学习，各项考核合格，并符合相关条件和要求的，可参加对口高职院校组织的转段选拔考核。通过转段选拔考核进入对口高职院校的学生在试点专业学习两年，不得转学或转专业。高职阶段的转段招生考试由酒店管理学院会同对口的顺德区中等职业技术学校和顺德区容桂职业技术学校的对口专业自主组织。考核内容包括综合文化知识、专业知识和专业技能。考试不及格的学生被取消"3+2"班的学习资格。这在一定程度上也避免了学生在中职阶段学习动力不足的问题。对通过考试取得入学资格的学生，在进入高职院校正式就读之

---

[1] 顺德区教育局、广东省教育研究院：《现代职业教育改革新起点：顺德区中等职业教育专业标准体系建设调研报告》，广东高等教育出版社2014年版，第91页。

第九章　酒店管理专业教学标准中高职衔接解决方案

前，安排八周培训，让学生初步了解高职相关专业及发展方向，进一步培养学生的职业素养，同时了解学生的学习基础。

2. 建立专业衔接机制。"3+2"中高职衔接的关键在于选择适合的专业范围。目前，该校酒店管理专业中高职专业衔接主要有三种模式：一是"相近对接"，如中职的酒店服务与管理、旅游服务与管理专业与高职的酒店管理专业衔接；二是"拓展对接"，如中职的商务英语、商品经营、会计等专业与高职的酒店管理专业衔接；三是"宽口径对接"，如中职的工商行政管理、人力资源管理等专业与高职的酒店管理专业的衔接等。与此相适应，相关的职业技能证书也体现了宽口径和相近性的原则（如表9-7所示）。这样的专业对接机制，扩大了报考范围，有利于优中选优，提高生源质量。但是由于生源背景的复杂性，也给试点教学工作带来了全新的挑战。

表9-7　　　　酒店管理专业对口中职院校招生大类分布[①]

招生专业	中职学校对应专业	对应可报考技能证书
酒店管理	酒店服务与管理、旅游服务与管理、旅游外语、导游服务、景区服务与管理、会展服务与管理、休闲体育服务与管理、休闲服务与管理；餐饮服务与管理、公关礼仪、文秘及办公室文员、商务助理、工商行政管理、人力资源管理、市场营销、电子商务、物流服务与管理、商务英语、物业管理、家政服务与管理、商品经营、会计、会计电算化、客户服务、人力资源管理等旅游、酒店、商贸、外语类相关专业	人力资源与社会保障部：前厅服务员、客房服务员、餐饮服务员、康乐服务员、调酒师（中级）、茶艺师（中级）、咖啡师（中级）、收银员、秘书职业资格证、文秘、电子商务员、电子商务师、营销员、中式烹调师、西式烹调师、会计电算化员、计算机操作员、计算机办公软件应用、导游、展览讲解员、会展策划师（四级）、会展设计师（四级）、保健按摩师（中级）、营养配餐员（中级）等省中级以上（含中级）技能等级证书。
		广东省教育考试院：化学、教育基础综合、旅游、会计等专业技能课程B级以上（含B级）证书。
		人力资源和社会保障部：全国计算机高新技术考试类证书。

[①] 《顺德职业技术学院2013年高职院校自主招生》，http://jl.sdpt.com.cn/info/1975/1214.htm，2015-05-07/2017-06-23。

（三）以综合职业能力和国际酒店行业标准为基础，整体设计中高职课程体系

酒店管理专业中高职衔接的实现，从根本上要以课程衔接为核心。围绕课程标准整合优化中高职教学内容是实现中高职衔接培养的关键问题。中高职衔接"3+2"培养模式的课程体系设计要彻底改革传统的学科课程设置模式，体现使学生获得更加宽广的职业生涯发展空间。在课程目标衔接上，要将中职的实用性、操作性、工具性目标与高职的技术性、创造性、人格化目标整合优化。在课程内容衔接上，根据中职、高职相近专业大类的特点和要求，制定相互衔接、统一的课程标准，确定科学合理的教学顺序和实施路线，既要避免中职、高职课程内容的重复，又要拓宽和加深课程内容，真正实现课程内容衔接的连续性、逻辑性和整合性。

1. 通过市场调研明确酒店服务业人员的职业能力要求

目前该校酒店管理专业的就业方向主要是：初始就业岗位主要分布在国际酒店的前厅、客房、餐饮、宴会、酒吧等服务与管理岗位；职业发展岗位以酒店人力资源管理、财务管理、营销管理等岗位为主；职业迁移岗位包括餐饮、酒吧、康乐服务会所等行业相关岗位。在广泛市场调研的基础上，通过分析学生初始就业岗位、职业发展岗位以及职业迁移岗位，将学生岗位职业能力分为通用能力、基本职业技能、职业核心能力和职业道德四部分。酒店服务业对人才的基本要求，除了娴熟的专业技能之外，更多需要的是良好的职业道德、现代的服务理念、饱满的工作热情、端正的工作态度以及良好的适应能力和合作沟通能力；而对于国际酒店业人才还需要较高的英语水平，了解世界各国的文化，并具有终身学习的能力。酒店服务业人才的职业发展，除必需的基本技能之外，还需要具有一定的酒店营销策划、服务管理、人力资源管理、财务管理等方面的能力，为将来岗位提升奠定必要的基础。酒店管理岗位群能力分析见图9-1。

第九章 酒店管理专业教学标准中高职衔接解决方案

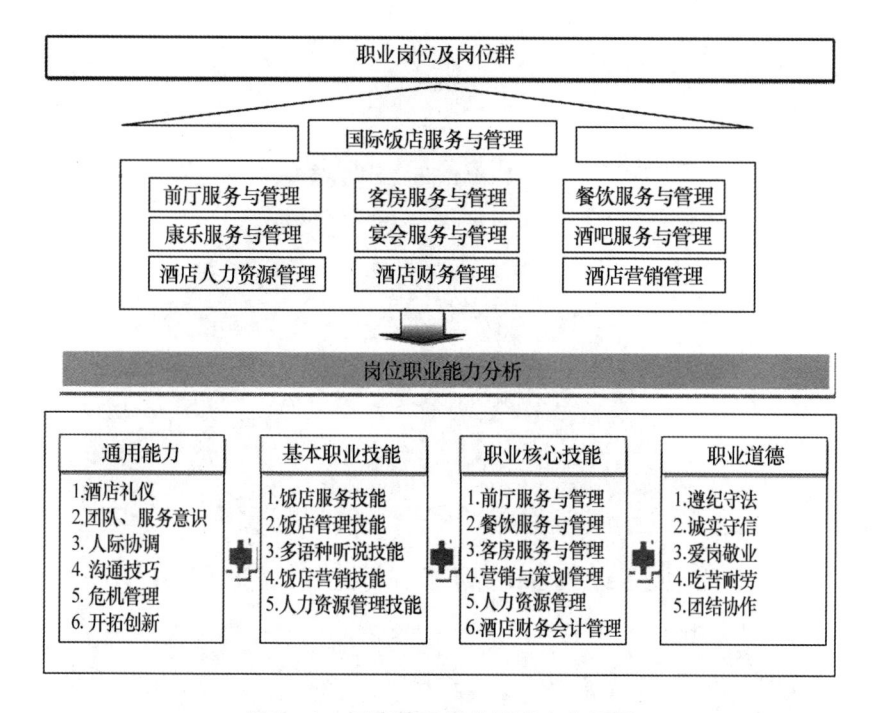

图9-1 酒店管理岗位群能力分析图

2. 引入美国饭店协会（AL&HA）课程标准

顺德职院引入美国饭店协会（AL&HA）课程标准，采取按程度划分不同层次课程或不同等级教学计划的方式来实现中高职教育的衔接。美国饭店协会（AH&LA）创建于1910年，是世界上最大的旅游业和酒店业行业协会，全世界共有13000多家酒店集团认可其职业标准。美国饭店协会教育学院（AH&LA-EI）隶属于美国饭店协会（AL&HA），是国际先进的旅游酒店职业教育专业标准开发者，全球有2300多所大学与学院使用该学院的国际酒店管理课程，且学分互认互换。从服务员到总经理，美国饭店协会教育学院（AH&LA-EI）颁发的职业资格证书是全球酒店业最权威的职资认证。AH&LA职业资格认证等级见图9-2。

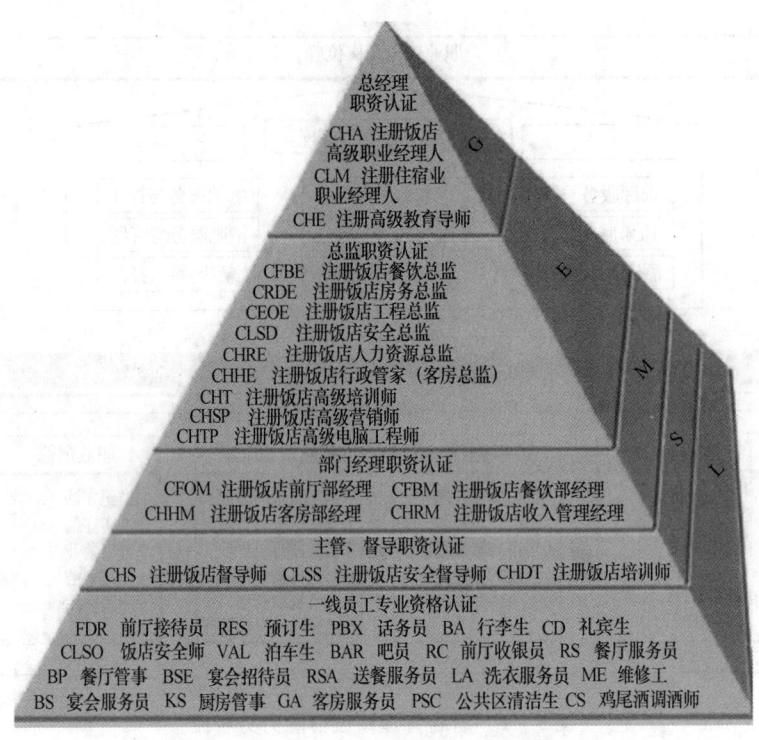

```
                    总经理
                   职资认证
              CHA 注册饭店
              高级职业经理人
              CLM 注册住宿业
              职业经理人
              CHE 注册高级教育导师
                 总监职资认证
           CFBE  注册饭店餐饮总监
           CRDE  注册饭店房务总监
           CEOE  注册饭店工程总监
           CLSD  注册饭店安全总监
           CHRE  注册饭店人力资源总监
           CHHE  注册饭店行政管家（客房总监）
           CHT   注册饭店高级培训师
           CHSP  注册饭店高级营销师
           CHTP  注册饭店高级电脑工程师
                部门经理职资认证
        CFOM  注册饭店前厅部经理  CFBM  注册饭店餐饮部经理
        CHHM  注册饭店客房部经理  CHRM  注册饭店收入管理经理
                主管、督导职资认证
        CHS  注册饭店督导师  CLSS  注册饭店安全督导师  CHDT  注册饭店培训师
                一线员工专业资格认证
   FDR  前厅接待员  RES  预订生  PBX  话务员  BA  行李生  CD  礼宾生
   CLSO  饭店安全师  VAL  泊车生  BAR  吧员  RC  前厅收银员  RS  餐厅服务员
   BP  餐厅管事  BSE  宴会招待员  RSA  送餐服务员  LA  洗衣服务员  ME  维修工
   BS  宴会服务员  KS  厨房管事  GA  客房服务员  PSC  公共区清洁生  CS  鸡尾酒调酒师
```

图 9-2　AH&LA 职业资格认证等级[①]

3. 设计 AH&LA 课程模块，通过整合课程实现职业能力培养目标

在学习和借鉴的基础上，该校研制出了 AH&LA 课程模块。针对职业岗位（群）实际工作任务，按工作任务的相关性设计课程组合，以课程组合实现职业能力培养目标（见图 9-3、图 9-4）。

（四）建立中高职院校沟通协调机制，加强资源共享和校企合作

为了促进中高职教育衔接和协调发展，需要学校给予相应的组织和制度保障。学校与对口的两所中职学校共同建立教学管理小组，定期组织高职、中职学校教师开展教研活动。中职学校按照统一连贯的专业人才培养方案负责实施前三年的教学和学生管理工作，组织学生参加相关专业技能证书考试，确保教学质量。高职院校负责督导中职学校执行人才培养方案，实施后两年的教学和学生管理工作；组织和召

---

① http：//www.weihaicollege.com/tsppzy/cyglyfw/01_zytz1.htm.

第九章 酒店管理专业教学标准中高职衔接解决方案

图9-3 酒店管理专业引入的AH&LA饭店管理学历课程

（课程包括：当今饭店业、餐饮经营管理、饭店业督导、饭店财务会计、饭店与旅游服务业市场营销、饭店设施的管理与设计、饭店业质量管理、前厅部的运转与管理、饭店客房管理、会展管理与服务、饭店人力资源管理、国际饭店管理）

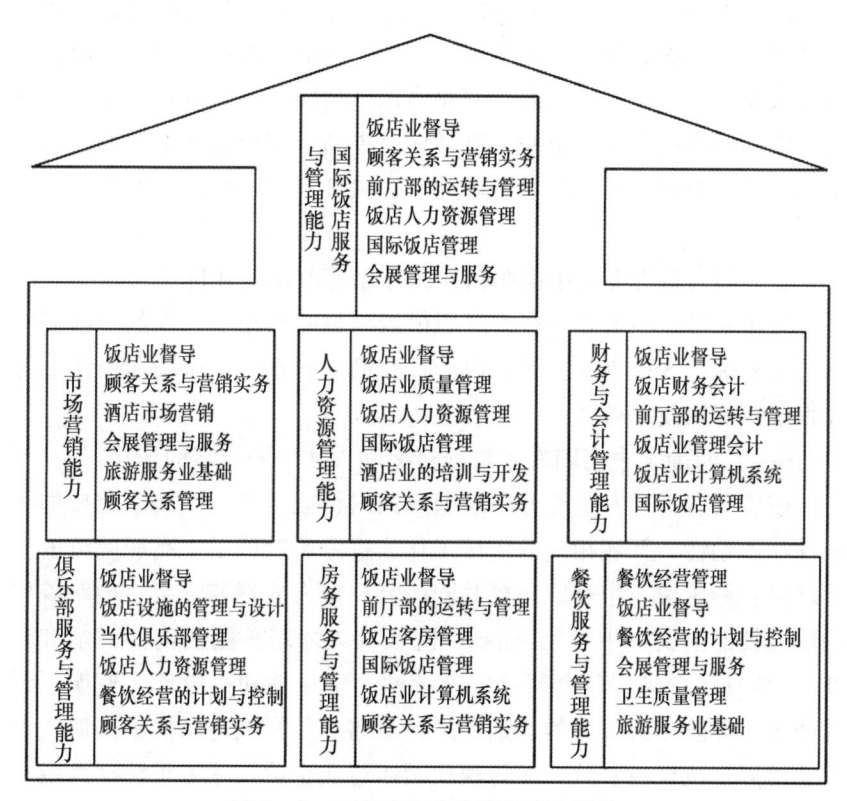

图9-4 酒店管理专业课程组合模块

国际饭店服务与管理能力：饭店业督导、顾客关系与营销实务、前厅部的运转与管理、饭店人力资源管理、国际饭店管理、会展管理与服务

市场营销能力：饭店业督导、顾客关系与营销实务、酒店市场营销、会展管理与服务、旅游服务业基础、顾客关系管理

人力资源管理能力：饭店业督导、饭店业质量管理、饭店人力资源管理、国际饭店管理、酒店业的培训与开发、顾客关系与营销实务

财务与会计管理能力：饭店业督导、饭店财务会计、前厅部的运转与管理、饭店业管理会计、饭店业计算机系统、国际饭店管理

俱乐部服务与管理能力：饭店业督导、饭店设施的管理与设计、当代俱乐部管理、饭店人力资源管理、餐饮经营的计划与控制、顾客关系与营销实务

房务服务与管理能力：饭店业督导、前厅部的运转与管理、饭店客房管理、国际饭店管理、饭店业计算机系统、顾客关系与营销实务

餐饮服务与管理能力：餐饮经营管理、饭店业督导、餐饮经营的计划与控制、会展管理与服务、卫生质量管理、旅游服务业基础

开管理协调机构会议，研究解决教学、学生管理的相关问题；提前介入中职学校教学管理，加强教学质量监控，保证人才培养质量。

中高职衔接过程中，顺德职院酒店管理专业还十分重视与中职学校共享实践实训教学资源。顺德区开设酒店服务与管理专业的中职学校都非常注重按照现代化要求装备实训、实验和实习等各类教学设施设备，基本都配有与专业设置相适应的酒店专业实训中心、多媒体计算机房、形体训练房、多媒体与语音室、阶梯教室及图书室等。各校餐厅实训场地一般在120平方米左右，客房实训在120—160平方米左右。其中，容桂职业技术学校酒店实训中心总面积超过2000平方米，已形成和大专院校同等规模的设备水平。[①] 目前已建有完善的前厅、客房、餐饮、茶吧等4个实训室，与洲际酒店、香格里拉等酒店集团拓展了10个校外实训基地，并投资建立了校内实习酒店。还计划将该酒店交由国际知名酒店集团托管，打造成为培养国际一流酒店管理人才，集专业生产实训、职业培训、技能鉴定、对外服务等功能为一体的酒店综合实训中心。整合优化中高职院校的教学资源，可为中高职教育衔接、实现教学资源共享提供良好充分的保障条件。

二 酒店管理专业中高职衔接人才培养改革的评价

总体来讲，顺德职院在中高职衔接项目的推动下，立足于酒店管理专业实际，大胆创新、锐意改革，在酒店管理专业中高职衔接领域取得了较好的改革效果。

（一）明确了中高职人才培养目标和人才培养方案的衔接

该校酒店管理专业充分调动国际国内行业企业、中高职院校的积极性和主动性，开展相应的衔接工作，进一步明确了中高职院校的人才培养目标定位。中高职院校共同研究制定人才培养方案，中职院校的职业技能强调"中等"，而高职院校的人才培养则强调"高端和创新"，体现了中高职教育衔接的连续性、统一性和有效性，遵循了学生能力培养阶梯式提升的原则和规律。培养目标既与国家中高职教育人才培养定位保持一致，又与现代酒店行业企业人才需求标准高度契合，保证了人才培养质量。

---

① 顺德区教育局、广东省教育研究院：《现代职业教育改革新起点：顺德区中等职业教育专业标准体系建设调研报告》，广东高等教育出版社2014年版，第85—86页。

第九章　酒店管理专业教学标准中高职衔接解决方案

（二）引入了国际行业标准，优化了课程体系

该校在引入美国饭店协会（AL&HA）的职业标准和美国饭店协会教育学院（AHLA-EI）的国际旅游酒店职业教育专业标准的基础上，与中职学校和酒店行业企业知名专家及高层管理者共同探讨课程体系建设，注重教学内容的衔接和教材的选用，较好地避免了课程设置和教学内容的重复，从而形成了基于实际工作过程的一体化课程设计方案，符合国际酒店行业规范和人才素质能力培养需要。

（三）探讨形成了中高职衔接的有效模式和途径

一般来讲，高职专业设置较为宽泛，中职专业设置过多过细。该校通过对酒店管理专业招生制度改革方案和一体化人才培养方案的设计，理顺了中职生对口升入高职的通道，较好地解决了中高职专业不对接的问题和困难，建立了中高职衔接的有效途径。但是，由于目前该校酒店管理专业中高职衔接模式多样，既包括最早的自主招生衔接，也包括五年一贯制和"3+2"衔接模式，中职学生依然接受和统招学生一样的课程教学安排，这在一定程度上限制了中高职衔接的实施效果。

三　酒店管理专业中高职衔接人才培养改革的发展

中高职衔接是现代职教体系建设的关键环节，决定着我国高素质酒店管理行业应用型人才培养的质量。发挥职业教育的重要功能，培养符合我国全面转型发展需要的应用技术性人才，具有十分重要的现实意义。目前，酒店管理专业中高职衔接模式多种多样，各个地区旅游与酒店行业对人才的需求情况也各不相同。因此，各个地区应该根据中高职酒店管理专业发展的现实需求制定相应的衔接方案。总体而言，需要从如下几方面加以把握：

（一）以行业标准为依托，明确中高职酒店管理专业的人才培养目标

人才培养目标表述笼统、模糊不清依然是影响中高职人才培养衔接的瓶颈。中高职在培养目标的区分度较低的现实，使得高职教育接收中职毕业生在专业知识和技术技能上的学习常常得不到应有的补充

和提升，不利于职业教育资源应用效率的最大化，不利于学生掌握系统的、高水平的知识和实践能力，不符合中高职教育可持续发展的职业标准要求。现在酒店管理专业的中高职衔接，主要还依托于政府的规划和支持，二级学院的自主性和积极性还有待提高。因此，主管部门首先应该进一步明确酒店管理专业中高职层次培养目标的准确定位，否则中高职院校在实际人才培养中缺乏统一的认识，只能按照各自的认知和理解开展具体的工作。其次，应加强毕业生跟踪调查，了解酒店行业企业需求，与行业企业共同设计酒店管理专业中高职人才培养目标、人才培养方案和课程体系，这将是酒店管理专业中高职衔接人才培养的关键步骤。即根据行业职业标准，依据中高职人才对应的岗位层次和职业能力来确定中高职酒店管理专业的培养目标，使得中高职培养目标既统一于职业标准，又突出各自层次上的差异，这将是推动酒店管理专业中高职教育有效衔接的基础和前提工作。

（二）以课程对接为基础，强化中高职递进式课程衔接

在中高职衔接的研究与实践中，课程衔接已经成为重点和难点问题。但毋庸置疑，中高职的课程需要进一步有效衔接，就要将中职的实用性、操作性、工具性特征与高职的技术性、创造性、人格化优势优化整合。[①] 酒店管理专业的中职教育阶段应当集中精力让学生掌握基础的、一般性的酒店管理知识和技能，而高职阶段更多侧重于培养学生的高层次酒店管理专长，形成从中职到高职由浅入深的递进安排，保证中高职酒店管理的教学实践更加合理和更好地符合现代酒店管理的人才需要。在课程标准制订的过程中，考虑中高职院校的协商沟通，以及相近专业大类的特点和要求，尤其是岗位能力的需求，制订衔接与统一的课程标准，确定科学合理的教学计划及其实施路径。既要避免中高职课程内容的重复，又要不断拓宽和加深课程内容。

（三）以教师发展为载体，提升教师教学能力与改革教学方式

教师是实施中高职人才培养模式衔接的重要载体。但是现有的

[①] 俞川、郭心毅：《基于英国经验的我国中高职教育衔接问题与对策——以酒店管理专业为例》，《重庆电子工程职业学院学报》2012年第6期，第1—4页。

中高职衔接往往忽视教师在其中的重要作用。一方面，需要提高教师对中高职衔接的认识。目前，中高职院校教师往往将中高职衔接当成是政府部门和学校领导的事情，从而在教学实践中缺乏积极性和灵活性。我们必须承认，中高职教师不仅是课程体系的实施者，更是课程体系的设计者。只有充分调动起教师群体的积极性和热情，才能更好地将"冰冷"的课程转变为"灵活"的教学，不仅实现知识体系的衔接，更要实现综合素质和职业能力的衔接。另一方面，授课教师需要改变传统的授课方式，将应试教育转变为能力导向的教育。在教学过程中根据学生的实际需求、行业标准以及高职院校的具体要求，不断调整自身的课程目标，从而真正实现中高职有效衔接。

（四）改革考核评价方式，完善中高职教学质量考核评价体系

目前，我国中高职酒店管理专业教学效果的衡量方式主要还是传统的考核方式，侧重单一的终结性评价。中职学校教师授课的主要目的是让学生获得考分，考取理想的高职院校。他们将应用性能力的培养交由高职院校来解决，不仅加大了高职院校的培养压力，也造成学生从应试性学习向应用性转变的不适应。完善中高职衔接的考核方式，首先要摒弃传统单一的应试评价，改变仅仅用于判断原定教学计划的完成情况的评价，科学引入过程性评价等新的评价方法，使得建立在综合素质和职业能力基础上的评价能够有效衡量酒店管理专业学生不同阶段专业技能的实际获得水平，从而协助寻找中高职衔接中存在的问题。其次，根据酒店管理专业人才培养目标和课程性质的不同，中高职课程评价应当改变传统教师评价模式，吸纳同行教师、行业企业等利益相关者参与评价，协同促进课程及其评价改革；要进一步改革酒店管理人才培养模式，提升酒店管理专业人才综合素养和业务能力。此外，中高职酒店管理专业要进一步完善招生考试制度，适当扩大中职对口招生的比例；改革高职单考单招的考试内容，增加职业技能的考核比例；进一步健全学分制管理，以满足学生中高职灵活衔接和终身学习的需要。

第十章 中高职教育职业能力培养有效衔接的研究结论、政策建议与发展趋势

中高职教育衔接是构建现代职业教育体系的重点工程，全面贯通中等职业教育和高等职业教育的衔接通道和各个衔接点是职业教育科学发展的必然要求。中高职教育衔接牵涉到中职和高职教育系统方方面面的衔接，其中最为关键和核心的衔接点、落脚点以及衔接的重点难点就是"中高职教育职业能力培养的有效衔接"。通过近六年的研究，我们得出比较重要的结论，并就进一步推动中高职教育的衔接提出政策建议，把握发展趋势。

第一节 中高职教育职业能力培养有效衔接的研究结论

本项目研究从微观层面的职业能力培养入手，着眼于中等职业教育和高等职业教育的职业能力核心要素的多元递进和职业能力层级结构的有效衔接以及中高职教育内部职能结构的有机联结，推动中等职业教育和高等职业教育的有效衔接，借此路径构建具有中国特色中高职衔接的现代职业教育体系。构建"现代职业教育体系"是从国家宏观层面促进整个教育发展的重大战略，也是我国职业教育发展的重要目标和重大里程碑，现代职业教育体系的构建、实践、完善和发展将从体系和制度等宏观层面有力地推进我国现代国民教育体系的整体构建和健康发展。

第十章　中高职教育职业能力培养有效衔接的研究结论、政策建议与发展趋势

一　本书分析了中高职教育衔接运行的经济社会发展宏观环境背景、高等教育大众化职业教育问题驱动背景和现代职业教育改革发展政策背景

我国经济社会的飞速发展给职业教育带来了重大的发展机遇，推动着职业教育向更高层次更高水平快速发展。同时，我国经济社会发展面临的国内外环境依然复杂严峻，国际金融危机深刻改变了世界，全球经济进入低速增长通道，不确定性、不稳定性因素明显上升，各国都要在新的全球价值链中重新定位，我国如何在依然复杂严峻的国内外环境中化危为机危中寻机，走出新的发展道路，催生出新兴产业、新型企业和创新产品，这些问题的解决都迫切需要职业教育为经济社会发展提供人才、智力和技术支撑。

高等教育大众化背景下职业教育的发展依然面临挑战。就中高职教育衔接而言，理论探索不足，政策研究薄弱，观念转变滞后，管理体制不顺，培养目标衔接不明，专业设置对应度低，课程衔接科学性差，学制衔接不连贯，衔接实践缺乏有效性等问题凸显。

我国职业教育深受"条块分割"管理体制的影响，表现为职业院校隶属关系复杂（有市属、省属、部委属，而部属院校又分别属于教育行政部门、各专业部委、劳动人事部门等不同部门管理），多头领导、多头管理、政出多门，政策、规定不一，给职业教育的发展带来诸多困扰，也给相关学校的建设和管理带来诸多困难。由于习惯与传统，职业教育层次较低、较窄，各层次之间相互隔离，缺乏有机联系，处在基础教育和高等教育的夹缝之中。《国家中长期教育改革和发展规划纲要（2010—2020年）》提出，到2020年，形成适应经济发展方式转变和产业结构调整要求，体现终身教育理念，中等和高等职业教育协调发展的现代职业教育体系。并提出积极推进学历证书和职业资格证书"双证书"制度，推进职业学校专业课程内容和职业标准相衔接，建立健全职业教育课程衔接体系，鼓励毕业生在职继续学习，完善职业学校毕业生直接升学制度，拓宽毕业生继续学习渠道。[①] 2011

[①] http://www.moe.gov.cn/srcsite/A01/S7048/201007/t20100729_17194.html, 2010-7-29/2017-7-28.

年 8 月 30 日，国家教育部印发了《教育部关于推进中等和高等职业教育协调发展的指导意见》，实施中等和高等职业教育衔接，系统培养高素质技能型人才；加强政策保障，创造中等和高等职业教育协调发展的政策环境。

二 本书探讨了基于职业能力培养的中高职教育有效衔接研究的意义

中职教育与高职教育的有效衔接是指职业能力（或任职能力）培养的连续性，其衔接的基本点是职业岗位技能（或任职资格条件），它反映受教育者具备某种职业所需要的专门知识和技能水平，更多地反映了特定专业（职业岗位群）的实际工作能力以及劳动者从事这种职业所达到的实际能力水平。处于不同教育层次的中等职业教育和高等职业教育都具有相同属性，都要围绕我国产业发展政策和社会的具体需要解决经济社会发展面临的实际课题，都要力求职业教育办学理念与人才培养层次的相互衔接，特别是基于职业能力培养的中高职教育有效衔接，来共同研讨创新技能型人才培养模式。

探索基于职业能力培养的中高职教育有效衔接，有利于了解和把握职业教育发展的规律和特点，探明职业教育改革的方向和路径；利用现有政策解决职业教育实践中存在的现实问题，也为政府决策部门提供咨询参考，从而确保中高职衔接的可操作性和有效性；找到衔接的内在逻辑和关系，在微观层面实现能力层级分层和层级衔接，构建中高职教育有效衔接的保障体系，提高技能型人才的整体素质和职业教育人才培养质量，减轻就业压力；通过一些中职学校与高职院校的组合与合作，进一步探索与发展内涵式衔接，合理利用教育资源，引领中高职教育健康发展，从而建立体现终身教育理念、中高等职业教育协调发展的现代职业教育体系。

三 本书界定了基于职业能力培养的中高职教育有效衔接的相关核心概念

中等职业教育是职业教育的组成部分，包括普通中等专业学校、技工学校、职业中学教育及各种短期职业培训等，它为社会输出初、

第十章　中高职教育职业能力培养有效衔接的研究结论、政策建议与发展趋势

中级技术人员及技术工人，在整个教育体系中处于十分重要的位置。高等职业教育是高等教育的重要组成部分，是作为一种类型而存在的有别于普通高等教育的新体系，其基本特征是：培养目标崇尚技术型；专业设置体现职业性；课程内容注重应用性；教学过程突出实践性；条件设备最好仿真型；师资队伍要求双师型。

岗位技能是通过练习获得的能够完成一定岗位任务的动作系统，职业岗位技能或任职资格条件是职业教育与劳动就业的结合点，其有效衔接应体现在人才培养模式、人才培养方案及课程系统等三个方面。职业岗位技能是中高职教育培养水平的一个参照。它反映受教育者具备某种职业所需要的专门知识和技能水平，更多地反映了特定专业（职业岗位群）的实际工作能力，以及劳动者从事这种职业所达到的实际能力水平。

职业是指社会成员根据社会分工的需要，并以此作为自己获取主要生活资料的手段而从事的社会劳动或社会工作的类别。职业能力是人们从事某种职业活动必须具备的、影响职业活动效率的个性心理特征。职业能力是个体将所学的知识、技能和态度在特定的职业活动或情境中进行类化迁移与整合所形成的能完成一定职业任务的能力。人的职业能力是由多种能力叠加并复合而成的，它是人们从事某项职业必须具备的多种能力的总和，是择业的基本参照和就业的基本条件，也是胜任职业岗位工作的基本要求。职业能力从层次上可以划分为行业通用能力、职业特定能力和职业核心能力三个要素。职业核心能力是从所有职业活动中抽象出来的具有普适性、一般性、促进性或可迁移性的能力，是适用于各种职业、伴随人的终身的可持续能力。它在职业能力的三层结构中（即职业特定能力、行业通用能力和职业核心能力）居于最底层，决定着人的岗位转换能力；岗位特殊能力（职业特定能力）与行业通用能力合称专业能力，是职业能力的显性或半显性的部分。

职业资格是指为完成特定职业的工作目标和任务，对从事这一职业的人员所必备的学识、技术和能力的基本要求。按照职业准入的强制性程度，职业资格可以分为从业资格和执业资格。职业资格标准又可称为职业技能标准，是指在职业分类的基础上、根据职业的基本特征、技术工艺、设备材料以及工作环境等要求，对劳动者的专业理论

知识和技术操作能力提出的综合性规定，是劳动者培训和考核的基本依据。根据职业的工作内容和工作难度，职业等级通常分为中级、高级、技师和高级技师等。

国家职业标准属于工作标准，是在职业分类的基础上，根据职业（工种）的活动内容，对从业人员工作能力水平的规范性要求。它是从业人员从事职业活动、接受职业教育培训和职业技能鉴定以及用人单位录用、使用人员的基本依据。国家职业标准由劳动和社会保障部组织制定并统一颁布。

中高职衔接是指职业能力（或任职能力）培养的连续性，其衔接的基本点是职业岗位技能（或任职资格条件），是指按照建设现代职业教育体系的要求，推动中高等职业教育协调发展，系统培养适应经济社会发展需要的技能型特别是技术技能型人才。中高职衔接是职业教育体系的关键环节，不仅包括体制机制衔接，还包括专业课程等衔接。衔接的有效性指的是能否实现中高职教育职业能力培养的有效衔接，中高职能力培养衔接的有效性既包括衔接的效果也包括衔接的效率，既强调效果又强调效率。

四 本书开展了基于职业能力培养的中高职教育有效衔接的国际比较研究

项目组通过文献研究和专家交流相结合的方式对中高职教育职业能力培养衔接进行了国别研究。利用网络、邀请专家到访等方式与新加坡等国外专家进行交流。

通过研究德国、英国、澳大利亚、加拿大、新加坡、中国台湾地区等国家和地区的中高职衔接模式为我们提供了可资借鉴的经验。市场经济发达国家在职业教育入学条件的评估、招生制度、人才培养方案、专业建设、课程开发、教学实施、实习实训和学业评价等方面形成了较为完整的体系。其他国家职业教育体系，特别是市场经济发达国家职业教育体系，对我国中高职教育职业能力培养有效衔接有重要的借鉴意义。随着我国社会经济发展，我国职业教育也在经历发达国家曾经历过的发展阶段。为此，我国应该根据具体国情形成具有中国特色的中高职教育职业能力培养有效衔接的可行路径。

第十章 中高职教育职业能力培养有效衔接的研究结论、政策建议与发展趋势

五 本书探索了构建基于职业能力培养的中高职教育有效衔接理论框架的影响要素和理想模型

中高职教育职业能力培养有效衔接是中高职教育衔接的核心。中高职教育衔接基于某种持续存在的社会经济发展的需求。因此,中高职教育职业能力培养有效衔接的逻辑起点也应该是这种需求。21世纪先进制造业和服务业所需要的更高的劳动效率和劳动技能是中高职教育职业能力培养有效衔接的逻辑起点。

在中高职教育职业能力培养有效衔接的过程中,学生、学校和用人单位构成了直接的利益相关者,政府和社会公众对中高职教育职业能力培养有效衔接的过程有着重要的利益关切,属于间接利益相关者。将中高职衔接的教育关系视为中高职教育职业能力培养有效衔接的过程中形成的"产品和服务"来进行分析,可以发现政府和社会公众对中高职教育职业能力培养衔接有效性有长期的影响,而学生、用人单位和学校对长期和短期的中高职教育职业能力培养衔接有效性均有影响。

围绕中高职教育职业能力培养有效衔接的过程中教育服务的供应与需求,可以建立与之适应的招生制度、人才培养方案、专业建设、课程开发、教学实施、实习实训和学业评价、入学条件和评估体系等。中高职教育职业能力培养有效衔接的理论框架的影响要素主要有社会发展、利益关系、教育产品、教育管理等。它们之间相互联系,相互影响。

六 本书探讨了中高职教育有效衔接的价值理性与工具理性之融合

价值理性与工具理性是人类理性的两个有机组成部分,整合于合目的、合规律的社会实践活动,"还原价值理性和工具理性在教育活动中的一体性"是人类理性、职业教育体系与经济社会健康发展的内在需要。

1. 必须发展中等和高等职业教育有效衔接的工具理性

工具理性在人类社会发展中发挥着不可或缺的作用,工具理性的发展为价值理性的弘扬提供现实基础,要实现一种预设的价值理性目标,就必须利用相应的工具理性作为手段。从工具理性的具体层面来说,中等和高等职业教育的有效衔接需要强化政府主导、行业参与、

院校办学的中高职一体化办学体制；理顺中高职有效衔接的管理体制，消除多头管理现象，归口教育部门统一管理，建立中高职衔接联席会议制度；通过政府统筹和院校实践，形成结构合理贯通融合的院校布局，完善财政分担民资参与的投入格局，建立政府政策倾斜和重视社会评价的激励机制；明确各层次职业教育的定位与培养目标，完善衔接通道满足学生升学需求；招生上实行对口单招、单独招生，不拘一格选拔人才，将应届和往届中等学校毕业生纳入招生对象范围；提升职业教育各层次专业结构与产业结构关联度，紧密结合经济社会需要和企业需求职业面向；以专业为主线，让专业围着产业转，以课程为核心，制定中高职一体化的专业教学标准和课程衔接标准，以学分银行为载体，构建衔接和沟通的平台，通过"分段培养"模式、"六年一贯制"制度、"专转本"制度、学分互认学制融合制度和培养过程校企行业深度融合，实现培养目标的衔接、课程体系的衔接、教学实践的衔接、教学管理的衔接；健全各层次职业教育衔接的支撑保障体系，提供社会氛围、法律、经费以及必要的质量保障体系来支撑中等和高等职业教育有效衔接与协调发展。

2. 必须夯实中等和高等职业教育有效衔接的价值理性

价值理性的唯一取向是人，体现的是人对于价值问题的理性思考，是工具理性的精神动力。价值理性一方面来源于客观性的中等和高等职业教育有效衔接和协调发展的社会实践，一方面又是指导、制约和规范中等和高等职业教育有效衔接和协调发展的社会实践的主体性法则。价值理性在中等和高等职业教育有效衔接和协调发展的社会实践过程中，关怀生命的意义和价值，为人的全面、自由、和谐、充分发展开拓出无限广阔的空间。因此，有必要夯实中等和高等职业教育有效衔接和协调发展的价值理性。

3. 以中等和高等职业教育有效衔接的价值理性引领工具理性

工具理性毕竟不是万能的，它始终是处理中等和高等职业教育有效衔接和协调发展的有限工具，工具理性始终是为人服务的，手段服务和服从于目的。工具理性追求真，价值理性追求善，工具理性和价值理性的融合所追求的是遵循人的逻辑和物的逻辑的完美结合、有机统一。人类的生存与发展从来没有像今天这样充满了机遇和挑战，亟

第十章 中高职教育职业能力培养有效衔接的研究结论、政策建议与发展趋势

待需要价值和意义为之导引。中等和高等职业教育有效衔接和协调发展的社会实践活动是经过价值理性和工具理性相互作用、相互融合后的主体自觉自为的选择。工具理性的张扬决不能遮蔽人的价值理性，缺少价值理性引导与束缚的工具理性可能会造成人性残缺与异化，沉迷于物化世界不能自拔，固守于情感世界吝啬付出，压抑于日常生活世界虚假需求，学生健全人格的培养就会化为泡影，进而导致主体世界的坍塌与毁灭。价值理性对于工具理性具有主导作用，只有在价值理性的伦理规范和价值导向功能引领下，合理运用工具理性，才能正确处理职业教育与经济社会发展、学校与企业、中职与高职、职业教育与其他教育、职业教育与人的全面发展之间的关系，确保职业教育与自然的和谐，确保职业教育与人的精神生活世界的完整与和谐，从而实现中等和高等职业教育有效衔接和协调发展。

七 本书形成了一种新的基于职业能力培养的中高职教育有效衔接的职业教育体系

中职教育和高职教育是职业教育体系中两个不同阶段、不同层次的教育，中职与高职教育的衔接，是构建现代职业教育体系的主要内容，是高端技能型人才类型和层次结构科学化的要求。

本研究从微观层面的职业能力入手，着眼于中等职业教育和高等职业教育的职业能力核心要素的多元递进和职业能力层级结构的有效衔接以及中高职职业教育内部职能结构的有机联结，以此推动中等职业教育体系和高等职业教育体系的有效衔接，借此路径构建具有中国特色、世界水平、中高职衔接的现代职业教育体系。

项目组分析和研究了中高职衔接的价值理论、教育公平理论、终身教育理论、高等教育大众化理论、教育生态位理论、系统理论、职业带理论、现代认知心理学和认知同化学习等理论。通过中高职职业能力核心要素的有效衔接来实现中职与高职教育职业能力的衔接，通过中高职职业能力的有效衔接来实现中职与高职教育课程的衔接，通过中高职课程的有效衔接来实现中职与高职教育人才培养方案的衔接，通过中高职人才培养方案的有效衔接来实现中职与高职教育系统的有效衔接，由此构建了一种新的基于职业能力培养的中职和高职教

育有效衔接的职业教育体系。

八 本书建构了一套新的基于职业能力培养的中高职教育有效衔接的理想模式——"3+2"多元递进层级衔接模式

通过研究德国、英国、澳大利亚、加拿大、新加坡、我国台湾地区等的中高职衔接的模式和我国大陆经验，我们发现，以"3+2"为基础构建的中高职衔接多元递进层级衔接模型是我国现阶段最为便利的中高职有效衔接理想模式。

"3+2"多元递进层级衔接模式是指学生在完成3年中职教育后再接受2年高职教育，通过培养方案和课程设置中职业能力的多元递进层级衔接来实现中高职衔接，毕业后取得相应中等和高等职业教育学历证书及相关职业等级（资格）证书，保持了学制的完整性和连贯性。这种模式不仅能为学生提供良好的就业渠道，为行业企业提供更多的高技能人才，也可以满足家长对于学生学历教育的需求。

"3+2"多元递进层级衔接模式对中职与高职的课程衔接冲击较少，有利于专业与课程的顺利衔接递进和有机融合，将专业课程层次提升和专业技能递进精深有机结合起来。在教学内容上充分考虑系统性和递进关系。"3+2"多元递进层级衔接模式在招生制度上无制约，目标对接更连贯。我国高职院校的主要生源是普通高中生和中职毕业生，而且学制都为三年，招生制度上"3+2"没有任何瓶颈。专业一体化人才培养方案的设计，使得对技能型人才培养的目标和要求更连贯和更容易达成。

在具体的实践过程中可以充分发挥中职高职各自优势、与行业企业深度融合，在强调衔接多元的同时，综合考虑教学内容、课程、知识、技能、学历的层级递进关系，形成以"3+2"为基础的中高职衔接多元层级递进模型：（1）从学制层面有效衔接，让不同层级立体贯通；（2）从专业层面有效衔接，让标准范围深度融合；（3）从课程层面有效衔接，让目标分层层际间渗透；（4）从证书模块有效衔接，让技能技巧纯熟精深；（5）从职业能力核心素养有效衔接，让微观循环展现活力。

第十章　中高职教育职业能力培养有效衔接的研究结论、政策建议与发展趋势

九　本书形成了一整套基于职业能力培养的中高职教育有效衔接的方案

项目组根据社会经济发展状况和项目研究面临的环境，从调研中高级职业资格标准（任职能力）入手，建立中职和高职基于职业资格、任职核心能力有效衔接梯度的模型，形成中高职专业能力标准的有效衔接；从中职的课程标准入手，建立中高职有效衔接的课程标准；构建以岗位、职业能力为核心的模块化课程体系；以专业能力标准为指导，完成模具设计与制造、数控技术、会计、酒店管理等专业的人才培养方案研究。

选择模具设计与制造、数控技术、会计、酒店管理等专业开展试点实践研究，重新制定了模具设计与制造、数控技术、会计、酒店管理等专业的中高职衔接人才培养方案、课程标准、教学实施策略、实习实训和学业评价、第三方评估体系等，并付诸实施，在实践中取得较为明显的效果。

第二节　中高职教育职业能力培养有效衔接的政策建议

一　营造简政放权、放管结合、优化服务的良好环境

按照"简政放权、放管结合、优化服务"的原则，构建政府、高校、社会新型关系。加大保障措施和投入力度，研制职教集团和职教联盟建设推进办法。加强政府统筹和宏观调控，完善指导中高职衔接发展的法律法规政策供给机制，进一步完善现代职业教育的国家标准、国家机制和国家政策，使中高职衔接有法可依、有规可循，确保中高职衔接的顺利实施。

在培养过程层面，体现中高职衔接培养方案一体化设计，实现强强联合、分段培养。依托中高职衔接和产教深度融合，推动职业院校与地方行业企业合作办学、协同育人，鼓励校企共建以现代学徒制培养为主的特色学院，以市场为导向多方共建应用技术协同创新中心。鼓励企业将职工教育培训委托职业院校承担，将企业开展职业教育的状况纳入企业社会责任报告。政府在政策上只有对中高职衔接进行倾

斜,从投融资、税收等方面对做得好的学校和企业采取鼓励措施,才能培养出更多高素质技术技能人才。

为保障和提高中高职教育衔接实施的效果,应加强监督和反馈制度的建立和完善。将中高职教育衔接的现状纳入国家和省级对职业教育的督导和督查内容。坚持以地方为主、政府统筹,包括行业、企业、院校、家长等多方社会主体参与,推动建立行业人力资源需求预测、就业形势分析、专业预警定期发布制度等,完善监督、反馈、评价办法,定期发布监督反馈报告。还要避免政策执行者对中高职衔接相关政策理解产生误差或者政策执行过程中的随意性,确保政策能够顺利发挥其应然效力。

注重专项政策和配套政策的出台进程和实践效度。应规范中高职衔接政策制定的程序,建立独立的政策评估组织并发挥第三方评估机构的作用,实现中高职衔接政策制定的制度化和程序化。政策制定目标既不可过于理想化也不可过于模糊和笼统,要符合职业教育的实际状况,不搞"一刀切";要统筹相关资源并采取法律、经济等手段维护政策的有效性和权威性,并保持其延续性和稳定性。

二 优化归口管理和联席会议制度

按照业务划分和教育的属性进行归口管理。尽管中等和高职院校都属于职业类院校,但其主管部门却不一定相同,中高职院校在管理体制上存在多头化管理的困境,比如职业类院校一般由当地教育部门主管,而技工类院校则由当地人力资源和社会保障部门主管,这样的多头管理往往造成横向关系难以理顺,纵向联系渠道不畅。因此,应根据业务划分和教育的属性,借鉴国务院各部委高校属地化管理的有效经验,消除多头管理问题,将中高职院校全部由教育部门统一管理。

为了确保不同层次中高职教育有效衔接,有利于资源共享、优势互补,打破各自为政的格局,应建立中高职衔接联席会议制度。联席会下设专业理事会、教育教学理事会等,进一步扩大与落实办学自主权,减少行政手段,由专业人员具体研究中高职衔接的目标衔接、课程衔接和技能衔接等问题,由不同层次的中高职院校共同商定中高职

第十章 中高职教育职业能力培养有效衔接的研究结论、政策建议与发展趋势

衔接事宜。

三 让新兴产业结构的变化驱动专业结构的调整优化

专业结构调整与优化是中高职有效衔接的重要基础。要注重科学合理增设专业，比如当一个新兴产业拉动国民生产总值 GDP 增长超过 1‰ 时，就要设置与之对应的为其培养人才的中高职衔接专业。着力办好特色优势专业，压缩供过于求的专业，调整改造办学质量与需求对接度差的专业。建立面向市场、优胜劣汰的专业结构动态调整机制，职业院校可以在政府和行业的指导下对接职业和岗位需求自主设置专业。既要遵循国家指导性的专业目录，又要在政府和行业指导下发挥自主作用，职业教育理事会下的专业指导委员会可在此框架下制定计划，统筹中高职的招生专业。

高等与中等职业教育的有效衔接和健康发展，要求对现行招生模式进行改革与创新。要拓展生源渠道，优化技能型人才生源，"扫除体制性障碍"，将各种为了调节普通教育生源、维护传统高考制度格局而设置的中等职业教育生源限制比例取消。综合评价现行的招生办法，根据不同生源特点和培养需要，招生管理实行对口单招、单独招生。深化面向中职毕业生的技能考试招生、中高职贯通招生、技能拔尖人才免试招生等，不拘一格选拔人才。还要适度扩大招生对象范围，招生对象应包括应届中职毕业生和往届中职毕业生。

四 积极探索"无缝隙连接""装配性对接"和"一体化培养"

根据不同专业、不同教育类型生源的特点及对应性，设置出"无缝隙连接"、"装配性对接"、"一体化培养"等不同的学制类型。形成中高职衔接生源录取的整体方案，使之既具有自身特点又科学合理，具有先进性、科学性和针对性。从学制层面实施有效衔接，让不同层级立体贯通。从专业层面实施有效衔接，减少中高职专业课程设置的矛盾。从课程层面实施有效衔接，让目标分层层际间渗透。从证书模块实施有效衔接，让技能技巧纯熟精深。

改革学年制和学年学分制，建立完全学分制。要加快建立学分的确定、获取、积累、转换与互认制度。让"学习单元"与学分相互

对应，以学分为阶梯，实现职业资格等级递进，职业能力培养相互贯通。根据学习者的实际情况，考虑不同的专业特点，学制和学习方式可以灵活，推行弹性学分制度，推进与学分制相配套的课程开发和教学管理制度创新，为半工半读、工学交替、分阶段完成学业等创造条件。

　　积极探索以能力培养为核心，以职业资格标准为纽带，学历证书和职业资格证书相融通的人才培养和培训体系。完善相关政策和法律，建立政府协调和管理系统。完善职业院校促进双证书融通的教学体系，包括专业培养目标与定位、人才培养方案、课程开发、双师型教师培养、实验与实训、教学管理、考试考核、教学评价等。促进中高等职业教育人才培养质量评价标准和国家职业资格标准的有效沟通和衔接。

五　完善动态化、模块化、一体化的课程标准和教学标准

　　参照国际经验，发挥行业、企业、中等和高等院校等利益相关者在制定国家职业标准中的作用。精细化国家职业标准的制定过程，提升国家职业分类合理性，提高国家职业标准的覆盖率、权威性和实时性，从而帮助职业院校明确人才培养方向。

　　由各专业指导委员会依据国家职业标准制定中高职专业教学标准和课程标准，并让行业企业参与中高职衔接课程体系建设和课程标准制订。(1)专业教学标准应包括专业的职业面向和定位，不同层级的培养目标、相关知识和主要技能，对应的职业资格等级和证书，考核和评估方式，教材和其他教学资源的选取，行业企业的支持和保障作用，人才培养模式和教学要求等。(2)课程标准应包括课程定位和目标，不同层级的课程内容，行动导向的教学方法，与职业资格等级证书相对应的考核与取证等。课程标准应彻底改变同一门课程重复学习的状况，在教材选用和课程内容衔接上使中高职课程连贯有序有机整合。

　　在实践中必须打破传统"分段式"课程模式，全面推行模块化课程结构。将中高职教育中各类课程尤其是专业课、专业基础课分解为各级各类模块，使学生各项学习成果都能够得到精确的计量。密切联

第十章 中高职教育职业能力培养有效衔接的研究结论、政策建议与发展趋势

合行业和企业，建立基于工作过程的工学一体化的动态课程结构，细化中高职综合素质与职业能力培养要求，突出职业能力培养的项目化课程教学改革，遵循教育教学规律和人才成长规律，融合人文素养、职业精神、职业技能为一体，构建中高等职业教育相衔接的课程体系。

六 构建消费者、用人单位、行业协会与社会中介机构共同参与的社会评价体系

为确保中高职衔接有效进行，一方面要构建职业教育多元评价主体，如毕业生与家长、用人单位、行业协会与社会中介评价机构等。另一方面要建立一套系统全面、动态调整、定性与定量相结合、具有发展性的社会评价体系，科学、客观、公正地评价中高职衔接状况。

1. 发挥毕业生与毕业生家长的作用。毕业生与毕业生家长作为中高职教育的消费者，侧重中高职教育职业能力培养教学过程的评价，如职业道德、课程设置、师资水平、实践实训、就业质量等指标。

2. 依托用人单位。通过深化校企合作产学结合，建立校企合作专业建设指导委员会，紧密依托行业企业实施产学结合的人才培养模式改革。用人单位坚持能力本位原则，要求走出"成绩崇拜"的怪圈，以职业或相关职业群知识、能力与素质为目标，注重人才培养目标与人才规格评价标准接轨，不断完善毕业生跟踪调查系统，使用人单位成为人才培养质量评价的主体。

3. 借助行业协会与社会中介评价机构。发挥行业协会与社会中介评价机构对现代职业教育体系建设的积极性。针对不同学科专业，设定与之相适应的评价标准，完善中高职技能人才分类评价指标体系。鼓励试点院校将部分专业课程或实践课程在劳动部门和行业协会组织进行注册，以便学生毕业后能取得国家职业资格证书或行业执业资格证书，实现国家资格证书体系与中高职教育职业能力认证评价标准对接。积极培育社会评价中介机构，充分发挥第三方机构的作用，建立起政府、学校、中介机构分工协作的工作机制。同时借助新闻媒体的力量，进一步扩大评价的社会影响力，并充分发挥媒体的监督作用。

第三节 中高职教育职业能力培养有效衔接的发展趋势

一 在社会舆论上，将从不利导向走向良好导向

长期以来，职业教育的整体地位不高，社会对职业教育的认识存在误区。随着现代职业教育的发展，在社会舆论导向上，将越来越有利于中高职教育衔接，有利于产教深度融合，有利于现代职业教育体系的构建。职业教育将在规模上超越普通教育，接受职业教育的回报将远远高于普通教育，成为社会成员接受教育的主流形式，职业教育在社会上逐步赢得良好声誉。国家将对职业教育进行全免费教育、带薪教育、补贴奖金教育，并鼓励跨国职业教育，将更好地促进职业教育的衔接、完善和发展。

二 在管理方式上，将从单一化管理走向一体化管理

高等和中等职业教育的管理大体上属于单一管理模式，在管理体制上存在明显障碍。

中高职一体化管理模式就是实施高职管理中职，但是目前高职管理中职需要解决以下问题：一是如何界定职业院校的核心价值观。通过建立职业院校成员共享的价值前提，进行价值观的管理，以回应职业院校存在的价值意义，进而形成职业院校核心价值观体系，规范各个职业院校的决策前提和行为底线。二是如何对管理机制进行重新定义。通过建立平台管理机制，在职业院校内部构建起适合职业教育产生和发展的环境，鼓励职业院校内部的创新和竞争。三是如何进行扁平化、单元化组织设计。缩短决策链条，通过去"中心化"的方式，鼓励各个职业院校主动接触企业，接触外界，自主形成小的业务单元，自主决策和推动项目，由"单中心"控制转向"多中心""分布式"控制。四是如何创新人力资源管理机制。通过建立以能力和角色承担为基础的人力资源管理体制，形成与之相匹配的评价、分配和利益分享机制等。

第十章 中高职教育职业能力培养有效衔接的研究结论、政策建议与发展趋势

三 在衔接层次上，将从中高职衔接走向中高本硕博多层次衔接

我国东中西区域经济发展的不平衡，形成了教育事业发展的不平衡。经济发展水平的差异性决定人才需求的差异性，职业教育的多样化决定人才的层次和规格的多样化。职业教育要根据区域经济发达程度明确不同层次、不同类型职业院校的规模与比例，培养与产业、行业相适应的劳动力，从而促进当地经济的发展。对经济欠发达地区可能是初等、中职与高职、本科层次职业教育衔接。随着经济发展程度的提升，逐步向高端提高层次；对相对发达的地区将根据经济发展状况探索初等、中职、高职、本科、硕士、博士六个层次系统完整的职业教育体系实现形式，并根据当地经济发达程度明确各自的发展规模与比重。

四 在衔接主体上，将从单一主体走向多主体协同育人

在构建现代职业教育体系的进程中，更多考虑并进行实践的是在职业教育系统内部，形成纵向的衔接机制，育人主体也主要是学校。未来将从教育系统内部的中高职衔接走向教育系统外部的衔接。育人主体也将走向与产业、政府、社会、行业、企业的结合，尤其是行业、企业所占分量会越来越重。中高职教育将会获得更多的社会资源，如政府、企业和社会等多方面的支持和参与。并将更加注重学生的价值观、道德观和社会责任感教育，更加注重学生的社会性能力、专业性能力与环境适应性能力等职业能力培养。

五 在学制衔接上，将从统一性学制走向弹性学制

我国已经进行"3+2""2+2""2.5+2.5""3+3""五年一贯制""现代学徒制"等学制衔接模式的试点及实践，并取得了一定的成效。这些学制衔接模式将在未来一段时期内同时并存，还将出现弹性学制，学生可以一边创业一边学习，在创业期间保留学籍，延至8年左右的时间完成中高职衔接的学习。鼓励不同院校进行学制衔接方面的探索，根据不同地域的实际情况选择不同的学制衔接方式，从而面向生产第一线实施有效的职业教育。在学制衔接实践中，要做好专

业培养目标与专业定位的衔接和课程体系的衔接，要科学构建一体化、创新型、实践导向的课程体系。同时，要重视与加强实训基地和实践基地的建设，充分调动行业、企业的积极性，与企业实现优质资源共建共享。

六 在社会评价上，将从院校自评走向多元评价

随着社会对职业教育认识的进一步深化，职业教育的社会地位更高，这将有利于职业教育的更好发展。在中高职教育的评价实施中，除积极开展院校自我评价之外，还将开展远景评价、全息评价、多元评价、元评价等教育评价，支持第三方发布职业教育质量评价报告，形成院校、行业企业、省和国家多方参与的质量评价与诊断改进机制，更好地促进职业教育的全面发展、特色发展和分类发展。

七 在体系发展上，将从单一体系走向与社会继续教育体系的融合

在教育体系发展上，将逐步走向现代职业教育与社会继续教育体系有效衔接与互相融合。现代职业教育学校处处连接着微小中大企业和大社会，企业内部和社会的每一个角落都有不同形式、不同类型的现代职业教育学校，逐步形成"社会即学校，学校即社会"的完美图景。教师队伍将按照新的融合化、社会化要求进行脱胎换骨式实质性重构和空间位置排列组合，使自耕式教师真正跃变为实至名归的大数据时代无所不包的全能教师。学生则会在学校和社会不断变换、不断融合的应用实践环境中，培养创新意识，提升创新能力，完善创新思维，营造创新品质，成为创新创造创业人才。

八 在办学空域上，将从国内衔接走向交叉式全方位国际衔接

在职业教育发展路径上，中外合作办学将更加广泛而普遍，并积极探索中外合作办学的新途径、新模式。通过国际合作办学，有助于更新办学理念，引进国外优质教育资源，提高教育质量和办学水平，培养国际化人才，推动经济社会发展。在引进职业教育资源时要注意外方合作者的资质以及引进项目的市场需求，加强师资培训和师生之

第十章　中高职教育职业能力培养有效衔接的研究结论、政策建议与发展趋势

间的交流与合作，选择类型相同、专业相近的国（境）外高水平院校共同开发课程，共建专业与基地，促进课程的国际化与本土化的有机融合，实现国际化、立体化、多层次的交叉式全方位衔接。同时，随着我国综合国力和国际影响力的提升，优质职业教育资源也将走出国界，走进国际市场。特别是"一带一路"战略的推进，我国职业教育在沿线国家的输出份额和影响力将更大。届时，职业教育优质资源的引进与输出的结构比例也将发生重大变化。

附录1　模具设计与制造专业人才需求调研报告

第一部分　调研基本情况

为了适应广东省特别是珠三角地区产业经济转型，探索模具设计与制造专业的高技能人才成长规律以及企业需求状况，制定基于企业工作需求的高职院校技能人才培养方案，《中高职教育职业能力培养有效衔接研究与实践（BJA110081）》课题组对模具设计与制造专业职业资格标准、相关企业任职能力进行广泛咨询，征询行内专家和技术人员关于模具职业能力与任职核心能力的意见。课题组制定了《模具设计与制造专业职业任职能力调查问卷》，开展了对珠三角地区模具设计与制造专业人才需求调研。

调研期间，共走访了15家企业。其中，民营企业12家，"三资"企业3家；共发放问卷160份，回收有效问卷146份，其中管理人员30份，技术工人116份；座谈和电话访谈企业主管、毕业生和模具工共46人次。

在此基础上，项目组于2013年11月底完成《模具设计与制造专业职业岗位能力调研报告》。

一　调研目的

高等职业教育是坚持以就业为导向，以能力为本位，以服务为宗旨的技术技能教育。为适应产业经济转型对技术技能型人才的需求，彰显职业教育的特色，探索技术技能型人才在企业的成长规律并制定符合高素质高技能人才成长的人才培养方案，特开展此次调研。力图通过本次调研，收集和分析模具类专业的社会人才需求状况，了解社会、行业、企业对模具类专业人才知识、技能、职业道德的综合要求，为模具专业中高职衔接的专业人才培养目标定位、专业设置、课程开发、招生规模、学生就业等提供指导信息，为专业改革、教学计划和课程标准的制定、一体化教学改革提供依据和帮助。

二　调研对象

为全方位了解广州及珠三角地区对模具设计与制造专业毕业生的需求，我们采取多维度、全方位的方式选取了行业协会、典型企业及高职院校学生为主要调研对象，其中走访了广州市各区、深圳市、佛山市、惠州市、潮汕地区等区域的15家企业，调研对象为企业总经理、企业技术部门及人力资源部门负责人、车间主任、业务骨干、工人、工班长、高职院校毕业生（企业工作2~3年）等。

三　调研组织

调研由广东工贸职业技术学院机械工程系组织专业骨干教师完成。调研时间为2013年。

调研组成员：王平、宋小春、赵俊锋、曾锋、吴玉华、兰玲、黄昌燕、丘永亮。顾问：阮锋、黎泽慧。

第二部分　调研方法与内容

一　调研方法

为保证调查问卷的信度和效度，调研组查阅了与模具设计与制造专业相关的文献资料，与行业协会、企业共同制定了调查问卷，并对该问卷进行试测和修订。在问卷调查的同时，我们还对企业部分人员进行了专题访谈并做好记录；此外，还采用电话访问、电子邮件、实地参观考察等方法开展调研。

二　调研内容

调研围绕两个方面的内容展开，一是模具设计与制造专业职业资格标准，二是模具设计与制造专业相关企业任职核心能力，以此掌握企业对职业院校的人才需求状况，更好地制定模具设计与制造专业中高职衔接人才培养方案。

第三部分　调研分析

一　模具行业现状

（一）模具制造行业国际国内现状

1. 模具行业产值稳步增长

中国模具工业协会发布的《2011年中国模具工业运行情况分析》指出，由于受欧债危机等不利于经济发展的因素影响，2011年我国模具工业发展的速度比上年有所回落，全国模具总销售额为1240亿元，仅比上年增长10.7%。但模具外贸形势持续向好，模具进出口总额为52.40亿美元，其中出口模具30.05亿美元，比上年增长36.87%，增速比上年提高19.59个百分点；进口额达22.35亿美元，也略有增加；实现了贸易顺差7.70亿美元，比上年增加6.36亿美元。虽然当前仍存在欧债危机引发的问题难以迅速解决，发达国家经济近期难有较大起色，中国经济增长速度进一步放缓等因素的影响，但世界制造业生产基地向中国的不断转移，中国制造业的快速升级，将使模具行业处于稳定发展之中，优质精密模具需求不断上升，预计"十二五"期间，模具销售额仍会保持年10%左右的增长。

2. 模具企业总体规模大，民营企业占据主导地位

中国模具工业协会《中国模具工业"十一五"发展情况回顾》的统计数据显示，我国模具生产厂约3万家，从业人员近100万人。2010年我国模具制造行业主营收入500万元以上的企业共有2884家。国内涌现出一大批模具行业的民营龙头企业，民营模具企业的崛起是整个中国模具产业结构的重大调整，民营模具企业在整个模具市场中已占绝对的主导地位，加速了模具行业的快速发展。这些都说明我国模具企业已具有相当的规模，并且来自非国营的资本已占大部分的比例。

3. 低端模具过剩饱和，并不断向高端发展

从模具产需情况看，中低档模具已完全实现自给，部分低端的模具产品已经出现过剩现象，造成了过剩竞争。当然，作为模具生产大国，我国的一些模具产品已经达到或接近世界先进水平，但是我们的技术跟欧美国家还有一定差距，大部分高精端技术还掌握在外资企业手中，以大型、精密、高效、高性能模具为主要代表的高技术含量模具自给率不足70%，很大一部分仍靠进口。国际模协秘书长罗百辉表示，模具行业落后于欧美的大环境只是一个客观原因，我们自己也要找自身的原因，既然我们明白了差距所在，就要积极学会调整，从危机之中抓住机遇，迅速赶上去。此外，我国模具标准件使用覆盖率也较低，只有50%左右。企业虽然重视推广应用新技术，但这些新技术应用的水平还不够高。

4. 珠三角和长三角地区为我国模具行业主要分布区，同时新的聚集点在逐步形成

中国模具工业的发展在地域分布上存在严重的不平衡性，东南沿海地区发展快于中西部地区，南方的发展快于北方，模具生产最集中的地区在珠江三角和长江三角地区，其模具产值约占全国产值的三分之二以上。

目前，我国模具业正在从较发达的珠三角、长三角地区向内地和北方扩展，在产业布局上出现了一些新的模具生产较集中的地区，如京津冀、长沙、成渝、武汉、皖中等地区，模具集聚发展成为新特点，模具园区（城、集聚地等）不断涌现。

（二）珠江三角洲地区模具行业的特点

珠江三角洲地区模具行业发展迅速，具备很强的产业优势。广东省模具行业稳居全国模具行业的头把交椅，产量达29万套，占全国模具总产量的40%；广东已成为我国最主要的模具市场，同时也是我国最大的模具出口与进口省。

与国内其他地区相比，广东模具制造业有以下特点：

1. 塑料模具占主导

近四年，广东省模具产业以平均每年约20%的速度发展，塑料模具始终占主导地位。在模具总产量中，塑料模具占60%以上，比例

远高于全国的平均水平。

2. 专业化和标准化程度高于全国水平

广东省模具发展历史较短且受海外影响较大,专业化和标准化方面接近国际,使得广东省模具专业化和标准化程度明显高于全国水平,其中模具标准件使用覆盖率达80%,远远高于全国5%的水平。广东模具有较强的市场适应能力和出口创汇能力,根据中国模具工业协会《2008—2011年模具产品进出口情况统计》,广东模具行业2011年出口额达到11.93亿美元,站全国出口额的39.68%,比2010年增长36.19%,出口额是排名第二的浙江省的2倍以上。

3. 不断向大型精密模具方向发展

根据《广东省装备制造业调整和振兴规划实施意见》,广东省将大力发展资金技术密集、关联度高、带动性强的现代装备产业,逐步形成自主创新能力强、优势突出、企业协调发展、区域布局优化的装备制造业体系。

作为涉及面较广的生产工具,大型高精密模具被列为重点发展的基础配套件。为发挥在精密模具制造的优势,广东将重点支持东莞、深圳市电子元器件制造所需精密级模具的设计与制造,支持其追赶国际领先水平。重点支持粤东的大型、复杂轮胎模具制造和广州、深圳汽车制造、船舶制造行业所需的注塑及压铸模具制造。

(三)广州地区模具行业现状与趋势

1. 广州地区模具行业的状况

据广州市模具工业协会统计,广州地区的模具企业将近1千家,从业人员近3万人。以民营企业为主,国营、民营、三资企业的比例为1.1∶78.4∶20.5,来自非国营的资本占大部分比例。企业规模以中小型企业为主,其中,100—500人的中型企业所占比例最大,为45.3%;100人以下的小型企业,为30.6%;500—1000人的大型企业占14.6%,2000人以上的超大型企业占9.5%。广州模具企业生产的模具产品主要以冷冲模和塑料模为主,生产的厂家(有交叉)分别占48.4%和44.6%;其次,是模具标准件,占21.8%。广州模具行业的总产值为广东省模具行业产值的11%,2012年广州模具行业总产值增长量达到18%。

2. 广州市模具行业的发展趋势

(1) 产业结构不断调整

"十二五"期间大力发展技术附加值高的中高档模具产品，不断提高它们在模具总量中的比例，鼓励发展高品质模具标准件和高性能模具材料，以提高为各支柱产业、国家重点工程、重点项目及战略性新兴产业配套服务的能力。

在"十二五"的制造业规划中，广州市政府不断促进模具产业升级，实现其在国际加工贸易价值链上的攀升。鼓励模具企业参与到全球化分工与生产中去，一方面使更多的加工企业融入世界加工贸易产业网络，逐步实现产业的国际对接，建立与延伸国内生产网络，向配套企业提供技术援助及员工流动等途径，使模具企业实现产业间升级；另一方面促使加工企业所从事的价值链环节和增值活动向高附加值方向转移，更多地把握战略性环节和增值活动，并营造出自己的生产网络体系，比如从生产到营销设计、从装配到原始设备制造，再到原始品牌制造，同时加工企业在网络中的角色逐渐向更高层级攀升，不断提高在全球生产网络化中的地位和控制力。

(2) 呈区域集中方向发展趋势，发展模具产业链集群

根据我国模具制造区域特点以及近年来的发展状况，模具制造将呈区域集中趋势。未来我国模具制造业区域发展的重要形态将是向产业集群方向发展。从发达国家的地区产业趋势看，产业集群是产业与区域的有机结合，具有明显的产业特性、地域特性与网络特征，能够产生极强的竞争力效应。

广州市模具行业是地区产业链中不可或缺的一环，近年来随着汽车、电子、家电、日用品等下游行业快速发展的势头，相关模具产品的需求量也在不断增长，相关模具企业成为带动模具行业发展的主力军。模具产业的集聚，满足了模具产业专业化和市场化的需求，保证了产业专业化与该产业的市场需求间的相互促进，并呈现正反馈效应。企业和产业在特定区域集聚，因节省运输和通信费用而获得要素报酬递增效果，保证了模具行业集群的稳定性和持续发展。

(3) 民营企业不断崛起的同时，亦扶持相应数量的大型企业

民营模具企业的崛起是整个中国模具产业结构中的重大调整，民营模具企业在整个广州模具市场占据绝对的主导地位，加速了模具行业的快速发展。模具行业在中国被广泛看好，近年来我国模具行业加快了体制改革和机制转换步伐，产业结构日趋合理，主要表现为大型、精密、复杂、长寿命模具标准件发展速度高于行业的总体发展速度；塑料模和压铸模比例增大；面向市场的专业模具厂家数量及能力增加较快；"三资"及民营企业的发展很快。近年来，中国外贸出口受国外市场的巨大影响和冲击，不少模具企业订单急剧萎缩，生产经营面临严重困难。以中小企业唱主角的模具企业发挥"船小调头快"的优势。但是小型企业主要定位在模具的生产加工上，研发投入不大，受外部产业链的影响较大。而大型企业的研发能力和生产能力有目共睹，大型企业具备较完善的生产体系，拥有自己的研发机构，有能力完成产品的自主研发，容易实现产业的升级，定位于高端产品的研制开发方向发展。所以在保证中小型企业稳定发展的同时，还需要扶持一批大型企业，更有利于产业的升级，提高行业在国际生产价值链的层次。

(4) 先进模具加工设备及软件将被广泛应用

企业将积极推进模具生产信息化、数字化、精细化、自动化、标准化；加强产学研用相结合，促进研发与创新能力的提高。CAD/CAE/CAM技术在模具工业中的应用，快速原型制造技术的应用，使模具的设计制造技术发生了重大变革。模具的开发和制造水平的提高，还有赖于采用数控精密高效加工设备，如五轴加工机床、高速铣等，超精加工手段也大量用于模具加工。当前，模具加工技术的重点方向是无图化生产、单件高精度并行加工、少人化或无人化加工和贯彻只装不配少修的原则等。逆向工程、并行工程、敏捷制造、虚拟技术等先进制造技术在模具工业中的应用也已普遍。

如在广州市联盛塑料五金模具有限公司，为了得到产品原型的三维数据，为设计人员配备了多台手动三维扫描仪，并且配套了快速成型机和三坐标测量仪，对样品进行验证和检测。对于一些大型模具生产厂家，则需要用到大型的高端设备，如广州东阳立松模具制造有限

公司，主要生产的是大型汽车模具，模具的体量大，精度要求也高，该公司配备了大型的试模机以及大行程的电火花机，以满足大型模具的修模和加工要求。

随着产业的不断升级，企业参与到全球化分工更高层次的环节，企业将不断向资本集中型模式发展，其中一个重要趋势就表现在先进设备的投入上。

(5) 模具产品发展预期

据中国模具工业协会专务周永泰指出，作为模具使用量最大的汽车行业，随着汽车行业的发展需求，"十二五"期间汽车模具的年均增速不会低于10%，包括汽车轮胎模具在内的橡胶模具年均增速将达到10%以上。另外，电子信息产业也是模具的大用户，"十二五"将有20%左右的年均增速。另外，轨道交通、航空航天、新能源、医疗器械、建材等行业也将为模具带来庞大的市场。

根据广州市现代产业规划，汽车制造、电力装备、船舶制造等支柱行业的发展将得到大力的扶持，为模具行业提供了稳定发展的契机。作为上述行业的生产工具，相应模具的需求也快速增长。

二 模具行业人才需求状况

(一) 调研对象（企业）分析

本次共调研模具企业15家，其中民营企业12家，"三资"企业3家。对30名企业的主管人员进行了问卷调查和访谈，其中总经理16名，人事主管8名，生产主管6名。各企业的基本状况见表1。

表1 调研企业基本情况

序号	企业名称	企业性质	企业规模	生产类别	生产规模
1	广州明生机械模具有限公司	民营	小型	电子类配件模具	单件小批量
2	广州晟辉金属制品有限公司	民营	中型	家电金属模具	单件小批量
3	广州市型腔模具制造有限公司	民营	大型	大型汽车压铸模具	单件小批量
4	广州盛沣模具厂	民营	中型	水上塑料用品模具	单件小批量

续表

序号	企业名称	企业性质	企业规模	生产类别	生产规模
5	广州东阳立松模具制造有限公司	合资	中型	大型汽车模具	单件小批量
6	广州黄海精密模具有限公司	民营	小型	电子配件模具	中等批量
7	番禺联合科技发展有限公司	民营	大型	汽车模具	单件小批量
8	广州市联盛塑料五金模具有限公司	港资	大型	汽车零件、家电等模具	单件小批量
9	粤友模具塑胶制品公司	民营	小型	日用品塑料模具	单件小批量
10	广州基准精密工业有限公司	民营	中型	模具零配件	大批量
11	广州奥迪灯具有限公司	民营	中型	灯具压铸模	单件小批量 中等批量
12	镭迪机电制造技术有限公司	民营	小型	光盘模具	单件小批量
13	博罗县环胜模具有限公司	港资	中型	模胚	单件小批量
14	佛山粤鼎模具有限公司	民营	小型	家电塑料模具	单件小批量
15	揭阳巨轮模具有限公司	民营	大型	轮胎模具	单件小批量

1. 以生产日用品和汽车模具的企业为主

珠三角地区的模具企业，主要以生产家电日用品模具为主，汽车产品次之，再次为模具配件厂家。而与玩具相关的模具企业由于受到金融危机影响，受到较大冲击，其规模和数量都产生了较大的萎缩，或者对产品进行了调整，所以本次调研并未涉及相关企业。

本次调研中，各企业生产模具产品的涉及面较广，其中以日用品模具为主，包括电器、电子、光盘等，占64%；汽车模具次之，占23%；其余则为以模具配件为主的企业，占13%。

2. 以民营和"三资"企业为主

本次调研受访企业中民营企业占80%，"三资"企业占20%，如图1，基本符合珠三角地区模具企业现状。

附录1 模具设计与制造专业人才需求调研报告

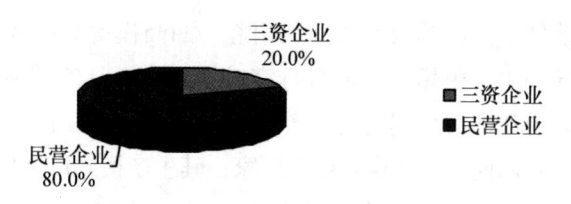

图1 调研企业性质分布

3. 规模以中小型企业为主，企业以单件小批量生产为主

本次调研企业主要以100—500人的中型企业为主，占42.9%；其次是100人以下的小型企业，占28.6%；500—2000人的大型企业占19%；2000人以上的超大型企业占9.5%。生产类型方面，以单件生产的企业为主，占41.0%；其次是中批量生产的企业占22.7%，小批量生产的企业占18.1%，大批量生产的企业占18.1%。(图2、图3)

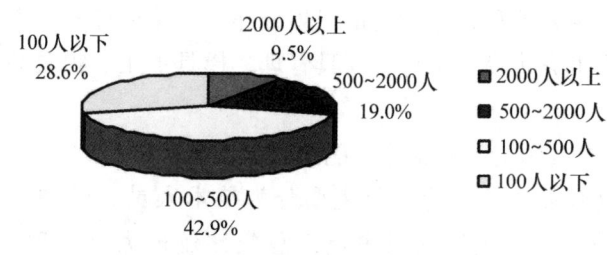

图2 调研企业的规模状况

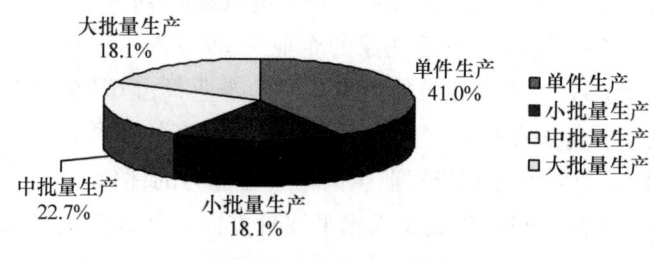

图3 企业的生产类型

4. 以单件小批量生产的模具凹凸模和型腔生产商为主，标准零件的生产企业比例较大

模具作为批量生产的工具，单套模具便可使用数十万次，所以模具

自身往往为单件生产，其成型机构如型腔、凹凸模等只需要单件小批量的生产，该部分主要由模具厂家自行完成加工。模具的其他结构，如毛坯、模架、导向和卸料机构等已逐渐实现标准化，可由专门厂家生产，标准件厂家主要面向的是各模具生产厂家，其生产模式以大批量为主。

调查数据显示，涉及金属凹凸模为主的企业较多，占64%；型腔类零件次之，占60%；其次是轴类、套类等标准件，占50%（三类有交叉）。这次调研的企业以广州地区的模具骨干企业为主，兼顾周边以至珠三角部分相关产品类型的企业，在行业需求上具有一定的代表性。

（二）模具制造企业岗位群分析

通过对企业的访谈和现场观察，模具企业的部门划分及生产的过程大致如图4。

根据以上布局，模具的设计、零件的加工、模具的装配是模具生产过程中的主要流程，企业的部门划分亦大致按此流程分布，所以模具加工过程可分为模具设计、模具管理、模具加工、模具装配等四种类型岗位。

（三）模具制造专业企业技能人才岗位需求分析

在模具企业中，从业人员主要分为技术人员、管理人员、生产人员和其他人员，生产人员占员工总数比例最大，为75%—85%；其次是设计人员，比例最少的是管理人员。企业的人才状况如下：

绝大多数企业存在高技能人才缺乏的现象。列入调研的企业中，认为自身存在技能人才缺乏现象的企业为69.7%，存在且非常严重的企业为23.6%，不存在技能人才缺乏的企业只占6.7%（见图5）。此外，企业还普遍存在人才流动性大、流失率高的问题。

（四）企业对职业院校毕业生岗位胜任能力的评价

在对职业院校毕业生的技术水平评价方面，认为学生可以胜任的为0，认为基本可以上岗的占28.6%，认为有一定差距的占64.3%，认为还差距很大的占7.1%（见图6）。另外，81.82%的受访企业管理者认为职业院校毕业生在毕业后需要一年以上的工作经验才能独当一面。说明学生毕业后的实践能力还不能达到企业的工作要求，有必要在课程中安排企业顶岗实习，实习的时间最好能达到一年左右，并

附录1　模具设计与制造专业人才需求调研报告

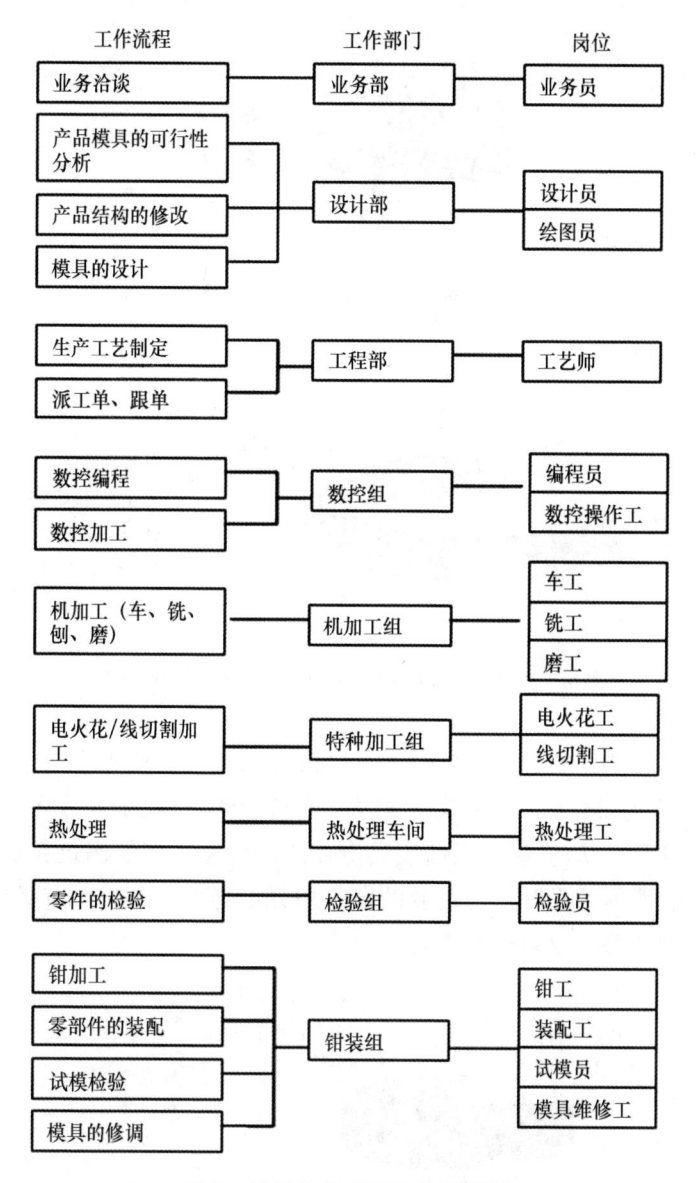

工作流程	工作部门	岗位
业务洽谈	业务部	业务员
产品模具的可行性分析 / 产品结构的修改 / 模具的设计	设计部	设计员 / 绘图员
生产工艺制定 / 派工单、跟单	工程部	工艺师
数控编程 / 数控加工	数控组	编程员 / 数控操作工
机加工（车、铣、刨、磨）	机加工组	车工 / 铣工 / 磨工
电火花/线切割加工	特种加工组	电火花工 / 线切割工
热处理	热处理车间	热处理工
零件的检验	检验组	检验员
钳加工 / 零部件的装配 / 试模检验 / 模具的修调	钳装组	钳工 / 装配工 / 试模员 / 模具维修工

图4　模具企业典型工作流程图

具有一定的强度和广度，使学生了解企业的整个生产流程和工作过程，保证学生能全面了解企业的各种生产工艺和管理方法。

中高职教育职业能力培养有效衔接研究与实践

图5 企业的高技能人才缺乏情况

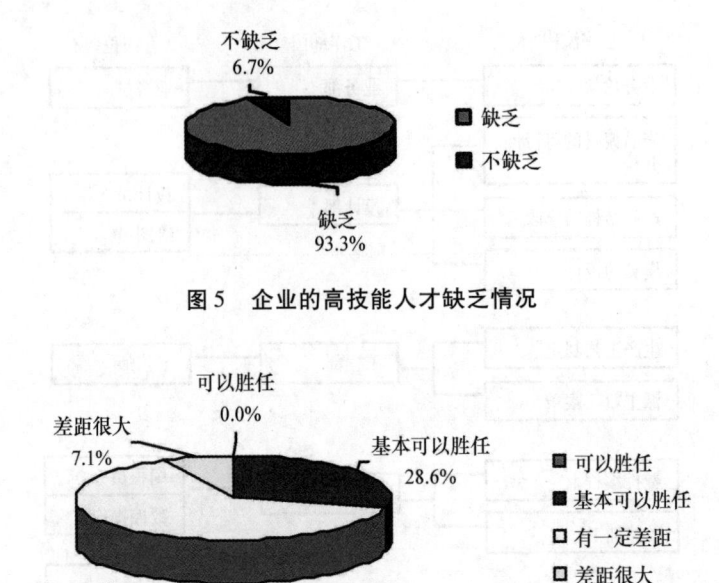

图6 企业对职业院校毕业生岗位胜任能力的评价

企业对模具专业毕业生专业对口情况的评价，认为毕业生专业完全对口的占21.4%，基本对口的占57.2%，认为多数不对口的21.4%（见图7）。说明当前模具专业的设置基本能够满足企业需求，但在专业课程的设置上与企业的专业划分上仍存在分歧，有必要通过专业结构和课程改革进行弥补。

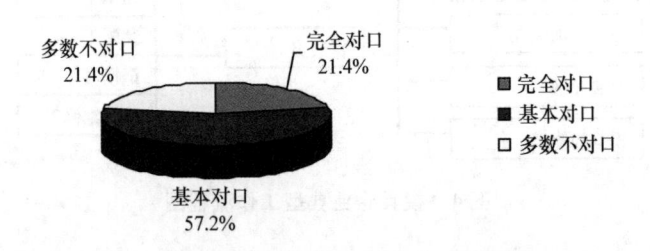

图7 职业院校模具专业毕业生的专业对口情况

附录1 模具设计与制造专业人才需求调研报告

(五) 模具设计与制造专业企业技能人才职业资格分析

1. 职业资格状况分析

本次调研数据显示,受访企业技术人员技能的等级结构为技师及以上为11.0%,高级工为19.0%,中级工33.0%,初级工及以下占37.0%(见图8)。总体看,模具企业缺乏高技能人才。

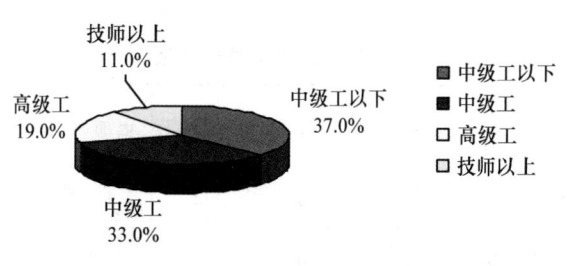

图8 企业员工的技能水平结构

在对各层次技能人才的需求方面,对高技能人才的需求量最大;其次是高级技工;对技师或高级技师的比例仅为9.5%。但是,企业员工职业能力偏低,直接影响到企业甚至行业的技术升级和生产质量。企业员工专业知识和技能缺乏,影响高端数控加工设备在企业内的使用和推广,无法满足高端模具加工的质量和效率要求,使企业产业升级的过程变得缓慢。要实现从劳动密集型企业向资金密集型企业或技术密集型企业升级,在加大对高端设备资金投入的同时,必需构筑坚实的人力资源基础,保持企业可持续发展性。同时,产业升级亦可抑制一些加工企业单纯为追求低劳动力成本而不断迁移,维持地区产业的稳定性。

由此看来,在当前模具行业的现状下,高技能人才包括高级工、技师乃至高级技师仍然具有很高的培养期待。

2. 职业资格与岗位分布

调研中,问卷调查技术人员116人次,其中高技能人才42人次,主要为技师层次人员;一线技术人员74人次,主要为高级工或以下层次人员。其从事岗位分布状况见表2、表3(注:一个人岗位可能重复)。

表2　　　　　　　　　　技师从事岗位分布表

数值 岗位	模具设计	生产管理	机加工	数控加工	电加工	模具装配	产品销售
人数	33	33	24	12	5	18	3
比例	78.6%	78.6%	57.1%	28.6%	11%	42.8%	7.14%

表3　　　　　　　　　中高级工从事岗位分布表

数值 岗位	模具设计岗位	生产管理	机加工	数控加工	电加工	模具装配	产品销售
人数	22	11	52	11	18	7	0
比例	30%	15%	70%	15%	25%	10%	0%

根据以上表列数据，技师层次以上的高技能人才主要承担产品的设计开发和模具的装配维修工作为主，主要反映模具设计岗位的能力要求；中高级工主要承担设备操作和产品的生产工作，数据主要反映模具制造岗位的能力需求。

三　岗位能力与岗位胜任力分析

调研中对各企业生产流程和岗位能力的内容进行了现场考察和访谈调查，综合模具设计与制造企业的岗位能力与胜任力分析如下：

（一）模具设计岗位

1. 工作内容

模具设计岗位的主要工作内容包括模具工艺分析、模具结构设计、模具装配图和零件图的生成绘制等，见表4。

2. 岗位能力

要求模具设计岗位人员应熟悉模具设计原理及典型模具结构，具备较强的机械制图能力，具有一定的模具制造工艺知识，能熟练运用二维、三维软件进行模具设计。对该岗位人员的技能要求是：①较强

附录1　模具设计与制造专业人才需求调研报告

表4　　　　　　　　　　模具设计岗位的工作内容

岗位	生产活动	主要工作任务	工作任务内容
模具设计岗位	1.技术支持（工艺分析）	（1）审核产品图	①模具的可行性分析；②工艺评审。
		（2）客户设备状况的分析	①设备配套情况；②设备型号参数的的分析。
		（3）产品工艺分析	产品的用量、材质、外观处理要求的分析。
		（4）生产成本的核算	①各种零部件材料和品牌的选用；②加工周期难度的分析；③改模费用的分析。
	2.模具结构设计	（1）结构分析	①设计思路及注意问题的讨论；②模具结构包括产品排位、入胶点、顶针、镶件、冷流道分配方案讨论。
		（2）三维图的设计生成	①模具的粗分，得出初步的图纸；②模具开模评审，检讨模具粗分结构，向客户展示并由客户确认；③产品图的改进，并由客户确认；④模具结构的细化，三维图的完善；⑤模具的评审检验；⑥对检验出现的缺陷进行修改；⑦模具复检确认并送至工程部或CNC编程。
		（3）二维图纸的生成	①零件图的生成；②装配图的生成。
		（4）配件(标准件)订购	列出参数要求和采购清单。
		（5）产品检查	①检查外观缩水情况；②检查尺寸重量和厚度的变化；③分析需要改进的结构。
		（6）结果的反馈	与工程部沟通，落实整改。

的学习能力：持续快速地接受新知识和新技术。②较强的空间想象力：准确地识别和处理二维、三维图形几何体。③较强的计算机操作技能：计算机操作系统的应用能力、熟练的中英文输入能力、常用工具软件的应用能力、有计算机外围设备使用能力、会上网收集与处理信息。④熟练操作3D设计软件，独立构思和设计复杂模具的能力。

3.知识能力

模具设计岗位人员应精通各种复杂模具结构、模具制造工艺，对模具的制作流程、模具及产品品质概念清晰。该岗位人员的知识能力有三点：①基础知识：机械制图、理论力学、材料力学、工艺学、机械原理、金工、高分子、金属材料及热处理、材料成型与热处理等。②专业知识：模具结构、模具设计（主要分为冷冲模具和塑料模具，它们的侧重点不同）、模具制造工艺（可使所设计的模具具有可制造性，可以降低模具加工成本，缩短模具加工周期）、常用塑料材料的属性、AUTOCAD、PRO/E 等常用 CAD/CAM 软件。③企业知识：企业模具设计流程、企业产品特性、企业模具设计规范等。

4. 岗位胜任力

岗位胜任力包括员工的知识、能力、社会角色、自我认知、人格特质与动机等方面。①能力：在寻求问题的最佳解决方案时，有一种坚韧的独创精神和丰富的想象力。②动机：驱使他们想弄清楚为什么是这样的，而且为什么必须这样。③人格特质：关心周围世界，能设身处地为他人考虑，对周围文化环境的意义怀有浓厚的兴趣。④智慧：一种理解、吸收和应用知识为人类服务的天生才能。⑤表达能力：简单清晰的文字与语言陈述。⑥社会角色：善于沟通与协作，乐于与他人共享知识与成果。

（二）模具工程管理岗位

1. 工作内容

模具工程管理（跟模）岗位主要对模具的生产过程进行协调，制定模具生产进度，并按照生产进度对模具的各个生产流程进行监督跟进，保证生产过程的顺利进行。主要工作内容包括工艺的讨论与制定、工作过程的监控与协调，见表5。

2. 岗位能力

①熟悉模具加工的生产流程。②良好的沟通和管理能力。③分析、解决有关模具及其制品成型工艺技术问题的能力。④生产现场管理的能力。⑤利用计算机信息化提升企业模具管理水平的能力。

3. 知识能力

①生产管理、技术经营管理的一般性基础知识。②模具企业的生产流程。③模具相关专业知识。

4. 岗位胜任能力

岗位胜任力包括员工的知识、能力、社会角色、自我认知、人格特质与动机等方面。①敢于承担责任：对事情勇于负责。②打造团队

附录1 模具设计与制造专业人才需求调研报告

表5　　　　　　　　模具工程管理岗位的工作内容

岗位	生产活动	主要工作任务	工作任务内容
模具工程管理	1. 工艺的讨论与制定	（1）参与产品、模具的工艺审核	①与设计人员讨论模具的结构；②跟进设计进度；③审核3D图形和2D图纸。
		（2）组织讨论模具的生产工艺流程	①组织各生产部门主管讨论加工的工艺思路，提出注意事项；②排定各生产部门的加工内容和加工时间；③制定工作进度表作为工程进度依据。
	2. 工作过程的监控与协调	（1）加工过程的监控	①全面跟踪模具生产进程中的各道工序，妥善安排各生产环节，保证各部门工作合理同步但不相互干涉；②检查生产过程中每一道工序是否有错漏现象并进行反馈；③决定外发的工件，并监控其进度和质量。
		（2）试模的监控	①确认模具能够试模，了解客户对试件的要求；②检查产品的尺寸和公差尺寸；③对照产品与3D图，是否成形齐全；④检查产品的外观缺陷；⑤产品的称重；⑥产品壁厚的测量；⑦询问模具动作是否正常，运水是否正常。
		（3）改模情况的监控	①与客户沟通，询问样件情况，落实整改；②指导制模人员对模具进行整改，与制模主管讨论整改方案；③监控改模到位；④模具出厂的确认。

精神：培养团队精神、团队目标共享、团队冲突管理。③社会角色：与同事相处的原则与冲突处理艺术、工作中的情绪管理、双赢思维。④人格特质：拥有成功者的心态，永不言败；自我压力缓解；全心投入，埋头苦干，矢志不懈。⑤能力：高效执行的心理准备和行动保证、执行阻碍的处理技巧。

（三）模具制造岗位群

模具制造岗位群，即模具数控加工和特种加工岗位。

1. 工作内容

（1）模具数控加工岗位

数控加工岗位主要使用数控机床对模具零件的精加工。该岗位主要分为数控编程和数控机床加工岗位，两个岗位可进行分工或兼任。

岗位的主要内容包括：应用计算机辅助加工软件完成零件加工的编程、在机床上装夹工件、操作机床完成零件的加工以及对加工过程的监控等，见表6。

表6　　　　　　　　　数控加工岗位的工作内容

岗位	生产活动	主要工作任务	工作任务内容
数控编程	1. 设计和工艺的分析	（1）设计方案与加工工艺的讨论	①对设计方案的讨论，加工可行性的分析与讨论；②对产品与模具进行核对，对收缩率进行复核。
		（2）零件的工艺性分析	①拆铜工部位；②数控铣与线切割的区别；③留余量部位；④装配的位置；⑤易出问题部位（圆角、弹刀、分型面、保护面等）；⑥加工方式的选择。
		（3）制定工艺方法	①根据零件的尺寸、形状、材料选定加工的机床、刀具、夹具等；②确定加工工序，确定工序的基准和切削参数；③根据加工条件和状况确定发外加工的内容。
	2. 编程	（1）验收三维图	①与设计部沟通，审核三维图的正确性，确认图形。
		（2）加工编程	①模具零件的编程（前后模、斜顶、镶件、滑块等）；②电极的加工程序（铜工、石墨）。
数控加工	3. 加工	控制加工过程	①根据程序单选择刀具；②加工设备的检查；③装夹校正，垂直或水平（压板或台虎钳）；④加工状况的监控（刀具磨损、程序问题等）；⑤开粗加工后的校对；⑥中间环节的处理（热处理、磨削等）；⑦精加工的控制（刀具、装夹等）。
	4. 检验	（1）加工尺寸的检验	①使用各种工具对工件的尺寸进行测量，若合格送至电加工。
		（2）不合格品的处理	①考虑不合格工件处理方法（烧焊、降面、加刀路等）。

（2）特种加工岗位

特种加工岗位是针对模具零件进行精加工过程，主要岗位包括线切割操作工和电火花操作工。线切割主要完成平面轮廓的加工，电火花主要使用电极完成细小形状和切削加工难以完成部位的加工，见表7。

表7　　　　　　　特种加工岗位的工作内容

岗位	生产活动	主要工作任务	工作任务内容
特种加工	1. 加工的准备	图纸和工艺的分析	①按生产计划接收图纸，根据加工工艺要求进行下料或接受前道工序的零件；②根据加工表面要求选择加工方法，快走丝、中走丝、慢走丝或电火花等。
	2. 生产加工	（1）编制程序	①根据图形编制程序，或者对电子图档进行修改后输入系统生成程序；②复查程序，检验其正确性，补偿的方向，进给方向等。
		（2）加工参数的设定	根据加工的表面进度要求设定电流参数进给速度等加工参数。
		（3）生产加工	①凹凸模零件，冲型的加工；②落料斜度的电火花加工；③加工精度的控制，定时紧丝，根据机械的间隙调整加工参数。

2. 岗位能力

要求模具制造岗位人员应能对模具零件进行数控编程，操作数控机床完成模具零件的加工。对该岗位群人员的基本技能要求有：①较强的计算机操作技能：计算机操作系统的应用能力、有计算机外围设备的使用能力。②编制并实施模具加工工艺的能力。③能操作数控机床进行模具零件的加工。④能进行精确的在线自检。⑤会调试、维护数控设备。

3. 知识能力

要求模具制造岗位人员应具有较强的读图能力，能独立操作机床进行模具零件加工，能进行简单的数控编程。涉及的知识点有：①基础知识：机械制图、工艺学、机械原理、金属材料及热处理、材料成型与热处理等。②专业知识：模具结构、常用塑料材料的属性、AUTOCAD、PRO/E等CAD/CAM软件、数控机床结构、数控编程、数控技术。③企业知识：模具企业的生产流程、模具企业的加工规范。

4. 岗位胜任能力

岗位胜任力包括员工的知识、能力、社会角色、自我认知、人格特质与动机等方面。

①人格特质：在模具加工中常需要与设计人员、工艺人员或编程人员沟通，一方面是要充分了解零件的加工工艺要求，另一方面是在加工中遇到问题时能够及时清晰地向设计人员反映，并提出修改建议。②知识与能力：在生产过程中常会遇到零件不合理的情况，需要对零件提出改进意见，这就需要有一定的创新和开发能力。创新开发能力源于工作经验的积累，需要在工作中不断观察和发现，不断熟悉模具及其零件的结构。

（四）模具装配岗位群

1. 工作内容

与模具装配岗位群相关工作包括钳工修配、模具总装、模具抛光、模具的检测、试模、模具维修等。其主要岗位包括钳工、抛光、装配和维修。其工作内容见表8。

2. 岗位能力

模具装配人员应能完成模具的装配、调试和维修任务，因此对模具装配人员的主要技能要求有：①能熟练操作所有的机加工设备。②掌握钳工的基本技能。③熟练掌握模具的装配、调试和维修技术。④能进行简单的机械制图。⑤模具产品和模具生产的质量控制和生产现场管理的能力。

3. 知识能力

对模具装配人员的知识能力有三个方面：①基础知识：机械制图、工艺学、机械原理、金属材料及热处理、材料成型与热处理等。②专业知识：钳工、模具结构、模具制造工艺、常用塑料材料的属性。③企业知识：模具企业的生产流程、模具企业装配规范。

4. 岗位胜任能力

岗位胜任力包括员工的知识、能力、社会角色、自我认知、人格特质与动机等方面。①人格特质：在加工中，加工人员常需要与设计人员、工艺人员或编程人员沟通，一方面是为了充分了解零件的装配工艺要求，另一方面则是在加工中遇到问题时能够及时清晰地向设计

表8　　　　　　　　　模具装配岗位群的工作内容

岗位	生产活动	主要工作任务	工作任务内容
模具装配	1. 零件的检验	(1) 零件尺寸的复核	①对照图形或图纸，对零件的定型定位尺寸进行测量，确保各尺寸的正确以保证安装的要求。
		(2) 已加工部位检查	①检查顶针位置、水道是否畅通等。
	2. 模具的装配	(1) 读装配图纸	①了解模具结构、零件的数量、各零件的作用，确定安装的工艺方法。
		(2) 前模安装	①磨床磨模架上的槽；②在模架上大模芯固定孔；③冷却水道的连接；④镶件的装配及电火花穿插加工。
		(3) 后模（动模）的安装	①顶针的装配及线切割加工安排；②圆顶针的深孔钻；③滑块的配合安装。
		(4) 前后模配合安装	①前后模的合模；②斜导柱的加工；③前后模的配合调整；④抛光；⑤检查抛光精度；⑥合模装模；⑦检查模具的密封性。
	3. 凹凸模的抛光	(1) 加工过程及检验	①垂直度和平整度的检验（刀口角尺）；②过渡圆角半径，过渡是否顺滑；③口部不能出现圆弧角；④筋位尺寸不能出现超差；⑤检查加工好的零件光洁度是否达到客户要求。
		(2) 抛光后的处理	①用清洗剂对加工部位及模具表面进行清洗；②涂上防锈油；③用薄膜包覆；④把工件存放在指定位置。
	4. 模具的维护保养	(1) 故障的分析	①与客户沟通，并收集材料包括产品图片或文字、客户提供的样品等；②组织维修部及装配部共同讨论分析故障产生的原因，得出维修方案。
		(2) 维修方案的实施	①处理模具的常见问题包括毛刺大、顶白、模具掉滑块、漏水、顶出系统不顺畅、产品尺寸、重量的更改等；②现场维修；③调回公司维修。
		(3) 模具的维护保养	①生产后的检查；②模具外观的检查保养；③模具的润滑检查；④模具构建的检查；⑤模具润滑。

人员反映，并提出修改建议。②知识与能力：在生产过程中常会遇到零件不合理的情况，加工人员需要对零件提出改进意见，这就需要有一定的创新和开发能力，同时，该能力来源于工作经验的积累，需要在工作中不断观察和发现，不断熟悉模具及其零件的结构。

第四部分　调研结论

一　构建形成系统的岗位能力要求及优化培养路径

通过调研分析，形成了模具设计与制造专业人才的岗位能力要求，从而进一步优化培养路径。

1. 构建更加系统的专业岗位能力层级

模具设计与制造专业的关键岗位主要是模具设计岗位、模具工程管理岗位、模具制造（模具数控加工）岗位、模具装配岗位群。四类岗位所需要的岗位能力主要包括模具结构设计、模具零部件制造与模具工艺方案设计两大类。根据岗位能力层级划分为4个层次。具体岗位能力层级归纳为表9。

表9　　　　　　　岗位能力层级、培训途径与内容

岗位能力	岗位能力层级	培训途径	内容
模具结构设计	1. 一级模具设计师	获得二级模具设计师，并且具备一定工作经验，可以参加模具设计师培训获得。	分析复杂模具制品图纸，进行工艺分析，确定设计方案。绘制产品造型图、装配图、零件图。能分析与处理成型过程数字模拟结果，提出模具与制品的改进方案跟踪试模与调模，直至制件合格。能处理和解决试模现场的各种问题，能进行试模现场指导。
	2. 二级模具设计师	高职本科毕业，高职专科生获得助理模具设计师，具有一定工作经验可以参加模具设计师培训获得。	分析制品图纸，进行工艺分析，确定设计方案。绘制产品造型图、装配图、零件图。能利用数字模拟软件对成型过程进行分析。跟踪试模与调模，直至制件合格。能确定模具调试方案，能在试模过程中调整各种技术参数。
	3. 助理模具设计师	高职专科毕业获得初级职业资格证并参加模具设计师培训可获得。高职本科毕业可以获得。	分析制品图纸，进行工艺分析，确定设计方案。绘制产品造型图、装配图、零件图。
	4. 2D/3D绘图员	中等职业学校和技工学校毕业，高等职业技术学院专科毕业，本科毕业均可获得。	正确测量产品外形尺寸，手工及使用CAD软件绘制零件标准图样；使用绘图仪器、设备，根据工程或模具产品的设计方案、草图和技术性说明，绘制其正图（原图）、底图及其他技术图样；对模具产品的设计图纸进行解释及提供技术指导；按照现有的技术规范完成模具产品的图纸标准化工作。

续表

岗位能力	岗位能力层级	培训途径	内容
模具零部件制造与模具工艺方案设计	1. 模具制造高级技师	获得技师职业资格，具备一定工作经验，参加相应培训可以获得。	长寿命、高强度模具的合理备材与制作。模具自动化机构设计、制造、调试。模具产品的计算机辅助设计、制造的相关操作。新产品开发中的RP/RT技术。精密模具和制品的测量。计算机辅助模具制造的各项管理。
	2. 模具制造技师	高职本科毕业，高职专科生获得高级工职业资格证，具有一定工作经验可以参加培训获得。	精密多工位模零件排样、工序图设计。复杂注塑模浇注系统设计与CAE分析。难度较高的复杂模具设计。按图、按工艺及技术要求制造模具零部件。多工位、复杂模具的总装。多工位模的修复保养。复杂产品、模具的三维CAD建模。模具CAM与仿真的应用。
	3. 模具制造高级工	高职专科毕业获得初级职业资格证并参加高级工培训可获得。高职本科毕业可以获得。	模具设计与模具工艺方案设计，确定先进、合理的模具加工工艺方案。按图、按工艺与技术要求制造模具零部件。多工位模或多腔成型模的总装、试模、检测。模具及制品的CAD应用及数控编程。
	4. 模具制造中级工	中等职业学校和技工学校毕业，高等职业技术学院专科毕业，本科毕业均可获得。	根据模具装配图及模具制作过程的图纸、工艺文件，在各机加工序完成零件加工；根据模具装配图、零件图及技术要求，组装成完整模具；调试好成型设备，使其处于能正常工作状态，在成型机上和模具设计员、成型机操作工汇审，直至制出合格制品。

2. 进一步改革人才培养模式和优化培养路径

（1）制定基于能力培养的模具设计与制造专业中高职衔接人才培养方案。对照岗位能力层级要求，建立相应的课程和要求，实现人才培养工作的协调发展。加强中职和高职院校的通力合作，发挥各自特色和优势，打通中高职教师的交流渠道，实施中高职一体化的人才培养方案。

（2）明确目标岗位的能力层级，解决课程内容的重复或脱节问题。模具行业涉及"塑料模具设计"和"冲压模具设计"等相关知识，不同层次教育的内容有所差异：第一层次的教育主要是模具结构的认识，其目标更多体现在让学生掌握模具的基本结构，以便从事模具装配、模具加工等职业岗位；第二层次以模具设计的基本过程和详细规范为主，其目标主要体现在使学生掌握模具设计的基本方法及计算，为将来从事模具设计员岗位奠定基础。通过课程内容的调整，增强企业岗位能力所需的实践性知识，使课程内容与时俱进。

二 对学生的职业与岗位能力有了更准确的定位和认识

调研结果表明，职业院校毕业生岗位主要集中在模具企业的生产一线，模具设计、模具管理、模具加工、模具装配岗位都有相应的工作内容、专业技能、知识能力。企业一般需要理论知识适度、技术应用能力强的人才。现代职业教育在模具技术人才培养方面大有可为。当前职业院校模具专业的设置基本能够满足企业需求。

但是主要问题仍然存在：一是在人才培养目标的定位上没有真正体现适应行业和企业发展的需要，在目标定位、能力衔接、岗位适应性等方面区分不明显。二是职业院校毕业生实际工作能力还不能完全满足企业需求，与企业的岗位能力要求存在一定的差异，体现在理论与实践结合不够紧密，工艺经验积累不足，实践能力还不能达到企业的工作要求。

职业院校的毕业生是企业技能人才的主要来源，但大多数学校在实践教学环节采用模拟训练方式，学生的实践能力与企业生产需求有一定距离。而职业院校中多数中职学校的模具设计与制造专业都是以中等应用型和技能型人才为培养目标，而高职院校则以高等应用型和技能型人才为培养目标。二者的区别在于有中等和高等之分，但就现状而言，对于中等和高等并没有很明确的区分标准。

三 校企深度融合是培养适应企业需求人才的有效途径

校企合作是职业院校培养高技能人才的主要模式，有利于促进教育与产业、学校与企业之间的优势互补，资源共享，合作双赢。在专业培养方案设计和执行过程中，将教学规范与企业需求通过三个"衔接"来保证，即：①培养目标与用人标准相衔接；②专业设置与企业需求相衔接；③技能训练与岗位要求相衔接。要通过灵活的模块化课程结构来满足企业和学生的不同需要。尤其在课程设置上，课程计划根据课程教学的要求,结合工作和生活实际情况进行综合性训练,旨在加强和提高学生运用所学知识与技能分析问题和解决问题的能力。课程教学实践的方案要符合教学要求和社会实际,体现综合性、实用性和可操作性。但往往由于校企合作不够深入,合作方式过于简单,使得校企合作未能达到理想的效果。

附录2 数控专业人才需求调研报告

第一部分 调研基本情况

为了培养符合企业需求的人才,更好地制订数控专业人才培养方案,通过访谈、座谈、问卷调查等形式,就数控专业课程设置与企业用人要求做了调研。根据统计数据及社会对人才培养的意见和建议进行分析,为专业培养方案提供参考。现将调研情况总结如下。

一 调研目的

为适应产业经济转型对技能人才的时代需求,彰显职业教育的特色,探索技能人才在企业的成长规律并制定符合高素质高技能人才成长的人才培养方案,特开展此次调研。力图通过本次调研,收集和分析数控类专业学生的社会人才需求状况,了解社会、行业、企业对数控类专业人才知识、技能、素质的综合要求,为数控专业中高职衔接的专业人才培养目标定位、专业设置、课程开发、招生规模、学生就业等提供指导信息,为专业改革、教学计划和课程标准的修订、一体化教学的实施提供依据和帮助。

二 调研对象

为全方位了解广州及珠江三角洲地区对数控专业毕业生的需求,我们采取多维度、全方位的方式选取了行业协会、典型企业及高职院校学生为主要调研对象,共走访了广州市各区、深圳市、佛山市、惠州市、潮汕地区等共10多家企业,调研对象为企业总经理、企业技术部门和人力资源部门负责人、车间主任、业务骨干、工人、工班长、职业院校毕业生。

三　调研组织

调研由广东工贸职业技术学院机械工程系组织专业骨干教师完成。调研时间为 2015 年。

调研组成员：徐勇军、邵超城、何军拥、孔令叶、黄丽、杨忠高、邱腾雄、王彩芳、戴志高、易伟强、胡垒、李标、麦宏湘、张菁红。

第二部分　调研方法与内容

一　调研方法

为保证调查问卷的信度和效度，调研组查阅了与数控专业相关的文献资料，与行业协会、企业共同制定了调查问卷，并对该问卷进行测试和修订。在问卷调查的同时，对企业部分人员进行了专题访谈，还采用电话访问、电子邮件、实地参观等方法开展调研。

二　调研内容

此次调研主要围绕两个方面的内容展开，一是数控专业职业资格标准，二是数控专业相关企业任职核心能力，以此掌握企业对职业院校的人才需求，更好地制定数控专业人才培养方案。

第三部分　调研分析

一　数控行业现状

（一）行业发展现状

由于数控技术是关系到国家战略地位和体现国家综合国力的重要基础性产业，其水平高低是衡量一个国家制造业现代化程度的核心标志。因此，实现加工机床及生产过程数控化，已经成为当今制造业的发展方向。尽管数控产业的发展属于企业行为，但其发展快慢有赖于政府的支持。国家也已充分意识到发展数控技术的重要性，正积极采取各种有效措施大力发展中国的数控产业，把发展数控技术作为振兴机械工业的重中之重。

（二）行业发展趋势

数控系统产业是国家战略性的高技术产业，数控技术是关系国家安全、装备制造业振兴的核心技术。根据工信部发布的《机床工具行业十二五发展规划》，预计"十二五"期间我国机床工具市场消费额将平稳增长，平均年增长率将超过10%；到2015年，年消费额将达到8500亿元，数控系统需求约40万台套。数控机床年产量超过25万台，国内市场占有率达到70%以上；机床工具产品出口仍将保持平稳、持续增长。预计到2015年，机床工具产品出口总额将达到110亿美元左右。

近年来，我国国民经济的稳定快速发展和国家对装备制造业的政策支持，为机床工业提供了很大的市场空间和难得的发展机遇，中国机床工具行业发展前景依然十分乐观。国家科技重大专项《高档数控机床与基础制造装备》明确提出：坚持装备自主化与重点建设工程相结合，坚持自主开发与引进消化吸收相结合，坚持发展整机与提高基础配套水平相结合的基本原则，提升数控系统等基础配套件的市场占有率，是落实装备自主化的重要内容。到2020年，国产高档数控机床的市场占有率要实现较大幅度的提高。

（三）人才需求趋势

国家装备制造企业是数控机床应用大户，也需要大量数控技术人才。这些企业近年来效益较好，任务饱满，但企业技术与设备的更新能力和可持续发展能力不足，无论是数控加工工艺编程人员，还是数控机床操作人员都很缺乏。在市场经济环境中，大多数国有企业职工的收入偏低，对数控人才吸引力不强，这是造成数控人才普遍缺乏的主要原因。有时甚至出现一个关键数控人才的流失，造成企业数控设备停工，给企业造成很大损失的现象。

一项对深圳、东莞的调查数据显示，59%的数控技术人才为中专及以下学历，31%为大专学历，8.5%为本科学历，本科以上学历仅1.5%。说明现有数据技术人才层次较低，中高层次人才缺乏。

随着非国有经济的飞速发展，沿海经济发达地区数控人才更是供不应求，主要集中在模具制造企业和汽车零部件制造企业。对深圳及珠江三角洲地区模具机械制造企业数控岗位需求的调研显示，一是大型机械加工企业（如国企、合资企业）对数控设备操作人才需求量大，尤其是对中高职毕业生需求旺盛，而设计人才基本都要求本科以上学历；二是小型企业（如民营、私企）的需求量也大；三是企业数控设备维护人员。大量民营、合资企业和外资企业，更加需要既精通数控加工工艺、编程，又能熟练操作数控机床，同时对数控机床的维护维修有一定基础的复合型技术人才。特别是珠三角，模具制造业相当发达，水平处于全国前列，模具的制造离不开数控，然而这方面人才在广东还非常缺乏。所以，当前对数控专业的技术人才需求迫切。

广州及珠江三角洲地区是全国的制造业中心，数控机床的产能大，从而对数控方面人才需求量大，对数控机床售后服务需求量也非常大。其中对数控机床装配、检测及管理、维修人员需求占数控类人才需求的12.4%，而广州及珠三角地区则占17.1%。对人才要求的主要技能为掌握数控机床的机械系统和电气系统安装、调试和机电联调，掌握数控机床的操作与编程，熟悉各种数控系统的使用，精通数控机床的机械安装、调试和电气的连接、调试及机电联调等。

二 数控行业人才需求状况

（一）调研对象（企业）分析

1. 以民营和"三资"企业为主

本次调研企业中，大部分为数控技术应用专业毕业生就业企业，其中，民营企业数占80%，这说明民营企业多为发展中企业，对于外界的活动（信息）反应较为积极，参与程度较高。（见图1）。

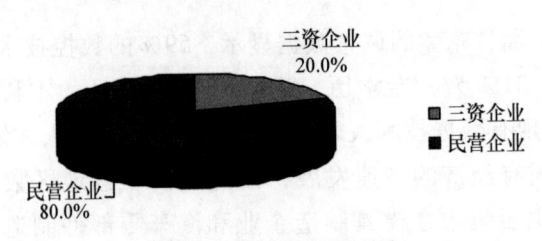

三资企业
20.0%

三资企业
民营企业

民营企业
80.0%

图1　调研企业性质分布

2. 规模以中小型企业为主，企业以单件小批量生产为主

本次调研企业主要以100—400人的中型企业，占35.7%；100人以下的小型企业，占35.7%；400—2000人的大型企业占28.6%。在受访企业公司经营规模方面，以中小企业为主，而经营规模在500万元以上的大型企业占33%。

表1　　　　　　　　　公司人员规模统计表

公司人员规模	50人及以下	51—100人	101—400人	400人以上
数量	2	3	5	4

如图2所示，在生产类型方面，以中批量生产的企业为主，占52%；而小批量生产的企业占19%，大批量生产的企业占29%。

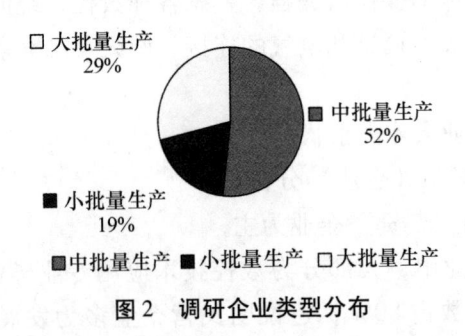

大批量生产
29%

中批量生产
52%

小批量生产
19%

■中批量生产　■小批量生产　□大批量生产

图2　调研企业类型分布

（二）数控企业岗位群分析

从调研情况来看，广东地区的主要数控岗位有：数控设备操作技

术员、数控编程员，数控维修技术员（生产企业），数控设备技术支持员（设备销售厂商），数控车间管理员等。

对于上述数控人才，有以下三个需求层次，所需掌握的知识和能力结构也各不同。

1. 蓝领层

数控操作技工：精通机械加工和数控加工工艺知识，熟练掌握数控机床的操作和手工编程，了解自动编程和数控机床的简单维护维修。适合对应于中职学校培养。此类人员市场需求量大，适合作为车间的数控机床操作技工。但由于其知识较单一，其工资待遇不会很高。

2. 灰领层

（1）数控编程员：掌握数控加工工艺知识和数控机床的操作，掌握复杂模具的设计和制造专业知识，熟练掌握三维 CAD/CAM 软件，如 UC、ProE 等；熟练掌握数控手工和自动编程技术；适合对应于高职、本科院校培养。适宜作为工厂设计处和工艺处的数控编程员。此类人员需求量大，尤其在模具行业非常受欢迎，待遇也较高。

（2）数控机床维护、维修人员：掌握数控机床的机械结构和机电联调，掌握数控机床的操作与编程，熟悉各种数控系统的特点、软硬件结构、PLC 和参数设置。精通数控机床的机械和电气的调试和维修。适合对应于高职学校培养。适宜作为工厂设备处工程技术人员。此类人员需求量相对少一些，但培养此类人员非常不易，知识结构要求很广，适应与数控相关的工作能力强，需要大量实际经验的积累，目前非常缺乏，其待遇也较高。

3. 金领层

高层次技术人才：精通数控操作、数控工艺编程和数控机床维护所需要的综合知识，精通数控机床的机械结构设计和数控系统的电气设计，掌握数控机床的机电联调，并能自行完成数控系统选型，数控机床安装、调试、维修和精度优化，能独立完成机床的数控化改造。此类人才作为企业核心技术人员，一般都是工程师级别的，属于企业的通才，人才的获得也非常难得，但待遇和职务都非常高。

（三）数控专业毕业生对专业教育教学的分析

对30名毕业生进行了问卷调查，从调查结果可以看出（见表

2)，大部分毕业生认为所学专业符合或基本符合行业企业发展需要，73%的毕业生认为专业理论知识与实际工作的要求相比是够用的，大多数人可以直接顶岗就业。在和学生具体交流时，学生提出现在企业对于交叉融合课程需要比较大，例如模具专业的要有数控知识，数控专业的也要有模具方面的知识。在开设相关课程后，该方面的认可比例有所提高。73.3%的毕业生认为在大学期间，专业课与实习课对他们目前工作帮助最大。43.7%的毕业生认为学校的基础设施不够用，该数据有所提高主要是近些年学生扩招数量的增加，而实习设备和时间并没有相应提高所致。大多数毕业生对本专业教师、本专业学风以及对大学期间的学习生活持肯定态度。100%的毕业生在大学期间参加过各种社会实践活动。

表2　　　　　　　　　毕业生对专业教育教学分析

调查项目	调查评价	选择项目	统计占比（%）
1. 本专业是否符合行业企业发展需要	A. 符合	23	76.7
	B. 基本符合	7	23.3
	C. 不符合	0	0
2. 专业理论知识与实际工作的要求相比	A. 够用	22	73
	B. 基本够用	8	27
	C. 不够用	0	0
3. 专业技能与实际工作的要求相比	A. 可以直接顶岗	18	60
	B. 基本可以顶岗	12	40
	C. 不能顶岗	0	0
4. 大学期间所学课程对目前工作帮助最大的是	A. 专业理论课	5	16.7
	B. 专业课	13	43.3
	C. 公共课（包括外语与计算机课）	1	3.3
	D. 选修课	2	6.7
	E. 实习、实训课	9	30
	F. 其他	0	0

续表

调查项目	调查评价	选择项目	统计占比（%）
5. 你对学校的教学基础设施评价	A. 很好	5	16.7
	B. 够用	12	40
	C. 不够用	11	36.7
	D. 较差	2	6.7
6. 你对本专业教师的总体评价	A. 尽职尽责，且知识更新快	7	23.3
	B. 很负责，但教学内容有待更新	12	40
	C. 应付教学，传授知识老化	11	36.7
	D. 不负责，对学生缺乏引导	0	0
7. 你对本专业学生学风的总体评价	A. 很好	8	26.7
	B. 较好	17	56.7
	C. 一般	5	16.7
	D. 较差	0	0
8. 大学期间你曾参加过何种社会实践活动？	A. 校内勤工俭学	5	16.7
	B. 校外兼职	15	50
	C. 学生社团工作	7	23.3
	D. "三下乡"、社会调研等	3	10
	E. 均未参加	0	0
9. 你对大学期间学习生活的评价	A. 充实，学有所成	8	26.7
	B. 完成学业，有所收获	13	43.3
	C. 不堪回首，浪费时光	9	30

（四）数控专业毕业生就业选择分析

对 30 名毕业生的调查结果（见表 3）显示，有 23.3% 毕业生在私营企业工作，73.3% 的毕业生目前从事本专业相关工作，大多毕业生认为专业能力和素质、有一技之长、表达能力在求职过程中起主要作用。在选择职业时，26.7% 的毕业生主要考虑的问题是收入高低，16.7% 考虑的是专业是否对口，个人兴趣和工作地域则分别占 33.3% 和 16.7%。

表3　　　　　　　　　　　毕业生择业分析

调查项目		调查内容	选择人数	统计占比（%）
工作部分	1. 你目前就职单位的性质属于	A. 党政机关、事业单位	8	26.7
		B. 国有企业	3	10
		C. 三资企业	5	16.7
		D. 私营企业	7	23.3
		E. 自我创业	2	6.7
		F. 其他	5	16.7
	2. 目前你所从事的工作岗位	A. 专业对口	5	16.7
		B. 基本对口	17	56.7
		C. 不对口	8	26.7
	3. 在你求职过程中起主要作用的因素是（最多可选3项）	A. 专业能力和综合素质	9	30
		B. 关系	5	16.7
		C. 运气	1	3.3
		D. 有一技之长	7	23.3
		E. 表达能力	3	10
		F. 外在形象	5	16.7
		G. 其他	0	0
	4. 你选择职业时考虑的主要问题是	A. 收入高低	8	26.7
		B. 专业是否对口	5	16.7
		C. 社会地位	2	6.7
		D. 工作地域	5	16.7
		E. 个人兴趣	10	33.3
		F. 其他	0	0
	5. 你目前月薪情况（元）	A. 1000以下	0	0
		B. 1000—1500	1	3.3
		C. 1500—2000	7	23.3
		D. 2000以上	22	73.3

（五）数控专业企业技能人才岗位需求分析

如图 3 所示，上述岗位从事人员的情况是，数控编程员和操作人员的比例达到 70%，数控机床维修工约占 13%，电火花、线切割等操作工占 7%，数控机床编程及操作工占 10%。

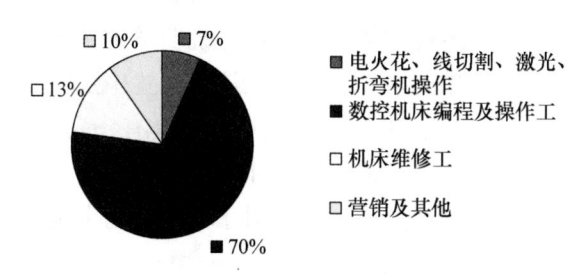

图 3　调研企业的技能人才岗位需求

调研企业反映，随着技术的发展及生产设备的增多，出现了三种现象：

1. 对于新技术、新岗位有了新的要求。例如激光雕刻机、激光切割机、打标机以及折弯机、冲压机、去应力机等新机种，该领域由于缺乏专业的培训机构和专业人员，企业往往对于自购产品的使用和操作缺乏专业知识，从而导致出现工作效率低下、产品废品率高、机器故障率高等问题。有些企业对数控机床故障诊断与维修的要求也越来越高。

2. 对于年销售 1000 万元以上的机加工制作企业来说，随着产能的增加，机床数量的增加，机床的故障率也在增长，为此，对于数控机床的故障诊断和维修方面的需求也有了提高。

3. 个别大批量生产的企业，尽管规模在持续增加，效益在继续增长，但是对于数控机床操作工的需要却维持在原有水平。主要是大批量生产时，存在制造工序固定单一现象。为此企业通过改进夹具和工装，甚至引进部分生产线或机械手，使得一人看管操作两台甚至三台机床的现象，导致人工数量没有增加。

此外，由于刚毕业的员工对于夜班及加班比较抵触，有些企业还普遍存在人才流动性大、流失率高等问题。

（六）企业对职业院校毕业生岗位胜任能力的评价

对于职业院校毕业生的技术水平评价，没有企业认为学生一毕业就可以上岗，认为学生基本可以上岗的占24%，认为有一定差距的占63%，认为还差得远的占13%。

另外，80%以上的受访企业管理者认为职业院校毕业生在毕业后需要一年以上的工作经验才能独当一面。说明学生毕业后的实践能力远不能达到企业的工作要求，有必要在课程设置中加大企业顶岗实习力度，实习的时间最好能达到一年左右，并具有一定的强度和广度，使学生了解企业的整个生产流程和工作过程，保证学生能全面了解企业的各种生产工艺和管理方法。企业对于毕业生的上岗要求及培训周期，见表4。

表4　　　　　　　　　上岗前集中培训调查表

就业岗位种类	比例（%）	企业培训周期	备注
1. 数控机床维修工	13.0	一年左右	小型企业对极少数学习优秀的学生提供机会
2. 数控编程工艺员、数控加工中心、数控机床操作工、普通机床操作工、产品测量检验员、机床装配调试工等	72.0	三个月左右	这类学生的就业方向占大多数，适合专业综合素质占中等以及偏上的同学
3. 其他（非机械类普工、营销类岗位等）	15.0	不足一个月	专业学习能力较差、缺乏专业兴趣的学生就业时考虑改行

由于企业普遍存在人才流动性大、流失率高的问题，因此被调查企业建议加强学生职业素养、思想品德方面的教育，教育学生端正实习和就业态度，低调务实地参加实习和就业。企业不仅需要大批生产一线操作工人，也需要一些既懂技术又具有沟通和管理能力的复合型人才，以满足技术生产与管理的需要，因此企业对学生在职业道德、人文修养等方面也提出了更高的期望。

第四部分　调研结论

一　行业对数控技术专业人才的需求旺盛

1. 国家装备制造企业是数控机床应用大户，需要大量数控技术人才。特别是在珠江三角洲地区，模具制造业相当发达，水平处于全国前列。模具的制造离不开数控，然而这方面的人才在广东还非常缺乏。所以，当前急需数控专业的技术人才。

2. 职业院校毕业生岗位主要集中在数控企业的生产一线。数控机床操作工、编程员、机床维修工、质检等岗位对相应的工作内容、专业技能和知识都有明确要求。大部分毕业生认为所学专业符合或基本符合行业企业发展需要，大多数人可以直接顶岗就业。在具体和学生交流时，学生提出现在企业对于交叉融合课程需要比较大，例如模具专业的要有数控知识，数控专业的也要有模具方面的知识。

3. 企业普遍需要理论知识适度、技术应用能力强的人才。认为职业院校毕业生在毕业后需要一年以上的工作经验才能独当一面。从目前情况看，学生毕业后的实践能力远不能达到企业的工作要求，有必要在课程设置中强化企业顶岗实习，实习的时间最好能达到一年左右，并具有一定的强度和广度，使学生了解企业的整个生产流程和工作过程，保证学生能全面了解企业的各种生产工艺和管理方法。

二　学生职业能力教育与实践教学质量仍需加强

1. 应重视和加强大学生的思想政治和职业道德教育。尤其是职业道德和创新精神的培养，将思想政治教育贯穿于大学教育的全过程，把思想政治教育融入理论课程和实践课程的教学中。帮助学生树立科学的世界观、人生观和价值观，以素质教育的思想观念为指导，改革人才培养模式，使学生既具有较强的业务工作能力，又具有爱岗敬业、踏实肯干、谦虚好学和团队协作的工作态度和精神。

2. 应加强校内外实习实训基地建设。尤其是加强和校外企业的联系，着力探索校企合作人才培养模式，增加学生实习实训基地的数量，提高学生实训实习的质量。随着制造技术的迅速发展，企业不断出现新技术、新材料和新工艺。在高职的专业课教学中，迫切需要不断更新专业技术和知识点，在课标中融入最新的技术和知识。扩大学生的视野，让学生顺利适应和掌握企业岗位所需要的新知识新技术。要加强教师到企业去实践锻炼，增加教师的企业背景，提高专业教师技能水平。

3. 科学构建实践教学体系，有针对性实施实践教育。毕业生普遍反映在校期间所学的理论知识难以适应本职工作。建议组织企业和专家利用研讨会、交流会等方式征求其对专业课程设置及教学环节实施的意见，并根据反馈信息调整实践教学体系，强化实践教学的组织过程，拓宽实践教学途径与方式。充分利用现有的实践教学条件和环境，有针对性地实施专业知识教育，使之更好贴近社会需求，达到用人单位的要求。

三 专业改革的力度和与市场需求的结合度仍要强化

1. 要根据专业技术的发展和社会需求的变化，大力推动课程教学改革和专业改革。由于课程设置和教学内容的变化不够及时，以至于教学内容滞后于生产技术的需求。要不断拓宽学生的知识面，在以数控加工工艺与编程为专业主线的基础上，增加数控机床调试与维修方面的课程，同时，增加注塑模具设计与加工方面的课程。

2. 要及时更新教学内容。根据调研过程中出现的新情况，针对企业中不断出现的新技术、新材料、新工艺，在专业课教学中，需要适时进行调整。同时，针对专业出现的新技术和新知识，也应适度增加相关的专业课，并增加相应的实训环节。

3. 要坚持专业建设以就业为导向，将专业培养与职业教育有机结合。将教学内容和课程体系改革与社会经济发展和社会需求的实际情况紧密联合起来。这对于提高专业教学质量，提高毕业生就业率和就业质量有极大的促进作用。

四 要重视解决人才培养模式趋同及目标定位不准问题

中职教育和高职教育作为同一类型的教育，都以"服务为宗旨、就业为导向"，在办学模式上力求体现"校企合作、工学结合"，在教学模式上探索"教、学、做"一体化，因此具有较高的相似性。但中职教育和高职教育的协调发展缺乏系统的研究和实践，人才培养目标常常定位不清、交叉含糊。高职院校的人才培养目标是培养一线需要的高素质技能型专门人才，中职学校则是培养具有综合职业能力，在生产、服务一线工作的高素质劳动者和技能型人才。但是现实上，高职院校与中职学校的人才培养目标定位具有很大雷同，定位不情，缺乏清晰的差异化定位。为此，要重视解决高职教育与中职教育人才培养模式趋同问题，着力打造中高职有机衔接的人才培养"立交桥"。

附录3　会计专业人才需求调研报告

第一部分　调研基本情况

会计专业是高职院校中开设最普遍的专业。由于各行各业、大中小企事业单位都需要会计人员，使得整个社会每年对会计类人才的需求保持着旺盛的态势。及时准确地了解毕业生求职择业的状况，以及地方经济发展对会计专业人才的需求，对于推动人才培养模式改革和提高人才培养质量有重要现实意义。

一　调研目的

为适应产业经济转型对会计专业高技能人才的需求，彰显会计专业职业教育特色，探索相关技术技能人才在企业的成长规律并制定符合会计专业高素质高技能人才成长的人才培养方案，特开展此次调研。力图通过本次调研，收集和分析会计类专业的社会人才需求状况，了解社会、行业以及企业对会计类专业人才知识、技能、素质的综合要求，为会计专业中高职衔接的专业人才培养目标定位、专业设置、课程开发、招生规模、学生就业等提供指导信息，为专业、教学计划和课程标准的修订、教学改革提供依据和参考。

二　调研对象

为全方位了解广州及珠江三角洲地区对会计专业毕业生的需求，我们采取多维度、全方位的方式选取了行业协会、典型企业及高职院校学生为主要调研对象。共走访了广州市、深圳市、佛山市、惠州市、潮汕地区等区域的 15 家企业，调研对象为企业总经理、技术部门和人力资源部门负责人、车间主任、业务骨干、工人、工班长、高职院校毕业生（企业工作 2—3 年）。

三　调研组织

调研由广东工贸职业技术学院工商管理系负责。工商系主任邹德军教授牵头，会计骨干教师龙志伟、何文武、林晓（中职）、相关企业人员王莉共同组成调研小组。调研时间为 2014 年。

第二部分　调研方法与内容

一　调研方法

为保证调查问卷的信度和效度，调研组查阅了与会计专业相关的文献资料，与行业协会、企业人员共同制定了调查问卷，并对该问卷进行试测和修订。在问卷调查的同时，对企业部分人员进行了专题访谈、座谈等，还采用电话访问、电子邮件、实地参观等方法开展调研。

二　调研内容

本次调研主要围绕两个方面的内容展开，一是社会对会计行业高技能人才职业能力素养的要求。二是广东工贸职业技术学院往届会计专业毕业生的社会反馈，以及社会对会计专业核心能力培养的预期，以此掌握市场对职业院校会计人才的需求状况。

第三部分　调研分析

一　会计行业高技能人才概述

《高技能人才培养体系建设"十一五"规划纲要（2006 年—2010 年）》（劳社部发［2007］10 号）提出高技能人才是在生产、运输和服务等领域岗位一线的从业者中，具备精湛专业技能，关键环节发挥作用，能够解决生产操作难题的人员。业界对会计行业高技能人才的理解大致如下：

（一）企业对会计行业高技能人才的界定

1. 用人单位对会计专业毕业生的评价

根据近三年对往届毕业生进行的"一对一"跟踪调查，可统计和分析用人单位对毕业生满意度的评价，结果见表1。

表1　　　　　　　　　用人单位对毕业生的评价

毕业年度	初次就业率	就业于中小企业（会计岗位）	用人单位评价（分值）		
			职业道德	实践能力	综合素质
2011届	100%	85%	83	80	81
2012届	100%	93%	100	91	95
2013届	100%	94%	98	94	96

该结果说明：（1）会计专业毕业生就业率高，受用人单位的欢迎。（2）会计专业毕业生就业岗位主要集中在中小企业会计岗位。（3）毕业生择业成功的因素不仅取决于其专业知识水平，用人单位更看重毕业生的职业道德、综合素质和实践能力。

企业对毕业生满意度的评价，反映出对会计专业人才培养质量及人才培养目标实现的肯定，充分说明高素质、高技能的专门人才必须具备较高的会计职业道德、综合素质和实践能力。

会计职业道德指会计从业人员在办理会计业务过程中树立和遵循的基本道德意识、规范和行为总和。包括敬业爱岗、熟悉法规制度、依法办事、实事求是、客观公正、搞好服务、保守商业秘密等。

综合素质指财务英语能力、团队协作能力、沟通能力、办公软件应用能力、商务礼仪、管理能力等，综合素质的培养体现在各个岗位日常工作中。

实践能力指专业技术能力和职业岗位能力。其中，专业技术能力包括专业知识、财经法规、会计准则及会计制度方面的能力。职业岗位能力包括出纳岗位业务能力、账务处理能力、成本核算及成本控制能力、税务操作能力、内部审计及稽核能力、财务管理及分析能力等,是会计专业的核心能力。

这三方面的合力往往能产生一定的创新思维,形成多层次综合能力(见图1),具备较强的发现问题和解决问题的能力,从而形成高素质、高技能。

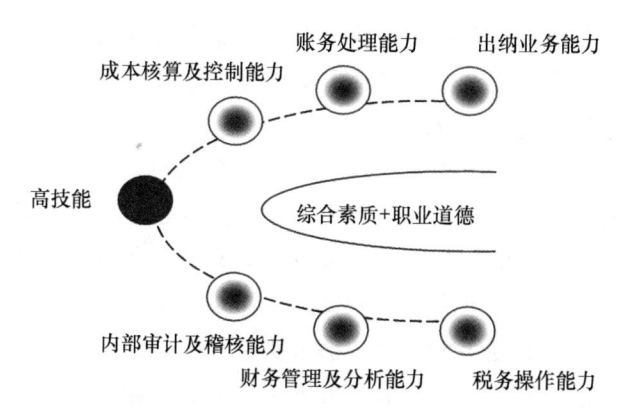

图1 多层次综合能力形成高素质与高技能

由此可见,高技能人才首先是高素质的,只有高素质的高技能人才,才能真正发挥其服务企业、服务社会的能动作用。

2. 企业专家对会计行业高技能人才的理解

某集团公司的总裁助理兼财务总监,具有十余年中小企业会计的经验,他认为"不同行业,不同岗位,甚至企业的不同发展时期,对高技能人才的要求是不一样的"。

"精湛的专业技能。首先必须在熟练掌握会计基本理论和方法的基础上,精通国家的会计准则及会计制度,并结合企业自身特点经过多年实践积累逐步形成。"

"关键环节发挥作用。关键环节主要是指会计业务的关键点,不同行业不同岗位是不一样的,如制造业的会计,关键点是成本核算与控制问题,能处理好这方面的业务;外贸企业的会计,关键点是存货、应收账款的核算问题。"

"解决业务难题。要看企业处于什么发展阶段。企业起步阶段,会计的作用发挥不大,难以反映出问题。当企业步入稳步发展时期,企业需要完善会计制度,需要会计提供决策支持,会计的作用越来越大。如会计要准确提供成本核算数据,解决如何降低成本的问题;如何加强存货核算与管理,解决存货积压问题;出现应收账款收款难的问题,如何进行坏账核算等。这方面的能力往往要求有较强的悟性,有一定的创新思维。"

根据以上调研观点,我们认为会计行业高技能人才应是在企事业单位会计岗位工作实践中,精通国家会计准则及会计制度,能较好把握会计业务各关键点,能够解决会计工作流程业务难题的人员。

(二)会计行业高技能人才应具备的基本素质和条件

从以上行业企业对毕业生的评价及企业专家对会计行业高技能人才的理解,会计行业高技能人才应具备的素质和条件应该包括以下几个方面:一是有必要的专业理论知识;二是有丰富的会计岗位实践经验;三是有较强的动手能力并能够解决会计工作流程关键点的业务难题;四是有创新能力;五是有良好的会计职业道德。

必要的专业理论知识是高技能人才"高技能"形成和持续发展的必备条件;丰富的会计岗位实践经验是高技能人才"高技能"形成的关键因素;有较强的动手能力并能够解决会计工作流程关键点的业务难题是高技能人才的特色与价值所在;创新能力是高技能人才达到"一专多能"的素质要求和实现持续发展的基本保证;良好的会计职业道德是会计专业高技能人才服务社会、实现自身价值的前提条件。

二 会计高技能人才需求现状分析

(一)毕业生求职择业情况调查分析

1. 就业岗位性质

往届会计专业毕业生的就业岗位性质见表2。会计专业的毕业生主要集中在出纳岗位、财务咨询公司代理记账和记账岗位,比例分别为19.7%、15.3%和12.9%,其次是文员、仓库管理和制单岗位,企业内审岗位的毕业生较少。

调查结果表明:①顺德地区经济发展水平较高,为毕业生的顺利就业提供了良好的社会环境;②院系领导高度重视毕业生就业指导工作；③财务管理和会计专业的设置符合本地区社会经济发展的实际需要；④毕业生就业观念开放，就业思路开阔，就业选择体现学以致用，重发挥、重发展。

表2　　　　　　　　　　　工作岗位性质

你现在的工作岗位	人数	百分比（%）
1. 出纳	7	19.7
2. 会计主管	2	5.6
3. 统计员	3	8.4
4. 记账	4	12.9
5. 制单	2	6.0
6. 成本核算	1	3.6
7. 仓库管理	2	7.6
8. 会计师事务所助理审计	2	5.2
9. 企业内审	1	3.2
10. 财务咨询公司代理记账	6	15.3
11. 文员	3	9.2
12. 其他	1	3.2
总计	34	100

2. 工作与专业对口程度

从毕业生所从事的工作情况看，毕业生所从事工作与专业非常对口的占调查人数的35.7%，专业对口但不完全一样的占28.6%，专业不对口但有部分联系的占21.4%，而与专业完全不对口的占14.3%（见表3）。这说明毕业生在择业方面主要还是选择与本专业对口的工作，但毕业生工作与专业不对口的现象也较为普遍。反映到专业建设方面，专业的定位不能仅限于专业对口，既要培养学生的专业技能，同时还要重视学生高素质的培养。

表3　　　　　　　　　工作岗位与所从事专业对口情况

	人数	百分比（%）
1. 与专业非常对口	10	35.7
2. 专业对口，但不完全一样	8	28.6
3. 专业不对口，但有部分联系	6	21.4
4. 与专业完全不对口	4	14.3
总计	28	100

3. 毕业生成功就业的原因

毕业生成功就业的原因按选择比例从高到低依次为：面试准备充分、职业定位明确、亲朋或老师的帮助、机缘巧合、个人能力突出、所学专业受青睐（见表4）。显然，面试准备充分、职业定位明确成为择业成功的最重要因素。作为会计专业的毕业生，具备较强的专业知识与技能是就业过程中的一大竞争优势。比如，在校期间已取得专业技能证书的毕业生在工作之初就已基本可以顶岗，具有较大的竞争力。因此，在专业教学改革中，应构建和优化课程体系，一方面要提高学生的专业知识水平，鼓励和帮助学生在校期间取得会计专业技能证书，另一方面要实施通专结合的人才培养模式，通过实训和企业实习的方式，提高学生的综合素质和动手能力，以形成和提高毕业生的就业竞争力。

表4　　　　　　　　　首次成功就业的主要原因

	人数	百分比（%）
1. 职业定位明确	5	19.2
2. 面试准备充分	6	23.1
3. 亲朋或老师的帮助	4	15.4
4. 所学专业受青睐	3	11.5
5. 个人能力突出	4	15.4
6. 机缘巧合	4	15.4
总计	26	100

4. 毕业生工作胜任时间

调查表明，毕业生胜任工作所花时间为1个月左右的占56%，为最高比例；毕业生上岗即可胜任工作的占24%，排在第二；胜任工作所花时间为3个月左右的占20%，排在第三位（见表5）。这一比例表明，毕业生有近100%的学生能够在三个月内胜任工作，表现可喜。

表5　　　　　　　　胜任首份工作所需要的时间

	人数	百分比（%）
1. 上岗即可胜任	6	24
2. 1个月左右	14	56
3. 3个月左右	5	20
4. 1年左右	0	0
总计	25	100

5. 对现任工作的满意度与工作稳定性

调查显示，毕业生对自己所从事工作表示"较满意"的比例最高，占53.8%；表示"很满意"的比例为23.1%；但"一般"的比例也不低，有23.1%（见表6）。这一调查数据表明，超过半数的毕业生对现工作还是很满意或者较为满意的，因为能在现任工作岗位上发挥专长，拥有较理想的工作环境和发展前景，人际关系良好等。

表6　　　　　　　　对工作状况总体满意程度

	人数	百分比（%）
1. 很满意	6	23.1
2. 较满意	14	53.8
3. 一般	6	23.1
4. 不满意	0	0
总计	26	100

6. 更换工作岗位情况

调查结果显示，从毕业后到调查时为止，没有更换过工作的占40%，更换了一次的占24%，更换过两次工作的占24%，更换过三次以上工作的占12%（见表7）。该数据表明，会计专业毕业生在工作的前一、二年内更换工作的频率还是比较高的，有半数以上的毕业生都更换过工作，具有较大的流动性。而更换工作的原因，主要是收入太低，占40%；专业不对口，占28%（见表8）。该结果反映出毕业生择业中对各种因素的重视程度。"专业不对口"和"收入太低"是学生更换工作的两个主要原因，说明毕业生择业中比较看重专业的对口性和物质利益，我们在就业指导中需要引导学生培养正确的就业价值观，好的职业并不是人们想象的一味追求物质利益，个人的未来发展才是就业的基本目标，在就业时应更加看中单位所提供的发展环境和机会，追求自我价值的实现。

表7　　　　　　　　　　毕业后转岗次数

	人数	百分比（%）
1. 一次	6	24
2. 二次	6	24
3. 三次以上	3	12
4. 没更换过	10	40
总计	25	100

表8　　　　　　　　　　毕业后转岗原因

	人数	百分比（%）
1. 专业不对口	7	28
2. 收入太低	10	40
3. 业务能力不够	3	12
4. 无稳定感	4	16
5. 人际关系	0	0
6. 单位裁员	1	4
总计	25	100

（二）毕业生对本专业教育质量的基本评价

1. 专业知识和技能的应用程度

对于点钞、捆钞、辨别真伪钞等所学专业基本技能在从事岗位工作中的重要性认识，认为"很重要""较重要""一般""不重要"的比例分别为40%、32%、20%、8%（见表9），表明本专业毕业生掌握基本的财会技能在工作中尤为重要，所学与会计相关的基础课程在工作中比较适用。而对会计核算在从事岗位工作重要性的认识，认为"很重要""较重要"的均为36%，认为"一般"者占16%，"不重要"和"极不重要"的占12%（见表10），说明会计核算课程对于学生在未来工作中应用专业知识、专业技能解决实际问题具有重要的作用。

表9　　　　　　　基本技能您从事岗位工作中的重要性

	人数	百分比（%）
1. 很重要	10	40
2. 较重要	8	32
3. 一般	5	20
4. 不重要	2	8
5. 极不重要	0	0
总计	25	100

表10　　　　　会计核算技能在从事岗位工作中的重要性

	人数	百分比（%）
1. 很重要	9	36
2. 较重要	9	36
3. 一般	4	16
4. 不重要	2	8
5. 极不重要	1	4
总计	25	100

2. 课程设置的合理性

对于课程结构的设置能否满足工作岗位的需要，选择"较满意"的比例占56%，选择"很满意"的占20%，选择"一般"的占24%（见表11）。学生普遍认为，学校的课程设置能够满足工作岗位的需要，在实际工作中能够将所学知识充分应用。

表11　　　　　　　　　对学校课程设置的评价

	人数	百分比（%）
1. 很满意	5	20
2. 较满意	14	56
3. 一般	6	24
4. 不满意	0	0
总计	25	100

尽管对于课程设置的满意度比较高，毕业生仍对课程设置提出了如下建议：①课程实训尽量与实际工作接轨，以便在工作中能根据所学理论分析问题。②多与企业合作，让学生多参加实践，从而提高学生的实践能力。③重视培养学生的合作能力和表达能力。④鼓励学生多考有用的证，多开一些培训课，帮助学生顺利通过考证。⑤组织学生多参加实践活动，培养学生的组织能力和团队合作能力。⑥注重理论教学与实际操作相结合，学习内容与工作实际相结合。⑦指导学生拓展就业渠道。⑧加强校企合作，了解企业的人才需求。⑨加强专业技能的训练与培训。⑩重视培养学生的创新能力和创业思维。⑪重视提高学生专业技能和动手能力。⑫多关注学生未来的发展方向。

3. 专业技能证书的作用

32%的毕业生认为如果能够在校期间取得初级会计专业技术资格证书，将会在就业时更具竞争力，或者在工作中更能得心应手；16%的学生认为毕业生需要取得金蝶或用友ERP证书（见表12）。因此在校期间已取得专业技能证书的毕业生在工作之初就已基本可以顶岗，说明在校期间所取得的职业技能证书对就业有较大作用。

表12　　　　　　　　　需具备的职业资格证书类型

证书类型（可多选）	人数	百分比（%）
1. 会计从业资格证	10	40
2. 初级会计师	8	32
3. 金蝶或用友 ERP 证书	4	16
4. 统计员	2	8
5. 防伪税空开票系统上岗证	1	4
总计	25	100

（三）会计主管对本专业毕业生的基本评价及招聘要求

企业会计主管对毕业生的表现总体评价见表13，90%的主管对毕业生的工作表现表示"满意"或"非常满意"。由此可见，企业人员对毕业生总体评价还是比较高的，经过学校精心培养的学生能够胜任企业的工作。

表13　　　　　　　对毕业生实际工作表现的总体评价

评价	人数	百分比（%）
1. 非常满意	2	20
2. 满意	7	70
3. 一般	1	10
总计	10	100

企业会计主管在招聘毕业生最注重的五种要素中，首先是技能水平（占16%），其次是实践经验和沟通能力（分别占14%和12%），然后是专业技能证书（占10%）（见表14）。因此，学校在培育学生的过程中，应该着重提高学生的综合素质，要为学生开拓更多的实践机会。

表14　　　　　　　　　　在招聘应届毕业生时最注重的要素

		人数	百分比（%）
单位在招聘应届毕业生时，最注重的五种要素（限选五项）	1. 学习成绩	1	2
	2. 技能水平	8	16
	3. 外语水平	2	4
	4. 计算机水平	3	6
	5. 专业技能证书	5	10
	6. 思想道德	3	6
	7. 合作能力	3	6
	8. 管理能力	1	2
	9. 创新能力	3	6
	10. 实践经验	7	14
	11. 文体特长	0	0
	12. 沟通能力	6	12
	13. 敬业精神	3	6
	14. 表达能力	3	6
	15. 写作能力	1	2
	16. 个人形象	0	0
	17. 发展潜力	1	2
	总　　计	50	100

第四部分　调研结论

　　调查结果表明，随着社会经济的快速发展和社会发展新常态的要求，企事业单位对具有较好会计职业道德、较高会计职业能力的高技能人才需求越来越大。会计专业的毕业生总体是比较优秀的，就业岗位以及收入都比较理想，对现任工作较为满意，能在现任工作岗位上发挥专长，拥有良好的工作环境和发展前景。毕业生在校期间所学的专业知识与专业技能，获取的专业技术证书，使得他们在就业时更具竞争力，在工作中更能得心应手。毕业生的综合素质、实际动手能力、职业道德、团队精神等方面都得到用人单位的肯定。这是会计专业不断进行教学改革，优化课程体系，加强实践教学，注重职业道德培养所产生的效果。但与此同时，我们也发现，由于社会和用人单位提出了更高的要求，毕业生对教育教学水平也提出了更高的要求，与人才培养目标还存在一定差距。根据本次调查的结果，认为还需要从本专业课程体系的构建、教育教学水平的提高、人才培养模式的改进等方面进行改革和优化。

一 更加准确定位专业人才培养目标，提升专业岗位的适应度

会计专业人才对社会经济发展具有不可忽视的重要作用。社会在不断发展和进步，且我国处于发展新常态和发展的新时代，各个领域、行业对经济管理、财会管理的要求和规范化程度越来越高，对会计的职业能力和职业规范要求也越来越严格。关于学生对会计岗位性质、会计岗位成功原因、专业就业对口等调查结果表明，在人才培养目标定位上还应更加准确清晰。由此，我们要紧跟时代发展新要求，进一步修订和完善专业人才培养目标，从会计职业道德要求、会计职业岗位需求、会计职业技能要求、财会政策法规的掌握和运用等方面，提升专业人才在培养目标定位与会计岗位要求的适切性和适应度，增强职业操守和职业忠诚度，力争做到所培养的会计专业人才在职业道德、职业技能、政策法规运用等方面都能更适应社会和岗位需求。

二 加强实训和实践环节，重新构建实践教学体系

经过几年的建设，校外实践教学正在稳步推进，校内实训条件更加充实完善。学院推出的跨专业实训和实施的学生创业管理，将进一步深化各专业实践教学体系的改革。但我们要根据高职教育发展的新要求，加快校内综合实训室建设。重视会计实践资料的采编和实践指导书的编制，使开出的会计实践课更贴近企业实际操作。同时，加强实践环节的课程建设，大力开展第二课堂，使学生在实践和与社会的接触中提高实际工作能力。充分利用校外实训基地，使学生有更多机

会参加社会实践活动,特别是要深入到企事业单位进行顶岗实践,充分认识在校专业学习和岗位需求的不同和不足。要系统设计、科学安排,构建中高职衔接一体化的实践教学体系。

三 加强双师型师资队伍建设,提高教师教学水平

制定教师定期到高等院校、师资培训基地和企业进行进修学习的制度,提高教师的理论水平,了解本专业理论发展的最新情况。通过学习增强教师的职业素养,通过与企业的深度沟通交流提高实践动手能力,真正打造"双师型"的教师队伍。一方面,安排教师定期到企业实践锻炼,丰富教师的实践经验;另一方面,在校内设立兼职教师工作室,鼓励兼职教师进校参与实践教学。同时,要面向社会、企业建立良好的合作关系,从企业招聘会计岗位高级人才到学校授课,有针对性地开展实操训练。鼓励教师到企业进行仿真实践训练,提高其实操技能和解决会计岗位问题的能力。

四 以就业为导向,加快专业改革步伐

为主动适应社会经济发展对高职教育教学工作的新要求,就应以就业为导向,加快教育教学改革步伐,将培养的重点放到全面提高学生专业素质和职业能力上。首先,将就业指导教育渗透到教育教学全过程,从新生入学起就强化学生的就业竞争意识,从态度、知识、技能三个方面提高学生的专业认识度;同时,分专业引导学生立足专业,展望未来,搞好职业生涯规划,尽早地对今后求职方向进行定位。其次,以就业为导向,加强专业建设,保证课程内容设置与学生就业竞争力高度相关。只有密切注意市场需求变化,根据社会对会计岗位需求变化情况,对专业、课程内容及时进行调整,才能使培养出来的学生真正为社会、市场所用。再次,加强毕业论文、毕业设计环节的指导。把毕业论文、毕业设计环节与企业会计岗位实际相结合,对准问题,对焦需求,真正通过这一实践环节提升学生解决实际问题的能力,提升实操水平。把好人才出口关,逐步实现就业教育与专业教学的全面渗透与融通,切实提高学生在就业中的竞争力和发展潜力。

附录4　酒店管理专业人才需求调研报告

第一部分　调研基本情况

随着我国职业教育规模的迅速扩大，职业教育在整个教育体系中的地位也越来越重要。伴随着人们对职业教育关注和研究的日益深入，职教的深层次问题也日趋凸显。其中比较突出的问题：一是人才培养系统性的偏差，集中体现在人才培养效果与市场需求之间的距离；二是学生解决综合实践问题的能力越来越受到关注。要提高学生解决综合实践问题的能力，就必须走"工学结合、校企合作"的发展路径，在教学中倡导理论与实践相结合，教中学、学中做、教与学一体化的教学模式，构建职业能力整体培养目标体系。

酒店服务与管理专业是广东旅游职业技术学校申报国家级示范专业建设的重点专业之一，同时也是学院的传统优势专业。为了提高酒店服务与管理专业主动服务产业发展的能力，指导本专业在人才培养上更好地适应当前酒店行业发展变化的需要，使培养出来的学生真正成为创新型、实用性人才，特开展了酒店服务与管理专业人才培养模式的调研。

一　调研目的

通过本次调研，希望掌握目前酒店行业、企业发展现状与趋势，把握本专业的人才需求状况，梳理归纳岗位工作的具体内容和职责，从而更好地定位本专业人才的培养方向与层次。

通过调研，一方面可以帮助我们重新审视现有的人才培养模式，检验现有人才培养目标与定位、教学方式、实习模式、课程体系等方面的合理性与成效性，还可以使我们及时发现问题，调整人才培养的方向与层次，深入贯彻中高职一体化人才培养的理念；另一方面促使我们更加密切地关注行业人才需求的变化，加强与企业的联系，获取企业用人方面的反馈，为实现与企业更深层次的合作争取机会，实现本专业的可持续发展。

二 调研对象

考虑到本专业生源现状及学生实习就业的实际，在调研地点的选取上以广州为中心，覆盖珠三角地区，辐射北京、上海、港澳、日本、新加坡等地酒店。

在调研对象的选择上关注如下几个方面：首先是酒店类型的选择，从实际比重最大的商务型、度假型酒店，到新型的会议型酒店、主题型酒店以及特殊的政府接待型酒店，保证了酒店代表的全面性。其次酒店星级方面，以学生实习就业最多同时也是员工需求量最多的五星级酒店为主，四星级酒店为辅。出于同类考虑，仅调查了酒店前厅、客房、餐饮等部门的部分员工，而在员工的层次上包括一线资深员工（工作年限满两年以上）、领班、主管和经理四个层次，试图获取不同类型不同层级各岗位对知识、能力和素质方面的要求。最后访谈对象选择了在人才培养问题上相对专业的酒店人力资源部经理。

问卷调研内容分为四大模块：一是酒店行业企业人才需求状况问题模块，收集了相关的统计年鉴、报告、会议记录及讲话等资料，问询了目前酒店紧缺的岗位及该岗位相应的学历要求、技术等级要求和素质要求。二是酒店员工职业素质与岗位能力问题模块，具体到专业知识、专业能力、方法能力、社会能力的要求。三是目前课程设置与培养方式的评价模块。四是人才评价模块，主要针对企业对实习生和毕业生的知识和能力方面的评价。

访谈调查中，主要征询了企业代表对酒店现代化发展趋势、酒店紧缺岗位及岗位要求、对曾在酒店工作过的学生的整体评价、对目前实践教学模式的评价、校企深度合作的意见等五个方面的问题。

三 调研组织

由广东旅游职业技术学校冒超球校长领导、酒店管理专业主任具体组织,依托该专业教研室骨干教师,走访兄弟院校同类专业,形成调研方案。到抽样的酒店实地调研,收集、整理和统计主要参考数据。调研时间为2012年,完成人为冒超球、邓敏、朱小彤、郝至素等。

第二部分 调研方法与内容

一 调研方法

以问卷调查法为主,文献分析法、访谈调查法、实地考察法为辅。通过事先与酒店方联络,说明调研要求,再派遣调研人员到达现场,或实地发放问卷,或留置问卷、最后回收。文献搜集主要以有关旅游和酒店行业的政策、制度、标准、统计年鉴和重要会议讲话为对象。访谈调查通过电话、网络、传真等方式开展。

数据录入和统计处理中,使用了Spss19.0(中文版)统计软件,处理结果经过反复检验,保证数据的准确性。

二 调研过程与结果

前期充分的调研动员以及调研人员的多次培训,为本次调研的顺利开展打下了坚实基础。酒店服务与管理专业部多位老师参与本次调研,实地到访了13家典型代表酒店(见表1),总计发放问卷200份,回收185份,有效问卷159份,有效率达86%。专访了各大酒店人力资源部经理6位。具体情况如下:

从受访者的结构(见表2)来看,基本符合我们的预期,各部门、各层级的员工比重基本持平,保证了样本代表的全面性。

表1　　　　　　　调查企业基本信息及样本代表比重

序号	地点	酒店名称	类型	样本百分比（%）
1	广州市区	新白云宾馆	商务型	56.13
2	广州市区	中心皇冠假日酒店	商务型	
3	深圳	格兰云天大酒店	商务型	
4	广州市区	正佳万豪酒店	商务型	
5	广州市区	南洋长胜酒店	商务型	
6	萝岗	威尔登酒店	商务型	
7	增城	凤凰城酒店	度假型	15.88
8	番禺	长隆酒店	度假型	
9	广州市区	白云湖畔酒店	度假型	
10	肇庆	奥威斯酒店	会议型	10.22
11	南沙	南沙大酒店	会议型	
12	澳门	喜来登酒店	其他类型	17.77
13	广州市区	铂尔曼酒店	其他类型	

表2　　　　　　　受访者基本信息

员工所在部门					员工职务			
前厅部	客房部	餐饮部	人力资源部	经理	主管	领班	一线资深员工
24.8%	23.5%	35.6%	16.1%	32.2%	31.6%	14.5%	21.7%

员工从业年限				
1—3年	3—5年	5—10年	10—15年	>15年
30.5%	19.2%	31.8%	9.9%	8.6%

第三部分　调研分析

一　行业企业发展现状与技术发展趋势

酒店业是我国最早对外开放的窗口行业，在扩大国内需求、促进国民经济增长、引领现代服务业转型升级等方面发挥着重要的作用。当前，我国酒店业的发展仍保持着良好的势头。仅以"十一五"期间我国星级饭店的发展为例，酒店数量稳步增长，年均增长率达5.5%。星级饭店客房数量年均增长率为6.3%。截止到2011年末，全国有11676家星级饭店，其中五星级饭店615家，四星级饭店2148家，三星级饭店5473家，二星级饭店3276家，一星级饭店164家（2011年中国旅游业统计公报，中国旅游报，10月26日），拥有客房147.49万间，实现营业收入总额2314.82亿元，上缴营业税金147.84亿元。当然，受多种因素影响，2013年酒店业进入调整期，到2014年星级酒店为11180家，一是硬件不符被摘星，二是主动要求降星。不过2015年开启复苏，星级酒店入住率增长，到2017年7月，全国星级酒店平均出租率为65.68%（中国产业研究院，2017年9月7日）。星级饭店对旅游产业的贡献能力和价值在不断提升和加强，在包括星级饭店、旅行社、旅游景区等全国旅游企业的综合实力比较中，星级饭店占全国旅游企业总数的28%，占总固定资产的53%，创造了营业总收入的40%，吸纳了旅游就业的61%，贡献了营业税的72%。与此同时，我国住宿业每年吸纳用工近20万人，目前全行业从业人数已近700万人。

广州及其周边珠三角城市群，作为改革开放前沿阵地，因其区位优势成为最早的外资酒店投资城市群。借助2010年广州亚运之机，为满足亚运会中外来宾的需求，广州酒店再掀投资热潮，琶洲香格里拉、starwood集团的westin、富力丽思·卡尔顿、正佳万豪、富力凯悦、太古汇香格里拉等国际知名品牌酒店纷纷落户广州。截止到2011年第四季度，广东星级饭店总数已经达到1018家，其中五星级酒店91家，四星级173家，三星级591家。高端市场潜力巨大，2012年初五星级酒店达104家，2018年1月13日五星级达到108家，位列全国各地之首。伴随着一大批星级酒店尤其是境外酒店的成长，广东地区酒店业的市场竞争愈发激烈，酒店业的发展也呈现出新的趋势。

一是酒店类型趋于多样化、特色化。城市商务型酒店作为旅游酒店的主流，继续保持良好的发展势头；广东地区会展经济的蓬勃发展使得专业的会议型饭店开始在大中城市快速发展；随着居民消费结构的升级和国民休闲计划的提出，度假型饭店逐渐增多；高星级酒店市场总体供过于求的形势下，"十二五"期间培育特色酒店的时机日渐成熟。

二是酒店的科技观增强，现代科学技术和新型设备的应用更加普及。大量新技术和新材料，如变频电机技术、LED 光源、水源热泵、楼宇自控、光伏与建筑一体化材料、建筑隔热膜等均已得到应用，助力行业节能减排工作。酒店客房智能系统、无线上网和自动服务等技术丰富了客人的住店体验。科技信息产业与酒店业的融合，成为新一轮酒店竞争的焦点和实现个性化服务的新途径。

三是酒店增强软实力，全面提升整体素质。酒店发展离不开人的要素。作为劳动密集型行业，高流动性导致酒店人才流失率偏高，培训成本加大，大量一线服务人员的频繁流动降低了酒店服务的整体质量。为此，酒店高度重视人才队伍建设，根据旅游发展趋势和酒店企业岗位需求，研究制定酒店各类服务技能人才标准，加强岗位培训、技能交流和职业道德教育，努力打造一支技能过硬、爱岗敬业的高素质酒店服务技能人才队伍。

二 酒店行业技能人才需求状况与岗位要求

（一）酒店行业技能人才需求状况

依据前面的分析，酒店业发展的规模在不断扩大，但与之不相适应的是从业人员流失率高的现实一直未能得到根本性的改善，所以酒店行业人才的需求持续居高不下。中国旅游协会人才培训开发中心对全国二至三星级的酒店进行的一项调查显示，旅游饭店人员流动率达到了 23.95%，部分酒店人才流失率竟达到了 45% 以上；中国旅游饭店业协会官方网站数据显示，2011 年 1 至 9 月份，饭店员工平均流失率累计达到 33.91%。广州的酒店、餐饮业人才更为短缺。据广州市餐饮协会的不完全统计，2011 年仅广州市的用工缺口就有 10 万人左右。

（二）酒店服务与管理专业对应的职业岗位分析

根据 2010 年中职专业目录的介绍，酒店服务与管理专业主要培养酒店服务人员和基层管理人员，就业范围主要面向酒店、会议中心、度假村、招待所等住宿单位，从事前厅、客房、餐厅、康乐等部门的服务工作与基层管理工作。

通过访谈及搜寻近几年酒店服务与管理专业毕业生就业资料发现，就业岗位主要集中在酒店前厅、客房和餐饮三大部门，具体岗位有前厅接待员、礼宾员、客房楼层服务员、西餐服务员、中餐迎宾员、楼面服务员等。为了更好地了解酒店服务与管理专业人才的紧缺程度、培养规格及相关要求，我们整理出几类结果。

首先，从目前酒店岗位人员的配备情况（见表3）来看，三个部门各层级的人员配备从整体来看较为适中，没有出现严重的人员冗余现象。但是单独考量人员配备偏少的问题，会发现三大部门都将员工配备最为偏少的一票投在了"一线员工"岗位，其次是"领班和主管"层级，最后才是"经理"岗位。这与后面进一步追问酒店紧缺岗位的结果不谋而合（见表4）。

表3　　　　酒店岗位人员配备情况（样本人数）

部门	岗位	人员偏多	人员适中	人员偏少
1. 前厅部	一线员工	0	67	52
	领班/主管	3	88	28
	经理	2	104	14
2. 客房部	一线员工	5	43	82
	领班/主管	3	95	27
	经理	0	104	19
3. 餐饮部	一线员工	7	50	71
	领班/主管	1	103	20
	经理	3	104	14

表4　　　　　　　　　　企业紧缺岗位及岗位要求

| 第一紧缺岗位 || 学历要求（%） || 技能要求（%） || 素质要求（%） ||
岗位名称	百分比（%）						
1. 一线员工	69.44	中职	27.27	技中级工	26.58	爱岗敬业	45.88
		高中	20.45	技高级工	24.05	身心健康	18.82
		大专	31.82	技师	7.59	文化素质	16.47
		本科	25.00	高级技师	11.39	职业习惯	11.76
		硕士	0	无要求	35.44	专业知识和能力	34.12
		无要求	3.41			其他	0
2. 领班及主管	16.67	中职	17.39	技中级工	27.78	爱岗敬业	47.62
		高中	0	技高级工	27.78	身心健康	19.05
		大专	47.83	技师	16.67	文化素质	14.29
		本科	34.78	高级技师	16.67	职业习惯	4.76
		硕士	0	无要求	11.11	专业知识和能力	33.33
		无要求	0			其他	0
3. 经理	5.56	中职	16.67	技中级工	20.00	爱岗敬业	60.00
		高中	0	技高级工	20.00	身心健康	0
		大专	16.67	技师	0	文化素质	0
		本科	33.33	高级技师	20.00	职业习惯	0
		硕士	16.67	无要求	40.00	专业知识和能力	40.00
		无要求	16.67			其他	0
4. 其他	8.33	中职	25.00	技中级工	60.00	爱岗敬业	50.00
		高中	16.67	技高级工	27.27	身心健康	33.33
		大专	50.00	技师	9.09	文化素质	25.00
		本科	33.33	高级技师	18.18	职业习惯	25.00
		硕士	0	无要求	9.09	专业知识和能力	58.33
		无要求	0			其他	8.33

由于紧缺岗位的问询采用的是开放式问题，将所有文本结果进行

附录4 酒店管理专业人才需求调研报告

归类和编码,从表4中看出,酒店目前最为紧缺的岗位依次为一线员工(69.44%)、领班或主管(16.67%)、其他(8.33%)和经理(5.56%)。其中一线员工主要包含了前厅、客房、餐饮部的行李生、礼宾人员、前台总机接线员、客房楼层服务员、餐饮迎宾员、楼面服务员等各具体工种。其他岗位主要是指酒店培训师、厨师、面点师等特殊岗位。在紧缺岗位的认同程度上,基本符合岗位从低到高的规律,一线员工成为当前最为紧缺的岗位,服务员与领班、主管基层管理人员两类岗位的比例相加约占据整个调查样本总量的86%。在访谈过程中,绝大多数酒店人力资源部经理同样表示出对基层员工的渴求,这与其在酒店中人员数量比重大、流动率高的特征是分不开的。

在讨论紧缺岗位的属性特征问题上,采用了学历要求、技能要求和素质要求三个维度。分析比重最大的两类紧缺岗位,结果显示一线员工的学历要求虽然比重最高的是大专水平(31.82%),但同层次中职和高中学历相加,比重达到47.72%,接近50%,说明酒店对于一线员工的学历要求总体是偏低的,访谈结果同样印证这一结论,对一线员工的学历要求在中专以上水平。而基层管理岗位(领班和主管)上,学历要求相应有所提升,47.83%的受访者觉得应达到大专学历层次。究其原因,这与酒店人力成本不断攀升和不同学历层次学生的性格特点以及工作稳定特性关系密切。大部分企业认为,中专生性格开朗、活泼、年轻、有朝气,且相对流失率低,而学历偏高学生往往眼高手低,不利于酒店的管理。而对于低学历员工,酒店企业还可以在聘用之后通过内训或鼓励在职学习、函授学习的方式使其提高学历层次。

技能要求上,问卷及访谈结果都认为对一线员工的技能无要求,认同者达到35.44%,另外有26.58%和24.05%的受访者认为应该具备中级工和高级工水平。领班和主管岗位对此两项技能水平的要求则都提升到了27.78%,技能要求整体偏低。

素质要求上,各酒店对一线员工、领班和主管的要求基本达到了一致,最为重要的素质要求排名前两位都依次为爱岗敬业和专业知识与能力,分别为45.88%、34.12%和47.62%、33.33%,访谈结果在此项有相同结论。

以上分析说明，上述两类紧缺岗位在属性上拥有诸多相似特征，在人才培养规格定位上可以纳入到同一岗位群进行考虑。

（三）行业企业对人才的专业知识、职业素质和能力要求

问询了受访者胜任本岗位需要具备的专业知识、职业素质和能力、在未来晋升中所需要的条件三大问题。将三大问题中的各项备选答案按照其重要程度分成五类。除了计算五类重要程度的百分比，我们还采用了5点李科特（R. A. Likert）尺度进行测量（"1"表示非常不重要，"5"表示非常重要），对其求取平均值并进行方差检验，以便了解酒店从业人员在各答案项上重要性的判断，同时了解不同类型酒店、不同部门和不同职务的受访者是否存在态度上的差异性。检验表明，三大问题59个变量的标准差都比较小，各类型受访者态度差异不显著，意味着各类酒店人才在此三大问题上存有共性，可以同样适用于提炼酒店服务与管理专业学生应具备的关键能力和素质。

1. 对酒店专业人才所需的专业知识要求

表5　　酒店专业人才专业知识重要程度（%）

本岗位专业知识	最重要	较重要	一般	次要	不重要	均值
1. 各部门的基础知识	24.00	59.33	13.33	3.33	0	4.04
2. 酒店营运基础知识	23.38	55.19	19.48	1.95	0	4.00
3. 酒店对客服务流程	51.59	40.76	6.37	1.27	0	4.43
4. 公关知识	13.16	55.26	26.97	4.61	0	3.77
5. 酒店业发展概况及趋势	19.87	49.67	27.81	2.65	0	3.87
6. 营销知识	13.25	51.66	26.49	7.95	0.66	3.69
7. 国学知识	5.96	32.45	49.67	9.93	1.99	3.30
8. 礼貌礼节知识	56.33	37.97	5.70	0	0	4.51
9. 食品营养知识	12.50	39.47	35.53	8.55	3.95	3.48
10. 酒水知识	16.67	38.00	36.00	6.67	2.67	3.59
11. 酒店文化（含餐饮文化、客房文化、茶文化、酒文化）	31.21	43.31	20.38	2.55	1.27	4.31
12. 厨房运作知识	8.61	29.14	43.05	13.91	4.64	3.36

续表

本岗位专业知识	最重要	较重要	一般	次要	不重要	均值
13. 当地旅游常识	12.99	48.70	33.77	3.25	1.30	3.69
14. 应用文写作	8.50	38.56	40.52	8.50	3.27	3.54
15. 插花知识	1.99	23.84	44.37	18.54	11.26	2.87
16. 酒店设备及保养知识	17.31	47.44	29.49	5.13	0.64	3.76
17. 突发事件处理知识	58.60	36.31	3.18	1.91	0	4.52
18. 财务基础知识	13.55	41.29	35.48	9.03	0.65	3.58
19. 接待服务心理知识	44.81	43.51	10.39	1.30	0	4.32

从表5可以看出，根据最后的平均值大小，进行各项专业知识重要度的排序，其中均值大于4的专业知识依次排名为突发事件处理知识（4.52）、礼貌礼节知识（4.51）、酒店对客服务流程（4.43）、接待服务心理知识（4.32）、酒店文化（含餐饮文化、客房文化、茶文化、酒文化）（4.31）、各部门的基础知识（4.04）和酒店营运基础知识（4.00）。在对实习生和毕业生的评价以及访谈调查中，各酒店也能相应提出学生在酒店理论知识、管理知识以及酒店整体构架、营运认识上的不足。这一方面体现了酒店要求员工加强岗位认识和认同，尽快适应岗位，找寻工作归属感和工作价值，另一方面也希望扩展员工知识面，提高对客服务水平和解决问题的能力。

2. 对酒店人才的职业素质和能力要求

表6　　酒店人才职业素质和能力要求重要程度（%）

职业素质和能力	最重要	较重要	一般	次要	不重要	均值
1. 应变能力	51.92	45.51	1.92	0.64	0	4.49
2. 服务意识	72.78	25.32	1.90	0	0	4.71
3. 服从意识	43.31	46.50	7.01	1.91	1.27	4.48
4. 语言表达能力（含外语）	42.41	50.63	5.06	1.27	0.63	4.33
5. 人际沟通与交往能力	49.37	44.94	5.70	0	0	4.44

续表

职业素质和能力	最重要	较重要	一般	次要	不重要	均值
6. 创新能力	29.68	44.52	22.58	3.23	0	4.01
7. 团队合作能力	59.75	37.74	2.52	0	0	4.57
8. 计算机操作能力	10.39	47.40	35.71	5.84	0.65	3.61
9. 对客服务技能	47.80	47.80	3.14	1.26	0	4.42
10. 新技能、新知识的学习能力	29.30	62.42	7.64	0.64	0	4.20
11. 职业道德	63.69	33.12	3.18	0	0	4.61
12. 体格健康	35.48	51.61	12.90	0	0	4.23
13. 抗压受挫能力	37.34	56.96	5.70	0	0	4.32
14. 职业化外在形象	20.00	65.81	14.19	0	0	4.06
15. 职业规划	25.16	51.61	20.00	2.58	0.65	3.98
16. 组织协调能力	38.85	50.96	8.92	1.27	0	4.27
17. 适业适岗能力	29.49	57.05	12.18	1.28	0	4.15
18. 销售推广能力	17.33	51.33	25.33	4.00	2.00	3.78
19. 掌握政策、规章制度的能力	29.22	46.10	20.78	3.90	0	4.01
20. 运用现代管理科技的能力	23.03	51.97	18.42	5.92	0.66	3.91

从表6可以看出，相同的数据处理，得到重要程度排名前五的职业素质和能力分别是服务意识（4.71）、职业道德（4.61）、团队合作能力（4.57）、应变能力（4.49）、服从意识（4.48）。在此基础之上，企业对学生评价以及访谈调查结果还反映出学生在抗压受挫能力（4.32）、外语语言表达能力（4.33）和吃苦耐劳精神上的缺陷。此外，6位受访的人力资源部经理中有4位强调了职业化外在形象（4.06）和工作态度的重要性，白云宾馆的人力资源部经理还对工作态度进行了详细注释，认为其应该包含"三心"，即责任心、上进心、事业心。

酒店行业的工作本身带有很强的特殊性，如服务性强、工作复杂、综合程度高、注重实践经验，要求从业者具备良好的服务意识、服从观念和团队精神。如果不能很好地认识酒店、热爱本职、遵循酒店人才成长规律、进行理性职业规划，就不能顺利地适应岗位，这也是现阶段很多酒店专业学生遭遇挫折的根本原因。另外，随着外企酒店和外国客人的日益增多，酒店对学生英语听说能力的要求越来越高，并转化为一项重要的基本工作能力来进行要求。

3. 酒店人才岗位晋升、职业发展的因素分析

酒店人才岗位的晋升涉及诸多能力，我们选择了风险控制能力等21项进行调查分析。酒店人才未来的职业发展能力是保障酒店人才成长可持续性的关键因素，调研结果发现，影响酒店员工岗位晋升的三大条件依次为综合能力（4.50）、管理知识（4.49）、工作经验（4.40），另外还有专业技能（4.38）、工作灵活

表7　　　　　　　岗位提升条件重要程度（%）

岗位提升因素	最重要	较重要	一般	次要	不重要	均值
1. 风险控制能力	23.26	45.74	27.13	3.88	0	3.88
2. 成本/费用控制能力	23.57	52.86	21.43	1.43	0.71	3.97
3. 质量控制能力	38.69	45.99	12.41	2.19	0.73	4.20
4. 学历匹配	14.71	52.21	29.41	2.94	0.74	3.77
5. 工作经验	46.76	43.17	7.19	1.44	0.72	4.40
6. 内部协调能力	44.29	45.71	9.29	0.71	0	4.34
7. 外部协调能力	42.14	47.14	10.00	0.71	0	4.31
8. 决策能力	46.10	40.43	12.06	1.42	0	4.31
9. 指导监督能力	47.41	40.74	9.63	2.22	0	4.33
10. 专业理论知识	36.88	49.65	11.35	2.13	0	4.21
12. 专业技能	50.00	40.30	7.46	2.24	0	4.38
13. 组织人事能力	48.18	41.61	8.76	1.46	0	4.36
14. 工作灵活性	47.79	43.38	7.35	1.47	0	4.38
15. 管理知识	56.74	35.46	7.80	0	0	4.49
16. 创新与开拓思维	48.98	39.46	11.56	0	0	4.37
17. 工作压力	23.88	50.75	23.88	0.75	0.75	3.96
18. 工作紧张	16.92	43.08	37.69	1.54	0.77	3.74
19. 体力劳动付出	12.31	40.00	41.54	3.08	3.08	3.55
20. 脑力劳动付出	29.92	48.82	18.90	1.57	0.79	4.06
21. 综合能力	58.78	32.06	9.16	0	0	4.50

性（4.38）、创新与开拓思维（4.37）、组织人事能力（4.36）、内部协调能力（4.34）五大辅助条件，而最低平均值出现在体力劳动付出（3.55）上（见表7）。从这些条件的关联性来看，符合酒店工作的特点及酒店高层管理人员能力和素质要求的条件。

（四）关于酒店服务与管理专业人才培养质量的评价

1. 对酒店服务与管理专业学生教学实践模式的评价

酒店服务与管理专业人才培养采用"四个一"模式，即旅游考察实践1日，校内职业实训1周，企业网位实习1月，顶岗实习1年。希望借此摸索出酒店服务与管理专业学生获取知识和技能的最佳途径，同时检验现有的教学和实践模式。调查显示，受到企业认同度最高的学习途径前四项依次是每学期1个月的企业集中实践（61.4%）、顶岗实习1年（58.90%）、参加行业技能大赛（56.30%）、每半年校内学习半年企业实践（50.60%）（见图1），体现出企业对酒店服务与管理专业学生企业实践在持续时间和频率上的重视，最明显的例证是企业参观学习一天仅获得18.40%的认同率，为该项最低值。值得注意的是，自我学习途径（44.90%）在酒店企业人士心中同样被视为一条有效的学习途径。总的来说，企业对现有的实践教学模式整体评价良好，实际访谈中企业代表对其满意度也是颇高的。

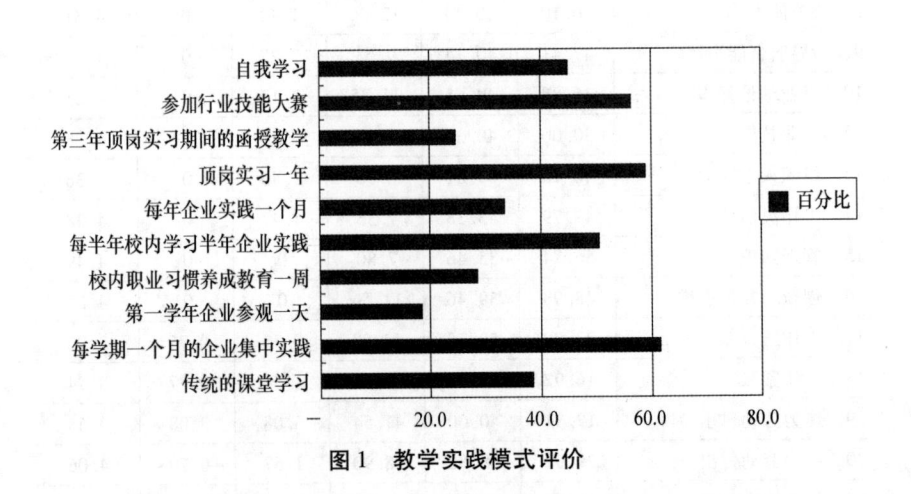

图1　教学实践模式评价

学生的企业实践不仅要重视量的积累，也要关注质的提高。在本次调查过程中，酒店企业纷纷表示出对校企深度合作的浓厚兴趣。本着高效务实、互利互惠的原则，企业对合作的具体实施提出几点建议：第一，双方协商，共同制定出实际可行的校企深度合作方案，切实保障双方权利与义务，将合作机制常态化；第二，"联合办学、订单培养"的合作方式受到大多数酒店企业的推崇；第三，在企业实践专家授课问题上，力求操作简单、可行，形式多样，如不定期讲座或周期性授课等，教学方法上以案例教学、情景教学为主，教学计划由酒店部门提供课程或学校在学期前提出计划，企业给出建议，进而共同商定。

2. 企业对实习生和毕业生的整体评价

衡量用人单位对酒店服务与管理专业学生的整体评价，有利于我们对现有人才培养质量进行评价，同时找到今后人才培养的努力方向。针对我校曾在酒店工作过的学生，企业对其优点的描述主要是性格开朗活泼、专业知识扎实、形象颇佳、服从工作安排、注重礼貌礼节、学习能力较强，缺点主要有缺乏吃苦耐劳精神和抗压能力、英语水平较低、职业规划模糊、实践经验不足和责任心较弱。

3. 毕业生对在校期间自身各项素质和能力提高的反馈

毕业生对在校学习期间自身各项能力和素质提高程度的评价见表8，最满意的是服务意识、语言表达能力、职业道德、形象气质方面，不太理想的是英语口语能力和专业操作技能的进步。结论表明，学校在职业习惯养成、职业道德教育和形象礼仪训练方面成效较好，但是专业实操和英语口语的训练需要强化。

表8　毕业生对在校期间各项素质和能力提高的反馈情况（%）

各项素质和能力的提高	强	较强	一般	较弱	弱
1. 职业道德	35.56	42.22	22.22	—	0
2. 形象气质	19.57	56.52	23.91	—	0
3. 语言表达能力	25.00	52.27	22.73	—	0
4. 英语口语能力	11.11	37.78	46.67	4.44	0
5. 专业操作技能	17.78	57.78	20.00	4.44	0
6. 适岗转岗能力	21.74	45.65	28.26	4.35	0
7. 文化基础知识	15.91	40.91	43.18	—	0
8. 服务意识	35.56	42.22	22.22	—	0

第三部分　调研结论

综合以上调研结果可见，总体而言，现有酒店服务与管理专业的人才培养模式基本能适应目前行业企业的发展和要求，同时也需要在职业能力要求、专业知识构成、课程体系构建等方面做必要的调整，从而制定出新的更为系统化、一体化的人才培养方案。

一　进一步清晰酒店服务与管理专业人才培养定位

通过本次调研发现，本专业培养的人才主要面向珠三角各类型高星级酒店，从事前厅、客房、餐厅等部门的服务工作与基层管理工作。在人才培养方向上，应紧跟酒店行业企业的发展趋势，适应酒店服务与管理对人才专业知识、职业素质和岗位能力的要求，强化对学生专业基础知识、酒店对客服务流程、礼貌礼节知识、接待服务心理知识、应变能力、合作能力、爱岗敬业精神、酒店文化意识的培养。同时，注重对学生管理知识、外语表达能力、职业理性规划、职业道德、抗压受挫能力、吃苦耐劳精神等方面的培养，把学生培养成为能够胜任新时代高星级酒店一线服务和基层管理工作、掌握酒店专业基础知识、服务接待心理知识，熟悉整体服务流程，具有较强综合能力、良好职业道德的高素质高技能人才。

二　加强职业道德教育，增强学生岗位认知能力

是否具有良好的职业道德尤其是爱岗敬业意识是酒店行业企业用人的首要条件，同时也是造成酒店行业人才高流失率的主要因素。职业道德的养成需要通过长期的努力和塑造，要从学生踏入校门、选择专业起就接受优良传统酒店文化的感染和熏陶，理性规划自己的职业和未来发展。虽然已有一些特色、实效的做法，比如"养成教育周""道德学分"、学生实习期间的心理辅导等，但还可以探讨更有效的措施，如结合学生在校学习及实习期间的表现进行道德考评，树立职业道德典型，宣传行业优秀道德模范等，使学生在学习和实践中，深入了解酒店工作的特性，清楚岗位的工作价值，认识到酒店人才的成

长晋升规律和条件要求，培养诚实守信、团结协作、吃苦耐劳、爱岗敬业的良好职业素质，让学生走上工作岗位后能够热爱本职、专注工作、勇于承担，实现自身的价值和理想。

三　丰富学生的知识能力结构，拓展学生的职业发展空间

随着酒店行业多样化、特色化的发展，与以往以基础性专业知识为重点的要求不同，酒店服务与管理更倾向于学生掌握拓展型、关联型和专项性的专业知识，例如对酒店餐饮文化、客房文化、酒文化、茶文化等方面的深入了解，可以展现一个高素质的员工形象，同时能够加深客人对酒店的认同。关联型知识如公关知识、营销知识、食品营养知识、当地旅游知识、世界文化知识等，如果能够有机地融入酒店对客服务流程，将会有效提升对客服务效果。专项性知识如接待服务心理、突发事件处理知识等，可以提高学生独立解决问题的能力，提高服务质量。未来职业空间和人才可持续发展要求学生应具备综合性的知识和能力，专业技能上更加娴熟，并拥有创新开拓思维。这方面我们可以通过定制选修课程、参加各种行业企业竞赛和让学生承接一些突发性紧急任务去锻炼，以便强化学生的服务意识，培养学生的职业素质与综合能力。

四　贯彻落实"一体化教学"，改革课程体系和考核方法

酒店服务与管理专业的培养目标要与人才培养定位保持一致，课程体系应以酒店行业岗位应具备的综合能力作为设置课程的依据，摆脱知识本位的课程思想，以酒店餐厅、客房、前厅等部门一线和基层管理岗位从业人员知识与能力要求，重新整合课程、师资、教学实践设施设备以及教材用具。要遵循学生知识能力阶梯式提升的原则和酒店行业对高素质、高技能人才的需求，设计特色鲜明的课程体系，打破传统的课堂教学模式，探索与新的课程体系相适应的"以学生为主体"的课堂教学模式，努力构建有利于激发学生主动性、创造性的学习环境，全面加强学生的技能训练与素质培养。与此相对应，新课程体系也应积极改革考试、考核的办法，将应试教育转变为能力导向的素质教育，科学引入过程性评价等新的评价方法，吸纳行业企业等利

益相关者参与评价，实现评价体系多元化和专业化。甚至可以借鉴酒店人力资源绩效考核的某些办法，从职业化角度要求和评价学生，实现人才培养质量与行业企业职业标准和岗位要求的有效接轨。

五 处理好理论教学与实践教学的关系，深化校企合作

课堂理论教学是基础，也是学生获取知识和技能的重要途径，而酒店服务与管理专业人才培养过程对职业实践操作、技能训练要求较高。在课堂理论教学的基础上应继续完善"四个一"的教学模式，强化学生理论与实践结合，科学设计实践教学环节，按照"整体设计、分段递进"教学思路，优化实践教学体系，注重综合素质和职业能力的训练，培养解决复杂问题的能力。增加学生在企业锻炼的持续时间和频率，使学生在校内和校外反复的空间转换、理论知识与社会实践的检验融合中成熟。积极探索新的校企合作方式，深化合作内涵，在"联合办学"、"订单培养"中寻找突破。邀请更多的酒店实践专家来校进行多种形式的授课，共同开发酒店服务与管理专业课程，在制定教学计划过程中更加灵活、内容上更加务实，以达到切实提升学生的综合素质和职业能力的目的。

参考文献

一 著作

陈向明：《质的研究方法与社会科学研究》，教育科学出版社2000年版。

顾明远、梁忠义：《世界教育大系——职业教育》，吉林教育出版社2001年版。

胡国勇：《日本高等职业教育的研究》，上海教育出版社2008年版。

黄尧：《职业教育可持续发展战略研究》，高等教育出版社2011年版。

廖益、邹德军：《高职教育专业改革研究》，北京理工大学出版社2015年版。

石伟平：《比较职业技术教育》，华东师范大学出版社2001年版。

余祖光：《职业教育改革与探索论文集》，高等教育出版社2000年版。

陶秋燕：《高等技术与职业教育的专业和课程》，科学出版社2004年版。

孙琳：《转型时期中国职业教育的改革与发展》，高等教育出版社2007年版。

教育部高等教育司：《中国普通高等学校高职高专教育指导性专业目录》，高等教育出版社2004年版。

耿金玲：《中等职业教育与高等职业教育衔接研究》，中国科学技术大学出版社2008年版。

吕红：《澳大利亚职业教育课程质量保障研究》，外语教学与研究出版社2011年版。

石伟平、徐国庆：《职业教育课程开发技术》，上海教育出版社2006年版。

姜大源：《当代德国职业教育主流教学思想研究》，清华大学出版社2008年版。

徐国庆：《职业教育课程论》，华东师范大学出版社2015年版。

马树超、郭扬：《中国高等职业教育历史的抉择》，高等教育出版社2009年版。

二 论文和文件

白汉刚、苏敏：《中国职业教育体系的演化历程》，《中国职业技术教育》2012年第18期。

包庆德、夏承伯：《生态位：概念内涵的完善与外延辐射的拓展——纪念"生态位"提出100周年》，《自然辩证法研究》2010年第11期。

陈建武：《论我国台湾职业教育师资培训体系及其对大陆的启示》，《哈尔滨师范大学社会科学学报》2013年第4期。

陈庆合：《论职业能力的价值取向》，《职教论坛》2011年第6期。

陈宇：《职业能力以及核心技能》，《职业技术教育》2003年第33期。

《国务院关于加快发展现代职业教育的决定》，国务院新闻办公室，www.scio.gov.cn，2014-6-24/2017-09-22.

黄日强、周琪：《能力本位职业教育：当代职业教育的发展趋向》，《外国教育研究》1999年第2期。

姜大源：《现代职业教育体系构建的理性追问》，《教育研究》2011年第11期。

《教育部关于推进中等和高等职业教育协调发展的指导意见》，http://121.192.32.131/web/index.aspx.2011-07-20/2017-09-20.

《教育部关于印发〈高等职业教育创新发展行动计划（2015—2018年）〉的通知》，《中华人民共和国教育部公报》2016年Z1。李德富：《基于ISCED国际标准的中高职衔接构建模型分析》，《广东教育（职业教育）》2014年第10期。

李德富、廖益：《英德澳国家职业资格标准框架及其启示》，《广东社会科学》2017年第4期。

李德富、廖益：《中德日之工匠精神的演进与启示》，《中国高校科技》2016年第7期。

李德富：《现代职业教育体系理想模型构建研究》，《高教探索》2016年第1期。

李晓杰：《新加坡职业教育发展理念演进论析》，《职教论坛》2013年第31期。

廖益、Patrick He：《加拿大高等职业教育有效衔接机制研究》，《中国高教研究》2017年第6期。

廖益、代晓容：《粤台高校专升本人才培养课程衔接问题研究》，《职教论坛》2015第3期。

廖益、李德富、杨运鑫：《"3+2"多元层级递进中高职教育衔接模式的探索》，《高教探索》2017年第1期。

廖益、李红桃：《英德新三国中高等职业教育的衔接及其启示》，《高教探索》2017年第9期。

廖益、杨运鑫：《潘懋元高等职业教育思想研究》，《山东高等教育》2015年第11期。

刘荣秀：《中高职衔接的现状调查与政策评析》，《职业技术教育》2010年第16期。

孟凡华、鲁昕：《关键是"衔接"关于促进中等和高等职业教育协调发展座谈会的报告》，《职业技术教育》2011年第1期。

欧阳河：《职业教育体系论》，《中国职业技术教育》2009年第30期。

庞世俊：《美、英、德、澳四国综合职业能力内涵的比较》，《中国职业技术教育》2009年第4期。

全国教育科学规划领导小组办公室：《"时代特征与我国职业教育体系创新研究"成果公报》，《当代教育论坛》2010年第3期。

任平、代晓容：《我国现代职业教育体系研究——基于中高职衔接、普职沟通的视角》，《职教论坛》2014年第3期。

孙进、皮国萃：《新世纪高等教育人才培养的目标——基于英、德、加三国国家资格框架的分析》，《比较教育研究》2011年第1期。

谭旭、陈正学、陈宝文、徐家伟：《加拿大职业教育特色及中国本土化启示》，《教育导刊》2015 年第 2 期。

唐锡海：《澳大利亚大学与 TAFE 学院发展合作伙伴关系》，《高教探索》2013 年第 3 期。

许笑平：《中高职衔接研究综述》，《深圳职业技术学院学报》2015 年第 4 期。

杨敏：《简论英国现代学徒制及对我国职业教育的启示》，《中国职业技术教育》2010 年第 18 期。

杨运鑫、廖益：《中等和高等职业教育有效衔接的价值论研究》，《职业技术教育》2016 年第 4 期。

邹德军：《中高职衔接过程项目化管理的探讨》，《当代教育实践与教育研究》2015 年第 4 期。

后　　记

《中高职教育职业能力培养有效衔接研究与实践》一书是国家社科基金"十二五"规划课题（课题批准号：BJA110081）的研究成果。

课题于 2011 年 7 月立项后，根据要求进行了开题报告，专家们提出了建设性的意见和建议。按照研究方案，开展了调查分析、文献研究、理论研究和实践探索等工作，举行了多轮包括中职学校、高职院校、应用型本科高校、行业学会、企业、政府部门等参加的讨论，选择多所中职和高职院校进行若干专业的改革实践试点。2014 年 1 月，按社科规划课题的要求，组织专家对项目进行了中期检查并提交报告。遵循理论研究与实践并行的原则，完成了中高职衔接模具设计与制造等 4 个专业教学现状、人才需求状况调研，对相关文献进行了梳理分析，开展了国际及区域比较研究，构建了中职与高职进行有效衔接的理论框架，组织研究和制定了 4 个试点专业中高职衔接人才培养方案，并开展了实践探索。中期检查后，课题组加紧研究与实践，并对实践经验进行总结、推广与示范。研究项目按计划稳步推进和执行，课题组各小组能够按照计划要求，经常进行交流与讨论。按照"边研究、边实践、边总结、边推广"的原则推进项目工作。

开展项目研究以来，项目组在国内、国际学术刊物上公开发表学术论文 17 篇、出版专著 1 部，其中核心期刊 10 篇（CSSCI 核心期刊 7 篇、被中国人民大学复印资料全文收录 2 篇）；形成 4 个专业调研报告；研制 4 个专业中高职衔接一体化培养方案，近 20 所学校（中职及高职）索取并采纳方案，获得兄弟院校好评，为同类院校提供示范与引领作用；有效带动相关专业建设，推动专业改革和人才培养模式改革；有效促进教师专业发展，40多位教师直接参加研究与实践，成就了教师的自身成长与专业发展，有多位教师晋升为讲师、副教授、教授等职称；通过6年的改革实践，在人才培养、科学研究和社会服务等方面均取得了较好的成效。以广东省职业技术教育学会学术委员会、广东职业教育信息化研究会为依托，课题组负责人廖益带领相关专家和成员深入广东省20所高职院校和中职学校及国内多所院校、行业学会等进行课题及相关成果推广，提出并推动开展"微课百校行""百门优质课程"等"双百"系列活动。通过向兄弟院校推广中高职衔接人才培养方案和实践经验，切实推动中高职教育衔接工作，产生了良好的示范和辐射作用。

对于职业院校来说，中高职教育职业能力培养的有效衔接是现实的客观需求，要随着时代的进步不断加以改进。但是，中高职教育职业能力培养的有效衔接很难像生产产品那样，有严格的统一标准，因为外部环境、经济发展水平、政策制度的不同，有效衔接的方式可能就不同。对于有效衔接的多种模式及其选择、如何处理中高职教育职业能力培养的有效衔接和行业企业的关系、如何推动与建立中职高职及应用型本科之间的衔接机制等，尚需进一步研究。高等职业教育作为高等教育的一个类型，是高等教育的重要组成部分；同时，高等职业教育又是职业教育的重要组成部分。高职院校规模已占据高等教育规模的半壁江山，但还没有充分发挥其自身的特色与优势，与高职院校有效衔接相关的高等职业教育学科建设及中高职教育向本科、硕士甚至于博士阶段的延伸衔接等，都有待深入研究。

在原有项目申报的试点专业模具设计与制造、数控技术基础上，增加会计和酒店管理专业作为实践研究的试点专业。课题组成员有王平、赵俊峰、兰玲、黄昌燕、曾锋、谷丽洁、张国铭、丘永亮等。在项目研究过程中，因课题需要增补了杨运鑫教授、李德富副教授和邹德军教授、李红桃教授、李德威、罗丹副教授、谷海玲、代晓容、吴玉华等研究人员。在书稿写作过程中，杨运鑫、李德富、王平、赵俊峰、兰玲、黄昌燕、曾锋、谷丽洁、邹德军、李红桃、罗丹、代晓容、谷海琳、刘永生等查阅了相关资料，起草了相关章节初稿，参加了有关论文的撰写，参与了书稿的讨论，为课题研究做了有益的

后 记

贡献。

对各位课题组成员及对课题研究提供支持和帮助的人士致以诚挚的谢意！尤其是我国著名教育家、高等教育学学科创立者和奠基人、厦门大学文科资深教授潘懋元先生亲自为本书作序，对恩师致于崇高的敬意！

中国社会科学出版社对于本书的出版给予了大力支持，列入出版计划。陈雅慧编辑在出版过程中倾注了大量精力，其敬业精神、出版情怀、专业水准、诚恳态度令人感动，谨表谢意！

本书可作为中职教育、高职教育、高等教育理论研究者和教育实践者及教师作为教学科研工作的参考。将项目成果出版，还望同行不吝赐教。

廖 益

2019年6月6日